〔清〕王梓材 馮雲濠 編撰
沈芝盈 梁運華 點校

宋元學案補遺

二

中華書局

宋元學案補遺卷七目録

宋元學案補遺卷七

後學鄞王梓材、慈溪馮雲濠同輯

涑水學案補遺上

涑水先緒

待制司馬先生池

司馬池字和中。自言晉安平獻王孚後。征東大將軍陽葬安邑瀾洄曲。後魏析安邑置夏縣。遂爲縣人。先生少喪父。家資數十萬。悉推諸父。而自力讀書。舉進士中第。授永寧主簿。歷知鳳翔府。召知諫院。上表懇辭。仁宗謂宰相曰。人皆嗜進。而池獨嗜退。亦難能也。加直史館。復知鳳翔。累更户部度支。鹽鐵副使。歲滿。中書進名。帝曰。是固辭諫官者。擢天章閣待制。知河中府。徙同州。又徙杭州。先生性質易。不飾厨傳。剸劇非所長。以是降知虢州。徙知晉州。卒。温公光。其次子也。宋史。

附録

常奏名禮部。將入試殿廷。一日心動不能寐。曰。吾母素多疾。能無恙否。及至内門。徘徊不能入。蓋母亡爲友人所匿也。因語其友。而友止告以聞有疾。遂號慟而歸。盛度謫守光州。先生爲光山令。大内火。詔諸州市竹木。州期以三日畢輸。先生以土不產。轉市鄰郡。非三日可得。度怒甚。既而光山爲諸邑先。先生於民有信而民不俟于懲督也。以上隆平集。

温公曰。先儒多怪左邱明。既傳春秋。又作國語。爲之説者多矣。皆未甚通也。先君以爲邱明將傳春秋。乃先采集列國之史。因別分之。取其精英者爲春秋傳。而先所采集之稿。因爲時人所傳。命曰國語。非邱明之本志也。故其辭語繁重。序事過詳。不若春秋傳之簡直精明。渾厚遒峻也。又多駁雜不粹之文。誠由列國之史學有厚薄。才有淺深。不能醇一故也。不然。邱明作此重複之書何爲耶。

温公訓儉曰。先公爲郡牧判官。客至。未嘗不置酒。或三行五行。多不過七行。酒沽于市。果止于梨栗棗柿之類。殽止于脯醢菜羹。器用甆漆。當時士大夫皆然。人不相非也。會數而禮勤。物薄而情厚。近日士大夫家酒非内法。果殽非遠方珍異。食非多品。器皿非滿案。不敢會賓客。常數日營聚。然後敢發書。苟或不然。人爭非之。以爲鄙吝。故不隨俗奢靡者鮮矣。嗟乎。風俗頹弊如此。居位者雖不能禁。忍助之乎。

太中司馬先生旦

司馬旦字伯康。待制長子。温公之兄也。清直敏强。雖小事必審思。度不中不釋。以父任爲祕書省校書郎。歷知梁山軍安州。先生治郡有大體。所施設取于適理便事。再監鳳翔太平宫。以熙寧八年致仕。歷官十七遷至太中大夫。元祐二年卒。年八十二。先生澹薄無欲。奉養苟完。人不見其貴。與温公尤友愛。終始人無閒言。温公居洛。先生居夏縣。皆有園沼勝概。温公歲一往省先生。先生亦間至洛視温公。凡温公平時所與論天下事。先生有助焉。及温公被門下侍郎召。固辭不拜。先生引大義語之曰。生平誦堯舜之道。思致其君。今時可而違。非進退之正也。温公幡然就位。方是時。天下懼温公之終不出。及聞此。皆欣然稱之曰。長者之言也。先生與人交以信義。喜周其急。生于丙午。與文潞公。程公珦。席汝言爲同年會。賦詩繪像。世以爲盛事。比唐九老云。宋史。

附録

温公葬論曰。葬者。藏也。孝子不忍其親之暴露。故斂而藏之。齎送不必厚。厚者有損無益。古人論之詳矣。今人葬不厚于古。而拘于陰陽禁忌則甚焉。古者雖卜宅卜日。蓋先謀人事之便。然後質諸蓍龜。庶無後艱耳。無常地無常日也。今之葬書。乃相山川岡畝之形勢。考歲時月日之支干。以爲子孫貴賤貧富壽夭賢愚皆繫焉。非此地非此日不可葬也。舉世惑而信之。于是葬親者往往久而不葬。禮。未葬不變服。食粥居倚廬。哀親之未有所歸也。既葬然後漸有變除。今之人背禮違法。未葬而除喪。從官四方。食稻衣錦。飲酒作樂。其心安乎。人之貴賤貧富壽夭繫于天。

賢愚繫于人。固無關預于葬。就使皆如葬師之言。爲人子者方當哀窮之際。何忍不顧其親之暴露。乃欲自營福利耶。昔者吾諸祖之葬也。家甚貧。不能具棺槨。自太尉而下。始有棺槨。將葬太尉公。族人皆曰。葬者家之大事。奈何不詢陰陽。此必不可。吾兄伯康無如之何。乃曰。詢于陰陽則可矣。安得良葬師。而詢之族人。曰。近村有張生者良師也。數縣皆用之。兄乃召張生。許以錢二萬。張生野夫也。世爲葬師。爲野人葬。所得不過千錢。聞之大喜。兄曰。汝能用吾言。吾俾汝葬。不用吾言。將求他師。張生曰。唯命是聽。于是兄自以己意處歲月時日。及壙之淺深廣狹。道路所從出。皆取便於事者。使張生以葬書緣飾之曰。大吉。以示族人。皆悅。無違異者。今吾兄年七十九。以列卿致仕。吾年六十六。忝備侍從。宗族之從仕者二十有三人。視他人之謹用葬書。未必勝吾家也。前年吾妻死。棺成而斂。裝辦而行。壙成而葬。未嘗以一言詢陰陽家。迄今亦無他故。吾嘗疾陰陽家立邪説以惑衆爲世患。於喪家尤甚。頃爲諫官。嘗奏乞禁天下葬書。當時執政莫以爲意。今著茲論。庶俾後之子孫葬必以時。欲知葬具之不必厚。視吾祖。欲知葬書之不足信。視吾家。

傅氏先緒

監稅傅先生珏曾祖思進。祖凝。父世隆。

傅珏字寶臣。其先大名内黄人。世爲富家。曾祖思進。始讀書爲儒。祖凝。贈虞部員外郎。

父世隆。以春秋三傳登科。官至駕部員外郎。知邛州事。始家于鄆。先生少通尚書。用蔭補三班。借職至右班殿直。歷監澶州齊州博州酒税。爲人慷慨。方嚴家之子弟。雖甚愛之。不命坐不敢坐。王沂公爲諸生。家居未與人接。先生卽以公輔器之。温公傳家集。

縣令傅先生立

傅立字伯禮。須城人。右班殿直珏之子。慶曆二年以五舉進士。得同三禮出身。主管城簿。歷山南東道節度推官。知昭德縣事。卒。先生以文行有聲於鄉。起佐管城。所爲問義理如何。不肯有所顧計。剛毅有守。其仁心尤至。曾祖祖父三世皆以經學舉。至先生始爲進士。而其子亦皆爲進士。堯俞尤以才德爲世名人。王臨川集。

古靈同調

補 文正司馬涑水先生光

雲濠謹案。先生咸淳三年從祀孔廟。元皇慶三年復祀。

温公迂書

譬之種木。收愈遠。利愈大。使狹道以求容。利止其身。豈能及後世哉。自序略。

慈溪黃氏曰。愚恐更當參以不記功之說。

天地不易。日月無變。道何爲獨變哉。厭常而喜新。求愈勤而愈遠爾。譬之鐘鼓。不叩自鳴。孰不謂怪。

天雨道濘蹊狹。而高車不量力。久妨衆進。能無覆乎。飯車。

童子至驢爭橫芥而相傷。天下之利大於橫芥者多矣。恃其驢而不知戒。能無傷乎。拾樵。

受恩而不負者。爲子必孝。爲臣必忠。負恩。

果餌刻鏤。足以自食。官失。

温公語要

禮。紀綱是也。夫辨貴賤。序親疏。裁羣物。制庶事。非名不著。非器不形。名以命之。器以別之。然後上下粲然有倫。此禮之大經也。

某自幼誦諸經。直取其目前可用者而從之。前賢高奇之論。皆如面牆。

學者貴於行之。而不貴於知之。貴於有用。而不貴於無用。

上行下效謂之風。薰蒸漸漬謂之化。淪胥萎靡謂之流。衆心安定謂之俗。及風化已失。流俗已成。則雖有辨智弗能諭也。强毅不能制也。重賞不能勸也。嚴刑不能止也。自非聖人得位而臨之。積百年之功。莫之能變也。

古者兵出民間。耕桑之所得。皆以衣食治家。故處則富足。出則精銳。今既賦斂農之粟帛以贍正軍。又籍農民之身以爲兵。是一家併任二家之事也。如此民之財力豈得不屈。豈非名與古同而實異乎。

梓材謹案。以上諸條劉氏明本釋引之。

凡物自始至終誠實有之。乃能爲物。若其不誠。則皆無之也。

梓材謹案。此條晁景迂中庸傳引之。以解誠者物之終始。不誠無物者也。

經猶的也。一人射之。不若衆人射之。其中者多也。

梓材謹案。此條晁景迂儒言引之。

隻字必惜。貴之本也。粒米必珍。富之源也。

梓材謹案。此條劉蕺山人譜引之。

温公薦賢劄子

并州盂縣主簿鄭揚庭。自少及長研精易道。譔著所得成易測六卷。不泥陰陽。不涉怪妄。專用人事。指明六爻。求之等倫。誠難多得。嘉祐六年薦。望量加推異。

梓材謹案。鄭氏名夬。揚庭其字。殆以其字行耶。

并州鄉貢進士劉廱。撰成邊議十卷。援據古今。指陳得失。用意甚勤。論理頗多。嘉祐六年薦。乞略加甄獎。

大理評事趙彦若。孝友温良。謹潔正直。博聞强記。難進易退。

國子監直講李寔。好學有文。脩身慎行。

祕閣校理孟恂。清純愷悌。始終如一。以上三人。皇祐八年。乞令皇子伴讀官。提舉皇子左右人。

三司鹽鐵副使吕誨。累舉言職。不畏强禦。再經謫降。執節不回。

侍御史吕景。外貌和厚。内守堅正。見得知恥。臨義不疑。以上二人。熙寧元年。舉諫官。

龍圖閣直學士陳薦。事陛下于藩邸。忠厚質直。陛下必素知之。

直史館蘇軾。制策入優等。文學富贍。曉達事務。勁直敢言。

職方員外郎王元規。自少至長。志操堅正。所居之官。皆著風迹。

集賢校理趙彦若。師民之子。强學懿行。不減于父。平居恂恂。如不勝衣。遇事剛勁。人莫能奪。以上四人。熙寧二年。皆舉諫官。

奉議郎同編脩資治通鑑范祖禹。智識明敏。而性行温良。如不能言。好學能文。而謙晦不伐。如無所有。操守堅正。而圭角不露。年四十餘。行義完固。常如一日。元豐七年薦。别授差遣。

奉議郎張舜民。材氣秀異。讀書能文。剛直敢言。竭忠愛國。

通直郎孫準。學問優博。文辭宏贍。行義無缺。久淹下僚。

梓材謹案。先生後有所舉孫準有罪自劾劄子。甚矣舉賢之難也。

河南府左軍巡判官劉安世。才而自晦。愿而有立。力學脩己。恬于進取。以上三人。元祐元年。舉充館閣。

鄆州處士王大臨。通經術。善講説。安仁樂義。譽高鄉曲。貧不易志。老不變節。元祐元年薦。望召致京師。置之學官。

梓材謹案。以上先生所薦者十五人。重舉者一人。治平三年命撰通志。先生舉翁源縣令劉恕。將作監主簿趙君錫。皆有史學。特差同脩。元豐八年。與吕正獻公同舉伊川程子。言其力學好古。安貧守節。言必忠信。動遵禮義。望擢以不次。足以矜式士類。又劉摯公忠剛正。趙彦若博學有父風。傅堯俞清高安恬。范純仁臨事明敏。唐淑問行己有恥。范祖禹温良端厚。六人使處臺諫。或侍講讀。必有裨益。以上薦者八人。與前複者二人。又屢薦龐元英。見朱子題跋。

温公禮説

禮之爲用大矣。用之于身。則動静有法而百行備焉。用之于家。則内外有别而九族睦焉。用之于鄉。則長幼有倫而俗化美焉。用之于國。則君臣有教而政治成焉。用之于天下。則諸侯順服而紀綱正焉。豈直九席之上。户庭之閒。得之而不亂哉。

三年之喪自天子達于庶人。此先王禮經百世不易者也。漢文師心不學。變古壞禮。絶父子之恩。虧君臣之誼。後世帝王。不能篤于哀戚之情。而羣臣諂諛。莫肯釐正。至于晉武獨以天性矯而行之。可謂不世之盛舉。而裴秀傅玄之徒。固陋庸臣。習常玩故。不能將順其美。惜哉。

温公書儀

冠者。成人之道也。成人者。將責爲人子。爲人弟。爲人臣。爲人少者之行也。將責四者之行于人。其禮可不重與。冠禮之廢久矣。近世以來。人情尤爲輕薄。生子猶飲乳。已加巾帽。有官者或爲之製公服而弄之。過十歲。猶總角者蓋鮮矣。彼責以四者之行。豈能知之。故往往自幼至長。愚騃如一。由不知成人之道故也。古禮雖稱二十而冠。然世俗之弊不可猝變。若敦厚好古之君子。俟其子年十五以上。能通孝經論語。粗知禮義之方。然後冠之。斯其美矣。冠儀。

凡議婚姻。當先察其壻與婦之性行及家法如何。勿苟慕其富貴。壻苟賢矣。今雖貧賤。安知異日不富貴乎。苟爲不肖。今雖富貴。安知異時不貧賤乎。婦者家之所由盛衰也。苟慕一時之富貴而娶之。彼挾其富貴。鮮有不輕其夫而傲其舅姑。養成驕妒之性。異日爲患。庸有極乎。藉使因婦財以致富。依婦勢以取貴。苟有丈夫之志氣者。若能無媿乎。婚儀。

凡爲家長。必謹守禮法。以御羣子弟及家衆。分之以職。授之以事。而責其成功。制財用之節。量入以爲出。稱家之有無。以給上下之衣食及吉凶之費。皆有品節。而莫不均一。裁省冗費。禁止奢華。常須稍存嬴(一)餘。以備不虞。凡諸卑幼。事無大小。毋得專行。必咨稟于家長。

(一)「嬴」當爲「贏」。

凡爲子爲婦者。毋得蓄私財。俸禄及田宅所入。盡歸之父母舅姑。當用則請而用之。不敢私假。不敢私與。

凡子事父母。婦事舅姑。天欲明。咸起。盥漱櫛總具冠帶。昧爽。適父母舅姑之所省問。父母舅姑起。子供藥物。婦具晨羞。供具畢。乃退。各從其事。將食。婦請所欲于家長。退。具而供之。尊長舉筯。子婦乃各退就食。丈夫婦人各設食于他所。依長幼而坐。其飲食必均一。幼子又食于他所。又依長幼席地而坐。男坐于左。女坐于右。及夕食。亦如之。既夜。父母舅姑將寢。則安置而退。居閒無事。則侍于父母舅姑之所。容貌必恭。執事必謹。言語應對必下氣怡聲。出入起居必謹扶衛之。不敢涕唾喧呼于父母舅姑之側。父母舅姑不命之坐。不敢坐。不命之退。不敢退。

凡子受父母之命。必籍記而佩之。時省而速行之。事畢。則返命焉。或所命有不可行者。則和色柔聲。具是非利害而白之。待父母之許。然後改之。若不許。苟于事無大害者。亦當曲從。若以父母之命爲非。而直行己志。雖所執皆是。猶爲不順之子。況未必是乎。

凡父母有過。下氣怡色。柔聲以諫。若不入。起敬起孝。悦則復諫。不悦。與其得罪于鄉黨州閭。寧熟諫。父母怒。不悦而撻之。流血不敢疾怨。起敬起孝。

凡爲人子弟者。不敢以富貴加于父兄宗族。

凡爲人子者。出必告。反必面。有賓客不敢坐于正廳。升降不敢由東階。上下馬不敢當廳。

凡事不敢自擬于其父。

凡父母舅姑有疾。子婦無故不離側。親調嘗藥餌而供之。父母有疾。子色不滿容。不戲笑。不宴遊。舍置餘事。專以迎醫檢方。合藥爲務。疾已復初。

凡子事父母。父母所愛亦當愛之。所敬亦當敬之。至于犬馬盡然。而況于人乎。

凡子事父母。樂其心不違其志。樂其耳目。安其寢處。以其飲食忠養之。幼事長。賤事貴。皆倣此。

凡子婦未敬未孝。不可遽有憎疾。姑教之。若不可教。然後怒之。若不可怒。然後笞之。屢笞而終不改。子放婦出。然亦不明言其犯禮也。

凡爲宫室。必辨内外。深宫固門内外不共井。不共浴堂。不共厠。男治外事。女治内事。男子晝無故不處私室。婦人無故不窺中門。男子夜行以燭。婦人有故出中門。必擁蔽其面。男僕非有繕脩及有大故。不入中門。入中門。婦女必避之。不可避亦必以袖遮其面。女僕無故不出中門。有故出中門。亦必擁蔽其面。鈴下蒼頭。但主通内外之言。傳致内外之物。毋得輒升堂室。入庖厨。

凡卑幼于尊長。晨亦省問。夜亦安置。坐而尊長過之則起。出遇尊長于塗則下馬。不見尊長經再宿以上。則再拜。

凡受女壻及外甥拜。立而扶之。外孫則立而受之可也。凡節序及非時家宴。上壽于家長。卑幼盛服序立如朔望之儀。

凡子始生。若爲之求乳母。必擇良家婦人稍温謹者。子能食。飼之教以右手。子能言。教之自名及唱喏萬福安置。稍有知。則教之以恭敬尊長。有不識尊卑長幼。則嚴訶禁之。六歲教之數與方名。男子始習書字。女子始習女工之小者。七歲男女不同席。不共食。始誦孝經論語。雖女子亦宜誦之。自七歲以下。謂之孺子。早寢宴起食無時。八歲出入門户及卽席飲食。必後長者。始教之以謙讓。男子誦尚書。女子不出中門。九歲男子誦春秋及諸史。始爲之講解。使曉義理。女子亦爲之講解論語孝經及列女傳女戒之類。略曉大意。十歲男子出就外傅。居宿于外。博觀羣書。

凡所讀書。必擇其精要者而讀之。其異端非聖賢之書傳。宜禁之。勿使妄觀以妄亂其志。女子則教以婉娩聽從及女工之大者。

凡内外僕妾。雞初鳴。咸起。櫛總盥漱衣服。男僕洒掃廳事及庭。鈴下蒼頭洒掃中庭。女僕洒掃堂室。設倚卓陳盥漱櫛靧之具。主父主母旣起。則拂牀襞衾。侍立左右。以備使令。退而具飲食。得閒則浣濯紉縫。先公後私。及夜則復拂牀展衾。當晝。内外僕妾。惟主人之命。各從其事。以供百役。

凡男僕有忠信可任者。重其禄。能幹家事。次之。其專務欺詐。背公徇私。屢爲盜竊。弄權犯上者。逐之。

凡女僕年滿。不願留者。縱之。勤奮少過者。資而嫁之。其兩面二舌。飾虚造讒。離間骨肉者。逐之。屢爲盜竊者。逐之。放蕩不謹者。逐之。有離叛之志者。逐之。以上居家雜儀。

古者五服用布。以升數爲別。同服之中升數又異。蓋當時有織此布以供喪用者。布之不論升數久矣。裴莒劉岳書儀。五服皆用布。衣裳上下異。制度略相同。然則唐五代之際。士大夫之喪服猶如古禮也。近世俗多忌諱。自子爲父母。婦爲舅姑。妻爲夫。妾爲君之外。莫肯服布。有服之者。必爲尊長所不容。衆人所譏誚。此無如何也。今且于父母舅姑夫君之服。麤存古制度。庶幾有好禮者猶能行之。

古者父母之喪。既殯食粥。齊衰疏食水飲。不食菜果。父母之喪。既虞卒哭。疏食水飲。不食菜果。期而小祥。食菜果。又期而大祥。食醯醬。中月而禫。禫而飲醴酒。始飲酒者先飲醴酒。始食肉者先食乾肉。古人居喪無敢公然食肉飲酒者。漢昌邑王奔昭帝之喪。居道上不素食。霍光數其罪廢之。晉阮籍負才放誕。居喪無禮。何曾面質籍於文帝坐曰。卿敗俗之人。不可長也。因言于帝曰。公方以孝治天下。而聽阮籍以重哀飲酒食肉于公座。宜擯四夷。無令污染華夏。宋廬陵王義眞居武帝憂。使左右買魚肉珍羞。于齋內別立廚帳。會長史劉湛入。因命臑酒炙車螯。湛正色曰。公當今不宜有此設。義眞曰。旦甚寒。長史事同一家。望不爲異。酒至。湛起曰。既不能以禮自處。又不能以禮處人。隋煬帝爲太子。居文獻皇后喪。每朝令進二溢米。而私令外取肥肉脯酢置竹筒中。以蠟閉口。衣襆裹而納之。湖南楚王馬希聲葬其父武穆王之日。猶食雞臛。其官屬潘起譏之曰。昔阮籍居喪食蒸肫。何代無賢。然則五代之時居喪食肉者。人猶以爲異事。是流俗之弊其來甚近也。今之士大夫居喪飲酒食肉。無異平日。又相從宴集。靦然無愧。人亦恬不爲怪。禮俗之壞。習以爲常。悲夫。乃至鄙野之人。或初喪未斂。親朋則齎酒饌往勞之。主人亦自備酒饌相與飲啜。醉飽連日。及葬亦如之。甚者初喪作樂。以娛尸及殯。葬則以樂導輀車。而號哭隨之。亦有乘喪卽嫁娶者。噫。習俗之難變。愚夫之難曉。乃至此乎。凡居父母之喪者。大祥之前。皆未可飲酒食肉。若有疾暫須食飲。疾止亦當復初。必當素食不能下咽。久而羸憊。恐成疾者。可以肉汁及脯醢。或肉少許。助其滋味。不可恣食珍羞盛饌。及與人燕樂。是則雖被衰麻。其實不行喪也。唯五十以上。血氣既衰。必資酒肉扶養者。則不必然耳。其居喪聽樂及嫁娶者。國有正法。此不復論。

父母之喪。中門外擇樸陋之室以爲丈夫喪次。斬衰寢苦枕塊。不脱絰帶。不與人坐焉。婦人次于中門之内。别室。撤去帷帳衾褥華麗之物。男子無故不入中門。婦人不得輒至男子喪次。晉陳壽遭父喪。有疾。使婢丸藥。客往見之。鄉黨以爲貶議。坐是沈滯。坎坷終身。嫌疑之際。不可不愼。

父母之喪不當出。若爲喪事及有故不得已而出。則乘樸馬。布裹鞍轡。

世俗信浮屠誑誘。凡有喪事。無不供佛飯僧。云爲死者滅罪資福。使生天堂。受諸快樂。不爲者必入地獄。剉燒舂磨。受諸苦楚。殊不知死者形既朽滅。神亦飄散。雖有剉燒舂磨。且無所施。又况佛法未入中國之前。人固有死而復生者。何故都無一人誤入地獄。見所謂十王者耶。此其無有而不足信也明矣。以上喪儀。

檀弓曰。始死充充如有窮。既殯瞿瞿如有求而弗得。既葬皇皇如有望而弗至。練而慨然。祥而廓然。又顔丁居喪。始死皇皇焉如有求而弗及。既殯望望焉如有從而弗及。既葬慨焉。如有不及其反而息。雜記孔子曰。大連少連善居喪。三日而不怠。三月不解。期悲哀。三年憂。喪服四制曰。仁者可以觀其愛焉。知者可以觀其理焉。强者可以觀其志焉。禮以治之。義以正之。孝子弟弟貞婦皆可得而察焉。曲禮曰。居喪未葬讀喪禮。既葬讀祭禮。喪復常讀樂章。檀弓。大功廢業。或曰。大功誦可也。雜記。三年之喪言而勿語。對而不問。喪大記。父母之喪。非喪事不言。既葬。與人立。君言王事。不言國事。大夫士言公事。不言家事。檀弓。高子皋執親之喪。未嘗見齒。雜記。疏衰之喪。既葬。人請見之則見。不請見人。小功。請見人可也。又凡喪。小功以上。非虞祔練祥無沐浴。曲禮。頭有瘡則沐。身有瘍則浴。喪服四制。百官備。百物具。不言而事行者。扶而起。言而後事行者。杖而起。身自執事而後行者。面垢而已。凡此皆古禮。今之賢孝君子必有能盡之者。自餘相時量力而行之可也。居喪雜儀。

梓材謹案。四庫全書著録先生書儀十卷。提要云。凡表奏公文私書家書書式一卷。冠儀一卷。婚儀二卷。喪儀六卷。朱子語録載。胡叔器問四先生禮。朱子謂。二程與横渠多古禮。温公則大抵本儀禮。而參以今之所可行者。要之。温公較穩。其中與古不甚遠。是七分好。又。與蔡元定書曰。祭儀只是于温公書儀内少增損之云云。則朱子固甚重此書。後朱子所脩祭儀爲人竊去。其稿不傳。則此書爲禮家之典型矣。朱子又云。若伊川用禮。則祭禮可用。昏禮惟温公者好。

温公家範

詩稱文王之德曰。刑于寡妻。至于兄弟。以御于家邦。此皆聖人正家以正天下者也。降及後世。爰自卿士以至匹夫。亦有家行隆美。可爲人法者。今采集以爲家範。

孔子曰。不愛其親而愛他人者。謂之悖德。不敬其親而敬他人者。謂之悖禮。以順則逆。民無則焉。不在于義而皆在于凶。德雖得之。君子不貴也。故欲愛其身而棄其宗族。烏在其能愛身也。

孔子曰。均無貧。和無寡。安無傾。善爲家者。盡其所有而均之。雖糲食不飽。敝衣不完。人無怨矣。夫怨之所生。生于自私及有厚薄也。

昔者聖人遺子孫。以德以禮。賢人遺子孫。以廉以儉。舜自側微積德至于爲帝。子孫保之。享國百世而不絶。周自后稷公劉至太王王季文王。積德累功。至于武王而有天下。其詩曰。貽㊀厥孫謀。以燕翼子。言豐德澤。明禮法。以遺後世而安固之也。故能子孫承統八百餘年。其支庶猶爲天下之顯。諸侯棋布于海内。其爲利豈不大哉。凡人不能教子女者。亦非欲陷其罪惡。但重于訶怒傷其顔色。不忍楚撻慘其肌膚爾。當以疾病爲喻。安得不用湯藥針艾救之哉。又宜思勤督

㊀「貽」當爲「詒」。

訓者。豈願苛虐于骨肉乎。誠不得已也。

爲人母者。不患不慈。患于知愛而不知教也。古人有言曰。慈母敗子。愛而不教。使淪于不肖。陷于大惡。入于刑辟。歸于亂亡。非他人敗之也。母敗之也。自古及今。若是者多矣。不可悉數。

爲子者。不敢自高貴。故在禮。三賜不及車馬。不敢以富貴加于父兄。

或曰。親有危難則如之何。亦愛身而不救乎。曰。非謂其然也。孝子奉父母之遺體。平居一毫不敢傷也。及其徇仁蹈義。雖赴湯火無所辭。況救親于危難乎。古以死徇其親者多矣。

或曰。子孝矣。而父母不愛如之何。曰。責己而已。

葬者。人子之大事。死者以窀穸爲安宅。兆而未葬。猶行而未歸也。是以孝子雖愛親。留之不敢久也。古者天子七月。諸侯五月。大夫三月。士踰月。誠由禮。物有厚薄。奔赴有遠近。不如是不能集也。國家詔令。王公以下皆三月而葬。蓋以待同位外姻之會葬者。適時之宜。更爲中制也。禮。未葬不變服。啜粥。居倚廬。寢苫枕塊。既虞而後有所變。蓋孝子之心以爲親未獲所安也。己不敢卽安也。

書曰。辟不辟。忝厥祖。詩云。無念爾祖。聿脩厥德。然則爲人而怠于德。是忘其祖也。豈不重哉。

禮。服兄弟之子猶子也。蓋聖人緣情制禮。非引而進之也。

夫兄弟至親。一體而分。同氣異息。詩云。凡今之人。莫如兄弟。又云。兄弟鬩于牆。外禦其侮。言兄弟同休戚。不可與他人議之也。若己之兄弟且不能愛。何況他人。己不愛人。人誰愛己。人皆莫之愛。而患難不至者。未之有也。詩云。毋獨斯畏。此之謂也。兄弟手足也。今有人斷其左足。以益右手。庸何利乎。虺一身兩口。爭食相齕。遂相殺也。爭利而相害。何異于虺乎。

夫婦之道。天地之大義。風化之本原也。可不重歟。易艮下兑上咸。彖曰。止而説。男下女。故娶女吉也。巽下震上恒。彖曰。剛上而柔下。雷風相與。蓋久常之道也。是故禮。壻冕而親迎。御輪三周。所以下之也。既而壻乘車先行。婦車從之。反尊卑之正也。家人初九。閑有家悔亡。正家之道。靡不在初。初而驕之。至于狼犺。浸不可制。非一朝一夕之所致也。昔舜爲匹夫。耕漁于田澤之中。妻天子之二女。使之行婦道于翁姑。非身率以禮義。能如是乎。

禮自天子至于命士。媵妾皆有數。惟庶人無之。謂之匹夫匹婦。是故關雎美后妃。樂得淑女以配君子。慕窈窕思賢才。而無傷淫之心。至于樛木。螽斯。桃夭。芣苢。小星。皆美其無妒忌之行。文母十子。衆妾百斯男。此周之所以興也。詩人美之。然則婦人之美。無如不妒矣。

葛覃美后妃。恭儉節用。服浣濯之衣。然則婦人固以儉約爲美。不以侈麗爲美也。

晏子稱姑慈而從。婦聽而婉。禮之善物也。

雲濠謹案。四庫全書著録家範十卷。提要云。首載周易家人卦辭。及節録大學。孝經。堯典。詩思齊篇語。以爲全書之序。其後自治家至乳母凡十九篇。皆雜採史事可爲法則者。亦閒有温公所論説。與朱子小學義例差異。而用意略同。

其節目備具。簡而有要。似較小學更切于日用。且大旨歸于義理。亦不似顏氏家訓。徒揣摩于人情世故之間。朱子嘗論周禮師氏云。至德以爲道本。明道先生以之。敏德以爲行本。司馬温公以之。觀于是編。猶可見一代偉人修己型家之梗概也。

宋元學案補遺卷八目録

宋元學案補遺卷八

後學 鄞 王梓材 慈谿馮雲濠 同輯

涑水學案補遺下

温公易説

君子樂與人同。小人樂與人異。君子同其遠。小人同其近。同人象。

水之流也。習而不止。以成大川。人之學也。習而不止。以成大賢。坎大象。

心苟傾焉。則物以其類應之。故喜則不見其所可怒。怒則不見其所可喜。愛則不見其所可惡。惡則不見其所可愛。咸九四。

梓材謹案。四庫全書著録温公易説六卷。提要言。其大旨在闡明人事。不主空虚玄妙之談。

温公讀玄

余少之時。聞玄之名而不獲見。獨觀揚子雲之自序。稱玄盛矣。及班固爲傳。則曰。劉歆嘗觀玄。謂雄曰。空自苦。今學者有禄利。然尚不能明易。又如玄何。吾恐後人用覆醬瓿也。雄笑而不應。諸儒或譏以爲雄非聖人而作經。猶春秋吴楚之君僭號稱王。蓋誅絶之罪也。固存此言。則固之意雖愈於歆。亦未謂玄之善如揚子所云也。余亦私怪揚子不贊易而别爲玄。易之道其於天人之藴備矣。揚子豈有以加之。迺更爲一書。且不知其焉所用之。故亦不謂揚子宜爲玄也。及長。學易。苦其幽奥難知。以謂玄者賢人之書。校於易。其義必淺。其文必易。夫登喬山者必踐於峽嶂。適滄海者必沿於江漢。故願先從事於玄。以漸而進于易。庶幾乎其可跂而望也。于是求之積年。乃得觀之。初則溟涬漫漶。略不可入。迺研精易慮。屏人事而讀之數十過。參以首尾。稍得闚其梗概。然後喟然置書歎曰。嗚呼。揚子眞大儒者耶。孔子既没。知聖人之道者非揚子而誰。孟與荀殆不足擬。況其餘乎。觀玄之書。昭則極于人。幽則盡於神。大則包宇宙。細則入毛髮。合天地人之道以爲一。刮其根本。示人所出。胎育萬物而兼爲之母。若地履之而不可窮也。若海挹之而不可竭也。蓋天下之道雖有善者。其蔑以易此矣。考之于渾元之初。而玄已生。察之于當今。而玄非不行。窮之于天地之末。而玄不可亡。叩之以萬物之情而不漏。測之以鬼神之狀而不違。概之以六經之言而不悖。藉使聖人復生。視玄必釋然而笑。以爲得己之心矣。乃知玄者所以贊易也。非别爲書以與易競也。何歆固知之之淺而過之之深也。或曰。易之法與玄異。揚子不遵易而自爲之制。安在其贊易乎。且如與易同道。則既有易矣。何以玄爲。曰。夫畋者所以爲禽也。網而得之與弋而得之何以異哉。書者所以爲道也。易。網也。玄。弋也。何害其既設網而使弋者爲之助乎。子之求道亦膠矣。且揚子作法言。所以準論語。作玄。所以準易。子不廢法言而欲廢玄。不亦惑乎。夫法言與論語之道庸有異乎。玄之于易亦然。大廈將傾。一木扶之。不若衆木扶之之爲固也。大道將晦。一書辨之。不若衆書辨之之爲明也。學者能專精于易。誠足矣。然易。

天也。玄者所以爲之階也。將升天而廢其階乎。先儒爲玄解者多矣。然揚子爲文既多。訓詁指趣幽邃。而玄又其難知者也。故余疑先儒之解。未能盡契揚子之志。世必有能通之者。比老終且學焉。

陳了翁報楊中立游定夫論康節先天學曰。司馬文正與康節同時。友善而未嘗有一言及先天學。其著家範。于家人一卦而進取王弼之説。今之説易者方且厭常出奇。離日用而鑿太空也。又或謂文正擬先天之學。豈足以語二公弛張之意乎。

又曰。康節云。物理之學不可强通。强通則失理而入于迷矣。皇極之書不可以强通者也。失理之士捨仁義而迷小道。背來物而役私情。如是而取皇極者。文正闢焉。非與康節異心也。蓋伏羲文王之易一而不一。文正康節之學同而不同。皇王之㊀異。闔闢之義殊。易之所以爲異者未嘗二也。所謂伏羲之八卦。文王之八卦。未嘗異未嘗同也。曰一曰二曰異曰同者。皆求易之情爾。〇日星氣候之説未及深考。然以爻當朞既出於繫辭。而曆家二語又載於堯典。月令所紀皆節候也。鳥火虚昴可辨分至。辰弗集房則失閏可知。春秋日食之數。後世曆象十得七八。已號精密。是故離坎之上下。乾坤之南北。在六經者恐皆可考。不獨易也。孔子曰。寒往則暑來。暑往則寒來。寒暑相推而歲成焉。歲不能自成也。當有成歲之法。朞三百有六

㊀「之」下脱「時」。

旬有六日。以閏月定四時者。成歲之法也。治曆明時。乃先王莫大之政。以胤征考之可以見矣。王省惟歲。而成歲之法付之有司。有司失職。必誅無赦。非如他罪之可宥也。夫何聖而不然哉。賴此以授民時也。敢不欽乎。然而聖人之文。經天緯地。經出於上而緯在有司。上揆下守。民時所賴。皆不可以不欽也。○稽覽配合之説。一本于緯。曆法之所取而有司之所當習也。康節云。洛下閎但知曆法。唯揚子雲知曆法又知曆理。易之在先天者。非曆理乎。文正讀太玄説曰。測之以鬼神之狀而不違。概之以六經之書而不悖。借使聖人復生。視玄必釋然而笑。以爲得已之心矣。乃知玄者所以贊易。非別爲書而與易競也。又曰。夫畋者網而得之與弋而得之何以異哉。易。網也。玄。弋也。何害不既設網而使弋者爲之助乎。又曰。孔子既殁。知聖人之道者。非揚子而誰。孟與荀殆不足以擬。況其餘乎。瓘淺陋。初不知玄。嘗輕議其書。而妄評其是非。自聞康節之言。始索子雲于曆理之内。及觀文正之論。然後知太玄不可不學。而冥冥然未有入路。尚苦其字之難識。況欲遽測其祕奥乎。文正自謂求之積年。乃得覩之。讀之數十過。參以首尾。稍得闚其梗概。然後喟然置書。歎子雲爲眞大儒矣。凡文正之學。主之以誠。守之以謙。得十百而説一二。其于玄也。不覩不到則其言不若是矣。

温公説玄

易與太玄大抵道同而法異。易畫有二。曰陽一。曰陰一。玄畫有三。曰一一。曰二一。曰三一。易有六位。玄有四重。

最上曰方。次曰州。次曰部。次曰家。本傳所謂參摹而四分之。極于八十一者也。

易以八卦相重爲六十四。玄以一二三錯于方州部家爲八十一首。

凡家每首輒變三首而復初。如𝌆中𝌇周𝌈礥之類是也。部三首一變九而復初。如𝌆中𝌉閑𝌌上之類是也。州九首一變二十七首而復初。如𝌆中𝌏羨𝌘從之類是也。方二十七首一變八十一首而復初。如𝌆中𝌡更𝌼減之類是也。八十一首以上不可復如。故曰自然之道也。

易每卦有六爻。合爲三百八十四爻。玄每首有九贊。合爲七百二十九贊。

圖曰。玄有二道。一以三起。一以三生。以三起者。方州部家也。以三生者。三分陽氣。以爲三重。極爲九營。是爲同本離生。天地之經也。本傳曰。雄覃思渾天。參摹而四分之極于八十一者。謂玄首也。又曰。旁則參摹九據極于七百二十九者。謂玄贊也。首猶卦也。贊猶爻也。又曰。觀易者見其卦而名之。觀玄者數其畫而定之。玄首四重者非卦也。故易卦六爻。爻皆有辭。玄首四重。而別爲九贊。以繫其下。然則首與贊分道而行。不相因者也。皆當朞之日。

易卦氣起中孚陰。震離兑坎四正卦二十四爻。主二十四氣外。其餘六十卦。每卦六日七分。凡得三百六十五日四分日之一。中孚初九。冬至之初也。頤上九。大雪之末也。周而復始。玄八十一首。每首九贊。凡七百二十九贊。每二贊合爲一日。一贊爲晝。一贊爲夜。凡得三百六十四日半。益以踦贏二贊。成三百六十五日四分日之一。中初一。冬至之初也。踦贏二贊。大雪之末也。亦周而復始。凡玄首皆以易卦氣爲次序。而變其名稱。故中者中孚也。周者復也。礥閑者屯也。少者謙也。戾者睽也。餘皆放此。故玄首曰。八十一首。歲事咸貞。測曰。巡乘六甲。與斗相逢。曆以紀歲。百穀時雍。皆謂是也。

易有元亨利貞。玄有罔直蒙酋冥。

五者太玄之德。罔。北方也。于易爲貞。直。東方也。于易爲元。蒙。南方也。于易爲亨。酋。西方也。于易爲利。冥者。未有形也。故玄文曰。罔蒙相極。直酋相勑。出冥入冥。新故更代。玄首起冬至。故分貞以爲罔冥。罔者冬至以後。冥者大雪以前也。

易大衍之數五十。其用四十有九。玄天地之策各十有八。合爲三十六策。地則虛三。用三十三策。易揲之有四。玄揲之以三。

太玄揲法。掛一而中分。其餘以三揲之。并餘于扐。一扐之後。而數其餘。七爲一。八爲二。九爲三。

易有七九八六謂之四象。玄有一二三謂之三摹。

皆畫卦首之數也。

易有彖。玄有首。

彖者卦辭也。首者亦統論一首之義也。

易有爻。玄有贊。易有象。玄有測。
測所以解贊也。
易有文言。玄有文。
文解五德。并中首九贊。文言之類也。
易有繫辭。玄有攡瑩棿圖告。
五者皆推贊太玄。繫辭之類也。
易有説卦。玄有數。
數者論九贊。所象説卦之類也。
易有序卦。玄有衝。
衝者序八十一首。陰陽相對而解之。序卦之類也。
易有雜卦。玄有錯。
錯者雜八十一首而説之。
殊途而同歸。百慮而一致。皆本于太極兩儀三才四時五行。而歸于道德仁誼禮也。

温公太玄曆

星紀初斗十二度大雪。　　中牽牛初冬至。

元枵初婺女八度小寒。　中危初大寒。
諏訾初危十六度立春。　中營室十四度驚蟄。今曰雨水。
降婁初奎五度雨水。今曰驚蟄。　中婁四度春分。
大梁初胃七度穀雨。今曰清明。　中昴八度清明。今曰穀雨。
實沈初畢十二度立夏。　中井初小滿。
鶉首初井十六度芒種。　中井三十一度夏至。
鶉火初柳九度小暑。　中張三度大暑。
鶉尾初張十八度立秋。　中翼十五度處暑。
壽星初軫十二度白露。　中角十度秋分。
大火初氐五度寒露。　中房五度霜降。
析木初尾十度立冬。　中箕七度小雪。
角十二。亢九。氐十五。房五。心五。尾十八。箕十一。東七十五度。
斗二十六。牛八。女十二。虛十。危十七。營室十六。壁九。北九十八度。
奎十六。婁十二。胃十四。昴十一。畢十六。觜二。參九。西八十度。
井三十三。鬼四。柳十五。星七。張十八。翼十八。軫十七。南百一十二度。
太初上元正月甲子朔旦冬至無餘分。後千五百三十九歲。甲辰朔旦冬至無餘分。又千五百三十九歲。甲申朔旦冬至無餘分。又千五百三十九歲。還甲子朔旦冬至無餘分。十九歲爲一章。二十七章五百一十三歲一會。會者日月交會。一終也。八十一章千五百三十九歲爲一統。從子至辰。自辰至申。自申至子。凡四千六百一十七歲爲一元。元有三統。統有三會。會有二十七章。九會而復元。一章閏分盡。一會月食盡。一統朔分盡。一元六甲盡。

踦當四十分十六秒。

贏當二十分八秒。

漢曆以八十一爲日法。一歲三百六十五日。以日法乘之。得二萬九千五百六十五分。益以四分日之一二十分少。合二萬九千五百八十五分少。以二十四氣除之。每氣得一千二百三十二分餘一十七分少。以三十二乘分八乘少。通分內子爲五百五十二。又除之。得二十三秒。

每氣得一千二百三十二分二十三秒。以三十二爲秒母。

每首得三百六十四分十六秒。

每贊得四十分十六秒。

求氣所入贊法。置冬至一氣分秒。以首分秒去之。不滿首者以贊分秒去之。餘若干分秒。算外命之。得小寒所入首贊分秒。求次氣。置前氣所餘分秒。益以一氣分秒。如前法求之。秒數少散分爲三十二。

求星置其宿度數倍之。以首去之。所餘算外。即日所躔宿之贊。又倍次宿度數以益之。去如前法。

置玄首去中首減一而九之。其半加一。命之自牽牛。則所得之星也。范叔明。

梓材謹案。直齋書録解題言。太玄曆者亦襄陵許翰所傳。云。温公手録。不著何人作。考張氏萱内閣書目。總舉司馬氏讀玄。説玄。太虚曆。則亦温公作也。

潛虚林竹溪録語。

元。始也。至好學。智之始也。

竹溪曰。此數語佳。

慎于舉趾。至機正其矢。

竹溪曰。謹矢意也。荀子尚書已有此意。

裒。聚也。至聖賢聚而國。

竹溪曰。此數語比象。其詞甚佳。

三。百毒之聚。至惟物之蠱。

竹溪曰。勝者毒之甚者也。衆毒之中。必推其甚者以爲主。喻小人之黨。其主者必桀詰。其爲世害必矣。蠱。敗也。

五。菟絲之荽。附草絶根。

竹溪曰。荽多也。附之草。豈能生。喻所附匪人。必不久也。

六。人倮而繫。獸猛而殫。梓材案。此文今本爲哀之二變。

竹溪曰。倮無爪牙也。獸雖猛而必盡。人有道則愈蕃。

柔四。蜚石之落。抗之以幕。

竹溪曰。强弩不穿魯縞。即是此意。喻柔可制剛也。

六。蒲梁柳轂。傾榱脱輻。

竹溪曰。梁敗則榱傾。轂敗則輻脱。以弱力勝重任。無不敗者。

剛三。目瞋耳寒。至螻蟻之食。

竹溪曰。言恃力者必敗。太剛則折。即此意。

雍六。鹽梅不適。羹棄不食。

竹溪曰。相與以和。則事可濟。調羹而醎酸不適。人誰食之。

昧。晦也。至與時偕行。

竹溪曰。得此三句比象也。頗有味。

初。取足于己。不知外美。

竹溪曰。被褐懷玉。即是此意。

四。冥行失足。或導之燭。

竹溪曰。時弱之人。能得所輔。則可自安。

五。無相之瞽。闇户而處。

竹溪曰。不明而無助。能退而自序。則可免禍。

上。偶人守金。衆盜攸侵。

竹溪曰。愚暗而處高位。必爲人所奪也。

昭三。察窮秋毫。物駭而逃。

竹溪曰。太察無徒。卽是此意。

五。循牆不蹶。秉燭而跌。

竹溪曰。知畏者可自保。恃明者必罹害。

容上。樛木之垂。甘匏之纍。（梓材案。今本作甘瓠。）

竹溪曰。用樛木詩意。

言二。人不我知。饋金而疑。

竹溪曰。此乃未信而諫。人必見疑之意。

慮三。澄源正本。執天之鍵。

竹溪曰。下一句佳。然執神之機。乃韓語也。

聆二。苦言刺耳。惟身之利。（梓材案。此文今本爲聆之四變。）

竹溪曰。言苦口者利于行。亦前人語。

覿初。粉澤之暉。至明者識微。

竹溪曰。暉。華也。外雖粉澤。中藏機穽。明者則知之。

懠初。匪怒之遒。至拔刃難收。

竹溪曰。遒。勁也。言怒之來。必以理察。既發。則不可悔矣。下四字佳。

三。快心一朝。至烏鳶之求。

竹溪曰。招悔也。一朝之忿忘其身。卽此意。下八字設喻卻佳。

六。忍之少時。福禄無期。

竹溪曰。觸來勿與競。事過心清涼。卽此意也。

得四。豨腹饕饕。爲人益膏。

竹溪曰。小人貪得不自享。此八字甚佳。

湛三。醉飽之惛。至盜倚其門。

竹溪曰。以貴爲樂。不能爲曲突徙薪之慮。禍將至矣。

四。酒食衎衎。至繩墨不遠。

竹溪曰。用抑詩意。下四字卻佳。

六。家有韶濩。外忘其慕。

竹溪曰。金朱樂也外。顔氏樂也内。卽此意也。

苒四。兔跳而蹻。至弧張肘縮。

竹溪曰。兔先蹻而後跳。鳥先伏而後飛。欲張弧者必縮其肘。能退則能進也。三句俱佳。

六。駑馬之疲。至轂羽雖飛。墜于藩籬。梓材案。雖飛今今㊀本作强蜚。

竹溪曰。不量力以求進。必至自敝。

上。日没而征。至遇淖逢兵。梓材案。今本作遇棹。

竹溪曰。不知時而貪進。必遇禍也。淖用左氏晉事。

卻初。一葉于蜚。至我心傷悲。

竹溪曰。一片花飛減卻春。卽此意也。

二。納履而顧。心留迹去。

竹溪曰。納履將行也。顧者欲留也。僞爲退而心實戀戀。此二句佳。

三。唾面不辱。至或擠諸谷。

竹溪曰。忍辱無恥。不知自退。受禍必多。

四。雲蜚于江。至車稅于宇。

竹溪曰。見雲藏舟。聞雷止車。知幾知退也。

㊀「今今」衍一「今」。

六。膳珍不御。至勿須其飫。
竹溪曰。飫飽也。致食而去。不求自飽。此不戀榮華。自知早退者之喻。
上。龍登于雲。至下人式瞻。
竹溪曰。龍在雲中。而卷其尾相去也。則人望而羡之。人能知退。則世皆貴之矣。
庸六。井污而久。蟲羃其口。
竹溪曰。井久不潔。則飛蟲覆其上如羃然也。
蠢五。鑿凍樹稷。勞而無得。
竹溪曰。凍地豈宜種。徒勞動而無功。卽耕石田之意。
六。樹穀于雨。拔草于暑。
竹溪曰。言及時也。此八字佳。
訒二。養虺從蝗。匪仁之方。
竹溪曰。蝗虺當去而養之縱之。不知仁者也。
忱四。父子乖離。至既不在辜。
竹溪曰。父子至親。纔有離間。雖吐心亦疑之。況他人乎。上八字佳。
六。小信之必。至君子不由。
竹溪曰。信不近義。非信也。尾生之信。則失誼矣。

戛四。掣牛之狂。服畒遵場。
竹溪曰。牛雖狂。苟能掣之。可使服田。此以禮制心之喻。
六。斐如煌如。至四海王如。
竹溪曰。下五如字。模倣易之突如焚如也。
暱三。竹枯不拔。蚿死不蹶。
竹溪曰。百足之蟲。死而不僵。曹子建已用之。言人必親親也。
四。條亡栟存。或斧之根。
竹溪曰。詩云。枝葉未有害。本實先撥。此云。條已亡。其栟僅存。又斧其根。意卻稍異。
六。割臂斮足。至其肌不屬。
竹溪曰。此爲棄親即他人之喻。莊子隨珠彈雀。臂重于天下。亦此意。
續三。鸄子滿腹。不如蜾蠃之不育。
竹溪曰。有子不才。不如無也。
考五。囊金篋玉。至盜守其屋。梓材案。今本作匣玉。
竹溪曰。徒遺以富貴而不教之。他人有覬覦之意矣。
徒初。出門擇術。至之晉而粵。

竹溪曰。千里失于跬步。即是此意。有衆而不能用。必失之矣。

醜四。總角綢繆。至注矢操矛。

竹溪曰。爲交不終。耳餘是也。

上。一首三尾。先完後毁。惟初之辠。

竹溪曰。始交而終暌。擇之不早也。此三句佳。

隸。臣也。地不天。不能以生。至臣不君。不能以功。

竹溪曰。此比象辭。言人必有所主也。

三。一身三首。蜂蟻所醜。

竹溪曰。忠臣不事二主。劉牢之犯此戒矣。八字極工。

四。登邱而俛。至百禄簡簡。

竹溪曰。登邱而俛。居高能自卑也。置烝而遠。雖相親而不暱以合也。

六。顔戴其勞。至或傳之刀。梓材案。今本作顔載。

竹溪曰。顔戴其勞。有矜色也。以揚其高。自夸功也。或傳之刀。必見殺也。

林。君也。三人無主。不能共處。

竹溪曰。盗賊之人。亦必有爲首者。此八字甚佳。

禋五。繭栗之角。至上帝是享。

竹溪曰。禋雖薄。能盡其忱。帝亦歆之。

準初。堇茶㊀之萌。至燎火熒熒。沃不盡瓶。梓材案。今本作燎㊁火。

竹溪曰。惡之初生。除之必早。能薙能沃。則惡草必去。燎火必滅矣。此小懲大戒之意。不盡瓶者。不用多也。

二。膂夫執銍。蘭艾同剸。至獸駭而突。梓材案。同剸今本作同剎。

竹溪曰。不善用法。則善惡無別矣。上罔下畢。法太密也。此四句佳。

聲三。蔽葉之蜩。至蜚鳥之招。

竹溪曰。虛名自務。必自禍也。三句佳。

興三。澣垢縫裂。揞攲補缺。

竹溪曰。此興滯補弊之意。二句佳。

五。熒出于灰。可以焚萊。梓材案。今本熒出上尚有二句。

竹溪曰。小能致大。不可忽也。

六。困埶而憩。望遠而晞。原註。埶。倦也。音劇。晞。訝几切。

㊀「茶」當爲「荼」。

㊁「燎」當爲「燈」。

竹溪曰。力小任重。欲罷不能。嗟何及矣。

泯初。蜩鳴于林。裓衣袈衾。

竹溪曰。大寒索裘。與此異矣。

餘。終也。天過其度。至聖賢無餘。則光澤不遠矣。

竹溪曰。此數語有味。

齊。衆星拱極。至必不可易。

竹溪曰。上八字佳。元餘齊無變。只有此數語。

梓材謹案。竹溪又云。五十五行。除元餘齊無變之外。五十二行每行七變。共三百六十四變。有七變皆有詞者。有七變皆無詞者。有一行一變者。二變者。三四變者。總而計之。共一百七十六。今所摘者六十七而已。其六蓋比象之辭。

附潛虛說

朱子書張氏所刻潛虛圖後曰。范仲彪炳文嘗示予以潛虛別本。則其所闕之文尚多。問之云。温公晚著此書。未竟而薨。故所傳止此。蓋嘗以其手稾屬景迂晁公補之。而晁謝不敢也。因從炳文借得寫本藏之。近得泉州季思侍郎所刻。則首尾完具。無一字之闕。讀至剛行。遂釋然曰。此贗本也。本書所有句皆協韻。如易彖文象。元首贊測。其今有而昔無者。行變尚協。而解獨不韻。此蓋不知也。字處末則上字爲韻之例爾。又考炳文之書。命圖之後。跋語之前。别有凡例二十六字。尤爲命圖之關紐。而記占四十二字。注六字。又足以見占法之變焉。今本顧亦無之。故其所附論説。徒知以吉凶臧否平爲所遇之占。而不知其所占者之又有所待而然也。今復得鄉人張氏印本。乃泉本之所自出。于是始出舊書授學者。使以相參。凡非温公之舊者。悉朱識以别之。凡行之全者七。補者二十有六。變百八十有八。解二百一十有二。又補命圖九。凡例記占之闕。大小七十有四字。而記其所聞於炳文者如此。使覽者有以考焉。

晁公武讀書志曰。潛虚是五行爲本。五五相乘爲二十五。兩之爲五十。首有氣體性名行變解七圖。然其辭有闕者。蓋未成也。

陸放翁跋潛虚曰。學者必通易。乃能以其緒餘通玄。玄既通矣。又以其餘及虚。非可以一旦驟得也。劉君談虚如此。則其于易與玄可知矣。司馬丞相乃謂己學不足知易。故先致力于玄。蓋謙云耳。

王深寧困學紀聞曰。潛虚。心學也。以元爲首。心法也。人心其神乎。潛天而天。潛地而地。温公之學。子雲之學也。先天圖皆自中起。萬化萬事生乎心。豈惟先天哉。連山始艮。終而始也。歸藏先坤。闔而闢也。易之乾。太極之動也。元之中。一陽之初也。皆心之體。一心正而萬事正。謹始之義在其中矣。邵子曰。元其見天地之心乎。愚于虚。亦云。虚之元。卽乾坤之元。卽春秋之元。一心法之妙也。張文饒衍義以春氣釋元。似未盡本旨。

熊天慵曰。潛虚之言曰。萬物皆祖于虚。虚生于氣。氣以成體。體以受性。性以辨名。

名以立行。行以俟命。故潛虛有氣圖。其次體圖。又其次性圖。又其次名圖。又其次行圖。又其次命圖。其目凡六。而張氏或言八圖者。行圖中有變圖解圖也。潛虛主河圖。所謂原委。即天一地六之水。所謂熒焱。即地二天七之火。所謂本末。即天三地八之木。所謂卝刃。即地四天九之金。所謂基冢。即天五地十之土。一與六合。一得五成六。二與七合。二得五成七。三與八合。三得五成八。四與九合。四得五成九。五與十合。五得五成十。皆稟中宫戊己之功。此潛虛五十五行。所以齊行獨居中也。潛虛之畫。即如今人布算之籌。潛虛之行。即如周易之卦。行有七變。即如卦有六爻。變有解辭。即如爻有小象。然周易以八乘八則爲六十四卦。潛虛以十乘十宜爲百行而止五十五行。兹所以潛虛也。五十五者。天地自然之數。以氣圖觀之。原一。熒二。本三。卝四。基五。委六。焱七。末八。刃九。冢十。湊合成五十五數。以體圖觀之。一元之下從左體逆推。二等止于二。三等止于三。四等止于四。五等止于五。六等止于六。七等止于七。八等止于八。九等止于九。十等止于十。亦自然爲五十五數。最是性圖。先列十純。十純既浹。其次降一。其次降二。其次降三。其次降四。至五配而性脩。始于純。終于配。尤足以見五十五數自然之妙。至于名圖。所以具五十五行之名。行圖。所以見五十五者之行。命圖。所以著夫吉凶臧否平之五變。五十五行之中。每行七變。元餘齊三行不占。則五十二行該三百六十四變。元當一變。餘則奇分。是爲三百六十五變有奇。上應周天三百六十五度四分度之一。可以步天軌。可以協歲紀。此則潛虛之大概也。然而圖不盡意。學者但觀圖上之言。而未嘗布蓍執策以試其周流變動之處。則不過曰潛虛者虛其半而已。是豈足以知潛虛哉。

又曰。周易之蓍五十。虛一而用四十九。潛虛之蓍七十五。虛五而用七十。周易以四揲之。潛虛以十揲其名而以七揲其變。周易揲蓍平分之後先取右一蓍。掛于左手之左。右皆揲十有八變而成卦。潛虛揲蓍平分之後取左一蓍。掛于右。初揲左則虛右。次揲右則虛左。此亦虛半之意。至于定名之餘。斂蓍復揲。取陰取陽。此又于虛半之中兩開其端。故其法曰五行相乘得二十五。又以三才乘之得七十五。言蓍數所由定也。

方桐江讀潛虛疑跋曰。揚雄太玄八十一首。一首九贊。以配乎天之三百六十六晝夜。其中首起于冬至。司馬公潛虛五十二名。一名七變。始于元。終于餘。各一變。以配乎天之三百六十日。其法亦始于冬至。子雲自謂以玄準易。而張敦實又以虛爲準玄。回有所未喻。夫易。自一奇一耦而爲兩儀。自一陰一陽加奇耦而爲四象。自老陰老陽少陰少陽又加奇耦而爲八卦。又加奇耦以至于六十四卦。一卦六爻。爲三百八十四爻。其所以占吉凶悔吝。有千變萬化不可窮之妙。而其實不過一陰一陽而已。陰四卦二十四爻分配四季二十四氣。而以復卦七日來復爲六日七分之説。以三百六十爻分配一年。聖人作易本不如是之拘也。皆出於漢儒傅會之説。子雲之玄準之曆法。則若可觀矣。以之準易。則一首爲四日半。占得某日之贊。或某夜之贊。以定吉凶。則臆固未必果驗。徒有其辭。頗若瑰璚可喜耳。司馬公之虛一名七變。一變爲一日。其吉凶臧否恐亦無驗。而所取謂法五行。爲宮商角徵羽加變宮變徵爲一名七贊者。此杜撰一也。齊爲中無位。元爲始。餘爲終。皆一變不占。它五十二名之初亦皆不占。不知此何所據。此杜撰二也。五十二名各一變。外三名無一位兩皆一變。實五十五名。以性動情事德家國政功業。自柔至隆。五名而分一字。以元哀散餘齊五名爲形之運。總十一字以括之。雖若每五名皆配五行。合天地五十五之數。然其實意義不通。倫序無理。此杜撰三也。且其五十五名之所以立。唯柔剛容言等字不事深僻。其他故爲改更。以示難解。如喜怒哀樂則易曰繇濟罹湛。如進退動靜則易曰前卻妥蠢。如仁義禮智則易曰訒宜喆戛。如夫婦子父則易曰特偶續考。如師衆君臣則易曰范徒林隸。則又皆杜撰之淺近。自謂文以艱深。若足以惑人者。其不爲子雲之牀下牀。吾不信也。且易之占乘承應否内外正悔。或得全卦。或得一爻。天子庶人若貴與賤隨所得而義無窮。不占而玩。亦足進德。若玄與虛。徒能巧取名數。擬配歲紀。以爲美觀。而于占則甚淺。于義理則拘而不通。學者勿惑焉可也。文公謂潛虛非司馬公全書。好事者僭成之云。

宋體仁潛虛易説曰。天地之數陽奇陰耦。陽不獨立也。必以陰對待。故一必二。二必四。小數極于四。凡一二三四生數也。大數極于九。凡七八九六成數也。至五則變居數上。而天地之數備矣。至十則復爲一三五。合而成陰陽之功。萬物變化鬼神之用也。天數五。一三五七九陽奇之數也。地數五。二四六八十陰耦之數也。奇與耦相得。一必有二也。奇與耦相合。

一生水而六成之也。以五生數合五成數。故小衍之則成一。大衍之則成五十也。成必有損。故損一以爲用。其用四十有九也。合五奇五耦。則天地之數五十有五矣。此天然之數也。潛虛乃以五行生數爲原熒本卝基。五行成數爲委焱末刃冢。又以生成之數十則去一而存九。去二而存八。泝而上之。去七六五四三二一。至十則不去。積所去之數四十五而存其五十五行。以爲潛虛。此人爲之數也。夫易太極生兩儀。兩儀生四象。四象生八卦。奇而耦。耦而奇。三才之道備矣。乾坤闔闢。化育之功也。天地變化。生物之序也。一往一來。復姤之道也。一進一退。否泰之機也。又若損之懲忿窒欲。益之遷善改過。嗚謙則吉。嗚豫則凶。天時人事之理蔑以加焉。雖然。久于斯道者。其惟恆乎。至若吉凶禍福消長存亡之幾。以此知來。以此藏往。亦曰誠而已矣。

温公傳家集

子罕言命。子貢稱夫子之言性與天道不可得而聞。是則天道精微。非聖人莫能知。夫天道窅冥恍惚。若有若無。雖有端兆示人而不可盡知也。非天下之至神。其孰能與於此。是以聖人之教。治人而不治天。知人而不知天。原命。

孟子以爲人性善。其不善者外物誘之也。荀子以爲人性惡。其善者聖人教之也。是皆得其一偏。而遺其大體也。夫性者。人之所受於天以生者也。善與惡必兼有之。故揚子以爲人之性善惡混。混者善惡雜處于身中之謂也。顧人擇而修之何如耳。如孟子之言。所謂長善者也。荀子之言。所謂去惡者也。揚子則兼之矣。韓文公解揚子之言。以爲始也混。而今也善惡。亦非知揚子者也。性辯。

情與道一體也。始死而悲者。道當然也。久而寖衰者。亦道當然也。姑始死而不悲。是豺狼也。悲而傷生。是忘親也。豺狼不可。忘親亦不可。是以聖人制服日遠日輕。有時而除之。若此者非他。皆順人情而爲之也。情辯。

大學曰。致知在格物。格。猶扞也。禦也。能扞禦外物。然後能知至道矣。鄭氏以格爲來。或者猶未盡古人之意乎。致知在格物論。

賢者。才與德之謂。才者。存諸天。德者。存諸人。智愚勇怯。才也。愚不可强智。怯不可强勇。四者有常分而不可移。故曰存諸天。善惡逆順。德也。人苟棄惡而取善。變逆而就順。孰禦之哉。故曰存諸人。雖然。自非上聖。必有偏也。厚于才者或薄于德。豐于德者或殺于才。鈞之不能兩全。寧捨才而取德。然則德者掌也。才者指也。掌亡則指不可用矣。才德論。

君子從學貴于博。求道貴于要。道之要在治方寸之地而已。大禹謨曰。人心惟危。道心惟微。惟精惟一。允執厥中。危則難安。微則難明。精之所以明其微也。一之所以安其危也。要在執中而已。中庸曰。喜怒哀樂之未發謂之中。發而皆中節謂之和。是中和一物也。養之爲中。發之爲和。故曰中者天下之大本也。和者天下之達道也。豈惟聖賢所共由哉。天地之所以生成萬物。靡不由之。故曰致中和。天地位焉。萬物育焉。中和論。

劉康公曰。民受天地之中以生。所謂生者乃生存之生。非始生之生也。中者天地之所以立也。在易爲太極。在書爲皇極。在禮爲中庸。聖人制動作禮義威儀之則。所以教民不離于中。不離于中所以定命也。是故調六律五聲八音七始以形容其心。制吉凶賓軍嘉禮以軌物其德。使當時及後世之人。聽其樂則洋洋乎其心和。循其禮則肅肅然其體正。大夫士朝夕出入起居。未嘗不在禮樂之閒。以收其放心。檢其慢志。此禮樂之所以爲用也。答范景仁書。

夫養生用中和。猶割雞用牛刀。所益誠微。然生非中和。亦不可養也。譬如用勺水滌一器。景仁見而責之曰。水所以浮天載地。生育萬物。汝何得用之滌器。如此則可乎不可乎。又云。孟軻養浩然之氣。言榮辱禍福不能動其心。非除病之謂也。夫志。氣之帥也。苟不以中和養其志。氣能浩然乎。苟氣不浩然。則榮辱禍福交攻之。終日戚戚。隕穫充詘。能無病乎。鄙者所蒙教誨。何敢忘之。但當熟讀中庸以代素問病原。熟讀樂記以代考工記律曆志。庶幾有得于桑榆。啓發其端。皆自益友之賜也。與范景仁論中和書。

范忠文答曰。示諭在書爲皇極。在禮爲中庸。在天爲中和。在人爲中和。天不中不和則病人。人不中不和則病天。此所謂天人相與之道也。孔子大聖。不能救周之衰。孟子養浩然之氣至大至剛。不能救戰國諸侯之亂。何則。無位也。若夫閭巷之閒。數十百家同一日時。無貧富貴賤賢不肖。或病或死。此所謂天病人也。天病人者。人病天也。豈一人之身所致哉。

有位者之職也。君實體孔孟之道者。家居而欲天地位焉。萬物育焉。難矣哉。前獻樂議已拒之。今獻中和之論又不售。若墨翟守千仞之城以待勍敵。使某何自而入焉。夫聚財異于用兵。用兵則貴必勝。聚財則貴多得。今某屢有所獻。皆不克納。借使某服其不勝。然于景仁亦何得哉。與景仁再論中和書。

忠文答曰。以律生尺。黄帝之法也。以尺生律。蔡邕及魏以來諸儒之誤也。邕又謂銅律爲銅龠。君實以邕及魏晉以來諸儒之誤見。貺某報以黄帝之法。豈非諒直而忠告者耶。至若人有生而中和者。有生而暴戾者。生而中和。得禮樂以輔導之。則爲賢爲聖。以至于神而不可知。生而暴戾。得禮樂以教訓之。則爲善良爲賢才矣。不得禮樂則遂爲惡人。不可悛革者也。至于天地位。萬物育。要須見在位設施之如何。二説皆未可置。必是非定乃已。來諭以中和作樂及養生之議未可置。必是非有定乃止。此議上有先聖。下有來哲。是非必有所定。若但以筆舌相攻。則某與景仁借令有老彭壽。是非何時而定耶。是以置之。昨在鄉里作絶四及致知在格物二論。輒敢録呈。有不合于理處。更告景仁攻難。庶得求其是而從之。勿以前不受教。遂棄之也。與范景仁第八書。

近歲公卿大夫務爲高奇之説。流及新進後生。口傳耳剽。讀易未識卦爻。已謂十翼非孔子之言。讀禮未知篇數。已謂周官爲戰國之書。讀詩未盡周南召南。已謂毛鄭爲章句之學。讀春秋未知十二公。已謂三傳可束之高閣。循守注疏者謂之腐儒。穿鑿臆説者謂之精義。且性者子貢之所不及。命者孔子之所罕言。今人發口秉筆。先論性命。乃至流蕩忘返。入于老莊。以此欺惑考官。獵取名利。非國家教人之正術也。論風俗劄子。

天下有道。君子揚于王庭。以正小人之罪。而莫敢不服。天下無道。君子括囊不言。以避小人之禍。而猶或不免。倘人生昏亂之世。不在其位。四海橫流。而欲以口舌救之。臧否人物。激濁揚清。撩蛇虺之頰。踐虎狼之尾。以致身被淫刑。禍及朋友。士類殲滅而國隨以亡。不亦悲乎。夫惟郭泰既明且哲。以保其身。申屠蟠見幾而作。不俟終日。卓乎其不可及也。保身說。

虞書曰。兢兢業業。一日二日萬幾。幾之爲言。微也。言當戒懼萬事之微也。夫水之微也。捧土可塞。及其盛也。漂木石。没邱陵。火之微也。勺水可滅。及其盛也。焦都邑。燔山林。故治之于微。則用力寡而功多。治之于盛。則用力多而功寡。是故聖帝明王皆銷惡于未萌。弭禍于未形。天下陰被其澤而莫知其所以然也。夫宴安怠惰肇荒淫之基。奇巧珍玩發奢泰之端。甘言卑辭啓僥倖之塗。附耳屏語開讒賊之門。不惜名器導僭逆之源。假借威福授陵奪之柄。凡此六者。其初甚微。朝夕狎玩未覩其害。日滋月益遂至深固。比知而革之。用力百倍矣。重微規。

吾家本寒族。世以清白相承。吾性不喜華靡。自爲乳兒時。長者加以金銀華美之服。輒羞赧棄去之。

平生衣取蔽寒。食取充腹。亦不敢服垢弊以矯俗干名。但順吾性而已。以上訓儉。

誠實以啓人之信我。樂易以使人之親我。虛己以聽人之教我。恭己以處人之敬我。自簡以杜人之議我。自反以息人之罪我。容忍以容人之欺我。勤儉以補人之侵我。警悟以脱人之陷我。奮發以破人之量我。遜言以免人之卑我。危行以銷人之鄙我。靜定以處人之擾我。從容以待人之迫我。游藝以備人之棄我。勵操以去人之污我。直道以伸人之屈我。動徹以解人之疑我。量力以濟人之求我。盡心以報人之任我。弊端必須勿始于我。凡事無但知私于我。聖賢每存心于無我。天下之事盡其在我。我箴。

讀書知禮之人不可慢他。高年有德之人不可輕他。有恩有義之人不可忘他。無父無君之人不可饒他。忠言逆耳之人不可惱他。反面無情之人不可交他。平生梗直之人不可疑他。過後反覆之人不可託他。富貴暴發之人不可羨他。時運未來之人不可欺他。不識高低之人不可保他。不達時務之人不可依他。輕諾寡信之人不可準他。花言巧語之人不可聽他。好評陰私之人不可近他。恃刁撒潑之人不可惹他。飲酒不正之人不可請他。來歷不明之人不可留他。貧窮性急之人須要慰他。顛倒落難之人須要扶他。他箴。

余何游乎。余將游聖人之門。仁人之里。非聖不師。非仁不友。可乎。未可。不若游衆人之場。聞善而遷。觀過而改。友箴。

凡人君之要道在于進賢退不肖。賞善罰惡而已。爵禄者天下之爵禄。非以厚人君之所喜也。刑罰者天下之刑罰。非以快人君之所怒也。是故古者爵人于朝與士共之。刑人于市與衆棄之。明不敢以己之私心蓋天下之公議也。論治身治國所先。

治心以正。保躬以靜。進退有義。得失有命。守道在己。成功則天。爲者敗之。不如自然。無爲贊。

聰明壯勇之謂才。忠信孝友之謂行。正直中和之謂德。深遠高大之謂道。四言銘。

其系述曰。孔子稱才難。夫才者所受于天。非人所能强也。故推十合一曰士。千人曰俊。萬人曰傑。出于其類。拔于其萃。此其所以難也。聞言易悟曰聰。睹事易辨曰明。敢爲不懼曰勇。强力不屈曰健。有是四者。才則美矣。然未足恃也。自古恃才而不懃德行。以殺身喪家亡國者踵相及也。彼皆天之所與。非己之所爲。又奚足以驕人哉。君子則不然。有其才必思美其行以成之。盡心于人曰忠。不欺于己曰信。善父母曰孝。善兄弟曰友。夫孝友百行之先。而後于忠信。何也。苟孝友而不忠信則非孝友矣。能是四者。行則美矣。未及于德也。正直爲正。正曲爲直。適宜爲中。交泰爲和。正直非中和不行。中和非正直不立。若寒暑之相濟。陰陽之相成也。夫察目睫者不能見百步。瞻百步者亦不能見目睫。均是德也。執其近小而遺其遠大。守其卑淺而忘其高深。是猶不免爲小人焉。故君子好學不厭。自强不息。推之使遠。廓之使大。聳之使高。研之使深。發于心。形于身。裕于家。施于國。格于上下。被于四表。雖堯舜周孔莫不本于是矣。嗚呼。捨是而云道者。皆不足學也。

如通對李靖聖人之道曰。無所由亦不至于彼。彼道之方也。必無至乎。又對魏徵以聖人有憂疑。退語董常以聖人無憂疑曰。心迹之判久矣。皆流入于釋老者也。夫聖人之道始于正心。修身。齊家。治國。至于安萬邦。和黎民。格天地。遂萬物。功施當時。法垂後世。安在其無所至乎。

聖人所爲。皆發于至誠。而後功業被于四海。至誠心也。功業迹也。奚爲而判哉。如通所言。是聖人作僞以欺天下也。其可哉。又曰。佛。聖人也。西方之教也。中國則泥。又曰。詩書盛而秦世滅。非仲尼之罪也。虛玄長而晉室亂。非老莊之罪也。齋戒修而梁國亡。非釋迦之罪也。苟爲聖人矣。則推而放諸南海而準。推而放諸北海而準。烏有可行于西方不可行于中國哉。苟非聖人矣。則泥於中國獨不泥于西方邪。秦焚詩書之文。詩書之道盛于天下。秦安得滅乎。莊老貴虛無而賤禮法。故王衍阮籍之徒乘其風而鼓之。飾談論。恣情欲。以至九鼎覆没。釋迦稱前生之因果。棄今日之仁義。故梁武帝承其流而信之。嚴齋戒。弛政刑。至於百姓塗炭。發端唱導者。非二家之罪而誰哉。此皆議論不合于聖人者也。文中子補傳評。

雖有天下甚多之物。苟有以待之。無不各獲其處也。多而至於失其處者。非多罪也。無以待之。則十百而亂。有以待之。則千萬若一。今夫字書之於天下。可以爲多矣。然而從其有聲也而待之以集韻。天下之字以聲相從者無不得也。從其有形也而待之以類篇。天下之字以形相從者無不得也。既已盡之以其聲矣。而又究之以其形。而字書之變曲盡。類篇序。

夫投壺細事。游戲之類。而聖人取之以爲禮。用諸鄉黨。用諸邦國。其故何哉。鄭康成曰。投壺射之細也。古者君子射以觀德。爲其心平禮正。端一審固。然後能中故也。蓋投壺亦猶是矣。未審度於此。而取中於彼。仁道存焉。疑畏則疏。惰慢則失。義方象焉。左右前卻。過分則差。中庸著焉。得十失二。成功盡棄。戒慎明焉。是故投壺可以治心。可以修身。可以爲國。可以觀人。何以言之。夫投壺者不使之過。不使之不及。所以爲中也。不使之偏頗流散。所以爲正也。中正。道之根柢也。聖人作禮樂。修刑政。立教化。垂典謨。凡所施設。不啻萬端。要在納民心於平正而已。然難得而制者。無若人之心也。自非大賢守道敦固。則放薄傾移無不至。求諸少選且不可得。是故聖人廣爲之術以求之。投壺與其一焉。觀夫臨壺發矢之際。性無麤密。莫不聳然恭謹。志存中正。雖不能久。可以習焉。豈非治心之道歟。一矢之失。猶一行之虧也。豈非修身之道歟。兢兢業業。慎修如始。豈非爲國之道歟。君子之爲之也。確然不動其心。儼然不改其容。未得之而不慴。既得之而不驕。小人之爲之也。俯身引臂。挾巧取奇。苟得而無愧。豈非觀人之道歟。由是言之。聖人取以爲禮宜矣。投壺新格自序。

梓材謹案。四庫全書著録傳家集八十卷。提要稱。其大儒名臣固不以詞章爲重。然即以文論其氣象。亦包括諸家。凌跨一代。邵氏聞見録記王荆公推其文類西漢語。殆不誣。又稱其所作疑孟。今載集中。元白珽湛淵靜語謂。爲王荆公而發。考孟子之表章爲經。實自荆公始。或意見相激。務與相反。亦事理所有疑。珽必有所受之。亦可存以備一説也。

進資治通鑑表

伏念臣性識愚魯。學術荒疏。凡百事爲。皆出人下。獨于前史。麤嘗盡心。自幼至老。嗜之不厭。每患戰國以來。文字繁多。而布衣之士。讀之不徧。況于人主。日有萬機。何暇周覽。臣嘗不自揆。欲删削宂長。舉撮機要。取關國家興衰。繫民生休戚。善可爲法。惡可爲戒者。爲編年一書。使先後有倫。精麤不雜。私家力薄。無由可成。伏遇英宗皇帝資睿智之性。敷文明之治。思歷覽古事。用恢張大猷。爰詔下臣。俾之編集。臣夙昔所願。一朝獲伸。踴躍奉承。惟懼不稱。先帝仍命自選辟官屬。于崇文院置局。許借龍圖天章閣三館祕閣書籍。賜以御府筆墨繒帛及御前錢以供果餌。以内臣爲承受。眷遇之榮。近臣莫及。不幸書未進御。先帝違棄羣臣。陛下紹膺大統。欽承先志。寵以冠序。錫之嘉名。每開經筵。常令進讀。臣雖頑愚。荷兩朝知待如此其厚。隕身喪元。未足報塞。苟智力所及。豈敢有違。今差知永興軍。以衰疾不任治劇。乞就宂官。陛下俯從所欲。曲賜容養。差判西京留司御史臺及提舉嵩山崇福宫。前後六任。乃聽以書局自隨。給之禄秩。不責職業。臣既無他事。得以研精極慮。窮竭所有。日力不足。繼之以夜。徧閲舊史。旁採小説。簡牘盈積。浩如煙海。抉擿幽隱。校計毫釐。上起戰國。下終五代。凡一千三百六十二年。修成二百九十四卷。又略舉事目。年經國緯。以備檢尋。爲目録三十卷。又參考羣書。評其異同。俾歸一塗。爲考異三十卷。合三百五十四卷。自治平開局。迨今始成。歲月淹久。其間抵牾。不敢自保。罪負之重。固無所逃。重念臣違離闕庭。十有五年。雖身處于外。區區之心。朝夕寤寐。何嘗不在陛下左右。顧以駑蹇。無施而可。是以專事鉛槧。用酬大恩。庶竭涓塵。少裨海岳。臣今筋骸癯瘁。目視昏近。齒牙無幾。神識衰耗。目前所爲。旋踵遺忘。臣之精力。盡于此書。伏望陛下寬其妄作之誅。察其願忠之意。以清閒之燕。時賜省覽。監前世之興衰。考當今之得失。嘉善矜惡。取是捨非。足以懋稽古之盛德。躋無前之至治。俾四海羣生。咸蒙其福。

則臣雖委骨九泉。志願永畢矣。

梓材謹案。温公傳家集前有進通志表。謝賜資治通鑑序表。四庫書目著録資治通鑑二百九十四卷。提要稱。其書網羅宏富。體大思精。爲前古之所未有。而名物訓詁。浩博奥衍。亦非淺學所能通。又録資治通鑑考異三十卷。提要云。昔陳壽作三國志。裴松之注之。詳列諸書錯互之文。折衷以歸一是。其例最善。而修史之家。未有自撰一書。明所以去取之故者。有之自温公始。其後李燾續通鑑長編。李心傳建炎以來繫年要録。皆依其義。雖散附各條之下。爲例小殊。而考引得失則一也。又録資治通鑑目録三十卷。提要稱。其體全仿年表。用史記漢書舊例。其標明卷數。使知某事在某年。某年在某卷。兼用目録之體。則温公之創例。通鑑爲紀志傳之總會。此書又通鑑之總會矣。至五星凌犯之類。見于各史天文志者。通鑑例不備書。皆具列上方。亦足補本書所未及。書録解題稱。其患本書浩大難領略。而目録無首尾。晚著通鑑舉要曆八十卷。其稾在晁説之以道家。紹興初。謝克家任伯得而上之。今其本不傳。讀書志又別載通鑑節文六十卷。亦稱温公所自鈔。今亦不傳。惟此書以附通鑑得存。尚足爲全書之綱領云。又内府藏本通鑑釋例一卷。皆温公修通鑑時所定凡例。後附與范祖禹論修書帖二通。提要稱。温公曾孫伋跋語稱三十六例。而今本止分十二類。蓋并各類中細目計之也。又録稽古録二十卷。提要云。是書上溯伏羲。下訖英宗治平之末。而爲書不過二十卷。觀其諸論于歷代興衰治亂之故。反覆開陳。靡不洞中得失。洵有國有家之烱鑒。有裨於治道者甚深。故雖非洛學之派。朱子亦不能不重之矣。

雲濠謹案。王阮亭居易録卞少司寇云。文正資治通鑑手稿。曾見一册。皆極端楷。又都元敬鐵網珊瑚載文正手録富文忠公使北日鈔一卷。字近古拙。首尾端謹如一。

温公薦賢録

鄭先生揚庭別見泰山學案補遺。

劉先生廱

趙先生彦若詳見元祐黨案。

李先生寔别見百源學案補遺。

孟先生恂

吕先生誨詳下涑水同調。

吕先生景

陳先生薦見下涑水同調。

蘇先生軾詳見蘇氏蜀學略。

王先生元規

范先生祖禹詳華陽學案。

張先生舜民詳見吕范諸儒學案。

孫先生準

劉先生安世詳見元城學案。

王先生大臨見下涑水學侶。

劉先生恕詳下涑水學侶。

趙先生君鈞詳見元祐黨案。

程先生頤詳伊川學案。

劉先生摯詳見泰山學案。

傅先生堯俞詳見元祐黨案。

范先生純仁詳見高平學案。

唐先生淑問見下唐氏家學。

龐先生元英見下涑水同調。

附録

至和元年十二月。殿中丞直祕閣上古文孝經指解表曰。聖人之德莫加于孝。猶江河之有源。

草木之有本。源遠則流大。本固則葉繁。祕閣所傳古文孝經。先秦舊書傳注遺逸。孤學堙微。不絶如綫。妄以所聞爲指解一卷。

詔送祕閣

公嘗言。書不可不成誦。或在馬上。或中夜不寢時。詠其文。思其義。所得多矣。家塾記。

邇英進讀通鑑三葉畢。上更命讀一葉半。讀至蘇秦約六國從事。上曰。蘇秦張儀掉三寸舌。乃能如是乎。光曰。臣所以存其事于書者。欲見當時風俗。專以辨説相高。人君委國而聽之。此所謂利口覆邦家者也。上曰。卿進讀。每存規諫。光曰。非敢然也。欲陳著述之本意耳。日録。

公每見士大夫。詢生計足否。人怪而問之。公曰。倘衣食不足。安肯爲朝廷輕去就耶。

温公之任崇福。春夏多在洛。秋冬在夏縣。每日與本縣從學者十餘人講史。用一大竹筒。筒上貯竹簽。上書學生姓名。講後一日。即拈簽令講。講不通。則公微數責之。公每五日作一煲講。一杯一飯一麪一肉一菜而已。

温公先壠在鳴條山。墳所有餘慶寺。公一日省墳止寺中。有父老五六輩上謁云。欲獻薄禮。乃用瓦盆盛粟米飯。瓦罐盛菜羹。眞飯土簋啜土鉶也。公享之如太牢。既畢。復前啓曰。某等聞端明在縣日爲諸生講書。村人不及往聽。今幸略説。公即取紙筆書庶人章講之。既已。復前白曰。自天子章以下各有毛詩兩句。此獨無有。何也。公默然少許。謝曰。其平生慮不及此。當思其所以奉答。村父笑而去。每見人曰。我講讀曾難倒司馬端明。公聞之不介意。以上嬾眞子録。

高麗太師金富軾嘗在書筵。爲王言司馬温公之賢。居易録。

雲濠謹案。王阮亭居易録又云。北宋名臣如韓忠獻。范文正。曾宣靖。晁文元。韓忠憲。吕正獻諸家。父子祖孫相繼鼎盛。惟司馬文正公之後。寥落不振。公無子。以從子康爲嗣。最賢。元祐閒方欲大用。而康早卒。子植。亦有賢聲。早死無子。天道之不可問如此。又霍韜大禮考證疏。以文正與王莽並論。後議薛文清從祀。又追論温公不忠不孝。不可祀孔廟。辱聖門。韜生數百年後。尚欲嘘章惇蔡京久燼之燄。眞無忌憚之小人矣。又云。或問温公於康節㊀。康節曰。君實九分人也。余嘗疑立德立功立言如温公。不知欠一分竟在何處。晦庵贊涑水先生云。篤學力行。清修苦節。有德有言。有功有烈。此數語略盡温公平生。恐康節尚欠一半在。又云。文正稽古録二十卷。首有進表一首。朱文公與鄭知院書。以爲此書當與六經同進講筵云。

程明道贈司馬君實詩曰。二龍閒臥洛波清。今日都門獨餞行。願得賢人均出處。始知深意在蒼生。

范忠宣祭之曰。夷齊之清。淵騫之德。子產之惠。叔向之直。人有其一。足以成名。公兼衆德。乾乾不寧。根柢治亂。經綸皇極。作爲文章。有書秩秩。寶圭大裘。望之肅然。冬陽夏冰。赴者爭先。仁英兩朝。煌煌厥聲。國有正人。折姦于萌。天施不齊。或怨寒暑。公獨何施。四海一譽。

㊀「康節」當爲「伊川」。下同。

范蜀公銘其墓曰。天生斯民。乃作之君。君不獨治。爰畀之臣。有忠有邪。有正有傾。天意若曰。待時而生。皇皇我宋。神器之重。卜年萬億。海内一統。而熙寧初。姦小淫縱。以朋以比。以閉以壅。乃于黎民。誕爲愚弄。人不聊生。天下訩訩。險陂憸猾。唱和雷同。謂天不足畏。謂衆不足從。謂祖宗不足法。而敢爲誕謾不恭。赫赫神宗。洞察于中。乃竄乃仆。遠佞投凶。誅鉏蠹毒。方復任公。奄棄萬國。未克厥終。二聖繼承。謀謨輔佐。乃曰斯時。非公不可。召公洛京。虚心至誠。公至京師。朝訪夕諮。公既在位。中外咸喜。信在言前。拭目以觀。日視萬機。勤勞百爲。晝瘁憂國。夢寐以之。曾未期月。援溺振渴。事無巨細。悉究本末。利興害除。賞信罰必。曰賢不肖。若别白黑。耆哲俊乂。野迄無遺。元惡大憝。去之不疑。無有遠邇。風從響應。載考載稽。名實相稱。天胡不仁。喪吾良臣。天實不恕。喪吾良輔。嗚呼公乎。而不留乎。山嶽可拔也。公之意氣。堅不可奪也。江漢可竭也。公之正論。湲不可遏也。嗚呼公乎。時既得矣。道亦行矣。志亦伸矣。而壽至于斯。哀哉。

蘇文忠銘忠靖粹德之碑曰。於皇上帝。子惠我民。孰堪顧天。惟聖與仁。聖子受命。如堯之初。神母詔之。匪亟匪徐。聖神無心。孰左右之。民自擇相。我與授之。其相維何。太師温公。公來自西。一馬二童。萬人環之。如渴赴泉。孰不見公。莫如我先。二聖忘己。惟公是式。公亦無我。惟民是度。民曰樂哉。既相司馬。爾賈於途。我耕於野。士曰時哉。既用君實。我後子先。時不可失。公如麟鳳。不鷙不搏。羽毛畢朝。雄狡率服。爲政一年。疾病半之。功則多矣。百年之思。知公于異。識公于微。匪公之思。神考是懷。天子萬年。四夷來同。薦于清廟。神考之功。

劉道原書資治通鑑外紀後曰。治平三年。公以學士爲英宗皇帝侍講。受詔修歷代君臣事迹。恕蒙辟置史局。嘗請于公曰。公之書不始于上古或堯舜。何也。公曰。周平王以來。事包春秋。孔子之經不可損益。曷不始于獲麟之歲。曰。經不可續也。恕乃知賢人著書。多避聖人也。如是儒者可以法矣。

范華陽記温公布衾録曰。公于物澹無所好。惟于德義若利。欲其清如水而澄之不已。其直如矢而端之不止。故其居處必有法。動作必有禮。其被服如陋巷之士。一室蕭然。圖書盈滿。凡經日靜坐泊如也。又以圓木爲警枕。小睡則枕轉而覺。乃起讀書。蓋恭儉勤禮。出于天性。自以爲適。不勉而能。與二范公景仁堯夫。爲心交。以直道相與。以忠告相益。凡皆如此。其誠心終始如一。將歿而猶不足。

晁景迂九學論曰。其大如梗楠豫章而自然。其細若籩豆簠簋而合。學無不通。而不可以一藝名。且莫知其所以學。其言則詩書之英。而動則禮義之績。用則惠澤九州。不用則聲教閭里者。大儒之學也。温公是已。

又送王性之序曰。子前日爲我言曰。孰不知有資治通鑑哉。苟不先讀正史。則資治通鑑果有何。予于時坐不得安席。而欲起以拜子也。予早遊温公之門。與公之子康公休締交義篤。公休嘗相告曰。資治通鑑之成書。蓋得人焉。史記前後漢則劉貢甫。自三國歷七朝而隋則劉道康。唐訖五代則范純甫。此三公者天下之豪英也。我公以純誠粹識。不懈晝夜。不時飲食。而久乃成就之。庶幾有益于天下國家之大治亂。不自辜所志也。其在正史外。而有以博約之。楚漢事則司馬彪荀悦袁宏。南北朝則崔鴻十六國春秋。蕭方等三十國春秋。李延壽書雖無表志而可觀。太清記亦時有足採者。建康實録猶檜而下無譏焉爾也。唐以來。稗官野史。暨夫百家譜録。正集別集。墓誌碑碣。行狀別傳。幸多存而不敢少忽也。要是柳芳唐曆最爲可喜。嗚呼。孰敢以佻心易談哉。予因子能獨識于暮境。而輒以厥初之所聞。爲子謝也。

晁氏客語曰。温公以揚子論性爲近。不取孟荀。又謂性如地。善如五穀。惡如稂莠。地豈只容生穀而不生莠耶。學者當除莠養穀耳。

張横浦序劉元城盡言集曰。司馬温公與王介甫。清儉廉恥。孝友文章。爲天下學士大夫所宗仰。然二公所趨則大有不同。其一以正進。其一以術進。介甫所學者申韓。而文之以六經。温公所學者周孔。亦文之以六經。故介甫之門多小人。而温公之門多君子。温公一傳而得劉器之。再傳而得陳瑩中。介甫一傳而得吕太尉。再傳而得蔡新州。三傳而得章丞相。四傳而得蔡太師。五傳而得王太傅。

邵氏聞見後録曰。予見温公親書一帖云。光年五六歲。弄青胡桃。女兄欲爲脱其皮不得。女兄去。一婢子以湯脱之。女兄復來。問脱胡桃皮者。光曰。自脱也。先公適見。訶之曰。小子何得謾語。光自是不敢謾語。又云。幼時患記誦不如人。羣居講習。衆兄弟既成誦游息矣。獨下帷絶編。迨能倍誦乃止。用力多者收功遠。其所精誦。乃終身不忘也。

程北山題温公帖石刻曰。文正温公之清節直道。内相高平公之懿行碩學。蓋朝廷之蓍龜。縉紳之標表也。事在國史。譽在天下。然其造次之閒理言遺事。士夫莫不寶而傳之。衢州學舍得温公貽高平公帖。摹而刻之石。置諸公堂之壁。使學者出入觀省。以想見醇儒碩德遺風餘烈之無窮。與夫著書立言之不苟如此。

劉屏山温公隸書銘曰。公硯已瘞。姦魂夜悸。公墨霑池。潛來湘纍。假其餘聲。所感如此。矧公眞筆。劒戟交倚。挂之高堂。浮慮盡死。我觀公書。識公胸次。天地輸誠。風霜薦厲。吐而發之。玆其餘事。公之立朝。謍謍仇敵。不剿其剛。不披其殖。障海一簣。排風孤翮。始訾繼斥。卒伸其直。世衰道圮。喏喏唯唯。有筆如椽。微公莫使。我銘其尾。吁嗟已矣。

劉子卿曰。温公作通鑑。首以名分爲主。曰。禮莫大于分。分莫大于名。又曰。昔仲叔于奚有功于衞。辭邑而請繁纓。孔子以爲不如多與之邑。惟器與名不可以假人。衞君待孔子而爲政。孔子欲先正名。以爲名不正則民無所措手足。誠以名器旣亂。則上下無以相有故也。

晁子止曰。温公疑孟子書有非孟子之言者。著論是正之。凡十一篇。温公論性。不以孟子道性善爲然。

張檢詳曰。通鑑爲温公之筆學。潛虚爲心學。

朱子爲先生像贊曰。篤學力行。清修苦節。有德有言。有功有烈。深衣大帶。張拱徐趨。遺像凛然。可肅薄夫。

梓材謹案。朱子滄洲精舍告先聖文有云。周程授受。萬理一原。曰邵曰張。爰及司馬。學雖殊轍。道則同歸。俟我後人。如夜復旦。及爲六先生畫像贊。亦以是爲次。四庫提要於熊節所編性理羣書云。其列司馬温公。與後來講學諸家。持論迥異。考朱子於紹熙五年冬。築竹林精舍。率諸生行舍菜之禮。於先聖先師以周程邵張司馬延平七先生從祀。集中載其祝文云云。則朱子序列學統。本自有温公。後來門户日分。講學者乃排而去之。節親受業於朱子。故猶不敢恣爲高論也。

又跋文正薦賢帖曰。文正薦賢之公。心畫之正。皆其盛德之支流餘裔。固不待贊説。而人知其可師矣。若乃一時諸賢。所以受知于公。而獲名薦書者。則恐覽者未能深觀而内省。發憤而思齊也。如龐之英之居喪以禮。蓋一事曾屢書焉。則公之意可見。而此書之存。其于世教豈小補哉。惜其元豐以後。不及登載。而彼爲黨籍者。亦足以補此書之闕。而集其大成矣。

又語類曰。温公答一學者書。説爲學之法。舉荀子四句云。誦數以貫之。思索以通之。爲其人以處之。除其害以持養之。荀子此説亦好。誦數云者。想是古人書亦記遍數。貫字訓熟。如習貫如自然。又訓通。誦得熟。方能通曉。若誦不熟。亦無可得思索。

又曰。温公忠直。而于事不甚通曉。如爭役法。七八年閒直是爭此一事。他只説不合令民出錢。其實不知民自便之。此是有甚大事。卻如何捨命爭。

又曰。通鑑文字有自改易者。仍皆不用漢書上古字。皆以今字代之。南北史除了通鑑所取者。其餘只是一部好笑底小説。

又曰。稽古録一書。可備講筵官僚進讀。小兒讀六經了。令接續讀去亦好。末後一表。其言如蓍龜。一一皆驗。宋莒公曆年通譜。與此書相似。但不如温公之有法也。

又曰。温公以正直中和爲德。聰明强毅爲才。先生曰。皆是德也。聖人以仁智勇爲德。聰便爲智。强毅便是勇。

張南軒題文正薦士編曰。起至和之元。盡熙寧十年。九百有六奏。其閒多公所親録。而其外題曰。舉賢才亦公隸筆也。

范炳文曰。金人入洛時。從温公家避地至某州。遇羣盜。執以見渠帥。帥問何人。應曰。司馬太師家也。羣盜相顧失色。且訊虚實。因出畫像及敕告之屬示之。則皆以手加額。既而俯仰歎息。謂炳文曰。向使朝廷能用汝家太師之言。不使吾屬披猖至此矣。凡吾所欲殺掠者。蔡京王黼輩親舊黨與耳。汝無憂懼爲也。亟傳令軍中。無得驚司馬太師家。又揭牓以曉其後曹。以故骨肉皆幸無他。而圖書亦多得全。

葉水心記温公祠堂曰。公子弟時力學。進士起家。州佐從辟官使承事猶常人爾。充實積久。而廉夫畏其潔。高士則其操。儒先宗其學。去就爲法。故步趨中繩墨。用舍進退。關乎民心。爲宋元臣。至于深衣幅巾。退然山澤之閒。誠意至義。不敢加一毫于嬰兒下走。而同其吉凶憂樂之變。豈必殊特自許。謂當離類絶倫。與人異趣者哉。若夫比並伊吕。配擬經訓。使人主降屈體貌。自以聖人復出。及其造事改法。衆所不向。天下大擾。而公以身爭之。稍還其舊以便民。小人比而怨公。遂納善士于朋黨。而指公爲魁傑。追斥崖上。刻名堅石。播之外朝。士皆燬廬滅迹。同族廢錮。當是時。天象錯戾。碑首撲裂。其後女眞入中國。海内横流。余讀實録至靖康元年二月壬寅詔贬公太師。未嘗不敢感憤淚落也。

陸放翁跋居家雜儀曰。王性之言。熙寧初有相士集于相藍之燒朱院。俄有一人未至。問之。則王元澤也。時荆公方有召命。衆人問。舍人不堅辭否。元澤言。大人亦不敢不來。然未有一居處。衆言居處固不難得。元澤曰。不然。大人之意乃欲與司馬十二丈卜鄰。以其修身齊家。事事可爲子弟法也。

項氏家説曰。司馬文正公書曰。光視地然後敢行。頓足然後敢立。

王深寧困學紀聞曰。孫明復春秋總論曰。周禮九命作伯得專征諸侯。孟子所謂五霸者伯也。李泰伯常語。司馬公迂書。皆用此説。通鑑謂。王霸無異道。先儒非之。愚按。五伯見左成二年。杜氏註云。夏伯昆吾。商伯大彭豕韋。周伯齊桓晉文。以霸爲伯可也。而非孟子則過矣。

又曰。更無柳絮隨風舞。惟有葵花向日傾。可以見司馬公之心。

又曰。胡文定公曰。宰相時來則爲。不可控爲己有。余謂。宰相非久居之地也。仁以爲己任。死而後已。元祐司馬公是也。夸者死權。紹興之秦。紹定之史是也。

又曰。鄭餘慶採士庶吉凶書疏之式。雜以當時家人之禮。爲書儀兩卷。後唐劉岳等增損其書。司馬公書儀本于此。

黄東發曰。三代後。功業類豪傑士。智力所就耳。至誠動物。眞儒顯效。獨温公一人。微温公。人心我怨。禍不止夷狄。中興事未可知。晦庵輯名臣言行録。次公於安石後。其剥之復歟。

又論東坡粹德碑曰。温公之得人心。生榮死哀。自堯舜三代之佐。皆無其比者。何哉。嗚呼。事蓋有因變而彰者矣。王安石行新法。天下苦之。公以爭新法不便。辭樞副不拜。退居洛十五年。人心感其我愛。而悲其身之退者爲何如。一旦二聖臨御。順民心之所欲相而相之。凡天下之所苦于安石者。一洗而盡。人心之鬱於久望。而快於一遂者爲何如。望之十五年之久。慰之一旦之頃。而俄薨背于三月之遽。人心之伸於久鬱。而驚其忽逝者又爲何如。嗚呼。温公之得人心。蓋有因事變而彰者矣。堯舜三代之佐。始終與天下相忘于無事。帝力且不知其有。況相臣乎。蘇子不此之言而歸之天。要其歸皆天也。其論高矣。公之事業否于安石欺神廟之日。而伸於二聖更新法之初。蘇子不特歸重二聖之進用。而尤歸重神廟之深知。尤高論哉。

洪覺範曰。司馬温公無所嗜好。獨蓄墨數百觔。或以爲言。公曰。吾欲吾子孫知吾用此物何爲也。

宋潛溪記九賢遺像曰。温國公司馬子。色黄貌癯。目峻準直。須疏而微長半白。在耳下者亦半垂。耳輪闊微向面。幅巾深衣。大帶加組。方履黑質。白絇繶純綦前微下。而張拱指露袪外。有至誠一德。不以富貴動其心之意。

薛敬軒曰。程子言。某接人多矣。不雜者三人。張子厚。邵堯夫。司馬君實。蓋所學純乎仁義禮智之道則不雜。或出乎異端術數世俗之學則雜矣。文清讀書録。

劉蕺山人譜曰。司馬温公新第成。一日步行。見牆外暗埋竹簽。問之。曰。此非人行之地。將防盗也。公曰。吾篋中所有幾何。而須設防。且盗亦人也。命去之。君子以善服人。不如以善養人。養人至于盗賊使之改過。眞是一具大洪鑪也。

梓材謹案。先生實先二程表章學庸。四庫書目提要云。書録解題載司馬氏有大學廣義一卷。中庸廣義一卷。已在二程以前。均不自洛閩諸儒始爲表章。特其論説之詳自二程始。定著四書之名則自朱子始耳。

梓材又案。四庫全書提要於皇祐新樂圖記云。大抵阮逸胡瑗以爲黄鐘之管積八百一十分。容一千二百黍。又以九章圜田算法計之。黄鐘管每長一分積九分容十三黍三分黍之一。空徑三分四釐六毫。圍十分三釐八毫。圍徑用徑三圍九古率。而改圍九分爲九方分。則遷就之術也。司馬温公曰。古律已亡。非黍無以見度。非度無以見律。律不生於度與黍。將何從生。非謂太古以來必生於度也。特以近世古律不存。故返從度法求之耳。其論最明。又四庫著録先生切韻指掌圖二卷。又著録類篇四十五卷。提要言。舊本題司馬光撰。嘉定癸亥董南一作温公切韻指掌圖序。亦稱温公嘗被命修纂類篇。古文奇字蒐獵殆盡。然書後有附記曰。寶元三年十一月。翰林院學士丁度等奏。今修集韻。添字既多。與顧野王玉篇不相參協。欲乞委修韻官將新韻添入。别爲類篇。與集韻相副施行。時修韻官獨有史館檢討王洙在職。詔洙修纂。久之。洙卒。嘉祐二年九月以翰林學士胡宿代之。三年四月罷。奏乞光禄卿直祕閣掌禹錫。大理寺丞張次立。同加校正。六年九月宿遷檢密副使。又以翰林學士范鎭代之。治平三年二月范鎭出鎭陳州。又以龍圖閣直學士司馬光代之。時已成書。繕寫未畢。至四年十二月上之。然則温公於是書特繕寫奏進而已。傳爲温公修。非其實也。書凡十五卷。每卷各分上中下。故稱四十五卷。末一卷爲目録。用説文解字例也。凡分部五百四十四云。

涑水學侶

補 祕書劉道原先生恕

通鑑外紀自序

歷代國史。其流出于春秋。劉歆敘七略。王儉撰七志。史記以下皆附春秋。荀勗分四部。史記舊事入丙部。阮孝緒七録記傳録史傳。由是經與史分。

梓材謹案。先生又書資治通鑑外記後云。恕皇祐初舉進士。試於禮部。爲司馬公門生。侍於大儒。得聞餘論。是先生固及温公之門。而温公未嘗以弟子畜之也。

雲濠謹案。四庫書目著録通鑑外紀十卷。目録五卷。提要云。金履祥作通鑑前編。詆其好奇。然外紀於上古之事。可信者大書其異同舛誤。以及荒遠茫昧者。或分注。或細書。未嘗不具有別裁。目録於共和以後。據史記年表編年。共和以前。皆爲之疑年。不標歲陽歲陰之名。並不縷列其數。亦特爲審慎云。四庫又録其子羲仲所裒通鑑疑問。提要云。通鑑帝魏。朱子修綱目改帝蜀。講學家以爲中興大義。上繼春秋。今觀是書。則道原嘗以蜀氏東晉擬紹正統。與温公力爭而不從。是不但習鑿齒劉知幾先有此説。卽修通鑑時亦未嘗無人議及矣。

附録

詣晏丞相殊問以事。反覆詰難。丞相不能對。先生在鉅鹿時。召至府。重待之。使講春秋。

丞相親帥官屬往聽。尤不信浮屠説。以爲必無是事。曰。人如居逆旅。一物不可乏。去則棄之矣。豈得齎以自隨哉。

温公序先生十國紀年曰。方介甫用事。呼吸成禍福。凡有施置。舉天下莫能奪。高論之士始異而終附之。面譽而背毀之。口是而心非之。比肩是也。道原獨奮厲不顧。直指其事。是曰是。非曰非。或面刺介甫至變色如鐵。或稠人廣坐。介甫之人滿側。道原公議其得失。無所隱。惡之者側目。愛之者寒心。至掩耳起避之。而道原反不以爲意。見質厚者親之如兄弟。姦諂者疾之如讐。用是困窮而終不悔。此誠人之所難也。昔申棖以多欲不得爲剛。微生高乞醯不得爲直。如道原者。可以爲剛直之士矣。

又曰。道原家貧。至無以給旨甘。一毫不妄取于人。其自洛陽南歸也。時已十月。無寒具。光以衣襪一二事及舊貂褥贐之。固辭。强與之。行及潁州。悉封而返之于光。而不受于他人可知矣。

黄涪翁誌其墓曰。道原與王荆公善而忤荆公。與陳鄘公善而忤鄘公。所爭言國家之大計與大臣之節。故仕不合以濵于死而不悔。嘗著書自訟曰。平生有二十失。佻易卞急。遇事輒發。狷介剛直。忿不思難。泥古非今。不達時變。疑滯少斷。勞而無功。高自標置。擬倫勝己。疾惡太甚。不卹怨怒。事上方簡。御下苛察。直語自信。不遠嫌疑。執守小節。堅確不移。求備于人。不恤咎怨。多言不中節。高談無畔岸。臧否品藻。不掩人過。惡立事違宿。好更革應事。不揣己度德。

過望無紀。交淺而言深。戲謔不知止。任性不避嫌。論議多譏刺。臨事無機械。行己無規矩。人不忤己而隨衆毁譽。事非禍患而憂虞太過。以君子行義責望小人。非惟二十失。又有十八蔽。言大而智小。好謀而疏闊。劇談而不辨。慎密而漏言。尚風義而握齪。樂善而不能行。與人和而好異議。不畏强禦而無勇。不貪權利而好躁。儉嗇而徒費。欲速而遲鈍。闇識而强料事。非法家而深刻。樂放縱而拘小禮。易樂而多憂。畏動而惡靜。多思而處事乖忤。多疑而數爲人所欺。事往未嘗不悔。它日復然。自咎自笑。亦不自知其所以然也。觀其言。自攻其短。不舍秋毫。可謂君子之學矣。以道原之博學强識。而其蔽猶若是。亦足以知學者之難也。夫學也陷而入于蔽。患自知不明也。自知明而不能改。病必有所在。故并著之。使後學者得以覽觀焉。

晁景迂與劉壯輿書曰。魯直所作先丈誌文。不見振微擿藻之功。不知魯直何爲不得意于此作也。先丈于學無不窺。而精明知要。以邁往不羣之識。辨先秦以來舉世積習之迷。可謂有功于孔氏之門矣。且以三事論之。如六經無皇帝之目易宫室等三事。孔子闕疑。而稱後世聖人。何其偉耶。使學者皆知出此。則釋氏不足闢。被苂角反對互從之徒。自當羞死矣。若魯直而在。固當以此爭之。

又九學論曰。博極羣書。兼該百家。得六經之體要。而不爲章句。特以春秋之旨。正襃貶。辨邪正。篤名教。厲風節。賤功利。尊王道。其文玉雪嶄嶄。不可溷濁者。史官之學也。劉道原是已。

又劉氏藏書記曰。都官劉公凝之。卓行絶識。不待老而歸休廬山之下。其遺子孫者無他物。蓋惟圖書而已。其子道原少而日誦萬言。既長苦心篤志。無所嗜好。晝夜以讀書爲娱。至于不慕榮利。忘去寒暑。司馬温公稱其精博。宋次道稱其該贍。范醇夫稱其密緻。則其所藏復蘊崇而不計者歟。且嘗憤疾南方士人家不藏書矣。則于是蓋特加意焉者也。

黄東發曰。公該洽剛毅。温公平生所信倚。王介甫深愛之。爭新法遂絶介甫。笑公耽史而不窮經。然介甫窮經之效。視公耽史竟何如耶。

臺先生亨

臺亨。元豐閒人。與司馬温公著閒閤之書者五人。先生其一也。姓譜。

梓材謹案。温公爲醫助教劉太序賻禮云。是書不足刻。余宿㊀慕君子樂道人之善。請書若兄弟及周文粲。蘇文慶。臺亨所爲。以傳於世。庶幾使爲善者不以隱微而自懈焉。上文云。此五人與余同縣。故余得而知之。蓋温公所著閒閤之人耳。非與著閒閤之書也。温公於先生云。元豐中。朝廷修景雲宫。調天下畫工詣京師。事畢有詔。試其優者留翰林。授官禄。有臺亨者名第一。以父老固辭。歸養於田里。是先生本畫師也。

學録王先生大臨父惟德。

王大臨。鄆州人也。父惟德字輔之。以孝友聞。嘗著禮説二十卷。司馬温公誌其墓。先生通

㊀「宿」當爲「竊」。

經有行誼。温公典州學。特愛重之。元祐元年薦于朝。特除太學録。而先生已卒。温公傳家集。

涑水同調

補中丞呂獻可先生誨

附録

邵康節代書寄南陽太守呂諫議曰。一別星霜二紀中。升沈音問不相通。林閒談笑須歸我。天下安危直繫公。萬乘几前當謇諤。百花洲上略從容。不知月白風清夜。能憶伊川舊釣翁。

司馬温公爲范景仁傳曰。凡人有所不能。而人或能之。無不服焉。如呂獻可之先見。范景仁之勇決。皆余所不及也。余心誠服之。

又序獻可章奏集曰。獻可以直道自立。始終無缺。而官止于諫議大夫。年止五十八。彼不以其道得者。或位極將相。壽及胡耇。從愚者視之。則可爲憤邑。從賢者視之。以此況彼。所得所失。孰爲多少耶。

鼂景迂爲獻可畫贊曰。君子曷貴。貴其知微。四海乂安。公曰優爲。天下無事。庸人撓之。雖古人語。由公信斯。後千百世。公言莫違。公像朝夕。以慰我思。

邵氏聞見録曰。獻可病。自草章乞致仕曰。臣無宿疾。偶值醫者用術乖方。殊不知脈候有虛實。陰陽有逆順。診察有標本。治療有先後。妄投湯劑。率任情意。差之指下。禍延四肢。寖成風痺。遂難行步。非祇憚跋盭之苦。又將虞心腹之變。勢已及此。爲之奈何。雖然一身之微。固未足邺。其如九族之託。良以爲憂。是思納禄以偷生。不俟引年而還政。蓋以一身之疾。喻朝政之病也。

黄東發曰。當神宗倚王安石求治方。新法猶未行。諸賢交薦。四海延竚。公獨首論其必誤蒼生。言雖不用而去。其後猶忍死屬温公。再致元祐之盛。公雖不及坐廊廟。隱然有社稷之功矣。

補 獻簡傅先生堯俞

傅獻簡語

以帷薄之罪加人。最爲暗昧。萬一非眞。則令終身被其惡名。使君臣父子閒。難施面目。言之得無訒乎。

附録

先生讀書詩曰。吾屋雖喧卑。頗不甚蕪穢。置席屋中閒。坐臥羣書内。横風吹急雨。入屋漏我背。展卷殊未知。心與昔人會。有客自外來。笑我苦癡昧。且問何如爾。我初尚不對。强我不得已。起答客亦退。聊復得此心。沾濕安足悔。

黄東發曰。公在仁宗朝。斥離閒主壻之内臣窮。誣告富人之皇城卒。劾安舉内臣之都水監。英宗時黜讒閒兩宫之任守忠。神宗時罷鈐轄陝西之李若愚。彼皆城狐社鼠。公皆奮擊不顧。若建儲君濮議。若新法。凡國有大事。公又一一力爭。可謂骨鯁臣矣。哲宗登極。拾遺補過。而不捃摘人細。故蔡確既貶。乞置其餘。議論和平。又視時而不同。以法從名流。貶黎陽倉草場。迎拜州掾甚恭。寒暑坐倉不少懈。傳曰。君子時中。又曰。君子無入而不自得焉。吾于傅公見之。

補温靖孫先生固

附録

葉夢得避暑録話曰。孫樞密人物方重。氣貌純古。亦以至誠厚德名天下。熙寧閒。神宗以東宫舊僚託心腹。每事必密詢之。雖數有鯁論。而終不自暴於外。言一定不復易。雖一日數返。守一辭不爲多言。秉政於元豐元祐閒。未嘗不爲士大夫所推尊。而卒不見驚世駭俗之事。其名四子。長曰朴。次曰雍。曰野。曰戆。可見其志也。

補懿簡趙先生瞻

懿簡遺文

且責難于君謂之恭。吾君不能謂之賊。彼曷獨不欲舉縣官與堯舜三代之隆乎。夫人之辭行技能號爲搜索而寘朝廷矣。才具器識號爲量度而縻爵位矣。斯豈他術哉。視必得賢者而後任之有司爾。眞賢實廉。不次求索。則有司之明也。上之察也。壬人大姦。赫然誅殛。亦有司之明也。上之察也。豈他術哉。上如不察。有司不賢。雖區區于秩次。事事于律令。顧益資其窺測者。豈有補耶。但古用此治。今用此亦治。不能用則皆末如之何也。又安在權不權。使今得一伊尹太公而賞之。天下非乎不也。得一驩兜共工而罰之。天下非乎不也。若賞伯夷而問盜跖。罰窮奇而諮饕餮。惡可。賞罰議。

附録

晁景迂序懿簡春秋曰。懿簡趙公。没身于春秋。著春秋經解十卷。約而喻。簡而達。顧杜氏啖趙諸儒之例而病之。作春秋例義二十卷。于經先之左氏而不合。則求之公穀。又不合。則求之啖趙陸氏。而遠獨及于董仲舒。近在本朝諸儒。則獨與孫明復辨。未著之前。有名世大儒爲矯枉之論曰。隱非讓。盾止實弑。先生歎曰。予豈溺于三傳者。其如春秋重志而察微何。隱雖非賢君。而讓國之志不可誣也。盾非州吁。止非般。則非實弑而加弑。以篤爲人臣爲人子者萬世之忠孝。

衆人之疑可也。孰謂君子而疑諸。早以濮議名重于天下。其後論新法。閒居終南之下者十餘年。晚由温公之言起廢。不三年遂與樞務。不究所藴而薨于位。大夫學士悲之。而幸此書之存焉爾也。

太僕劉先生航别見元城學案補遺。

度支李先生植别見元祐黨案補遺。

直閣王先生益柔

王益柔。河南人。文康公曙之子。少力學爲文。日數千言。抗直尚氣。喜論天下事。神宗朝累官龍圖閣直學士。知蔡揚亳州。江寧應天府。司馬光爲資治通鑑。獨能閲之終篇。其好學類此。姓譜。

隱君章沖退先生詧别見士劉諸儒學案補遺。

隱君吴先生耿

吴耿先生者。建陽人也。通六經大義。客關中。後還建陽北山。司馬温公作詩送之曰。儒服若煙海。幾人潛聖心。難才誠自昔。賤學況于今。夫子獨神解。明時何陸沈。大羹無和味。至樂寡知音。磳磴貂裘敝。飄蕭鶴髪侵。遊秦不得意。思越動長吟。甑米難求玉。經囊益少金。拂衣謝賓友。縱棹指雲岑。積葉迷幽逕。荒藤絡舊林。澗猨驚重至。野老喜相尋。山色猶當户。絃聲不變琴。人生貴適意。何必慕華簪。温公傳家集。

梓材謹案。温公既稱吴耿先生。又稱夫子。所以重之者至矣。又温公於安定横渠皆稱先生。考傳家集酬胡侍講先生見寄。又有張子厚先生哀辭。又蘇門先生詩。蓋謂邵堯夫也。又温公嘗云。頃爲諸生。常受經於錢丈。學賦於張丈。今乃叨忝同爲侍臣。錢張二先生不知其名。又答張砥先生書。蓋張著春秋傳。乞廢三傳而行其書。而公不見答云。

質肅唐先生介

唐介字子方。江陵人。父没于漳州。家故貧。州人賻之。泣謝不受。天聖八年第進士。爲武陵尉。累召爲監察御史裏行。轉尚書主客員外郎。殿中侍御史裏行。張堯佐以恩澤。一日除宣徽節度景雲羣牧四使。先生言不可。因引唐天寶所以致禍敗者。乃與諫官等七人極論殿上。卒奪其景雲宣徽兩使。未幾堯佐復爲宣徽使。知河陽。先生獨力爭之。仁宗諭曰。除擬初出中書。先生言是當責執政。遂劾宰相附會堯佐。諫官朋比。事及宫掖。因請采公議。别擇用大臣。其言堅直。帝亟召二府。示以疏。先生面質宰相曰。自惟有是事乎。君前禮毋得隱者。樞密副使麾之下殿。猶爭益切。遂貶荆州别駕。明年改英州。遣内侍隨之。制出。人情驚愕。明日罷宰相。黜諫官。先生怡然南去。絶口不爲人道。後復殿中侍御史。知復州。未至。召充言事御史。帝遣中使齎告身就賜乘驛赴朝。皆異禮也。入見。帝曰。知卿守節。謫官以來。無私書至公卿閒。先生頓首謝。退就職。言事無所避如故。出知揚州。徙江東轉運使。御史吴中復請還官言路。時潞國文公再當國。亦言唐某頃爲御史。所言皆中臣病。而責太重。願如中復言。召之。遷工部員外郎。江東轉運使。徙淮南江浙荆湖都大制置發運使。入爲三司度支副使。拜天章閣待制。轉禮部郎中。去知洪州瀛州。治平元年召爲御史中丞。前後三在言職。名鯁切無所回忌。明年知太原府河東經略使。先生雖居外。意未嘗不在朝廷。于是濮議起。言者多得罪。先生憂形于色。密疏請還臺諫官之謫者。神宗卽位。召拜三司。熙寧元年拜參知政事。先生自以進由直道。感慨知遇。益致所以事君之義。純誠盡公。多所獻替。二年卒。贈禮部尚書。謚曰質肅。先生端勁之質出于天資。立朝風格凜然。遇事立斷。初無留思。而邃于學問。有文集若干卷。奏議二十卷。邊防利害五卷。劉忠肅集。

附録

及歸江陵。閉户讀書者七年。其爲學務窮聖賢大原。不以辭律自羈束也。墓誌。

王荆公與公同爲參政。議論未嘗少合。荆公好凴道。以其能屈身安人。如諸佛菩薩之行。一日旦于上前語及此事。公曰。道爲相易四姓事十主。此得爲純臣乎。荆公曰。伊尹五就湯。五就桀者。志在安人而已。豈可謂之非純臣也。公曰。有伊尹之志則可。荆公爲之變色。筆録。

公語諸子曰。吾備位政府。知無不言。桃李固未嘗爲汝等栽培。而荆棘則甚多矣。然汝等窮達莫不有命。惟自勉而已。湘山野録。

晁以道曰。唐介貶嶺南。將行。遣中使賜介金。又畫其像于便殿。

資政陳先生薦

陳薦字彦升。沙河人。舉進士。爲華陽尉。從韓魏公在定州幕府。魏公每稱其廉於進。勇於退。嫌疑閒毫髮不處。累官龍圖閣直學士。河北都轉運使。進資政殿大學士。姓譜。

朝散龐先生元英

龐元英。單州武城人。莊敏籍之子。朝散大夫。宋史。

雲濠謹案。先生字懋賢。著有文昌雜録七卷。王阮亭稱此書爲説部之佳者。第以其名作文英。誤也。四庫書目收入雜家類。

主簿林先生脩

林脩。南海人。輕財好施。元祐初調官京師。授寶雞縣主簿。時司馬温公書儀及居家雜儀未刊行。先生手録以歸。守爲家法。廣州黄志。

涑水家學

補諫議司馬先生康

附録

晁氏客語曰。温公在洛。應用文字皆出公手。一日謂公休曰。此子弟職豈可不習。公休辭不能。純夫曰。請試爲之。當爲改竄一再。譔呈已。可用。公喜曰。未有如此子好學也。又曰。公休之卒。純夫哭之慟。挽詩云。鮑叔深知我。顔淵實喪予。黄東發曰。三代後。功名士未必知道德。道德士未必就功名。功名從道德中來者温公也。顧猶不喜孟子。識者疑焉。愚嘗求其故。孟子勸時君行王道以救世。隨其資稟。如誘小兒。多方順適。使之悦聽。如色可使好。如勇可使好。明堂無毁。其要皆歸于誘之及民。此孔子之所謂可與權者。而公也平生誠實。一語不妄。視議論之出于權者。宜非其所樂歟。諫議孝友篤實。本無異于公。而獨喜孟子。稱其醇正。其殆有見于孟子之心者乎。可以補温公之闕矣。善繼善述。諫議有焉。

補　縣令司馬先生宏

梓材謹案。范忠宣行狀。第三女嫁奉議郎司馬宏。故其爲司馬公詩序云。宏。予之子壻也。

附録

范忠宣望日示康廣宏詩曰。清晨三緑袍。羅拜北堂高。積善因先烈。遺光及爾曹。勿矜從事早。當念起家勞。修立皆由己。何人可佩刀。

司馬先生京附弟亮。稟。元。育。良。富。齊。方。爽。衮。章。奕。裔。

司馬京及其羣弟亮。稟。元。育。良。富。齊。方。爽。衮。章。奕。裔。皆温公從子也。温公爲之字序云。余兄子十四人。大抵未字。皇祐二年告歸過家。偏爲之序。皆附其名以寓訓焉。京字亢宗。孟子曰。天爵修而人爵從之。爾如大其德乎。然後宗有所亢矣。亮字信之。孔子稱去食去兵。而信不可去。信者行之本也。稟字從之。從。順也。君子在家則稟于親。出則稟于君。無所不用其順焉。夫順者天之所助也。元字茂善。元者善之長也。勉善不已。能無長乎。育字龢之。致中和。天地位焉。萬物育焉。況其邇者乎。良字希祖。詩云。毋念爾祖。聿修厥德。君子修德以爲祖也。可不勉乎。富字希道。智者富于道。愚者富于賄。爾其勉于智乎。齊字居德。齊。中也。孔子曰。中庸之爲德。其至矣乎。居德以中。奚適而不利哉。方字思之。方。道也。孔子曰。道不遠人。苟思之精。行之勤。則道何遠之有哉。爽字成德。爽。明也。明敏辯智人之才也。中和正直人之德也。天與之才。必資人德以成之。與其才勝德。不若德勝才。故願爾勉于德而已矣。衮字補也。君子之事上。進思盡忠。退思補過。異日爾仕于朝。當以仲山甫爲法乎。章字晦之。君子之道闇然而日章。然則欲道之章者。其惟晦乎。奕字襲美。詩云。夙興夜寐。毋忝爾所生。奕世之美。將待爾而襲之。可不勉歟。裔字承之。爾于昆弟中爲最幼。承祖之美者。捨爾尚誰任哉。嗚呼。朝夕不離于口耳。名字而已。爾曹苟能言其名。求其義。閱其字。念其道。庶幾吾宗其猶不爲人後乎。温公傳家集。

補忠潔司馬先生朴

雲濠謹案。元遺山中州集。南冠五人。先生爲首。言其以奉使見留。居于祁陽。授以官。託疾不拜。遨遊王公之門。以壽終云。

附録

其孫振自序曰。吾祖尚書。靖康閒奉使。辭氣激烈。雖不能遏方張之勢。而亦足以起其敬畏之心。及扈從北狩。不以利動。不以死懼。高宗加謚忠潔。著之國史。吾祖大節無遺憾矣。若季父武子。一心本朝。遽遭屠戮。後韓太監紀其詳。王尚書希吕書其略。雖未能載諸史册。而節義之名庶幾不至磨滅云。

朱子玉山講義曰。又知縣大夫當代名家。自其先正温國文正。以盛德大業爲百世師。所著資治通鑑等書。尤有補于學者。至忠潔公扈從北狩。固守臣法。不污僞命。又以忠義聞于當世諸君。蓋亦讀其書而聞其風矣。

補司馬先生通國

附録

王希吕序略曰。昔我先正温國文正公逮事四朝。惟忠惟孝。忠潔公繼之。今通國又繼之。皆以忠義憤發。效死異域。忠孝之節。其萃于司馬氏乎。

涑水門人

補學官尹先生材

附録

邵康節代簡謝尹處初先生曰。樂國久容人避乖。非甯何以狀清懷。則予豈敢窺高躅。天險能升不能階。

梓材謹案。康節稱爲先生。則先生殆與康節遊。而非受業於其門者矣。

修撰邵先生伯温

詳見百源學案。

龍圖張先生耒

詳見蘇氏蜀學略。

尚書邢和叔恕

詳見劉李諸儒學案。

道原家學

補 宣教劉漫浪先生羲仲

雲濠謹案。宋史稱先生於書無所不讀。不妄取與。魏鶴山遂初堂書目後云。廬山劉壯輿。號稱多書。然未久輒失之。

梓材謹案。阮亭居易録引内閣藏書目録載三劉文集。謂中允渙。祕丞恕。檢討羲仲也。則先生之家學遠矣。

梓材又案。四庫書目著録天一閣藏本通鑑問疑一卷。此書蓋先生裒録其父與温公往還論難之詞。末附先生與范淳父書一篇。稱其父在書局止類事迹。勒成長編。其是非予奪之際。一出君實筆削。而羲仲不及見君實。備知凡例中是非予奪所以然之故。所舉凡八事。復載得淳父答書。具爲剖析。乃深悔其詰難之誤。且自言。恐復有小言破言。小道害道。如己之所云者。故載之使後世有考焉。提要稱其能顯先人之善。而又不自諱其所失。尤足見涑水之徒。猶有先儒質直之遺也。

附録

晁景迂劉氏藏書記曰。道原之子羲仲壯輿。人視其邁往不羣。而自處悼悼循約。唯恐前修之辱也。從仕四方。妻子不免饑寒。而毅然唯是之求索。甚于人之饑渴而赴飲食者。則其所得不特補其家之未足。而且有以振發國中之沈鬱也。既已踵成其父十國史。嘗論著春秋矣。而方且爲周易之學。則其藏書豈特充牣篋笥而誇緗帙。如愚賈潤屋以金珠耶。

又爲作九學論曰。其學一曲而不可破。其辭不躉括而不可惡。不師古人。不友當世。而自信甚堅。執之不貳者。處士之學也。學不根柢。而辭有枝葉。雖涉其淺而測其深。雖獵其膌而炙其肥。以書畫論古人。以鼎彝爲好古。以簡策相誇矜。人多喜其可愛。而恕其所宜責。泛泛然不可入孔氏之門者。子弟之學也。嗚呼勉之哉。

徐敦立卻掃編曰。劉道原以史學自名。羲仲世其家學。嘗摘歐陽公五代史之訛誤爲糾繆。以示東坡。東坡曰。往歲歐陽公著此書初成。王荆公謂余曰。歐陽公修五代史而不修三國志何也。子盍爲之乎。余固辭不敢當。夫爲史者。網羅數千百年之事以成一書。其閒豈能無小得失耶。余所以不敢當荆公之託者。正畏如公之徒掇拾其後耳。

劉先生和仲

劉和仲。道原次子。有軼材。作詩清異刻厲。欲自成家。爲文慕石徂徠。蚤卒。宋史。

梓材謹案。晁景迂爲長子墓表云。方其未病時。予偶與論近世人物。白首而不遭者或咎諸人。彼夭不得壽者又將誰責。如吾家微之光道。涣之繪道。王文正家慥予。顧原武小邢。廬山劉和仲。皆奇才也。吾兒輒愀然不懌曰。是數人者何恨。往往見稱于東坡諸公。則先生之爲軼才可知矣。

傅氏家學

忠肅傅先生察

傅察字公時。濟源人。獻簡從子。端重有特操。爲文温麗。舉進士。蔡京欲妻以女。先生拒之。初調青州司法參軍。宣和中。以吏部員外郎使金。不屈死。贈徽猷閣待制。謚忠肅。姓譜。

附録

公生而秀穎。異於他兒。十歲不戲弄。誦書問學。晨夕不懈。公忠孝得于天資。刻意好學。自少至壯。未嘗一日厭。初遊場屋。同舍或出入飲博。客至。公獨在。初未爲異。後至。每如此。人方歎其脩謹。

眞西山序傅景裴文編曰。傅氏自獻簡公以高文正學爲元祐正臣。一傳而爲忠肅。再傳而爲至樂。又再傳而樞密大坡之兄弟。文章籙前後相望。雖前代文宗未有及之者。然傅氏之學雖本于獻簡。而草堂先生李公漢老又其外家也。草堂之父爲中興第一。至樂父子實獲其傳。而大坡蚤執經于父友紫陽先生之門。淵源日漸。則又出于伊洛。顧不遠哉。

提刑傅先生自得別見安定學安補遺。

勝之家學

中散王先生愼言

大夫王先生愼行

大夫王先生愼弼並見百源學案補遺。

唐氏家學

知州唐先生淑問

唐淑問字士憲。江陵人。質肅公介子也。舉進士。官至殿中丞。神宗以其家世擢監察御史。滕甫爲中丞。先生歷數其短。帝以爲邀名。乃詔避其父三司使出通判復州。遷知眞州。姓譜。

修撰唐先生義問詳見元祐黨案。

州屬唐淡翁先生旣

唐旣字濬亨。號眞淡翁。隱者也。少舉進士。有能賦聲。已而用其伯父質肅公之薦仕州縣。一日不合意。莞然笑曰。道其在是乎。拂衣以歸。遂閉關于漢水之上。殆二十年。其後集論語春秋者分爲二卷。合四十四篇。且以六典治邦國之義。名之曰邦典。鄒道鄉集。

唐先生愻

唐愻。眞淡翁之子也。翁與之問答而爲春秋邦典云。直齋書録解題。

涑水私淑

宣義史先生炤附見蘇氏蜀學略補遺。

文定胡先生安國詳武夷學案。

忠簡趙得全先生鼎詳趙張諸儒學案。

右丞許崧老先生翰詳吕許諸儒學案。

祇候楊畸翁先生□

楊某字某。洪農人。自號畸翁。博極羣書。尤精韻學古篇。字㊀一覽如素習。崇㊁寧初。嘗召試中書。進换文階。擢三衛㊂。會大臣當國。欲用爲臺諫。排斥所不快者。先生笑謝不顧㊃也。明日有旨。還服東頭供奉官。進閤門祇候。始見疏斥。於是出平生所著切韻學與學者共之。仁宗詔翰林學士丁度李淑增崇韻學。自許慎而下凡數十家。總爲類篇集韻。而以賈昌朝王洙爲之屬。治平四年。司馬温公繼纂其□㊄。書成上之。有詔頒焉。先生又即其書科别户分。著爲十條。爲圖四十四。推四聲子母相生之法。正五方言語不合之訛。清濁重輕形聲開合。梵學興而有華竺之殊。

㊀「字」上脱「奇」。
㊁「崇」當爲「熙」。
㊂「衛」當爲「衙」。
㊃「顧」當爲「願」。
㊄「□」當作「職」。

吴音用而有南北之辨。解名釋義。纖悉具備。離爲上下二篇。名曰切韻類例。鴻慶居士集。

侍郎王先生普

王普字伯照。閩縣人。禮樂律曆莫不精深。登進士第。官至侍郎。朱子評福州前輩明禮者三人。先生爲最。劉藻次之。任文薦又次之。道南源委。

陳石士師送鄧鹿耕擢鹿港同知序曰。朱子言福州王伯照劉昭信任希純三人。皆以明禮稱。而伯照之書尤考訂精確。可見諸用。菽原能爲吾訪得之乎。

梓材謹案。閩書言。先生宣和元年釋褐。宋志載先生深衣制度一卷。程登庸深衣翼自序云。深衣成書司馬氏最先出。王氏祖司馬。時有異同。蓋卽謂先生深衣制度。惜朱氏經義考已言其書佚矣。

雲濠謹案。直齋書録解題言。先生官太常博士。著有官曆刻漏圖一卷。蓮花漏圖一卷。

忠文王梅溪先生十朋詳見趙張諸儒學案。

憲敏沈先生樞

沈樞字持要。安吉人。舉進士。調彭澤丞。用葉義問薦賜對。首論君子小人之辨。高宗嘉之。除監察御史。坐不附楊邦彥。獲譴端州。尋起温州。姓譜。

梓材謹案。先生一作德清人。紹興閒進士。官至太子詹事光禄卿。謚憲敏。著有通鑑總類二十卷。四庫著録提要云。是書乃其致仕所編。取司馬温公資治通鑑事蹟。仿册府元龜之例。分爲二百七十一門。每門各以事標題。略以時代前後爲次。亦閒采温公議論附之。

知州季先生□

季□。□□人。爲信州使。君天資純孝。篤學好古。尊敬古文孝經。又爲詳説。不惟發明夫子之旨。又以文正公之解隨文演暢。用意甚勤。辭亦詳備。紹興五年八月。進其書。未幾中書舍人陳傅良又爲之繳進。樓攻媿集。

附録

危太朴曰。司馬文正言。壁藏之時去聖未遠。作古文孝經指解。范太史。季信州。袁正肅公。近世導江張氏。皆宗司馬氏而不從顔芝本。惟朱文公及會稽俞氏臨川吴氏兩存之。

補 文簡李巽巖先生燾

梓材謹案。先生爲詩譜三卷。宋志入經部詩類。蓋亦爲歐陽子詩譜補闕之學者。四庫全書存目録先生説文解字五音韻譜十卷。提要引桯史云。一字子眞。號巽巖。又案。文獻通考作謚文定。又言。初。徐鍇作説文韻譜十卷。音訓簡略。粗便檢閲而已。非改許慎本書也。燾乃取説文而顛倒之云。

雲濠謹案。四庫全書目著録永樂大典本續資治㊀鑑長編五百二十卷。提要稱其原目無存。所分千餘卷之次第已不可考。又言其作此書經四十載乃成。自實録正史。官府文書。以逮家録野紀。無不遞相稽審。質驗異同。雖採摭浩博。或不免虚實

㊀「治」下脱「通」。

並存。疑信互見。未必一一皆衷於至當。然其進狀自稱。寧失之繁。毋失之略。蓋廣蒐博録。以待後之作者。其淹貫詳贍。固讀史者考證之林也。又四庫存目續宋編年資治通鑑十八卷。舊本題先生經進。提要謂。當時麻沙坊本託名以售欺者是也。

附録

先生天資穎異。博覽經傳。獨不喜王安石學。甫冠。已著兩漢鑑。追念靖康變故。著反正議十四篇。人皆奇之。第進士。調成都府華陽縣主簿。未上。講書本縣龍鶴山。命曰巽巖。有記云。子眞子三卜居。乃得此山。向東南西北。其位爲巽爲乾。蓋處己非乾則無以立。應物非巽則無以行。易六十四卦。仲尼掇其九而三陳之。起乎履。止乎巽。此講學之序也。語曰。可與共學。未可與適道。可與適道。未可與權。夫人各有所立。善惡分焉。惟能講可與共學。惟能復可與適道。知所適而無以自立。則莫能久。故取諸常。恆久于其道。或損之。或益之。至於困而不改。若井未始隨邑而遷。則所以自立者成矣。雖然吉凶禍福。横發逆起。有不可知。將合于道。其惟權乎。然非巽則權亦不可行。學而至于巽。乃可與權。此聖賢事業也。年方二十四。其志趣學問如此。神道碑。

葉水心序巽巖集曰。李氏續通鑑。春秋之後才有此書。蜀自三蘇死。公父子兄弟後起。兼方合流。以就家學。綜練古今名實之際。有補于世。天下傳以繼蘇氏。

王深寧困學紀聞曰。劉洪曰。曆不差不改。不驗不用。未差無以知其失。未驗無以知其是。

失然後改之。是然後用之。李文簡以爲至論。

副使蕭先生之敏別見鷹山學案補遺。

宗簿尚先生大伸父佐均。

尚大伸字道長。安陽人。父佐均。博學工文。官國子監司業祭酒。直龍圖閣。先生以父任爲將仕郎。歷西外宗正簿。佐武昌軍。卒。先生性不樂輭熟媚耳目。每與上官辨曲直。爭利害。坐是抑壓不進。益懷奇負氣。閉户讀書。晝鈔夜校。忘寢廢食。聞有奥篇隱帙。百方求之。以故博古多聞。所至屈其坐人。尤嗜資治通鑑。編類數四。往往成誦。有來問者。應答如流。雅工詩。下筆袞袞數百言。其豪邁摹李太白。精博學李義山。而思致錦麗。又效温飛卿。有家集五十卷。和陶詩一卷。周益公集。

文正洪容齋先生邁別見兼山學案補遺。

閭邱先生襄

閭邱襄字元吉。臨湘人。少力學。讀書數過。終身不忘。好畜書。尤嗜司馬氏通鑑。淳熙十一年卒。湖南通志。

提舉余先生童

余童字端蒙。樂平人。紹興進士。爲吉水令。擢知信陽軍。因圖信陽山川以獻。且奏三關爲荆楚之蔽。信陽又三關之蔽。失信陽則三關不足恃。當使三關信陽相爲掎角。上覽圖甚善。擢知蘄州。除江西提軍。卒。平生嗜書。乃擬玄準虛爲蘊書。江西人物志。

附録

樓攻媿跋蘊書曰。蘊書以八起數。或問蘊字何義。余考説文解字二字部亟字注。敏疾也。從人口又二。二。天地也。去吏反。徐鍇通釋曰。承天之時。因地之利。口謀之手。執之時乎。時不可失。疾也。會意。氣至切。集韻於去聲七志正引上文。而又於入聲二十四職出此字。亟蒿蔵注亦引上文。而云或作蒿蔵。余君既擬太玄潛虛以爲書。謂此字實備三才。故用之。亦務用奇字。故又加卄。第未知蔵字止用集韻爲據。雖復別見他書。其下又加木。則未之見。有當考。去吏乃本音也。要當從去聲爲正。

梓材謹案。攻媿之跋上文云。余君穜編大易粹言刊於龍舒。又自著書名曰蘊書。然刊大易粹言者曾穜也。見兼山學案補遺。余先生名童。不名穜。以其字合之。名童爲是。攻媿去紹興不遠。何以有此譌耶。

文學孫先生椿年別見水心學案補遺。

忠定趙先生汝愚詳見玉山學案。

文公朱晦庵先生熹詳晦翁學案。

郎中張觀物先生行成詳張祝諸儒學案。

縣令張先生仲隆

張仲隆。□□人。爲營邱令。慷慨有氣節。常以古人功名事業自期許。嘗客崇安之光化精舍。暇日新一室于門右。不置餘物。獨取資治通鑑數十帙列其中。焚香對之。日盡數卷。室之前軒直以通鑑榜之。而屬朱元晦記之。朱子文集。

檢詳張先生敦實

張敦實。婺源人。著有潛虛發微論一卷。文獻通考。

梓材謹案。先生官檢詳。見樓攻媿題張德深辨虛語。

張德深先生漢

張漢字德深。慈溪人。子宓從叔祖也。兄弟讀書躬耕。先生邃于易玄。新安張檢詳爲令時。示以潛虛。一見卽言其大義。歸閲數日。著辨虛一卷。凡十餘篇。兼綜易玄二書。易曰卦。玄曰首。虛曰名。卦有爻。首有贊。名有變。二體四位十等之象。八物五行與生成之數。乾中元之所以始。一三五之所以虛。與夫揲法占法皆若異而實同。又辨氣體性名行命與蓍虛之得此。幾無餘蘊。其學眞有淵源。辨名之末謂齊。處大中之内。斟酌造化。其斗之任乎。張敦實發論乃曰。處大中之内。在天其北極之任乎。輕一言已失其旨。樓攻媿集。

承務孫雪齋先生介別見陳鄒諸儒學案補遺。

戴先生宇附子辛。孫汝明。曾孫溁。

戴宇。奉化人。性寬良長者。嘗以衙前役服勞縣庭一年。故平決鬬訟與譬釋勸諭而解者。無慮累百家。子辛。貧而極孝讓。生三子。次汝明。字叔晦。樸魯有至性。叔晦子溁。字默叟。試一不中。卽罷業。晚歲自號拙逸居士。剡源先生表元。其子也。戴剡源集。

知州劉先生清之詳清江學案。

胡先生次和別見景迂學案補遺。

王氏同調

布衣劉先生藻

劉藻字昭信。福州人。著易解五卷。有曰見險而止爲需。見險而不止爲訟。能通其變爲隨。不能通其變爲蠱。終布衣。道南源委。

修撰任先生文薦

任文薦字遠流。閩縣人。著六經章句。登紹興進士。官祕閣修撰。以直道立朝。道南源委。

諫議門人

范先生仲彪別見華陽學案補遺。

張氏門人

右丞呂先生好問

縣令呂先生切問並詳滎陽學案。

劉氏門人道原再傳。

州倅陳星灣先生慕別見陳鄒諸儒學案補遺。

林氏家學

林先生師仲

林師仲字質夫。修之孫。及其從弟遜遠。皆好學循禮。黄山谷謫居涪州。先生往謁之。山谷勉其教子讀書。後先生兄弟創義齋。延賢師以教子弟及諸生。隆興初。有登第者。廣州黄志。

林先生遜

林先生遠合傳。

林遜字復之。林遠字思之。居母喪一遵禮制。侍郎胡銓作素冠説以貽之。廣州黄志。

陸氏家學

補修職陸庸齋先生九皋

附録

象山志先生墓曰。番陽許氏爲書院桐嶺。延師其閒。以處鄉之學者。又自稟若干人。然其季子往往從學於外。亦嘗來從余游。因得侍公函丈。一日父子協謀闢廬舍。儲器用。廣會集之堂。增自稟之員。介其鄉之賢者。致禮以延之。公爲一出。桐嶺學者變而樂義理之言。厭場屋之陋。士大夫聞風莫不願與之席。自遠至者踵繫不絶。興起甚衆。

李氏家學

著作李先生垕

賢良李先生塾合傳。

李垕字仲信。文簡公燾長子也。試賢良方正直言極諫科。文簡素謂唐三百年不媿此科者惟劉去華。心慕之。嘗以所著通論五十篇見蜀帥張燾。欲應詔。不偶而止。其友晁公遡以書勉之。文簡答以當修此學。不必從此舉。既不克躬試。于是命先生及次子塾習焉。及汪尚書應辰薦先生文行可應詔。故有是命。先生既中制科。爲祕書省正字。尋遷著作郎兼國史實録院修撰檢討官。父子同主史事。縉紳榮之。近臣復舉塾應制科。以閣試不中程見黜云。

梓材謹案。雁湖爲周益公行狀云。仲兄著作。季兄賢良。皆從公遊。蒙待以國士。是二先生皆平園門人。又案。益公爲文簡神道碑云。七子。謙早夭。垕終奉議郎。壂今爲朝請郎。塾任承務郎。㙛亦亡。壁𡑞皆登科。壁今爲朝散郎。𡑞承議郎。奉議郎著作。承務郎賢良。蓋自謙數之。則著作爲仲。賢良爲季。舍謙而言。則著作爲長。賢良其次也。

附録

王深寧曰。李仲信爲南北史世説。朱文公謂。南北史凡通鑑所不取者。皆小説也。

李氏門人

謝先生疇

謝疇字元錫。潼川人。從李仁甫遊。著春秋古經十二篇。仁甫爲之序。稱其治春秋極有功。李文簡文集。

檢詳門人

待制司馬先生伋見下司馬續傳。

德深家學

文清張壽□先生虙別見慈湖學案補遺。

戴氏家學

學諭戴先生杰

戴杰。帥初伯祖。世多儒科。端平初。爲宗學諭。篤厚爲時輩所尊。清容居士集。

司馬續傳

待制司馬先生伋

司馬伋字季思。温公之從曾孫。紹興兩國講和。金使來問。汝家復能用司馬温公子孫否。朝延㊀始訪温公之後之在江南者。得先生。使奉公祀。先生欲昌其家學。凡言書出于司馬温公者。

㊀「延」當爲「廷」。

必鋟梓而行之。通鑑釋文辯誤序。

雲濠謹案：朱子序資治通鑑舉要曆後云：「清源郡舊刻温國文正公之書，有文集及資治通鑑舉要曆，皆八十卷。」又云：「淳熙壬寅，公之曾孫龍圖閣待制伋來領郡事，始至而視諸故府，則文集已漫滅不可讀，乃用家本讐正之，移之別板，次及舉要之書，命出藏本刻焉。」是先生鋟梓温公書之證。梓材謹案：樓攻媿跋張德深辨虛言，張檢詳爲察院，以張氏潛虛發微授先生。

司馬先生述別見槐堂諸儒學案補遺。

司户司馬先生子己

司馬子己，温公七世孫。寓居戎州。談通理學，不事科舉，以清白世其家。召補嘉定司户參軍。姓譜。

監鎮司馬先生夢求

司馬夢求，敘州人，温公之後也。景定三年舉進士。咸淳末調江陵沙市監鎮。沙市地勢險固，爲舟車之會，恃水爲防。德祐元年湖水忽涸，北兵横過中道，乘南風縱火，都統程文亮逆戰而降。先生朝服，望闕再拜，自經死。宋史忠義傳。

涑水續傳

文恭羅此庵先生點詳見象山學案。

郡守趙中川先生昱詳見南軒學案。

忠肅彭止堂先生龜年詳見嶽麓諸儒學案。

知軍邵先生驥

邵驥字德稱。蘭溪人。乾道二年進士。累擢善化令。攝衡山安化。皆稱治。知開化縣。旱歉。振卹有方。朱文公以常平使者行縣。至。喜而舉之。遷大理寺丞。輪對進芻言十篇。改知大宗正丞。以疾出知南安軍。先生嗜學。至老彌篤。在南安日掇司馬公通鑑所不載者爲書。號南北車鑒。魏鶴山集。

推官邊先生恢別見槐堂諸儒學案補遺。

知州郭肖舟先生叔誼父汾。

郭叔誼字幼才。廣都人。唐汾陽王之後也。父汾。號沖寂居士。以孝友文學聞於鄉。以先生爲朝散後。慶元元年賜進士。累辟知巴州。致仕。卒年七十九。自號肖舟老人。築室藏書萬卷。有雜著八十卷。肖舟詩稿二十卷。理學語類三十卷。續通鑑長編增添綱目二十卷。温公通鑑評三卷。魏鶴山集。

正肅袁蒙齋先生甫詳見絜齋學案。

提幹何先生逵

何逵。東陽人。嘉定進士。年四十餘卽喪明。終日燕坐觀心。靜久而明。覺方寸閒空洞無物。生平意氣渙然冰釋。乃云。四十以前不瞽而瞽。四十以後瞽而不瞽。向使身非病廢。爲微官作使。營營逐逐。忽焉以死。何能至此。作家訓十餘條。大概以司馬公家訓朱子小學爲綱。而寬大含宏。皆退一步法。其中譬語。如云寧可没飯喫。不可不每歲延師。或往就師。又云。省一時之忿。免千日之憂。又云。忍過事堪喜。宋潛溪。王子充。胡仲申。皆爲之跋。以子夢然貴。贈惠國公。金華徵獻略。

梓材謹案。先生一叟坦之從子也。一作嘉泰二年進士。以靜退稱於時。及浙西提幹。終於家。

祕書何元生淡

何淡字履常。東陽人。逵弟。嘉泰三年車駕臨雍。上舍釋褐。分教武岡浙漕幹官。累遷國子丞祕書郎以卒。性恬靜好學。居官多建。明識大體。遺書有通鑑手鈔拙録。賢關漫録。武攸録。武林録。藏于家。東陽縣志。

梅先生時舉

梅時舉字舜臣。永嘉人。弱冠舉于鄉。精史學。著通鑑新議。剖析精微。多前賢所未發。温州舊志。

處士陳先生龜朋

陳龜朋字錫公。永福人。其曾祖姑嫁倫魁蕭國梁。女適鄉先生方宩。先生館之于塾。帥里之經生舉子數百人師焉。治禮記。改賦後稍厭科舉。經自注疏。至諸儒難疑問答。史自左馬班范。至涑水治鑑。蜀李長編。皆手校口誦。傍注羣疑。己見不足。則書紙背。謹楷如一。率雞鳴丙夜始就枕。雖病猶以某册某卷脱誤某字未塗改爲恨。劉後村集。

教授程先生掌詳見鶴山學案。

架閣劉先生時舉

劉時舉。里貫無考。嘗仕通直郎。户部架閣。國史實録院檢討兼編修官。史嵩之父喪去位。詔以右丞相起復。時先生爲廩學生。與王元野黄道等九十四人上疏力爭。著續宋編年資治通鑑十五卷。襃貶頗協至公。無講學家門户之見。四庫全書提要。

從政家學

陸山堂先生焕之

陸焕之字伯章。一字伯政。號山堂先生。金谿人。從政郎九思之子。五歲入家塾。坐立語默悉有常度。與季父象山先生同年。學同時。先生不敢以年均狎季父。像山則朋友視之。磨礲浸灌甚至。十三學爲進士。卽有聲。十六諸父開以大學。先生一聞。輒窮深造微。極其指趣。閔世學多淪于異端。尤務自拔出以張吾道。嘉泰三年卒。年六十有四。子三。濬其次也。渭南文集。

陸先生濬別見象山學案補遺。

庸齋門人

許先生□別見槐堂諸儒學案補遺。

何氏家學

内舍何先生夢申

太傅何先生夢然合傳。

何夢申。東陽人。逵子。内舍生。與弟夢然治周禮。所作周禮義各一首。皆近道之言。夢然登淳祐四年進士第。累官至金紫光禄大夫。知樞密院事兼參知政事。贈太傅。東陽縣志。

馬學之餘

羅融齋先生士友

羅士友字兼善。一字晉卿。自號融齋。廬陵人。每晨起盥櫛畢。正衣冠堂中就胡床坐。不惰不倚。儼然終日。雖甚寒暑以爲常。左右置司馬公家訓一通。保家擇婦常自以爲名言。文文山集。

掌教吳默堂先生霞舉別見晦翁學案補遺。

朝奉胡梅磵先生三省詳見深寧學案。

郡王完顏先生承暉

完顏承暉字維明。其先出自景祖之裔。性純一。既長。志在行其所學。封廣平郡王。貞祐二年。以都元帥行省事于中都。左丞象多副之。委以軍事。己則鎮以德量。總大綱而已。既而援兵不至。糧運既竭。慨然約象多以同死社稷。而象多有異志。議竊欲委城而南。則面責之。經歷官完顏師姑左丞腹心也。數其罪。立斬之。卽起謁家廟。遂與左右引飲。神色自若。頃之飲藥而死。自以託肺肝之親。以劉向抑王氏爲忠。以李世勣諛武氏爲不忠。又師司馬光而友蘇軾云。趙滏水文集。

密公完顏先生璹附師朱巨觀。任君謨。

完顏璹字子瑜。金宗室越王之長子。少日學詩于朱巨觀。學書于任君謨。明昌以來。諸王法禁嚴。諸公子皆不得與外閒交通。故先生得窮日力于書。讀通鑑至三十餘過。是非成敗道之如目前。越王薨後。稍得出游。文士輩亦時至其門。所居有樗軒。又有如庵。自號樗軒老人。其詩號如庵小稿。圍城中以疾卒。時年六十一。中州集。

文獻耶律先生履

耶律履字履道。遼太祖長子東丹王突欲之七世孫也。早孤。養于族父興平軍節度使德元。五歲時。嘗夏夜露臥。見天際浮雲往來。忽謂乳母言。此殆臥看青天行白雲者也。興平聞之。驚且言曰。吾兒文性見于此矣。自是日知問學。讀書一過目輒不忘。及長。通六經百家之書。尤邃于易太玄。至于陰陽方技之説。曆象推步之術。無不洞究。善屬文。早爲時輩所推。廕補内供奉班。尋辟國史院書寫。擢編修官。累轉尚書禮部員外郎。章宗爲金源郡王。以先生該洽。每以經史疑義爲質。先生乘閒請曰。殿下注意何經。章宗曰。吾方授左氏春秋。先生曰。左氏雖授經聖人。率多權詐。駁而不純。尚書。孟子。載聖賢純一之道。願留意焉。章宗善之曰。醇儒之言也。進本部郎中兼同修國史翰林修撰。表進孝經指解。言宋仁宗時。司馬光以爲古文孝經先秦所傳。正得其眞。因爲指解上之。臣愚竊觀近世皆以兵刑財賦爲急。而光獨以童蒙所訓者進之君。正以孝爲百行之本。其至可以通神明。動天地。爲人君者誠取其辭旨措之天下四方。則元元之民受賜溥矣。臣竊慕焉。故敢以爲例。世宗嘗問宋名臣孰爲優。先生以端明殿學士蘇軾對。世宗曰。吾聞蘇軾與駙馬都尉王詵交甚款。至作歌曲戲及帝女。非禮之甚。其人何足數耶。先生曰。小説傳聞。未必可信。就令有之。戲笑之閒亦何須深責。豈得并其人而廢之。世徒知軾之詩文爲不可及。臣觀其論天下事。實經濟之良材。攷之古人。陸贄而下。未見其比。陛下無信小説傳聞。而忽賢臣之言。明日録軾奏議上之。詔國學監刊行。俄以疾求解。世宗憫其勞。授薊州刺史。尋召爲翰林待制同修國史。章宗卽位。歷拜參知政事兼修國史。進尚書右丞。年六十一卒。賜謚曰文獻。積官正議大夫。漆水郡開國公。先生晚稱忌言居士。有文數百篇。論者獨推其揲蓍説。蓋不階師授而獨得之者。元遺山集。

附許魯齋讀文獻公揲蓍説

盧君校定耶律公揲蓍説。曲折艱深。辭意隱晦。及探其所以去取之由。則有甚可疑者。如舊説一爻變究以四齊之。而不合乾坤六子之率。及爲自説。乃以八齊之。一法而兩其數。其爲不同已甚可怪。況四齊八齊之後。尤不能見靜變往來之實。雖能苟合其率。而不知實不相似也。且初揲必令多少之數均是分二之後。不掛一而掛二也。旣違大傳。又悖先儒。其不敢以爲然也審矣。爲演八卦靜變往來之數云。

爲乾而靜者八千。諸卦大抵靜者最多。而一爻變者次之。二爻變者又次之。三爻變者爲最少。

一爻變而之巽之離之兌者皆四千八百。

二爻變而之艮之震之坎者皆二千八百八十。

三爻變而之坤者一千七百二十八。

計三萬二千七百六十八。坤與六子同。

爲坤而靜者二萬一千九百五十二。

一爻變而之震之坎之艮者三千一百三十六。

二爻變而之兑之巽之離者四百四十八。

三爻俱變而之乾者六十四。爻以老動而陰性本靜。故在坤而變者極少。

爲震爲坎爲艮而靜者皆一萬五千六百八十。

一爻變而之坤者皆七千四百有八。而震之兑離。坎之兑巽。艮之離巽者。皆三千二百四十。

二爻變而之乾者皆三百三十。而震之坎艮。坎之震艮。艮之震坎者。皆一千三百四十四。

三爻皆變而爲巽爲離爲兑者皆一百九十有二。

右三變亦皆三萬二千七百六十八。一本無此數。卻有八卦靜變之數。計一十六萬一千一百四十四。凡二十八字。

爲巽爲離爲兑而靜者皆一萬一千二百。

一爻變而之乾者皆一千六百。而巽之艮坎。離之艮震。兑之坎震者。皆六千七百二十。

二爻變而之坤者皆四千二十二。而巽之離兑。離之巽兑。艮之離巽者。皆九百六十。

三爻皆變而爲震爲艮爲坎者皆五百七十有六。

右三變亦皆三萬二千七百六十八。

諸卦之數大率靜者最多。而一爻二爻變者次之。三爻俱變爲最少。蔡氏曰。一奇一耦對待者陰陽之體。陽三陰一。一饒一乏者陰陽之用。故四時春夏秋生物。而冬不生物。天地東西南可見。人之瞻視亦前與左右可見。而背不可見也。不然則以四十九蓍虛一分二。掛一揲四。則爲奇者二。爲偶者二。而老陽得八。老陰得八。少陽得二十四。少陰得二十四。不亦善乎。聖人之智豈不及此。而其取此不取彼者。誠以陰陽之體數常均。用數則陽三而陰一也。觀此。則盧君之得失可見。

忠武史先生天澤

史天澤。大興人。武仙之變。其兄都元帥天倪被害。以先生紹其職。復取眞定。授萬户。歷爲中書右丞相。至元改元。加光禄大夫。三年皇子燕王領中書省兼樞密使。以先生爲左丞相兼樞密副使。八年授開府儀同三司。平章軍國重事。卒年七十四。贈太尉。謚曰忠武。先生平生喜資治通鑑。每公務之暇。即取讀之。有不解。則以問人。必解而後已。雖公務遠適。亦恆以數册自隨。每舉一事。輒能推究始終。折衷是非。雖老師宿儒有不及者。王鹿庵集。

文正賈先生居貞

賈居貞字仲明。獲鹿人。生于鄭州。年十五。奉母孫踰河依舅氏居天平。甫及冠。入官行臺。世祖即位。以爲中書左右司郎中。不名惟官。命之坐政事堂。位宰相下。歷官中奉湖北宣慰使。授參知政事。遷江西行省參知政事。民素父母。愛而神明敬之。號送其去。像事于學。先聲至江西。民有迎訴千里外者。年六十三。卒于豫章。其事母曲極孝敬。視政之休。未嘗廢書。從戎亦櫜駞負書以行。從討叛王度漢。有暇猶爲世祖陳説資治通鑑。納君于善。延師私塾。毓德諸子。日或至其舍。贈平章政事定國公。謚曰文正。姚牧庵集。

文安金仁山先生履祥詳見北山四先生學案。

同知馬先生潤

馬潤字仲澤。其先居天山。因父忠良。以兵馬官爲馬氏。先生以文墨入官。累知光州。改漳州路同知。卒年五十九。其守光州。取官粟之羨者。廣弟子員以食。光久爲用武地。司馬丞相生于光。先生歲率諸生以祠。民始知爲儒以自重。始罷當塗。時居儀眞幾十年。母張氏語家世官簿。微警之。乃復仕。所爲詩曰樵隱集若干。韋布踵門。降席倒屣。傾家治具。輟所得俸。高下賢否以奉。而其教子晷刻不肯置。長子祖常。清容居士集。

教授張導江先生𩓞

文懿許白雲先生謙並詳北山四先生學案。

潘節齋先生榮

潘榮字伯誠。婺源人。學長于史。嘗著通鑑總論。反覆數千言。括盡古今興亡大要。學者稱節齋先生。徽州府志。

吕先生機詳見北山四先生學案。

布衣邵九經先生光祖

邵光祖字宏道。其先河南人。康節十世孫。時從父官遊吴。遂家焉。性夷易。非聖賢之書不讀。有得遂以教人。吴中學者稱爲九經師。卒。葬鄧尉山。姓譜。

附録

張景春曰。宏道博通好古。研精經傳。窮六書之旨。張士誠據吴。授湖州學正。不赴。遂以布衣終其身。

梓材謹案。江南通志載先生講習垂三十年。通三經。所著有尚書集義。經義考云未見。四庫書目著録本永樂大典司馬温公切韻指掌圖二卷。附檢例一卷。檢例爲先生所補正。提要言。温公書以三十六字母科别清濁。爲二十圖。首獨韻。次開合韻。每類之中又以四等字多寡爲次。舊有檢例一卷。邵氏以爲全背圖旨。斷非公作。因自撰爲檢圖之例附於其後。考温公自序實因集韻而成是圖。邵氏乃云廣韻凡二萬五千三百字。其中有切韻者三千八百九十。文正取其三千一百三十定爲二十圖。餘七百六十字應檢而不在圖者。則以在圖同母同旨之字。備用而求其音。則是據廣韻也。然邵氏據温公之圖以作例。則其例仍與圖合。所注七百六十字之代字及字母。亦足補原圖所未備。公例既佚。即代以邵氏之例。亦無不可矣。

經歷鄭先生泳别見北山四先生學案補遺。

耶律家學

文正耶律先生楚材

耶律楚材字晉卿。文獻公履之子。先生以明昌元年生。文獻通術數。尤邃太玄。私謂所親曰。吾年六十而得此子。吾家千里駒也。他日必成偉器。且當爲異國用。因取左氏之楚雖有材。晉實用之。以爲名字。生三歲而孤。母楊氏誨育備至。稍長。知力學。年十七。書無所不讀。爲文有作者氣。章宗特賜就試。中甲科。考滿。授同知開州事。入元。太祖處之左右。以備咨詢。靈武下。諸將爭子女財幣。先生獨取書數部。大黃兩駞而已。既而軍士病疫。唯得大黃可愈。所活幾萬人。太宗卽位定册。立儀禮。時時進說周孔之教。且謂天下雖得之馬上。不可以馬上治。上深以爲然。授中書省印。俾領其事。事無巨細。一以委之。初汴京未下。索取孔子五十一代孫襲封衍聖公。元措令收拾散亡禮樂人等。及取名儒梁陟等數輩。于燕京置編修所。平陽置經籍所。以開文治。卒年五十五。先生天姿英邁。雖案牘滿前。左酬右答。咸適其當。平生篤于好學。嘗戒諸子曰。公務雖多。晝則屬官。夜則屬私。亦可學也。其學務爲該洽。凡星曆醫卜。雜算內算。音律儒釋。異國之書。無不通究。定文獻所著乙未元曆行于世。元文類。

雲濠謹案。元史先生本傳載先生之卒。皇后哀悼。賻贈甚厚。至順元年。贈經國議制宣亮佐運功臣太師上柱國。追封廣寧王。謚文正。

湛然居士集

堯分仲叔春秋謹候于四方。舜在璣衡旦暮肅齊于七政。所以欽承天象。敬授民時。典謨實六籍之大經。首書其事。堯舜爲五帝之盛主。先務厥猷。皎如日星。紀之方册。由此言之。有國家者。律曆之書。莫不先也。是以三代而下。若昔大猷。遵而舉之。星曆之官。代有其人。漢唐以來。其書大備。經元創法。無慮百家。其氣候之早晏。朔望之疾徐。二曜之盈衰。五星之伏見。疏密無定。先後不同。蓋建立郡國而各殊。或涉歷歲年之浸遠。不得不差也。既差。則必當遷就使合焉耳。進西征庚午元曆表。

蓋道者易知易行。非掀天拆地翻海移山之詭誕也。所以難信難行者。舉世好乎異。罔執厥中。舉世求乎難。弗行厥易。致使異端邪説。亂雅奪朱。而人莫能辨。悲夫。辨邪論序。

予聞之。君子之處貧賤富貴也。憂樂相半。未嘗獨憂樂也。夫君子之學道也。非己爲也。吾君堯舜之君。吾民堯舜之民。此其志。使一夫不被堯舜之澤者。君子恥諸。是故君子之得志也。位足以行道。財足以博施。不亦樂乎。持盈守謙。愼終如始。若朽索之馭六馬。不亦憂乎。其貧賤也。卷而懷之。獨潔一己。無多財之禍。絶高位之危。此其樂也。嗟流俗之未化。悲聖道之將頽。舉世寥寥。無知我者。此其憂也。貧樂庵記。

梓材謹案。四庫書目著録湛然居士集十四卷。提要云。耶律或作移剌。蓋譯語之譌。焦竑經籍志以爲兩人。非也。考僧行秀所作集序。稱其年二十七。受顯訣於萬松。盡棄宿學。其耽玩佛經。蓋出於素習。平水王鄰則曰。按元裕之中州集。載右相文獻公詩文稱。趙閑閑爲吾道主盟。李屏山爲中州豪傑。知晉卿學問淵源。有自來矣。故傍通詣極而要以儒者爲歸云云。今觀其書。語皆本色。惟意所如。不以研鍊爲工。雖時時出入內典。而大旨必歸於風教。鄰之所云。殆爲能得其眞矣。又案。集中第八卷。第十三卷。十四卷。所載書序碑記。自署湛然居士漆水移剌楚材晉卿云。

附録

其思親有感詩曰。遊子棲遲久不歸。積年温凊闕慈闈。囊中昆仲親書帖。篋內萱堂手製衣。黄犬不來愁耿耿。白雲空望思依依。欲憑鱗羽傳安信。綠水西流雁北飛。又曰。骨肉星分天一涯。萱堂何處憶孤兒。排愁正賴無聲樂。遣興學吟有眼詩。麗句日還㈠三上爾。香醪時復一中之。□㈡前漢使來西域。笑我星星兩鬢絲。

孟攀麟序湛然居士集曰。蓋生知所稟。非學而能。如庖丁之解牛。游刃而餘地。公輸之制木。運斤而成風。是皆造其眞境。至于自然而然。公之于文。亦得此不傳之妙。若夫湛然之稱。不可以形尋。不可以言詰。其處之也厚。其資之也深。靜于內爲善淵。演于外爲道派。卽其性而見其文。與元氣俱。粹然一出于剛正。觀夫所稱。其人可知矣。

㈠「還」當爲「逐」。
㈡「□」當作「年」。

李子微序之曰。文章者公之餘事也。公之德業天下共知之。固不待文而顯也。

耶律門人

員外元遺山先生好問别見明道學案補遺。

史氏家學

平章史裕齋先生格

史格字晉明。太尉元子。授懷遠大將軍。亳州萬户虎符。歷拜中書左右丞。榮禄大夫。平章政事。至元二十八年卒。年五十八。性友愛喜施。聚書萬卷。鼎彝圖畫一室。號曰裕齋。姚牧庵集。

右丞史先生松

史先生枏

廉訪史先生杞

史先生煇並見泰山學案補遺。

馬氏家學

文貞馬石田先生祖常别見北山四先生學案補遺。

戴氏續傳

户部戴剡源先生表元詳見深寧學案。

湛然家學

文忠耶律先生鑄

耶律鑄字成仲。文正子。幼聰敏。善屬文。尤工騎射。文正薨。嗣領中書省事。時年二十三。憲宗崩。額哷布格叛。先生棄子挺身自朔方來歸。世祖嘉其忠。拜中書左丞相。坐不免職郎罷免。徙居山後。卒年六十五。至順元年贈上柱國。懿寧王。諡文忠。元史。

雲濠謹案。湛然居士集卷十二。爲子鑄作詩三十韻。卷十四有子鑄生朝詩。其卷十愛子金柱索詩云。文獻陰功絕比倫。昆蟲草木盡承恩。我爲北闕十年客。汝是東丹九世孫。致主澤民宜務本。讀書學道好窮源。他時輔翌英雄主。珥筆承明策萬言。金柱未知卽文忠否也。

耶律先生九齡

耶律九齡。湛然之姪也。湛然送行詩云。我欲歸休與願違。而方知命正宜歸。閭山自有當年月。一舸西風賦式微。湛然居士集。

忠嘉耶律先生希亮附師趙衍。

耶律希亮字明甫。文正之孫。文忠之子也。憲宗嘗遣文忠覈錢糧于燕。文忠曰。臣先世皆讀儒書。儒生俱在中土。願攜諸子至燕受業。憲宗從之。乃命先生師事北平趙衍。時方九歲。未浹旬。已能賦詩。歲丙辰。憲宗召文忠還和林。先生獨留燕。中統四年。覲世祖于上都之大安閣。至元八年。授奉訓大夫符寶郎。十四年。累遷吏部尚書。十七年。以跋涉西土。足病痿攣。謝事而去。退居濼陽者二十餘年。至大三年。武宗訪求先朝舊臣。特除翰林學士承旨。久之閑居京師。四方之士多從之游。泰定四年卒。年八十一。先生性至孝。雖疾病不廢書史。所著詩文及從軍紀行録三十卷。目之曰憹軒集。贈集賢學士。追封漆水郡公。謚忠嘉。元史。

湛然門人

宗先生仲亨

宗仲亨。官中省都事。最爲湛然門下之舊。收録湛然餘稿。又增補雜文。舉其全帙付之。湛然門下士高沖霄。李邦瑞。協力前修。以示學者。湛然居士集序。

李先生邦瑞

李邦瑞字昌國。以字行。臨潼人。世農家。幼嗜學。讀書通大義。嘗被掠。逃至太原。爲金將小史。從守閻漫山寨。國王木華黎攻下諸城堡。金將走。遂率衆歸元。復居太原。守臣惜其材。具鞍馬遣至行在所。中書以其名聞。歲庚寅。受旨使宋。至寶應。不得入。未幾命復往。宋仍拒之。復奉旨以行。道出蘄黄。宋遣賤者來迎。怒叱出之。宋改命行人。乃議如約而還。太宗慰勞。

賜車騎旃裘衣裝及銀十錠。先生因奏干戈之際。宗族離散。乞歸尋訪。甲午從諸王闊出經略河南。凡所歷河北陝西州郡四十餘城。繪圖以進。授金符。宣差軍儲使。乙未卒。元史。

附録

湛然居士和其韻曰。隴右奇才冠士林。萬言良策起予深。澤民致主傾丹懇。邀利沽名匪素心。我伴簿書無好思。君陪風月有閒吟。他年共約林泉下。茅屋松窗品正音。又曰。謝君千里遠相尋。傾蓋交歡氣義深。筆硯生涯無異志。金蘭氣味本同心。揮毫解賦登高句。緩軫能彈對竹琴。此去鱗鴻如有便。臨風無吝寄芳音。

高先生沖霄

高沖霄。湛然之徒也。嘗和其詩云。十里東風渭水春。臨風酹月弔英魂。直當立事書麟閣。何必題詩寄雁門。又云。翠華南渡濟蒼生。垂老將觀德化成。昨夜行宮傳好語。秦川草木也忻榮。湛然居士集。

梓材謹案。高沖霄疑卽高鳴。字雄飛。眞定人。少以文字知名。河東元裕之上書薦之。不報。諸王旭烈兀聞其賢。薦爲彰德路總管。世祖卽位。召爲翰林學士兼太常少卿。立御史臺爲侍御史。迄吏部尚書。卒。觀湛然詩。蓋友於西秦者。則與彰德無與矣。

劉先生德眞

劉德眞。湛然門人。湛然送之征蜀云。門弟遼陽劉德眞。剛直木訥近乎仁。憐君粗有才學術。師我精通天地人。今日從軍征兩劒。他時擁旆入三秦。三辰測驗須吾子。創作天朝寶曆新。湛然居士集。

劉先生復亨

劉復亨字誠之。湛然門人。湛然送之征蜀云。誠之識我二十年。不讀經書不學禪。誤爾儒冠好投筆。逼人勳業可加鞭。浣花溪畔春如畫。濯錦江邊酒似川。壯歲從軍眞樂事。鄧侯遺躅勉爭先。湛然居士集。

李九山先生微

李微字子微。東城人。歸潛志。

雲濠謹案。先生序湛然居士文集云。微東城一鄙人也。幸齒於門下士之末云云。自稱九山居士。

宋元學案補遺卷九目錄

㊀「附」衍。

宋元學案補遺卷九

後學鄞 王梓材
慈谿馮雲濠 同輯

百源學案補遺上

邵學之先

隱君陳希夷先生摶

陳摶字圖南。眞源人。隱居華山。寢處百餘日不起。嘗乘白驢欲入汴。中途聞太祖登極。大笑墜驢曰。天下自此定矣。太宗時召見于延英殿。賜號希夷先生。姓譜。

雲濠謹案。朱子與方伯謨書有云。記得籍溪先生曾寫得陳希夷先生墓表云。是吕洞賓所撰。又案。先生周世宗賜號白雲先生。

龍圖序

且夫龍馬始負圖出於羲皇之代。在太古之先也。今存已合之位。或疑之。況更陳其未合之數耶。然則何以知之。答曰。于仲尼三陳九卦之義。探其旨。所以知之也。九卦謂履。謙。復。恆。損。益。困。井。巽之九卦也。況夫天之垂象。的如貫珠。少有差則不成次序矣。故自一至于盈萬。皆累累然如絲之于縷也。且若龍圖本合。則聖人不得見其象。所以天意先未合而形其象。聖人觀象而明其用。是龍圖者天散而示之。伏羲合而用之。仲尼默而形之。始龍圖之未合也。惟五十五數。上二十五天數也。中貫三五九。外包之十五。盡天三天五天九并十五之用。後形一六無位。上位去一。下位去六。又顯二十四之爲用也。茲所謂天垂象矣。下三十地數也。亦分五位。五位言四方中央也。皆明五之用也。上位形五。下位形六。十分而爲六。五位。五六三十數也。形坤之象焉。坤用六也。六分而幾四象。成七九八六之四象。地六不配。謂中央六也。一分在南。邊六幾少陽七。二分在東。邊六幾少陰八。三分在西。邊六幾老陽九。惟在北。邊六便成老陰數。更無外數添也。在上則一不用形二十四。在下則六不用亦形二十四。位中心去其一。見二十四。下位中心去其六。亦見二十四。以一歲三百六旬。周于二十四氣也。故陰陽進退皆用二十四。後既合也。天一居上。爲道之宗。地六居下。爲氣之本。一六上下覆載之。中運四十九之數。爲造化之用也。天三幹地二地四爲之用。此更明九六之用。謂去三統。地二地四幾九爲乾元之用也。九幹五行幾數四十。是謂大衍之數。五十其用四十有九也。三若在陽則避孤陰。在陰則避寡陽。成八卦者三位也。謂一三五之三位。二與四只兩位。兩位則不成卦體。是无中正。不爲用也。二與四在陽則爲孤陰四二是也。在陰則爲寡陽七九是也。三皆不處之。若避之也。大矣哉。龍圖之變。歧分萬途。今略述其梗概焉。西蜀崇龕陳摶序。

胡一桂曰。案龍圖序。希夷正以五十五數爲河圖。則劉牧以四十五數爲圖。託言于希夷者。蓋亦妄矣。

上令引至中書。宰相宋琪問修養之道。先生曰。不知也。今上言。皆究治亂之大旨。誠有道仁聖之主。正君臣協心治天下之時。勤行修煉。無大于此。隆平集。

太宗問曰。堯舜之爲天下。今可致否。先生對曰。堯舜土階三尺。茅茨不翦。其迹似不可及。然能以清靜爲治。即今之堯舜也。

先生遯跡之初。有詩云。十年蹤跡走紅塵。回首青山入夢頻。紫陌縱榮爭及睡。朱門雖富不如貧。秋聞劒戟扶危主。悶見笙歌聒醉人。攜取舊書歸舊隱。野花啼鳥一般春。

先生好讀易。以數學授穆伯長。穆授李挺之。李授康節邵堯夫。以象學授种放。放授盧江許堅。堅授范諤昌。此一枝傳于南方也。世但以爲學神仙術。善人倫風鑒而已。非知圖南者也。以上易學辨惑。

韓魏公題希夷先生眞堂曰。伊昔天眞被謫書。亦教人境得仙居。開門翠靄三峯近。合眼紅塵萬事疏。髣髴舊容蟬已蛻。徘徊高隱室猶虛。何時歸伴赤松子。穩駕尋君物外車。

邵康節觀陳希夷先生眞及墨跡詩曰。未見希夷眞。未見希夷跡。止聞希夷名。希夷心不識。及見希夷跡。又見希夷眞。始知今與古。天下長有人。希夷眞可觀。希夷墨可傳。希夷心一片。不可得而言。

又嘗誦希夷之語曰。得便宜事不可再作。得便宜處不可再去。又曰。落便宜是得便宜。故康節詩云。珍重至人嘗有語。落便宜處得便宜。蓋可終身行之也。聞見録。

朱子曰。先天圖傳自希夷。又自有所傳。蓋方士技術用以修煉。參同契所言是也。

又曰。此圖只是精微。不起于康節。希夷以前已有。只是祕而不傳。

又曰。康節易數出于希夷。他在靜中推見得天地萬物之理如此。又與他數合。所以自樂。

鄭漁仲先生後天辨曰。先天得于伏羲。歷數千載。更文王周公孔子不以語人。而其圖獨傳于陳希夷先生。何也。蓋未有此易。先有此象。未有此數。先有此理。昔者伏羲作易。其示諸人。蓋特以象云耳。而理與數皆不傳焉。非祕之也。聖人以爲天地之數。後世必有圖象而發明之者。不可以一人之見遽盡其藴也。是以文王作卦辭以明理。周公孔子作爻象大傳之辭以明理。而大衍五十之數。參天兩地之數。五行生成之數。亦繇是而閒見也。而理與數之學興。自理數之學興。而伏羲六十四卦見其畫未見其象。于是希夷陳先生始發之以示斯世。其曰乾一。兑二。離三。震四。巽五。坎六。艮七。坤八。只此十六字。邵康節得之于陳希夷。將啓手足之日。又爲圖以示人。參之繫辭所載。則六十四卦伏羲之前已具矣。此上繫必以先天之易爲之首。而下繫又序十三卦之制作于其後者。此也。

梓材謹案。希夷卒于端拱二年己丑。康節之父天叟方四歲。後此二十一年而康節始生。鄭説殊誤。

黄東發曰。希夷陳先生。周世宗問黄白。不對。而對以蒼生爲念。宋琪等問修養道。不對。

而對以合德爲治。歷五季。聞革命輒顰蹙。太祖登極。則驚喜大笑曰。天下自此定矣。嗚呼。先生雖隱。豈忘世獨善者哉。

郝陵川周易外傳自序曰。宋興。大儒輩出。莫不以闡明易道爲己任。于是華山陳摶肇開宗統。而濂溪周敦頤。西都邵雍。遠探羲文周孔之業。推演意言象數之本。至侍講程頤。大變傳注。爲易作傳。直造先秦。布武聖門。其諸師友更唱迭和。易道幾明。今二百餘年矣。

雷思齊曰。宋初。陳圖南始創意推明象數。自謂。因玩索孔子三陳九卦之義。得其遺旨。新有書述。特稱龍圖離合變通圖餘二十。貫穿易理。

錢義方周易圖說序曰。自漢孟喜本易緯稽覽圖。推易離坎震兑各生一方。餘六十卦每卦主六日七分。此易有圖之始也。寥寥千載。易學絶響。宋之陳摶。心領神悟。始本吾聖人易有太極兩儀四象八卦。因而重之及天地定位等説。爲横圓大小四圖。傳之穆李以及邵子。而又本帝出乎震之説。爲後天圓圖。因大横圖之卦爲否泰反類方圖。于是易之有圖。始大明于天下。

袁清容曰。太極圖的確自陳希夷傳。上下二空圈。乃成人成化之説。

朱竹垞經義考曰。按元公之學。文公謂其妙具于太極一圖。于是學者推演其説。云此闡千聖不傳之祕。然陳圖南無極圖曾刊石華山。業先元公而抉其祕矣。南渡偏安。文公特未之見爾。

附傳

博士王先生昭素

王昭素。酸棗人。篤學有志行。爲鄉里所稱。聚徒教授。嘗著易論二十三篇。太祖召至賜坐。令講易。因訪以民閒事。深見嘉奬。拜國子博士。致仕。姓譜。

梓材謹案。釋文瑩玉壺清話載。先生學古純直。行高于世。李穆首師之。逮爲學士薦于朝云。

附録

吕中曰。古今言易者失之拘。在陛下則爲飛龍在天。在臣下則爲利見大人。善言易者莫如王昭素矣。古今言陰陽者失之泥。時事未判時屬陽。已判時屬陰。善言陰陽者莫如張詠矣。

王深寧困學紀聞曰。王昭素謂。序卦曰。離者麗也。麗必有所感。故受之以咸。咸者感也。凡十四字。晁以道古易取此三句。增入正文。謂後人妄有上下經之辯。吴仁傑亦從王晁之論。

陳氏門人

侍郎种雲溪先生放

种放字明逸。洛陽人。七歲能文。與母隱終南山。以講習爲業。從學者衆。太宗召之不起。賜錢養母。母卒。復賜錢帛助喪。召授左司諫。尋乞歸山。後數召至詢問。據經以對。頗多裨益。

從祠汾陰。拜工部侍郎。徙居嵩山。祥符八年。一日晚起。服道衣。聚諸生列飲。取平生所作文稿焚之。酒數行而逝。年六十。贈工部尚書。姓譜。

雲溪文稿

退士性恬易。善自持。常以聖賢方正之言鑑諸己。或未善。則悔恨立遷。平生寡嗜慾。樂遊雲霞空荒閒。常自足。不顧窮困。幼時拘父兄教以章句奇偶之學。干于時。不遂志。已而盡棄昔之所學。退居空山窮谷中。取九經六籍諸史百家之言合于道者。恣讀之。然後知皇王大中之要。道德仁義之本。盡在于是矣。然尤好孟軻書。益知聖人之道尊自戰國。由漢唐而下。百氏所説。或有汗漫齟齬不安者。皆擬聖言以證其中。惡司馬遷尊先邪説。叛斥聖道。怪前世明教正道之賢。不摘其説而竄殛投去。使千古而下學者無疑不知。尚四顧何待也。著蒙書十二篇。大抵務黜邪反正。義磔姦蠹。又條自古之文精粹者。漢則揚子雲。隋則王仲淹。唐則韓退之。然以退之當子雲而先仲淹。次則蛻之文樵之經緯。皮氏文藪。陸氏叢書。皆句句明白。剔姦塞回。無所忌諱。使學者窺之。則有列聖道德仁義之用。退士傳。

山鳥寂寂。梧陰晝碧。窮居退夫。耿然不懌。精神沮而徜徉。冠履陋而踧踖。類沈酣而未醒。豈執迷而莫析。固貽譏于獨善。尚多言而自釋。鯨鵬雖大。無風波而何益。胡粵萬里。捨舟車而奚適。在聖賢雖有志於下民。孰能無位而立辟。況予才不造于往哲。名器敢期于苟得。在得喪不忘于明聖。顛沛必思于正直。終皮弁以自守。惡鷸冠以假飾。進不忘而嘻嘻。退不怨而戚戚。故孟軻有言。雖有鎡基。不如逢乎有年。顔氏幾聖。樂在陋巷。亦將育乎令德。兹窮通之自信。匪古今之可尤。顧竊位而擇肉兮。予誠自羞。寧守道而食芹兮。中心日休。予將息萬競。消百憂。養浩氣于蓬茅之下。飲清源于淵默之流。侶鸞鵠兮雲霓之表。終焉泯衆議之啾啾。端居賦。

大盈卑百瀆。自成浮天溽。崇邱下累塊。竟爲蔽日深。王者在謙小。夙惟堯禹心。拜言尊賢仁。愼德棄珠金。自滿九族散。匪驕百善尋。炳兹夏商鑒。滅國因夸淫。諭蒙詩。

附録

明逸隱居終南山豹林谷。聞希夷先生之風。往見之。希夷一日令灑埽庭除。曰。當有佳客至。明逸作樵夫拜庭下。希夷挽而上之。曰。君豈樵者。二十年後當爲顯官。名聞天下。曰。放以道義來。官禄非所問。希夷曰。君骨相當爾。雖晦迹山林。恐竟不能安。聞見録。

淳化中。詔起之。其母恚曰。常教汝勿講學。今爲人所知。不復得安處。我當棄汝入深山矣。先生遽辭疾不應召。盡焚其筆硯。轉居窮寂。上亦不强致。而命京兆府時存問之。

其學不喜釋氏。常裂佛書以製幃帳。

其在朝廷有所啓奏。必據經義。時無知者。或譏其循默。眞宗乃以放議十三篇示輔臣曰。放爲朕言事甚衆。但外廷不知耳。其奏常焚稿故也。以上隆平集。

梓材謹案。十三篇之目曰。議道。議德。議刑。議器。議文武。議制義。議教化。議賞罰。議官司。議軍政。議獄訟。議征賦。議邪正。

尹和靖過种明逸故居詩曰。少年妄想繫經綸。老矣空餘此一身。面似髑髏形似雪。卻來巖谷繼前塵。

黄東發曰。希夷象學傳之种放。放。隱者也。以骨相當貴致顯官。晚節驕侈。已不謹希夷之戒。放傳許堅。堅傳范諤昌。學益微矣。

雲濠謹案。王深父書先生事云。初養其母。隱終南山。講經書。著嗣禹表。孟子文。秦蜀諸生多從之游。隆平集云。著嗣禹説。表孟子上下二篇。又案。先生所著。又有蒙書十卷。

參軍穆先生修

穆修字伯長。汶陽人。賜進士第。累官潁州文學參軍。徙蔡州。先生性正直。剛介寡合。自五代文敝。宋初柳開始爲古文。其後復尚聲偶。先生獨以古文稱。嘗傳數學于李挺之。姓譜。

梓材謹案。晁景迂爲傳易堂記云。至有宋華山希夷先生陳摶圖南。以易授終南种徵君放明逸。明逸授汶陽穆參軍修伯長。而武功蘇舜欽子美亦常從游伯長。授青州李之才挺之。挺之授河南邵康節先生雍堯夫。據此。先生易學又得之种明逸矣。又景迂爲李挺之傳亦云。伯長之易受之种徵君明逸。徵君受之希夷先生陳圖南。與漢上所云陳摶以先天圖傳种放。放傳穆修。修傳李之才。之才傳邵雍合。是卽宋史所本。

參軍遺文

夫學乎古者所以爲道。學乎今者所以爲名。道者仁義之謂也。名者爵禄之謂也。然則行道者有以兼乎名。守名者無以兼乎道。何者。行夫道者雖固有窮達云耳。然而達于上也。則爲賢公卿。窮于下也。則爲令君子。其在上。則禮成乎君。而治加乎人。其在下。則順悦乎親。而勤修乎身。窮也達也。皆本於善稱焉。守夫名者亦固有窮達云耳。而皆反乎是也。達于上也。何賢公卿乎。窮于下也。何令君子乎。其在上。則無所成乎君而加乎人。其在下。則無所悦乎親而修乎身。窮也達也。皆離于善稱焉。故曰。行道者有以兼乎名。守名者無以兼乎道。有其道而無其名。則窮不失爲君子。有其名而無其道。則達不失爲小人。與其爲名達之小人。孰若爲道窮之君子。矧窮達又各繫其時遇。豈古人道有負于人耶。答喬適書。

附録

幼嗜學不事章句。眞宗東封。詔舉齊魯經行之士。先生預選。

蘇子美哀先生文序曰。先生自廢來讀書益勤。爲文章益根柢于道。然恥以文干有位。以故困甚。張文節守亳。亳之士豪者作佛廟。文節使以騎召先生作記。記成。竟不竄士名。士以白金五斤遺之曰。枉先生之文。願以此爲壽。又使周旋者曰。士所以遺者。乞載名于石。圖不朽耳。既而亟召士讓之。投金庭下。遂俶裝去郡。士謝之。終不受。嘗語人曰。寧區區餬口爲旅人。不爲匪人辱吾文也。

祖龍學序河南穆公集曰。大凡有作。莫不要諸聖賢。而立言合諸仁義以爲賢。平時所見于簡策者。殆踰數十萬言。時人得之。且愛且學。

雲濠謹案。先生宋史本傳云。慶曆中。祖無擇訪得所著詩書序記誌等數十首。集三卷。

黄東發曰。希夷數學傳之穆伯長。伯長豪士。不禮丁謂。雖登第。老益貧。以古文爲天下倡。

忠定張乖崖先生詠

張詠字復之。鄄城人。太宗時進士。兩知益州。威惠及民。民皆信服。歷遷吏部尚書。知陳州。卒。贈左僕射。謚忠定。先生剛方自任。爲治尚嚴猛。自號乖崖。以爲乖則違衆。崖不利物。有文集十卷。姓譜。

梓材謹案。先生嘗學于希夷。見劉靜修記太極圖後。

張忠定語

五常所以正。天地之功。六籍所以抉天地之塞。萬古而下。其誰異諸。

臨事有三難。能見。一也。見而能行。二也。當行必果決。三也。

大小之事皆須用智。智猶水也。不流則腐。凡百不用智。則臨大事之際。寧有智來。

勸學篇

大化不自言。委之在英才。玄門非有閉。苦學當自開。世上百代名。莫遣寒如灰。晨雞固自勉。男子胡爲哉。胸中一片地。無使容纖埃。海鷗尚可狎。人世何嫌猜。勤慎君子職。顏閔如瓊瑰。刻薄小人事。斯輩直可哀。放蕩功不遂。滿盈身亦災。將心雖内疚。禍福本無媒。

乖崖文集

知人之心易爲義。款人之急易以惠。與蘇員外書。

附録

公嘗訪陳摶。一見公。厚遇之。顧謂弟子曰。此人于名利澹然無情。達必爲公卿。不達則爲帝王師。

益不貢士幾二十年。學校頹廢。公察郡人張及。李畋。張逵者。皆有學行。爲鄉里所服。遂延獎加禮。篤勉就舉。後三人登科。歷美官。于是兩川學者知勸。文風益振。

公問李畋曰。百姓果信我否。對曰。侍郎威惠及民。民皆信服。公曰。前一任則未也。此一任應稍稍耳。秀才只此一箇信。五年方得成。

謂李畋曰。子知公事有陰陽否。對曰。未也。曰。凡百公事未著字前則屬陽。陽主生也。通變由之。著字後屬陰。陰主刑也。刑貴正名。名不可改。

又曰。子異日爲政。信及于民。然後教之。言及于義。然後勸之。動而有禮。然後化之。靜而無私。然後民安而樂業矣。行斯四者。在先率其身。

李畋苦痁。既瘳。請謁。公曰。子于病中曾得移心法否。對曰。未也。公曰。人能于病中移其心。如對君父。畏之慎之。靜久自愈。

嘗謂其友人曰。張詠幸生明時。讀典墳以自律。不爾則爲何人耶。故其言曰。廉不言貧。勤不言苦。忠不言己效。公不言己能。斯可以事君矣。

宋景文狀其行曰。惟公稟尊嚴之氣。凝隱正之量。粤在羈貫。不偕兒曹。嶷然志嚮。高自標置。就外傅。卽覽羣經。書必味于義根。學乃知于言選。家貧無以本業。往往手疏墳史。每有屬綴。輒據庭樹槁枝而瞑。苟不終篇。未嘗就舍。磥若多節。默表大廈之材。居然晚器。弗示良工之朴。太原王摶名知人。見公愯然異之。獨謂公曰。唐魏文公本生此鄉。故老有言。後五百年復求一佳士。元精回復。祭酒當之矣。公謝不敢。

王荆公跋忠定與潭牧書曰。忠定公歿久矣。而士大夫至今稱之。豈不以剛毅正直有勞乎。世若公者少歟。

李巽巖湖北漕司乖崖堂記曰。寇平仲王子明皆復之同年。皆賢者。平仲相眞宗。攘卻夷狄。

天下至今受其賜。而復之顧澶淵一擲。我不能爲。使復之當平仲之任。其處此必有道矣。玉清昭應宮之役。子明不能强諫。奉天書行事。每有愧色。復之獨抗疏。乞斬丁謂以謝天下。子明病革。眞宗擬相復之。則復之亡矣。使復之無恙。丁謂何敢肆其奸欺。周懷英雷允恭亦安從始禍。復之嘗譏平仲不學無術。或謂復之大過。而平仲獨心服焉。末路低徊。還秉鈞軸。訖與禍會。視復之學術。寧不少愧哉。復之本不欲仕。希夷謂當拯民于水火。不宜輒自肥遯。復之乃仕。攘袂纓冠。誠非得已。凡所與交。多方外佚人。視棄軒冕猶棄敝屣耳。其至大至剛以直之氣。一生未始少屈。至今凜然也。

項平甫曰。張乖崖鎭蜀。當遨遊。士女環左右。終三年未嘗回顧。黄東發曰。張忠定公剛大多智。數方面材無比者。李順王均亂後。前後兩鎭蜀。易嚴爲寬。蜀人畏愛入骨髓。使還。謂王文正旦。太平宰相。卒以此不遇。豈命也夫。然乞斬丁謂王欽若一疏。至今光燄煜煜斗牛閒。天書迎合事。千萬世賴之雪恥矣。

賈先生德昇

賈德昇。陳圖南弟子。端拱二年。圖南豫言其卒。命之鑿石室于張超谷。室成而逝。隆平集。

种氏學侶

李先生溉

李溉。□□人。种放以河圖洛書傳之。朱子發說。

雲濠謹案。經義考引漢上之説云。放以河圖洛書傳李溉。溉傳許堅。堅傳范諤昌。諤昌傳劉牧。則并洛書傳之。

李氏卦氣圖

坎初六冬至。九二小寒。六三大寒。六四立春。九五雨水。上六驚蟄。中孚主蚯蚓結。鹿解在冬至小寒之閒。漢上易。

附録

楊時喬曰。溉得易圖于种放。放得之陳希夷。希夷諸圖皆易説卦所言者。此圖與之不同。想溉所自作。無關于易之大義。然亦依傍易説。可以節取。

許先生堅

許堅字介石。廬山人。布裘道者也。朱子發曰。种放以河圖洛書傳李溉。溉傳許堅。又廬山隱者李潛序麻衣道者正易心法言。得之廬山一異人。或曰卽堅也。廬山志。

梓材謹案。楊龜山誌許德占墓云。惟許氏之先曰堅者有卓行。浮沈廬阜九華之閒。初不知其何許人也。是先生並非廬山士著矣。

穆氏同調

鄭金斗先生條

鄭條。蜀人。自號金斗。先生名其文金斗集。歐陽公辨尹師魯誌曰。著作古文自師魯始。則前有穆修鄭條輩。及有宋先達甚多。不敢斷自師魯始也。困學紀聞。

梓材謹案。阮亭居易録云。宋古文始於柳開穆修鄭條三人。柳穆今有集。人多知之。條蘇州人。天聖八年。王拱辰榜第三甲進士。咸平三年。陳堯咨榜進士爲之子也。兄修。景祐三年王整榜進士及第。見姑蘇科第表。

知州柳補亡先生開附趙生。

柳開字仲塗。大名人。幼警悟豪勇。及就學。講説能究經旨。開寶六年登進士第。官至如京使。知忻州。徙滄州。未至卒。年五十四。五代學者少尚義理。有趙生者。得韓愈文數十篇。未達。乃攜以示先生。先生一見遂知爲文之趣。自是屬辭必法韓柳。初名肩愈。蓋慕之也。著書號東郊野夫。又號補亡先生。作二傳以見意。先生垂絶。語門人張景曰。吾十年著一書。可行于世。景爲名之曰默書。辭義稍隱。讀難遽曉。先生尚氣自任。不顧小節。太宗除殿中侍御史。命使河北。上方擇文臣有武略者。即授先生崇儀使。知寧遠軍。徙全環邠代諸州。隆平集。

梓材謹案。晁景迂爲李挺之傳云。師河南穆伯長。又云。挺之事先生益謹。嘗與參校柳文。蓋仲塗之文也。又案。宋史文苑先生本傳云。弱冠慕韓愈柳宗元爲文。因名肖愈。字紹元。既而改名字以爲能開聖道之塗也。隆平集肩愈。當是肖愈之異。

梓材又案。趙生。天水人。老儒也。見張景所撰先生行狀。

柳氏家戒

皇考治家孝且嚴。朔望。弟婦等拜堂下畢。卽上手低面聽我皇考訓誡曰。人家兄弟無不義者。盡因娶婦入門。異姓相聚。爭長競短。漸漬日聞。偏愛私藏。以致背戾。分門割户。患若賊讐。皆汝婦人所作。男子剛腸者幾人。能不爲婦人言所惑。吾見多矣。若等寧有是耶。退則惴惴。不能出一語爲不孝事。開輩抵此賴之得全其家云。

雲濠謹案。仲塗之父承翰字繼儒。嘗拜監察御史。累贈至祕書少監。年二十一學詩于隱者孟若水。從万俟生授字學爲文章。仲塗誌其墓。稱太祖召上殿。言曰。聞爾治家嚴而平。如朕治天下也。居官處食井水外。無一有取。吏犯必責不貸。公事不枉而速。儼立危坐。人過促走。若觀神明。鄉黨親賓畏爾。不爲不善。不厚妻子。不疏弟姪。不私蘊。不妄求。朕知爾久也。又云。閏後奉歸大名府縣。開記先君常與諸叔聚話。指汝弟兄語曰。吾湯陰時征蜀。帝命汝母伯王公爲招討副使。告行曰。帝欲與公屬大官。公召。吾不往報。曰。男兒當自立。不能學人因婦家覓富貴也。同吾事帝者半爲王侯。其後番番相傾。朝爲賤人。夕爲貴臣。面垢未除。頂冠峩焉。門朱未乾。屍血流焉。初曬比比。漸異索索。以浸以譏。以陷以削。逐之以離。滅之以夷。因小敗家。及大累國。吾苟與斯輩同。安有渠得今日見眼前耶。載金連車。不如教子讀書。彎弓騎馬。功成無價。彈絲吹竹。身衣罔覆。累棊奕奕。舉口莫食。杯酒是味。不賊而斃。在家了了。出門皎皎。養兒勝虎。猶患不武。多學廣智。少宦諳事。爲官納貨。莫大此禍。侮文弄法。天誅鬼殺。以私害公。反必及躬。吾豈徒言哉。汝等勉之。少監之言行如是。宜仲塗又述之以爲家戒。閏則仲塗之弟也。又仲塗爲季父承遠墓誌云。耳病無所聞。五七歲即李先生教讀書畫字。又爲從叔户曹承陟墓誌云。廣順中。詩者韋鼎來自衡山。從之遊。得其旨。爲從兄節推閎肩回墓誌云。年十七。授書易膠東胡生通誦之。其仲女爲張景之妻。柳氏之家學淵源。可類見如此。

河東先生集

人之不幸由乎天。身之不幸由乎己。己之者甚乎天之者也。苟有外其貌而内其情。于儒何幸哉。上大名府王祜學士書。

道也者。總名之謂也。衆人則教矣。賢人則舉矣。聖人則通矣。秉燭以居暗。見不逾于一步。捨而視于月之光。邇可分。遠不可窮。及乎日出之朝。宇宙之間無不洞然矣。衆人燭也。賢人月也。聖人日也。上王學士第三書。

六經之辨其文。兼其政。遂其用。簡于人。其功扶于時。答臧丙第二書。

夫子之于經書。在易則贊焉。在詩書則删焉。在禮樂則定焉。在春秋則約史而修焉。在經則因參也而語焉。非夫子特然而爲也。在語則弟子記其言。記焉亦非夫子自作也。聖人不以好廣于辭而爲事也。在乎化天下。傳來世。用道德而已。若以辭廣而爲事也。則百子之紛然競起異説。

皆可先于夫子矣。昌黎集後序。

柳子五箴并序

柳子志近于古人。異于時俗之所聞見。欲明其道也。人皆忽焉。作晦箴。柳子每作事。慮其不思而有所以失。作思箴。柳子言居者以居于世也。病乎人有同其事而異其心也。同者卽與居之。異者卽與去之。作居箴。柳子病淺無淵大之德。使人目而見之。輕而習之。卒成小人也。君子之棄耳。作淺箴。柳子好直。人有過者以直言攻之。使易其不善而格于善。衆不克從。反謂狂野。懼以直得辱。作直箴。

道之明。有時而明。道之晦。有時而晦。維晦維明。與世謙盈。明不可苟。晦不可捨。苟之則妄作乎□㊀。捨之則患生其下。故聖人有云。用行捨藏者。惟我與汝也。晦箴。

動靜以順。思面爲正。茍若不思。汝所以病。汝謹其心。庶事咸欽。出之與處。必思其故。默之與語。勿使于誤。機思于密。所發不失。行思于修。惟汝之休。道思于勤。維德之鄰。思執其志。思端其容。思而思久。君子之風。思箴。

不我之徒。何所與居。小人爲誠。同利異謀。異謀之大。彼相賊害。雖與父兄。亦僞其情。

㊀「□」當作「中」。

能人其面。能獸其心。汝若是也。我愧乃深。不與汝處。不與汝語。居箴。

山之淺。松柏不茂焉。水之淺。蛟龍不生焉。世之淺。忠良不輔焉。人之淺。道德不存焉。淺之若是。我所以棄。淺箴。

夫子有言。直近于仁。以直化衆。先直其身。排斥昏佞。是非歸眞。直而不剛。汝奚以云。小人不知。反以爲狂。訾言成市。嫁患其良。於乎小人。予心其傷。得直而直。斯直孔碩。直之在曲。斯直反辱。爲直之義。我有厥理。直箴。

附録

自爲東郊野夫傳曰。野夫性渾然。樸而不滯。淳而不昧。柔知其進。剛識其退。推之以前。不難其行。揖之于後。不忿其勇。來者雖仇而不拒。去者雖親而不追。大抵取人之長。棄人之短。利不能誘。禍不能懼。晦乎若無心。茫乎若無身。不以天地之大獨爲大。不以日月之明獨爲明。風雷不疾其變。嶽瀆不險其固。人莫之識也。與其交者無可否。無疑忌。賢愚貴賤視其有分。久與之往還。益見深厚。或持其無賴之心者。謂其眞若鄙愚人也。卽事以欺之。復有以一得。便再以其二三。而謀從計其利。雖後己或自敗。野夫與始亦無暫異。竟不言之。然終未有能出其度内者。

或曰。子居貧賤而務施仁義。司馬氏之所譏也。野夫對曰。吁哉。君子計之急。豈謀己乎。

當貧賤而能施諸仁義。斯所難也。當富貴而將施之。即孰不爲能乎。且司馬氏。蓋異其君子者耳。所以著書而多離于夫子之旨焉。或退處士而進奸雄。或先黄老而後六經。蓋例若此也。吾所恥耳。

乾德戊辰中。遂著東郊書百篇。大以機譎爲上。功將餘半。一旦悉出焚之。曰。先師所不許者也。吾本習經耳。反雜家流乎。

凡所與往還者。悉歸其指詔。亦以爲軻雄之徒也。捧書請益者。咸云。韓之下二百年。今有子矣。野夫每報之曰。不敢避是。願盡力焉。或曰。子無害其謙之光乎。對曰。當仁而不讓者。正其此矣。

又爲補亡先生傳曰。先生既著野史後。大探六經之旨。已而有包括揚孟之心。樂爲文中子王仲淹。齊其述作。遂易名曰開。字曰仲塗。其意謂將開大聖賢之道於時也。將開今人之耳目使聰且明也。必欲開之爲其塗大。使古今由於吾也。故以仲塗字之。表其德焉。

先生始盡心於詩書。以精其奥。每當卷歎曰。嗚呼。吾以是識先師之大者也。不□□㊀亡逸者哉。吾不得見也。未知聖人之言復加何如耳。尤於餘經博極其妙。遂各取其亡篇以補之。凡傳有義者。即據而作之。無之者復已出辭義焉。故號曰補亡先生也。

先生常謂人曰。夫六經者。夫子所著之文章也。與今之人無異耳。蓋其後之典教不能及之。

㊀「□□」當作「幸其有」。

故大于世矣。吾獨視之與汝異耳。

有講書以教後學者。先生或詣其精廬。適當至虞書堯典篇。曰。日中星鳥以正仲春。說云。春分之昏。南方朱鳥之星畢見。觀之以正仲春之氣也。先生乃問曰。然夫云日中星鳥以正仲春者。是仲春觀朱鳥之星以正其候也。且云朱鳥者南方之宿。以主於夏也。旣觀其星以正其候。卽龍星乃春之星也。春主於東方。可觀之以正其候也。今何不云是而反觀朱鳥之星。何謂也。說者不能對。惟云傳疏若是。無他解矣。先生揮其座者曰。起前。吾語汝。夫歲周其序。春居其始。四星各復其方。聖人南面而坐。以觀天下。故春之時。朱鳥之星當其前。故云觀之以正仲春矣。四座無不拜而言曰。先生眞達於經者也。所以於補亡不繆矣。

知寧邊軍。徙全州。全西延澗有粟氏聚族五百餘人。常鈔劫民口糧畜。先生爲作衣帶巾帽。選牙吏勇辯者得三輩。使入諭之曰。爾能歸我。卽有厚賞。給田爲屋處之。不然發兵深入。滅爾類矣。粟氏懼。留二吏爲質。率其酋四人與一吏偕來。先生厚其犒賜。吏民爭以鼓吹飲之。居數日遣還。如期攜老幼悉至。先生卽賦其居業。作時鑑一篇。刻石戒之。遣其酋入朝。授本州上佐。

命知代州。至州。葺城壘戰具。諸將多沮議不協。先生謂其從子曰。吾視昴宿有光雲。多從北來犯境上。寇將至矣。吾聞師克在和。今諸將怨我。一旦寇至。必危我矣。卽求換郡徙忻州刺史。

性倜儻重義。在大名嘗過酒肆飲。有士人在旁。辭貌稍異。先生詢其名。則至自京師。以貧不克葬其親。聞王祐篤義。將丐之。問所費。曰二十萬足矣。先生卽罄所有。得白金百餘兩。錢數萬遺之。

嘗謂張景曰。吾于書止愛堯舜典。禹貢。洪範。斯四篇。非孔子不能著之。餘則立言者可跂及矣。詩之大雅頌。易之爻象。其深焉。餘不爲深也。

程洺水全州賜名清湘書院記曰。案公以開寶六年登進士第。張公作行狀乃咸平三年。而公序韓公集有曰。予讀先生之文。年十七。今凡七年。然則在國初固已得韓集。去穆公修時已數十年矣。歐陽公修蘇公軾更出其後。而歐公略不及之。乃以爲天下未有道韓文者。何也。范公仲淹作尹公洙集序亦云。五代文體薄弱。皇朝柳仲塗起而麾之。時人專事藻飾。謂古道不適于用。廢而弗學者。久之。師魯與伯長歐陽永叔從而振。由是天下之文一變而古。讀范公此序。則韓之道始發于公。而尹公穆公歐陽公皆繼公之緒無疑也。夫如是。則洗西崑之陋。而上承六藝之統。使我宋文體陶育大醇。公之功實在諸儒之先。初。公刺史全州也。作堂湖山。遐邇來學。親爲指授。追今全人師慕如新。前牧守監司援白鹿故事。乞名書院。無慮十數。寶慶改元。程侯榆典州事顯述顛末。復請于朝。名以清湘書院。

張氏講友

隱君傅先生霖

傅霖。青州人。少與張乖崖同學。先生隱不仕。乖崖既顯。求之三十年不可得。及乖崖知陳州。乃來謁。閽吏白傅霖請見。乖崖責之曰。傅先生天下賢士。吾尚不得爲友。汝何人。敢名之。乖崖問曰。昔何隱。今何出。先生曰。子將去。來報子爾。翌日。别去。後一月。乖崖卒。姓譜。

附録

林和靖寄傅霖詩曰。葛蔓煙枯束六經。高廉渾與昔賢停。黄牙稚子跨牛穜。白眼山人識劒形。寒睡草旁林酒壯。曉思河曲雨槎腥。傳聞曾説平生事。不在清朝夢武丁。

柳氏講友

員外高先生錫

高錫字天福。虞鄉人。家世業儒。幼穎悟。能屬文。漢乾祐中舉進士。周蔡州防禦推官。宋初棄官歸京師。詣匭上疏。請禁兵器。疏入不報。建隆五年。又以書干宰相范質。質奏用爲著作佐郎。遷監察御史。拜左拾遺。知制誥。加屯田員外郎。貶萊州司馬。改均州别駕。移陳州。太平興國八年卒。宋史。

侍郎梁先生周翰

梁周翰字元褒。管城人。幼好學。十歲能屬詞。周廣順二年舉進士。授虞城主簿。辭疾不赴。宰相范質王溥以其聞人。不當佐外邑。改開封府户曹參軍。宋初質溥仍爲相。引爲祕書郎。直史館。時左拾遺高錫上封議武成王廟配享七十二賢。内王僧辨以不令終。恐非全德。尋詔尚書張昭竇儀與錫重銓定功業終始無瑕者。方得預焉。先生上言。昉自唐室崇祀太公。原其用意。蓋以天下雖大。不可去兵。域中有爭。未能無戰。資其佑民之道。立乎爲武之宗。覬張國威。遂進王號。貞元之際。祀典益修。因以歷代武臣陪饗。廟貌如文宣釋奠之制。有弟子列傳之儀。事雖不經。義足垂勸。況于曩日不乏通賢。疑難討論。亦云折衷。今若求其考類。别立臧否。以羔袖之小疵。忌狐裘之大善。恐其所選。僅有可存。深惟事貴得中。用資體要。若今之可以議古。恐來者亦能非今。願納臣微忠。特追明敕。不報。乾德中。獻擬制二十編。擢爲右拾遺。會修大内。上五鳳樓賦。人多傳誦之。五代以來。文體卑弱。先生與高錫柳開范杲習尚淳古。齊名友善。當時有高梁柳范之稱。歷通判綿眉二州。奪官。起授太子左贊善大夫。開寶二年。遷右拾遺。改左補闕。兼知大理正事。授左司農寺丞。逾年。爲太子中允。太平興國中。知蘇州。分司西京。俄除楚州團練副使。雍熙中。辛相李昉以其名聞。召爲右補闕。使江淮提點茶鹽。先生以辭學爲流輩所許。頻歷外任。不樂吏事。會翰林學士宋白等列奏其有史才。遲回下位。遂命兼史館修撰尋遷起居舍人兼起居郎。至道中。遷工部郎中。眞宗卽位。擢駕部郎中。知制誥。俄判史館昭文館。咸平三年。召入翰林爲學士。受詔與趙安易同修屬籍。唐末喪亂。籍譜罕存。無所取則。先生刱意爲之。頗有倫貫。明年。授給事中。與宋白俱罷學士。大中祥符元年。遷工部侍郎。踰年。被疾。卒。年八十一。有集五十卷。及續因話録。宋史。

修撰范先生杲附李均。郭昱。

范杲字師回。宋城人。宰相質從子。少孤。質視如己子。刻志于學。與姑臧李均汾陽郭昱齊名。爲文深僻難曉。後生多慕效之。以蔭補太廟齋郎。再遷國子四門博士。嘗攜文謁陶穀竇儀。咸大稱賞。稍遷著作佐郎。出爲許鄧二州從事。坐事免。太平興國初。遷著作郎。直史館。歷右拾遺。左補闕。雍熙二年。同知貢舉。俄上書自言其才。比東方朔。求顯用。以觀其效。太宗壯之。擢知制誥。改工部郎中。罷知制誥。移知壽州。上言家世史館。願秉直筆。成國朝大典。召爲史館修撰。改右諫議大夫。知濠州。復召爲史館修撰。卒年五十六。其性虚誕。與人交好。面譽背非。惟與柳開善。更相引重。始終無間。不善治生。家益貧。端坐終日。不知計所出。人皆笑之。宋史。

梓材謹案。宋史文苑鄭起傳附載郭昱云。好爲古文。狹中詭僻。周顯德中。登進士第。恥赴常選。獻書於趙普。自比巢由。詔署襄州觀察推官。雍熙中卒。則其人未足多也。

附録

柳仲塗補亡先生傳曰。先生所行事。人咸以爲非可與伍。惟范杲有復古之什以頌其德。以其能復敦于古。故賦復古。以其能行仲尼之道。故賦闕里。以章別當世之人。能作野史。故賦踵孟。以其能解子雲之書。故賦先雄。以其或筆削其韓文之繁者。故賦削韓。以其將來太常第。故賦多文。以其必首冠于四科。故賦高第。以其後天王俾不家食。故賦出祿。以其將果得其位。則指南于吾道。故賦指南。末以釋經終其篇。謂其章明經旨。永休于世用。故賦釋經。先生見之曰。范杲知我矣。天之未喪斯文哉。天之若喪斯文也。則世無范矣。范無是言矣。

雲濠謹案。曾氏隆平集柳仲塗傳云。時范杲好古學。開與齊名。謂之柳范。

王氏家學

隱君王先生仁著

王仁著。昭素子。亦有隱德。宋史。

王氏門人

參政李先生穆

李先生肅合傳。

李穆字孟雍。開封人。與弟肅。皆中進士第。累擢知制誥。中書舍人。翰林學士。太平興國八年。參知政事。雍熙元年卒于位。年五十七。贈工部尚書。太祖曰。非斯人不幸。朕之不幸也。先生端謹自持。言行無玷。文學操履。爲上所知。太祖嘗遣使江南諭朝旨。李煜辭以疾。先生曰。朝與否惟自處之。朝廷繁富兵甲。精鋭恐不易當爾。太祖謂其所諭要切。肅字恭叔。仕至左衛上將軍。時以爲有知人之鑑。隆平集。

雲濠謹案。隆平集于隱逸王酸棗傳云。自李穆而下。有聞于時者。皆其門人也。

附録

王昭素頗有人倫鑑。初。李穆兄弟從昭素學易。常謂穆曰。子所謂精理。往往出吾意表。又語人曰。穆兄弟皆令器。穆尤沈厚。他日必至廊廟。後果參知政事。

梓材謹案。涑水紀聞録先生行狀云。幼沈謹。温厚好學。聞酸棗王昭素先生善易。往師之。昭素喜其開敏。謂人曰。觀李生才能氣度。他日必爲卿相。昭素先著易論三十三篇。祕不傳人。至是盡以授之。由是知名。與此可互觀。

李先生惲

性至孝。母病累年。惡暑而畏風。公身自扶持起居。能適其志。或通夕不寐。未嘗有倦惰之色。母卒。哀毁過人。朝命起復。固辭。不得已視事。然終不飲酒食肉。未終喪而卒。

李惲。□□人。王昭素常聚徒教授以自給。李穆與弟肅及先生皆常師事焉。宋史。

种氏家學

种先生世衡附子詁。

种世衡字仲平。洛陽人。康定元年。戎犯延安。任鄜州從事。建言延安東北二百里有故寬州。

請因其廢壘而興之以當寇衝。左可致河東之粟。右㈠固□□㈡之勢。北可圖銀夏之舊。有是三利。朝廷從之。以之董役。□□□㈢朝廷署故寬州爲青澗城。先生知城事。慶曆二年。范希文按環州。易先生理環。周行境内。入屬羌聚落。撫以恩意。如青澗。卒。先生季父明逸。初隱于終南山。先生少孤。依之服勤左右。以力學稱。明逸起拜左司諫。累遷尚書工部侍郎。大中祥符五年。先生用工部蔭得將作監主簿。五遷至太子中舍。初知武功。毁淫祠。崇夫子廟。以來學者。歷監京兆軍資庫。署同州判官事。又移鄜州。因從軍延安。乃有故寬州之請。先生少尚氣節。昆弟有欲析其家者。先生推資產與之。惟取季父圖書而已。莅官能摘惡庇民。青澗與環人皆畫其像而享事之。長子詁。文雅純篤。養志不仕。有明逸之風。范文正文集。

附録

初至青澗城。教吏民習射。雖僧道婦人亦習之。以銀爲射的。中者與之。既而中者益多。其銀輕重如故。而的漸厚且小矣。或爭徭役優重。亦使之射。射中者得優處。有過失。亦使之射。射中則釋之。由是人人皆能射。

㈠「右」下脱「可」。
㈡「□□」當作「延安」。
㈢「□□□」當作「既而」，衍一「□」。

忠襄种先生師道詳見范吕諸儒學案。

种氏門人

參軍穆伯長先生修見上陳氏門人。

侍丞高安素先生懌附張堯。許勃。

高懌字文悦。高祖季興。唐末徙荆南之地。子孫因家焉。先生少孤。養于外家。十三歲能屬文。通經史。聞种放隱終南山。先生亦築室豹林谷。放見而奇之。與張堯梓材案。宋史作張蕘。許勃號南山三友。詔舉沈淪草澤。寇準薦不起。景祐中。朝廷録國初侯王後。先生推其弟忻得一官。范雍京兆建學。召先生授諸生經。從之者數百人。康定中。杜衍請賜以處士號。上特除大理評事。固辭。上嘉其守。改賜安素處士。文彦博又薦其經行。先嘗賜良田五頃矣。至是復賜第一區。既又除光禄寺丞。懇辭不拜。卒年七十一。有少微諸宫集。續東皋子。兵源掛冠録。烟霞志。凡數十卷。先生喜讀書。爲文有法。而詩清淡有古風。論唐以來至宋衣冠民族人物。皆見其本末。考之載籍不謬云。隆平集。

梓材謹案。宋史本傳言。先生從种氏受業。种奇之。不敢處以弟子行。則先生固种氏弟子也。

附録

蘇子美送安素處士詩曰。皇天稔巨憝。羌虜稽顯戮。廟算忽小醜。王師數傾衄。秦民著暴斂。慘慘生意蹙。賊氣愈張王。鋒鋭不可觸。帷幄監前敗。隆心問白屋。尺詔下中天。公平塞章牘。策慮盡頗牧。勇決過賁育。先生胸臆大。經術内自足。逸韻脱滓塵。素節抱冰玉。獨恥論兵戰。因時射君禄。不唯吾志乖。亦使王道局。放懷但文史。散髮自溪谷。近臣上薦書。天子渴高躅。束帛三及門。不免至京轂。萬鍾非所好。大議戛鈞軸。孤鸞入紫煙。網罟安可束。天風萬里□㊀。沆瀣朝滿腹。更期下翔集。以爲蒼生福。

又詔獄中懷藍田高先生曰。自嗟疏野性。不曉世途艱。仰首羨飛鳥。冥心思故山。剛來投密網。誰復爲瞿顔。寄語高安素。今思日往還。

范文正寄安素高處士詩曰。吏隱南陽味日新。幕中文雅盡嘉賓。滿軒明月清譚夜。共憶詩書萬卷人。

文定李先生迪

李迪字復古。鄄城人。少從柳仲塗學爲古文。仲塗曰。公輔器也。舉進士第一。累官資政殿

㊀「□」當作「長」。

大學士同平章事。當章獻太后臨朝時。正色危言。時稱賢相。以太子太傅致仕。卒。謚文定。姓譜。

李文定語

仕宦至卿相。不可失寒素體。君子無入不自得者。正以磨挫驕奢。不至居移氣。養移體也。

附録

公爲舉子時從种明逸學。將試京師。攜明逸書見柳仲塗。以文卷爲贄。與謁俱入。久之。仲塗出曰。讀君之文。須沐浴乃敢見。因留之門下。

黄東發曰。李文定諫立劉后。保全東宫。公蓋以直著。調陝西兵。出内藏金。攬墨熟水。使八大王元嚴者不敢留禁内。公亦處事從容者。而兩相人主。始爲丁謂逐。後爲吕夷簡去。人情之難防。賢者之不可自信如此。

侍御高先生弁附㊀詳士劉諸儒學案。

㊀「附」衍。

韓安逸先生退

韓退。稷山人。亦師事种放。母死。負土成墳。徒跣終喪。去隱嵩山。吴遵路石延年論其高節。詔賜粟帛。號安逸處士。以壽終。宋史。

侍郎楊先生偕

楊偕字次公。中部人。少從种放學。舉進士。性剛而忠朴。在官。數上書論時政。累官翰林侍讀學士。以工部侍郎致仕。有兵書十五卷。文集十卷。姓譜。

文惠陳知餘先生堯佐附兄堯叟。弟堯咨。

陳堯佐字希元。閬州人。端拱元年登進士第。累擢知制誥。翰林學士。景祐四年與王隨同相。次年諫官論政事錯謬。以宰相非其人。遂與王隨同請罷。並除使相。先生判定州。康定元年。以太子太師致仕。居鄭州。四年卒。贈司空兼侍中。謚文惠。後事皆預備。自誌其墓曰。有宋潁川生堯佐。號知餘子。壽年八十二不爲夭。官一品不爲賤。使相納禄不爲辱。三者粗可歸息于父母棲體之域矣。有文集三十卷。又有潮陽編。野廬編。遺興策。愚邱集。初爲開封府推官。以言事貶通判潮州。潮俗鄙陋。始至。爲修宣聖廟。作韓吏部祠堂。人始知學。有張氏子年十六。爲其母浣衣惡溪。爲鱷魚所噬。先生慕韓吏部。投文惡溪。因捕獲。以文戮之于市。先生工爲二韻詩。人多傳之。性儉約。不事浮侈。未第時。同父省華及伯季訪華山陳摶。摶謂之曰。三子皆將相。

然中子伯季所不逮也。卒如其言。兄堯叟。字唐夫。有材略。多智術。事親至孝。端拱二年登進士甲科。累加平章事。樞密使兼羣牧使。出爲右僕射。卒。贈侍中。謚文忠。有文集三十卷。弟堯咨。字東㈠嘉謨。善射。咸平三年登進士甲科。累進武信軍節度使。卒。贈太尉。謚康肅。著治本十六篇。諸宮上下編。隆平集。

文惠遺文

親仁可以自託。友賢可以自扶。求仁得仁。必馳必驅。若隱几以召。憑几而呼。則仁賢斯遯。廝役來趨。嗚呼。賢既遯。身卽孤。几銘。

附録

先生少好學。父授諸子經。其兄未卒業。先生竊聽已成誦。初肄業錦屏山。後從种放於終南山。及貴。讀書不輟。故事。知制誥者先試其文辭。天子以公文學天下所知。不復命試。自國初以來。不試知制誥者。惟楊億及公二人而已。神道碑。

㈠「東」衍。

隱君劉先生孟節

劉孟節。壽光人。少師种放。篤古好學。隱于青州之南冶。歐冶子鑄劍之地。富韓公爲築室以居。嘗賦詩餞之曰。先生已歸隱。山東人物空。范文正公文潞公欲薦之朝。先生懇辭不就。姓譜。

知州薛先生田

薛田。河東縣人。少師种放。與魏野友善。進士起家。累知延同二州。卒。先生性和厚。初以幹敏數爲大臣所稱。姓譜。

張先生荷

張荷。壽光人。師事种放。與吳育魏野楊朴宋澥爲友。性高潔。爲文奇□㊀。著過非九篇。放謂隋唐以來之士罕能及之。有詩文三卷。姓譜。

從事范先生諤昌見下許氏門人。

吳先生遁

吳遁字雲交。爲兒童時不逐嬉戲。而心樂于善。生于隴西。其地僻。界西戎。生民尚佛與鬼。

㊀「□」當作「澁」。

日覩其父兄習尚書㊀惟浮屠之學。于是化爲浮屠氏而從其法焉。然資識穎寤。于其教獨能抉指端緒。窺窮疵隙。又旁觀列聖之書。見仁義禮樂忠孝人倫之美。君臣父子夫婦宗廟之儀。則羞前之爲而自歎曰。吾流何異夫井底蛙耳。于是褫去浮屠之服。而加冠巾。從縉紳之列而問學焉。或有非而告之。曷自敗其道而反能居吾列乎。乃聞而疑。以告种放。放作敗諭以進之。宋文鑑。

張氏講友

隱君魏草堂先生野

魏野字仲先。陝縣人。居東郊。彈琴賦詩。號草堂居士。眞宗召之。辭疾不至。嘗以詩贊王魏公旦云。泰嶽汾陰俱禮畢。這廻好伴赤松遊。又嘗與寇萊公準詩。好在上天辭富貴。歸來平地作神仙。及準貶。悔不用先生之言。姓譜。

雲濠謹案。宋史本傳言先生爲詩精苦。有唐人風格。多警策句。所著草堂集十卷。天禧三年卒。年六十。

梓材謹案。先生又有鉅鹿東觀集十卷。知益州。薛田爲之序云。余與之交。越三十年云。

附録

眞宗西祀。有言陝州魏野。河中李瀆。皆隱居求志。上特召之。皆稱疾不起。天禧四年。二

㊀「書」當爲「者」。

人者繼逝。各追贈著作郎。仍賜其家粟帛。隆平集。

縣令楊先生璞別見士劉諸儒學案補遺。

魏氏同調

李先生瀆

李瀆。洛陽人。父瑩。字正白。善詞賦。廣順進士。蒲州張鐸辟爲記室。因家河中。乾德初。爲殿中侍御史。度支判官。責授右贊善大夫。卒。初。贊善禱河祠而生先生。故名瀆。字河神。後改字長源。淳澹好古。博覽經史。十六丁外艱。服闋杜門。不復仕進。家世多聚書畫。頗有奇妙。王晉公祐典河中。深加禮待。往來中條山中。不親產業。罕著文。眞宗祀汾陰。命使召見。辭足疾不起。遣内侍勞問。令長吏歲時存撫。明年。又遣使存問。卒年六十三。宋史。

梓材謹案。先生爲魏草堂中表兄。天禧三年。先生卒六日。而草堂亦卒。

隱君林和靖先生逋附從子宥。

林逋字君復。錢塘人。少孤。刻志爲學。性恬淡。好古弗趨榮利。善行書。喜爲詩。多奇句。不存稿。或勸録。先生曰。吾方晦迹。安用名世。仁宗時卒。賜謚和靖先生。賻以粟帛。居西湖二十年。未嘗履城市。先生不娶無子。教兄子宥。登進士。姓譜。

附録

和靖景祐初尚無恙。范文正公過其廬。贈詩曰。巢由不願仕。堯舜豈遺人。又曰。風俗因君厚。文章到老醇。其激賞如此。青箱雜記。

臨終有詩云。湖上青山對結廬。亭前修竹亦蕭疏。茂陵他日求遺草。猶喜曾無封禪書。

梅宛陵序和靖詩集曰。天聖中。聞錢塘西湖之上有林君。嶄嶄有聲。若高峯瀑泉。望之可愛。卽之愈清。挹之甘潔而不厭也。是時余因適會稽。還訪于雪中。其談道。孔孟也。其語近世之文。韓孟也。其順物玩情爲之詩。則平澹邃美。詠之令人忘百事也。其辭主乎靜正。不主乎刺譏。然後知其趣向博遠。寄適于詩爾。

吳蘭皋題林和靖墓詩曰。遺稿曾無封禪文。鶴歸何處但孤墳。清風千載梅花共。說著梅花定說君。

蔡忠惠經林逋舊居詩曰。修竹無多宅一區。先生曾此隱西湖。詩言不喜書封禪。亦有遺書補世無。又曰。山色凝嵐水色清。山雲長與水雲平。先生來舉持竿手。釣得人閒亢俗名。

晁无咎跋先生薦士書後曰。林君遭太平。可以仕。豈其天性自疏。莫可尸祝。不在枯槁伏藏也。其推挽後來。欲其聞達。則反復致志。如恐不及賢哉。

黄東發曰。魏野隱陜之東郊。林逋隱杭之西湖。皆于希夷學無預。而以詩名世。野之贄王旦詩。譏以封祀禮畢。逋之臨終詩。自喜無封禪書。愚謂野與逋非詩人也。超然高識之士也。可以一洗种放終南之羞矣。

王魯齋爲林和靖作像贊曰。野人雲臥。孤山蒼蒼。梅林逸興。香滿詩囊。湖邊竹户。猿鶴倘佯。寒泉秋菊。千載耿光。

林氏學侶

隱君曹先生汝弼

曹汝弼字夢得。休寧人。高蹈不仕。與林逋魏野齊名。號松蘿山人。江南通志。

處士邢先生昂

邢昂處士。范文正送之南遊云。落落崆峒一大儒。四方心逸憶江湖。東南賴有林君復。萬里清風去不孤。范文正集。

穆氏門人

補殿丞李先生之才

李之才字挺之。青州人。雲濠案。邵氏聞見録云。李成之子挺之。東方大儒也。倜儻不羣。師事穆伯長。伯長性嚴急。稍不如意。或至呵叱。先生承順如事父兄。登科。任孟州司户。先生性坦率。不事儀矩。時太守范忠獻公以此頗不悦。後忠獻建節移鎮延安郡。僚多送至境外。先生但別于近郊。衆或讓之。先生曰。情文貴稱。公實不我知。而出疆遠送非情。豈敢以不情事范公。未幾忠獻謫守安陸過洛三城。故吏無一人往者。獨先生沿檄往省之。忠獻始稱歎。遂受知焉。又嘗爲衛州共城令。時康節居祖母服。築室蘇門山百源之上。先生自造其廬。問曰。子何所學。曰。爲科舉進取之學耳。先生曰。科舉之外。有義理之學。子知之乎。曰。未也。願受教。先生曰。義理之外。有物理之學。子知之乎。曰。未也。願受教。先生曰。物理之外。有性命之學。子知之乎。曰。未也。願受教。于是康節始傳其學。易學辨惑。

梓材謹案。宋史儒林傳以先生爲青社人。天聖八年同進士出身。又云。師河南穆修。修之易受之种放。放受之陳摶。源流最遠。其圖書象數變通之妙。秦漢以來。鮮有知者。據此。則先生爲希夷三傳弟子。邵伯温親康節子。其爲易學辨惑。第言李氏師事伯長。伯長師事圖南。而不言种穆之相傳。豈以种氏晚年易節而諱之耶。史傳又言。石延年與吳遵路調兵河東。辟先生澤州。簽署判官。在澤轉殿中丞。丁母憂。甫除喪。暴卒於懷州官舍。寶曆五年二月也。寶曆當是慶曆。

附録

友人尹師魯以書薦于中書舍人葉道卿。因石延年致之曰。孟州司法參軍李之才。年三十九。能爲古文章。語直意邃。不肆不窘。固足以蹈及前輩。非洙所敢品目。而安于卑位。無仕進意。人罕知之。其才可達世務。使少用于世。必過人遠甚。恨其貧。不能決其歸心。知之者當共成之。

延年復書曰。今業文好古之士至鮮且不張。苟遺若人。其學益衰矣。延年素不喜謁貴仕。凡四五至道卿門。通其書乃已。

康節曰。吾少日喜作大字。李挺之曰。學書妨學道。故嘗有詩曰。憶昔初書大字時。學人飲酒與吟詩。若非益友推金石。四十五年咸是非。

項氏家説曰。李挺之反對法。其實卽生卦法也。故世之言卦變者。皆自挺之出。其法以乾父坤母爲二卦。不反對。又以乾坤三交生六卦。亦不反對。頤交大過一也。小過交中孚二也。坎交離三也。又以乾交一陰生六卦。反對。姤反夬。同人反大有。履反小畜。凡六也。坤交一陽生六卦。反對。復反剥。師反比。謙反豫。凡六也。又以乾交二陰生十二卦。反對。遯反大壯。訟反需。無妄反大畜。睽反家人。兑反巽。革反鼎。凡十二也。坤交二陽生十二卦。反對。臨反觀。明夷反晉。升反萃。蹇反解。艮反震。蒙反屯。凡十二也。又以乾交三陰生十二卦。否反泰。恒反咸。豐反旅。歸妹反漸。節反渙。既濟反未濟。凡十二也。又坤交三陽生十二卦。泰反否。損反益。賁反噬嗑。蠱反隨。井反困。未濟反既濟。凡十二也。三陰三陽數内。否。泰。既濟。未濟。四卦相重。止各十卦爾。六十四卦雖皆自乾坤來。而乾坤之交不出于三。故推卦變者。因乾坤初交爲復姤。而以爲一陰一陽者皆自復姤來。再交爲臨遯。而以爲二陰二陽者皆自臨遯來。三交爲否泰。而以爲三陰三陽者皆自否泰來。蓋乾坤之變自此六卦始。則繼此而變者當推此六卦。而爲所從來之地。理或然也。

王深寧困學紀聞曰。康節邵子學于李挺之。先視以陸淳春秋。欲以表儀五經。既可。語五經大旨。則授易終焉。此學自春秋而始也。横渠張子謂。非理明義精。殆未可學。朱子謂。春秋乃學者最後事。此學至春秋而終也。

黄東發曰。希夷數學又傳至李挺之。挺之亦登第。倜儻坦率。不視勢輕重。取重范忠獻。挺之傳之康節。而學益顯。

知州尹河内先生源

尹源字子漸。河南人。少博學强記。與弟洙皆以文學知名。先生初以祖蔭補三班借職。稍遷殿直。舉進士。爲奉禮郎。累遷太常博士。罷知芮城河陽新鄭三縣。通判涇州。嘗作唐説及敘兵十篇上之。趙元昊寇定川堡。葛懷敏發涇原兵救之。先生是時通判慶州。遺懷敏書曰。賊舉國而來。其利不在城堡。而兵法有不得而救者。宜駐兵瓦亭。擇利而後動。懷敏不聽以敗。范文正韓忠獻薦其才。召試學士院。先生素不喜賦。請以論易賦。主試者方以賦進。不悦其言。第其文下。除知懷州。卒。宋史。

河内遺文

客謂余曰。敢問人臣不忠孰爲大。曰。無過爲大。客曰。過之爲言。失中之謂也。爲臣有是。

則悖于事而害于治。君子善于無過。而子以爲不忠。惑矣。曰。余所謂無過者。非果能無過。衆人不以爲過。無跡可攻也。何則。自古人臣爲不忠者。未有不外示畏謹。循法度。而能固其寵。久其權。以遂其邪者。內則爲宰相。爲卿大夫。不敢主天下事與進退賢不肖。曰。吾知循故事爾。專則罪也。外則爲郡爲邑。以至廉察一道。視政之弊。不敢革。視民之疾。不敢去。曰。吾知奉法爾。違乃辟也。若此者。不惟時君以爲無過。天下之人亦以爲無過。苟不能終辨之。使內外相濟。以成其俗。則國日削。民日弊。以至大亂而莫之禦。謂之忠可乎。忠臣則不然。一心公乎天下。不以身之安危易其守。其任事也。或犯上之忌。或冒下之議。若此者。不惟時君以爲過。天下之人亦以爲過矣。苟能辨之。使得行其道。則國享其利。民被其賜。謂之不忠。可乎。故忠臣本于愛君。奸臣本于愛身。未有愛君而先其身。愛身而先其君者。客曰。如子之說。仲山甫明哲保身。萬石君霍光忠謹無過。皆不忠乎。曰。若數子。皆純乎其中。非求無過之名以爲己利。故忠臣之過小而必形。奸臣之過大而不章。世人徒見其形者以爲過也。孔光張禹所以危漢宗。林甫所以禍唐室。曰。然則人君何以辨之。曰。捨其迹而責其心術。斯得矣。

附録

歐陽兖公誌其墓曰。子漸爲人剛簡不矜飾。能自晦藏。與人居。久而莫知。至其一有所發。則人必驚伏。其視世事若不干其意。已而推其情僞。計其成敗。後多如其言。其性不能容常人。

而善與人交。久而益篤。

邵伯温曰。李挺之。康節先生之師也。昔嘗聞之先公曰。挺之與尹子漸貌相類。又相友善。挺之死于子漸官舍。子漸哭之慟。遂得疾以卒。嗚呼。二人者。乃所謂朋友歟。

梓材謹案。直齋書録解題云。著有尹子漸集八卷。待制焞彥明。其孫也。

舍人尹先生洙別見廬陵學案補遺。

蘇先生舜元

蘇舜元字才翁。銅山人。參知進士易簡之孫。子美之兄也。先生爲人精悍。任氣節。爲歌詩亦豪健。尤善草書。官至尚㊀度支員外郎。三司度支判官。宋史。

梓材謹案。宋史文苑穆伯長傳言。其獨以古文稱。蘇舜欽兄弟多從之游。是先生亦穆氏之徒也。

校理蘇先生舜欽

蘇舜欽字子美。易簡之孫。少慷慨有大志。狀貌怪偉。當天聖中。學者爲文多病偶對。獨先生與穆伯長好爲古文歌詩。一時豪傑多從之游。初以父任補太廟齋郎。調滎陽縣尉。尋舉進士。改光禄寺主簿。知長垣縣。遷大理評事。監在京店宅務。范文正公薦其才。召試爲集賢校理。監

㊀「尚」下脱「書」。

進奏院。先生娶宰相杜祁公女。祁公時與范富二公在政府。多引用一時聞人。欲更張庶事。御史中丞王拱辰等不便其所爲。會進奏院祠神。先生與右班殿直劉巽輒用鬻故紙公錢。召妓樂。多會賓客。拱辰廉得之。諷其屬魚周詢等劾奏。因欲搖動祁公。事下開封府劾治。于是先生與巽俱坐自盗除名。先生既放廢。寓于吳中。其友人韓持國維責以世居京師。而去離都下。隔絶親交。先生報書自言。超然遠舉。羈泊于江湖之上。不唯衣食之累。實亦少避機穽也。又云。伏臘稍足。居室稍寬。無終日應接奔走之勞。耳目清曠。不設機關以待人。心安閒而體舒放。三商而眠。高春而起。静院明窻之下。羅列圖史琴尊。以自愉悦。有興則泛小舟。出盤閶二門。吟嘯覽古于江山之間。渚茶野釀足以消憂。蒪鱸稻蟹足以適口。又多高僧隱君子。佛廟勝絶。家有園林。珍花奇石。曲池高臺。魚鳥留連。不覺日暮。昔孔子作春秋而夷吳。又曰。吾欲居九夷。觀今之風俗。樂善好事。知予守道好學。皆欣然願來過從。不以罪人相遇。雖孔子復生。是亦必欲居此也。二年得湖州長史。卒。先生數上書論朝廷事。在蘇州買水石作滄浪亭。益讀書。時發憤懣于歌詩。其體豪放。往往驚人。善草書。妻杜氏有賢行。宋史。

梓材謹案。宋史先生本傳第云。與穆修爲古文歌詩。然考李挺之傳云。時蘇舜欽輩亦從修學易。則先生本穆氏學易弟子。非特與爲詩文已也。阮亭居易録云。蘇子美與梅聖俞齊名。永叔稱之曰蘇梅。且云。子美筆力豪放。以超邁横絶爲奇。聖俞覃思精微。以深遠閒澹爲意。雖善論者。不能優劣也。

蘇學士集

夫士之學經術。知道義。非所以貿易。爵禄之來。無有以應之耳。道勝而位喪。于道何傷而不樂耶。世有知道而居位者。尚或爲衆牽躓。不得盡施其所學。憂道之削。處心甚危。内負于己。外媿于人。畏時刑而懼鬼誅。何所樂哉。然賢者必欲推己之樂以樂衆。故雖焦苦其身而不舍爵位者。非己所樂也。苟去其位。則道日益舒。宜其安而無悶也。是施于衆則勞。而足于己則易。亦物理之常勢。周公大聖智也。尚皇皇不暇食。使其退居環堵之中。鼓琴詠歌。以味先聖之道。何憂憒之可入也。乃知古者至治之世。有其道而不見用。獨居畎畝。樂以終身。蓋亦多矣。答馬永書。

夫道無古今。但時有用舍。有志之士不計時之用舍。必趨至極之地。以學探求聖賢之意。而亦其所行。本原既明。則將養其誠心。而泯去異端也。當其未知于人。用于世。則修之益勤。守之益堅。内自貴珍而有待也。蓋先能寘身名爵禄于慮外。然後乃能及此。故君子雖被賊害。顚沛其身。不更所守。豈慮外之物足顧哉。答李銳書。

日月可惜。功名易隳。處雖爲難。退亦未易。答杜公書。

案復卦彖曰。復亨。剛反動而以順行。是以出入无疾。朋來无咎。反復其道。七日來復。天行也。利有攸往。剛長也。復其見天地之心乎。王弼解云。復者反本之謂。天地以本爲心。凡動息則靜。靜非對動者也。語息則默。默非對語者也。然則天地雖大。富有萬物。雷動風行。運化萬變。寂然至無。是其本也。故動息地中。乃天地之心見矣。予討其意而竊惑焉。夫復也者。以一陽始生而得名焉。陽之始生。則有蘖育萬物之意。故彖曰。復其見天地之心者。是由陽生而見之也。當羣陰隕剥極盡之際。陰氣張王。漠然無有生生之兆。則天地之心何見焉。及夫剛長。天行陽氣下。震初九之爻布而造物之意萌。則天地之心雖微而已顯矣。若謂以本爲心。寂然至無是其本。則變化之功何有焉。彖曰。剛反動而順行。又曰。朋來。又曰。天行。又曰。剛長也。安得謂寂然至無耶。安得謂動息也。象曰。雷在地中復。蓋雷者陽物也。動物也。今既名下地中。則是有陽動之象也。輔嗣昧舉卦之體。乃以寂然至無爲復。斯失之矣。夫復者剛陽始萌。陰物衰謝。初包化生之心。潛而未運。唯聖人知其太始而言之耳。蓋神之所爲。至精至變。非聖人孰能見之。然而地雖以生萬物爲心。而萬物莫見其爲心之用。是冥然無有經營之迹也。故繫辭云。顯諸仁。藏諸用。鼓萬物。不與聖人同憂。此之謂也。及乎雷奮雨潤。句達甲坼。其仁則著矣。心則散而莫見矣。是則藴而妙用者之謂心。行而成功者之謂仁。在聖人則爲幾深。及乎通天下之志。成天下之務。則深與幾何有焉。象曰。后不省方者。是先王察見天地造物之心而法象之。不親煩務。不專以沈謀研慮。將以鼓舞天下之民以行乎事業也。若云靜其動。止其行。至于無事。則失之遠矣。又云。冬天陰之復。夏至陽之復。何冬夏陰陽之不辨邪。復辨。

蘇氏奏疏

古者斷決滯訟。以平水旱。不聞用赦。故赦下之後。陰霾及今。前志曰。積陰生陽。陽生火災見焉。乘夏之氣。發洩于玉清宮。震雨雜下。烈焰四起。樓觀萬疊。數刻而盡。非慢于火備。乃天之垂戒也。陛下當降服減膳。避正寢。責躬罪己。下哀痛之詔。罷非業之作。拯失職之民。察輔弼及左右。無裨國體者罷之。竊弄威權者去之。念政刑之失。收芻蕘之論。庶幾所以變災爲祐。玉清昭應宫災。詣登聞鼓院疏。

臣聞唯誠可以應天。唯實可以安民。今應天不以誠。安民不以實。徒布空文。增人太息耳。將何以謝神靈而救弊亂也。豈大臣蒙塞天聽。不爲陛下行之。豈言事迂闊。無所取。不中行也。臣竊見綱紀隳敗。政化闕失。其事甚衆。不可槩舉。謹條大者二事以聞。一曰正心。二曰擇賢。河東地震詣匭疏。

龍學祖先生無擇詳見泰山學案。

希夷續傳

屯田周先生洙

周洙。饒州人。號綵衣翁。袁清容書綵衣堂楊谷公記後云。陰陽性命。易老相表裏。先天無極。其圖具在。悉傳于希夷陳先生。先儒言之矣。綵衣翁乃得而師之。見于郡志。趙清獻美周屯田致政綵衣詩。皆爲老人所作。湯文清嘗詩而美之。清容居士集。

附録

趙清獻寄題致政周屯田如詔亭詩曰。諧出義方語。亭更如詔名。爲郎拜天寵。有子擅家聲。健羨鄉評美。光輝野史榮。綵衣官亦重。門外擁雙旌。

穆氏私淑

元公周濂溪先生敦頤詳濂溪學案。

康節先緒

補隱君邵伊川先生古父德新。

邵古字天叟。世爲燕人。父德新。讀書爲儒者。早卒。先生生衡漳。十一歲而孤。能事母孝。力貧且養。長益好學。必求義理之盡解。二十年而終母喪于衛。天聖中。嘗登蘇門山。顧謂其子雍曰。若聞孫登之爲人乎。吾所尚也。遂卜隱居于山下。異時堯夫侍親。往來洛陽。見山川水竹之勝。人情舒暇。始得閒曠之地。架屋竹間。水流其門。浩然其趣也。因自號伊川丈人。忽一日得小疾。逮旬浹飲水不食。謂其家曰。吾今七十九矣。逢時太平而康而壽。有子若孫貧且自如。

没無恨矣。雖然。身無有于物。愼勿爲浮屠事以薦吾死。惟擇高塏地藏焉。幸速朽爾。言絶而逝。實治平元年正月朔日也。先生性簡寡。獨喜文字學。用聲律韻類古今切正爲之解。曰正聲正字正音者。合三十篇。宋文鑑。

雲濠謹案。先生著有周易解五卷。見晁氏讀書志。

梓材謹案。張氏嵲爲康節行狀畧云。父以明經教授鄉里。及先生之長。退老於家。先生雖貧。養之終身。致其樂。宋史康節本傳云。其先范陽人。父古。徙衡漳。又徙共城。雍年三十。游河南。葬其親伊水上。遂爲河南人。云徙衡漳。未知何本。

附録

捐館。謂康節曰。吾平生不害物。不妄言。自度無罪。卽死。以肉祭。勿做佛事亂吾教。無令吾死婦人手。汝兄弟候吾就小殮。方令家之人哭。勿叫號俾我失路。聞見録。

王氏困學紀聞曰。上蔡爲晁以道傳易堂記後序。言安樂邵先生皇極經世之學。師承頗異。安樂之父。昔於廬山解后文恭胡公。從隱者老浮圖遊。隱者曰。胡子世福甚厚。當秉國政。邵子仕雖不耦。學業必傳。因同授易書。上蔡之文今不傳。僅載于張棋書文恭集後。

又曰。康節之父天叟。定律吕聲音以正天下音及古今文。謂天有陰陽。地有剛柔。律有闢翕。吕有唱和。一陰一陽交而日月星辰備焉。一剛一柔交而金木水火備焉。一闢一翕交而平上去入備焉。一唱一和交而開發收閉備焉。律咸㊀呂而聲生焉。呂應律而音生焉。觀物之書本于此。謂翕者律天。清濁者呂地。先閉後開者春也。純開者夏也。先開後閉者秋也。冬則閉而無聲。東爲春聲。陽爲夏聲。此見作韻者亦有所至也。銜凡冬聲也。

康節師承

任先生□

任先生者。汾州人。李挺之授康節以大學。康節益自克勵。寫周易一部。貼屋壁間。日誦數十徧。聞先生有易學。又往質之。聞見録。

張氏先緒

諫議張先生師德父去華。

張師德字尚賢。河南人。父去華。建隆三年舉進士第一。先生大中祥符間復居第一。時以爲榮。累擢知制誥。諫議大夫。知汝州。卒年四十九。先生孝謹有家法。守道不回。執政不悦。在西掖者九年。有集十卷。隆平集。

㊀「咸」當爲「感」。

忠定門人

學士錢先生易

錢易字希白。父倧。嗣吴越王。爲大將所廢。而立其弟俶。俶歸宋。羣從悉補官。先生與兄昆不見録。遂刻志讀書。年十七。舉進士。試崇政殿。三篇日未中而就。言者惡其輕俊。特罷之。再舉進士中第。補濠州團練推官。召試中書。改光禄寺丞。通判蘄州。景德中。舉賢良方正科入等。除祕書丞。累遷尚書祠部員外郎。坐對國子監諸科非其人。降監潁州税。久之。判三司磨勘司。擢知制誥。判登聞鼓院。糾察在京刑獄。累遷左司郎中。爲翰林學士。僕直未滿。卒。先生才贍敏過人。數千百言援筆立就。又善尋尺大書行草及喜觀佛書。嘗校道藏經。著殺生戒。有金閨瀛洲西垣制集一百五十卷。青雲總録青雲新録南部新書洞微志一百三十卷。子彦遠。明逸。相繼皆以賢良方正應詔云。宋史。

雲濠謹案。辟疆園宋文選載張乖崖云。門生錢易誌其墓。則先生乖崖門人也。

李谷子先生畋

李畋字渭父。華陽人。以學行爲鄉里所稱。初。蜀士不樂仕宦。知州張詠敦勉就舉。先生遂登第。累官知榮州。自號谷子。所著歌詩雜文及谷子總百卷。忠定語録三卷。卒年八十七。姓譜。

附録

晁公武曰。畋蜀人。張詠客也。與范鎮友善。熙寧中致仕。歸編該聞録。

雲濠謹案。先生嘗著孔子弟子傳贊六十卷。見四川總志。

谷子講友

隱君何先生中

何中。青城人。任道晦處。無意官禄。以聚書爲能。以賦詩爲樂。蜀之耆儒李畋渭父。戈淵仲顏。皆與之友。子四人。光禄敏。其季也。吕淨德集。

谷子同調

殿丞張先生及

張及。成都人。知臨卭縣。太守欲引水泛舟。遣吏于縣決堰水。時農事方興。先生曰。涸民田以事嬉遊可乎。令可去。水不可導。守斂容謝之。姓譜。

梓材謹案。武功官師志。亦有張及舉進士。爲殿中丞。祥符八年出爲武功令。有政績。喜文學。嘗慕姚武功之爲人。刻其縣居諸詩四十餘首于石云。又案。先生歷官御史。

張先生逵

張逵。成都人。與同邑張及同郡李畋同舉進士。皆有時名。先生歷官職方。一統志。

雲濠謹案。宋景文爲代祠部墓誌云。稍長。從隴西李畋授經。清河張逵爲文章。隴西清河皆其舊望也。

許氏門人

從事范先生諤昌

范諤昌。建溪人。天禧中。毘陵從事。著易證墜簡一卷。其書酷類郭京易舉正。自謂其學出于溢浦李處約。李得於廬山許堅。郡齋讀書志。

附録

晁景迂傳易堂記曰。有廬江范諤昌者。亦嘗受易于种徵君。諤昌授彭城劉牧。而聱隅先生黃晞及陳純臣之徒。皆由范氏知名者也。其于康節之易。源委初同而淺深不倫矣。

王氏困學紀聞曰。范諤昌易證墜簡。震象辭脱不喪匕鬯四字。程子取之。漸上九疑陸字誤。胡安定取之。

謝山箋曰。范諤昌。宋初隱士。劉牧之易本于諤昌。諤昌之易得于种放。

梓材謹案。易證墜簡。直齋書録解題作二卷。云。序言任職毘陵。因事退閒。蓋嘗失官也。又言。得于溢浦李處約。李得於廬山許堅。其上卷如郭京舉正。下卷辨繫辭。非孔子命名。止可謂之贊繫。今爻辭乃可謂之繫辭。又重定其次序。又有補注一篇。辨周孔述作與諸儒異。爲乾坤二傳。末有四辭晷刻圖一篇。又謂。世或言劉牧之學出于諤昌。而諤昌之學亦出种放。未知信否。晁以道邵子文朱子發皆云爾。是謝山所據者也。

雷思齋㊀曰。諤昌著大易源流。稱龍馬負圖出河。羲皇窮天人之際。重定五行生成之數。定地上八卦之體。故老子自西周傳授孔子造易之源。天一正北。地二正南。天三正東。地四正西。天五正中央。地六配子。天七配午。地八配卯。天九配酉。地十配申。寄于未。乃天地之數五十有五矣。

柳氏門人

文定李先生迪見上种氏門人。

侍御高先生弁詳見士劉諸儒學案。

縣令張先生景附門人萬稱。

張景字晦之。公安人。羈丱能言。長嗜學。尤力貧不治產。往從柳仲塗。一見歡甚。悉出家書畀之。屬辭益有法度。仲塗每曰。今日在朝廷。絜囊薦笏。誰踰晦之者。卽厚遺使如京師。時

㊀「齋」當爲「齊」。

富春孫傚。沛國朱嚴。成紀李庶。幾號爲豪英。先生弊衣與游。名稱藉藉。蓋不容口。計偕名在第四。調主館陶簿。坐貶。繼爲房襄二州文學參軍。先生中廢不用。則大覃思古今。爲洪範王霸二書。常病浮屠氏怪迂誕荒。因事見文。爲紀傳數十篇而辨析之。改知昭信縣。卒。年四十九。平生文章。門人萬稱集爲二十五通。宋景文文集。

梓材謹案。晁景迂集答陳秀才書有云。在本朝則柳仲塗。張晦之。穆伯長。賈公疏諸公。皆尊孔氏。以振我國家禮樂文明之風者。柰何後生漫不知其姓名。則目前碌碌尚何爲哉。據此。則先生之大略可見矣。

雲濠謹案。姓譜載先生仁宗召見。問曰。卿在江陵。地有何景。對曰。兩岸綠楊遮虎渡。一灣芳草護龍洲。曰。所食何物。對曰。新粟米炊魚子飯。嫩冬瓜煮鼈裙羹。

尚書崔先生立

崔立字本之。鄢陵人。少警悟博學。而尤長于古文。時柳仲塗爲世大儒。學士師仰。一見其文而奇之。于公卿閒比比延譽。咸平二年舉進士于開封府。明年春及第。補巢州團練推官。累轉給事中。年甫七十。卽上書乞骸骨。以歸回㈠里。進秩工部侍郎。致仕。先生既歸許之私第。後謝絶人事。治家圃。羅植松竹。中起小亭曰葆光。自號葆光子。卒。贈禮部尚書。有集二十卷。自名巴歙集。韓安陽集。

㈠「回」當爲「田」。

進士高先生本

高本。進士。柳仲塗之徒也。學慕韓愈氏爲文。名□□㊀。仲塗惜其難得也。作名系一篇貽之云。開始慕韓愈氏爲文章。名爲肩愈。後乃釋然悟其非也。改之。人于道。罕得同日而爲者。必有先後耳。先者知之告于後者。古人之道也。知而不告之。非君子也。非古人之道也。河東先生文集。

焦先生邕

焦邕。□□人。柳仲塗爲之字説云。邕和其至也。以世上之爲大賢人之德歟。太史胡繼周樂焦生之好學。慨然異夫時之得進者。名生曰邕。至道三年來自京師。邕文章外。通誦六經諸史百氏之言。請字于開。開因字云世和。世和邕之義也。河東先生文集。

李先生憲

李憲。柳仲塗之徒也。仲塗送之序云。世論韓文者。有愛之名。無誠用之實。故談古道各各不相推讓。自作氣意。大負于人。未知于己眞何如也。嗚呼。口是而心非之。我所以不取也。李

㊀「□□」當作「愈開」。

生所謂不得喜于衆者。蓋眞好于韓文者也。非口是而心非之者也。河東先生文集。

宋先生嚴

宋嚴。鄭州人。從柳仲塗學文。河東先生文集。

馬先生應昌

馬應昌。□□人。柳仲塗送之序云。其文近于古。雖不能全似于我。求之于衆。亦不易得也。又云。苟能不以外物易今日之心。實我之徒也。河東先生文集。

任先生唐徵

任唐徵。□□人。柳仲塗嘗與之書。又送之序云。任生貧。不患于世。曰。我患于道也。道苟貧。不獨我身之困矣。我天地之人民亦困矣。河東先生文集。

高先生銑

□先生子野合傳。

□先生叔達合傳。

□先生季雅合傳。

高銑。渤海人。柳仲塗送之赴舉。子野。叔達。季雅從。河東先生文集。

李氏家學

李先生惟簡

李惟簡。參知政事穆之子。多材藝。不樂仕進。眞宗時召拜太子中允。致仕。姓譜。

文定家學

縣令李先生敏之

李敏之字仲通。濮州人。與程明道友。文定公迪。其世父也。始用蔭補郊社齋郎。調瑞金主簿。遷衛尉寺丞。宰江寧之上元。先生端厚仁恕。見于孩提之時。燕居終日。泊然而無惰容。居貧守約。好古力學。尤精于春秋詩易。卒年三十。明道文集。

文定門人

直講孫泰山先生復詳泰山學案。

楊氏家學

中散楊先生忱

楊忱字明叔。華陰人。少卓犖。以文章稱天下。治春秋。不守先儒傳注。資他經以佐其說。

超厲踔越。世儒莫能及。以父蔭守將作監主簿。積官至朝奉郎。通判河中府事。出監蘄州酒稅。卒。有文集十卷。又别爲春秋正論十卷。微言十卷。通例二十卷。王臨川集。

評事楊先生慥

楊慥。侍讀偕之子。贈中散大夫忱之弟。官大理評事。中散與之俱以經術文章名振一時。蘇魏公集。

待制楊先生景略

楊景略字康功。中散子。四歲用祖蔭守將作監主簿。十四上書皇帝言天下事。又謁執政。論所以言者。丞相富文忠尤奇愛之。治平二年。擢進士第。累徙開封府推官。就遷判官。提點兩浙刑獄。居官勤勱不爲苟簡。法式未便卽建明于朝。嘗言。太學有歲月之限。遠方寒士或以貧。或以親。不能趨期者。請州里學官如太學法以便利。舉移河北東路。歷拜尚書右司郎中。遷起居郎。擢中書舍人。換龍圖閣待制。知揚州。移蘇州。復徙維揚。卒。年四十七。先生尤喜讀書。平居佔畢之外無他玩好。常以讎校得失爲樂事。所藏書萬餘卷。晚尤繕寫不輟。又集周秦以來金石刻文至七十卷。文集十五卷。西掖草二卷。奏議三卷。執政年表一卷。高句麗叢鈔十二卷。少林居士聞見録十卷。蘇魏公集。

提舉楊先生景芬

楊景芬字祖德。洛陽人。翰林侍讀學士偕之從孫也。少治春秋。未嘗爲人言。遇事發其論議。亹亹不可窮。以侍讀任爲試校書郎。調定陶主簿。改大理丞。七遷至朝奉大夫。提舉京東。保馬保甲皆有能聲。卒年六十一。尤爲文潞公呂申公所知。雞肋集。

文惠家學

節推陳先生漸

陳漸字鴻漸。堯佐從子。少以文學知名于蜀。淳化中。與其父堯封皆以進士試廷中。太宗擢以第。輒辭不就。願擢其父。許之。至咸平初。始仕爲天水縣尉。時學者罕通揚雄太玄經。先生獨好之。著書十五篇。號演玄。奏之。召試學士院。授儀州軍事推官。復調隴西防禦推官。免歸。不復有仕進意。蜀中學者多從之游。後召至京師。授潁州長史。改遷耀州節度推官。卒。有文集十五卷。自號金龜子。宋史。

魏氏家學

隱君魏清逸先生閑

魏閑字雲夫。陝州人。野之子。少喜爲詩學。鼓琴。不樂仕進。遵父志。皇祐二年。仁宗祀明堂。詔求遺逸草萊年耆德茂者。知府直史館李詔遴薦其再世有高節。上嘉之。賜號清逸處士。姓譜。

附録

范文正訪陜郊魏疏處士詩曰。賢哉先處士。天書召不起。雲夫嗣孤風。復爲隱君子。有石礪其齒。有泉洗其耳。下瞰紅塵路。榮辱無窮已。孜孜朝市人。同在風波裏。大爲高士笑。誓不拾青紫。我亦寵辱流。所幸無愠喜。進者道之行。退者道之止。矧今領方面。豈稱長城倚。來訪臥雲人。而請益諸己。得無長者言。佩之玉非美。

司馬温公誌其墓曰。嗚呼。今之名處士者多矣。或力爲奇譎。以盜聲名。萬一冀幸。欲欺愚俗取美官。或交遊有位。依其名勢。乾没射利。以侵漁細民。若是者。雖不仕。又足賢乎。然則能保其福樂而免于過咎。有如君者凡幾人耶。

雲濠謹案。温公傳家集有與魏處士閑書。時先生年餘八十矣。

魏氏門人

馮先生亞

馮亞字希顔。陜人。學詩于處士魏野。徧得其道。潘逍遙深重之。未四十而卒。温公傳家集。

林氏門人

司法葉先生曙附子昌言。昌齡。

葉曙字杲卿。錢塘人。凡三試開封府進士。考官率以高等處之試用。嘗試御前。恩授鄭州長史。後司法桂州參軍。卒年五十九。方先生之在桂。有閩人吴謐死象州武化縣令。謐妻挈二女欲歸閩。至桂而其妻又死。時本道轉運使杜杞哀吴無所歸。欲妻先生二子。先生曰。爲子娶婦。豈勢利之取而舍孤窮耶。從之。人以爲義。師事郡人林先生和靖。和靖篇翰爲當時二絶。先生盡得其妙。早以經術自任。晚傳其學于二子。二子者。昌言。祕書丞。昌齡。尚書屯田員外郎。同年取進士第。皆有學行政術。知名士林閒。次子先登朝。始用祀明堂。恩贈先生光禄寺丞。累至太子中允。張祠部集。

梓材謹案。范文正公寄贈林處士詩云。幾姪簪裾盛。諸生禮樂循。朝廷惟薦鶚。鄉黨不傷麟。可以見林氏人門㈠之美矣。

㈠「人門」當爲「門人」。

林氏私淑

憲成李先生諮別見高平學案補遺。

李氏門人

補康節邵堯夫先生雍

雲濠謹案。先生咸淳三年從祀孔廟。國朝雍正二年改稱先賢。

觀物内篇

夫人也者。暑寒晝夜無不變。雨風露雷無不化。性情形體無不感。飛走草木無不應。所以目善萬物之色。耳善萬物之聲。鼻善萬物之氣。口善萬物之味。靈于萬物。不亦宜乎。物之至者。始得謂之物之物也。人之至者。始得謂之人之人也。夫物之物者。至物之謂也。人之人者。至人之謂也。以一至物而當一至人。則非聖而何。

皇帝王霸者。易之體也。虞夏商周者。書之體也。文武周召者。詩之體也。秦晉齊楚者。春秋之體也。意言象數者。易之用也。仁義禮智者。書之用也。性情形體者。詩之用也。聖賢方術者。春秋之用也。

仲尼修經周平王之時。書終于晉文侯。詩列爲王國風。春秋始於魯隱公。易盡于未濟卦。

噫。聖人者非世世而效聖焉。吾不得而目見之也。雖然吾不得而目見之。察其心。觀其迹。探其體。潛其用。雖億萬年。亦可以理知之也。

春爲生物之府。夏爲長物之府。秋爲收物之府。冬爲藏物之府。號物之庶謂之萬。雖曰萬之又萬。其庶能出此昊天之四府者乎。易爲生民之府。書爲長民之府。詩爲收民之府。春秋爲藏民之府。號民之庶謂之萬。雖曰萬之又萬。其庶能出此聖人之四府者乎。昊天之四府者時也。聖人之四府者經也。昊天以時授人。聖人以經法天。天人之事當如何哉。

人謂仲尼惜乎無土。吾獨以爲不然。獨夫以百畝爲土。大夫以百里爲土。諸侯以四境爲土。天子以九州爲土。仲尼以萬世爲土。若然。則孟子言。自生民以來。未有如孔子也。斯亦未爲之過矣。

暑變飛走木草之性。寒變飛走木草之情。晝變飛走木草之形。夜變飛走木草之體。雨化性情形體之走。風化性情形體之飛。露化性情形體之草。雷化性情形體之木。

觀物外篇

天數五。地數五。合而爲十。數之全也。天以一而變四。地以一而變四。四者有體也。而其一者無體也。是謂有無之極也。天之體數四。而用者三。不用者一也。地之體數四。而用者三。不用者一也。

天見乎南而潛乎北。極于六而餘于七。是以人知其前。昧其後。而略其左右也。

天之有數起乾而止震。餘入于無者。天辰不見也。地去一而起十二者。地火常潛也。故天以地爲基。而常隱其基。地以用爲本。而常藏其用也。

陽爻晝數也。陰爻夜數也。天地相銜。陰陽相交。故晝夜相雜。剛柔相錯。春夏陽也。故晝數多。夜數少。秋冬陰也。故晝數少。夜數多。

圓者星也。曆紀之數。其肇于此乎。方者土也。畫州井里之法。其倣于此乎。蓋圓者河圖之數。方者洛書之文。故羲文因之而造易。禹箕敍之而作範也。

易之大衍何數也。聖人之倚數也。天數二十五。合之爲五十。地數三十。合之爲六十。故曰五位相得而各有合也。五十者蓍數也。六十者卦數也。五者蓍之小衍。故五十爲大衍也。八者卦之小成。則六十四爲大成也。蓍德圓以況天之數。故七七四十九也。五十者存一而言之也。卦德方以況地之數。故八八六十四也。六十者去四而言之也。蓍者用數也。卦者體數也。用以體爲基。故存一也。體以用爲本。故去四也。圓者本一。方者本四。故蓍存一而卦去四也。

歸奇合掛之數得五與四四。則策數四九也。得九與八八。則策數四六也。得五與八八。得九與四八。則策數皆四七也。得九與四四。得五與四八。則策數皆四八也。

五與四四。去掛一之數。則四三十二也。九與八八。去掛一之數。則四六二十四也。五與八八。九與四八。去掛一之數。則四五二十也。九與四四。五與四八。去掛一之數。則四四十六也。

故去其三四五六之數。以成九八七六之策也。

太極既分。兩儀立矣。陽下交于陰。陰上交于陽。四象生矣。陽交于陰。陰交于陽。而生天之四象。剛交于柔。柔交于剛。而生地之四象。于是八卦成矣。八卦相錯。然後萬物生焉。是故一分爲二。二分爲四。四分爲八。八分爲十六。十六分爲三十二。三十二分爲六十四。猶根之有幹。幹之有枝。枝之有葉。愈大則愈小。愈細則愈繁。

乾坤定位也。震巽一交也。兑離坎艮再交也。故震陽少而陰尚多也。巽陰少而陽尚多也。兑離陽浸多也。坎艮陰浸多也。是以辰與火不見也。

震始交陰而陽生。巽始消陽而陰生。兑陽長也。艮陰長也。震兑在天之陰也。巽艮在地之陽也。故震兑上陰而下陽。巽艮上陽而下陰。天以始生言之。故陰上而陽下。交泰之義也。地以既成言之。故陽上而陰下。尊卑之位也。

乾坤定上下之位。離坎列左右之門。天地之所闔闢。日月之所出入。是以春夏秋冬。晦朔弦望。晝夜長短。行度盈縮。莫不由乎此矣。

無極之前。陰含陽也。有象之後。陽分陰也。陰爲陽之母。陽爲陰之父。故母孕長男而爲復。父生長女而爲姤。是以陽始于復。陰始于姤也。

陽不能獨立。必得陰而后立。故陽以陰爲基。陰不能自見。必待陽而後見。故陰以陽爲唱。陽知其始而享其成。陰效其法而終其勞。

陽能知而陰不能知。陽能見而陰不能見也。能知能見者爲有。故陽性有而陰性無也。陽有所不偏而陰無所不偏也。陽有去而陰常居也。無不偏而常居者爲實。故陽體虚而陰體實也。

有變則必有應也。故變于内者應于外。變于外者應于内。變于下者應于上。變于上者應于下也。天變而日應之。故變者從天而應者法日也。是以日紀乎星。月會于辰。水生于土。火潛於石。飛者棲木。走者依草。心肺之相聯。肝膽之相屬。無他。變應之道也。

飛者食木。走者食草。人皆兼之。而又食飛走者。故最貴於萬物也。

神統于心。氣統于腎。形統于首。形氣交而神主乎其中。三才之道也。

日月相食。數之交也。日望月則月食。月掩日則日食。猶水火之相剋也。是以君子用智。小人用力。

日隨天而轉。月隨日而行。星隨月而見。故星法月。月法日。日法天。天半明半晦。日半贏半縮。月半盈半虧。星半動半靜。陰陽之義也。

天晝夜常見。日見于晝。月見于夜而半不見。星半見于夜。貴賤之等也。

有意必有言。有言必有象。有象必有數。數立則象生。象生則言著。言著則意顯。象數則筌蹄也。言意則魚兔也。得魚兔而謂必由筌蹄。可也。舍筌蹄而求魚兔。則未見其得也。

天變而人效之。故元亨利貞易之變也。人行而天應之。故吉凶悔吝易之應也。以元亨爲變。則利貞爲應。以吉凶爲應。則悔吝爲變。元則吉。吉則利應之。亨則凶。凶則應之以貞。悔則吉。

吝則凶。是以變中有應。應中有變也。變中之應。天道也。故元爲變。則亨應之。利爲變。則應之以貞。應中之變。人事也。故變則凶。應則吉。變則吝。應則悔也。悔者吉之先。而吝者凶之本。是以君子從天不從人。

乾坤天地之本。離坎天地之用。是以易始于乾坤。中于離坎。終于既未濟。

坤統三女于西南。乾統三男于東北。

天之陽在南而陰在北。地之陰在南而陽在北。人之陽在上而陰在下。既交則陽下而陰上。

初與上同。然上亢不及初之進也。二與五同。然二之陰中不及五之陽中也。三與四同。然三處下卦之上不若四之近君也。

五行之木。萬物之類也。五行之金。出乎石也。故水火土石不及金木。金木生其間也。

凡事爲之極。幾十之七。則可止矣。蓋夏至之日止于六十。兼之以晨昏分。可辨色矣。庶幾乎十之七也。

東赤。南白。西黄。北黑。此正色也。驗之于曉午暮夜之時。可見之矣。

圖雖無文。吾終日言而未嘗離乎是。蓋天地萬物之理。盡在其中矣。

不知乾。無以知性命之理。

仁配天地謂之仁。惟仁者眞可謂之仁矣。

草伏之獸。毛如草之莖。林棲之鳥。羽如林之葉。類使之然也。

在水者不瞑。在風者瞑。走之類。上睫接下。飛之類。下睫接上。類使之然也。

天地之交十之三。

夫聖人六經渾然無迹。如天道焉。故春秋録實事。而善惡形于其中矣。

寂然不動。反本復靜。坤之時也。感而遂通天下之故。陽動于中。間不容髮。復之義也。

理窮而後知性。性盡而後知命。命知而後知至。

凡處失在得之先。則得亦不喜。若處得在失之先。則失難處矣。必至于隕穫。

人必有德器。然後喜怒皆不妄。爲卿相。爲匹夫。以至學問高天下。亦若無有也。

天地日月悠久而已。故人當存乎遠。不可見其近。

智數或能施于一朝。蓋有時而窮。惟至誠與天地同久。天地無則至誠可息。苟天地不能無。則至誠亦不息也。

王通言春秋王道之權。非王道莫能及此。故權在一身。則有一身之權。在一鄉。則有一鄉之權。以至于天下。則有天下之權。用雖不同。其權一也。

復次剥。明治生于亂乎。姤次夬。明亂生于治乎。時哉時哉。未有剥而不復。未有夬而不姤者。防乎其防。邦家其長。子孫其昌。是以聖人貴未然之防。是謂易之大綱。

學以人事爲大。今之經典。古之人事也。

王霸者功之首。罪之魁也。春秋者孔子之刑書也。功過不相掩。聖人先褒其功。後貶其罪。

故罪人有功亦必録之。不可不恕也。

人言春秋非性命書。非也。至于書郊牛之口傷改卜牛。牛死乃不郊。猶三望。此因魯事而貶之也。聖人何容心哉。無我故也。豈非由性命而發言也。又曰春秋皆因事而褒貶。豈容人特立私意哉。人但知春秋聖人之筆削。爲天下之至公。不知聖人之所以爲公也。如因牛傷則知魯之僭郊。因初獻六羽則知舊僭八佾。因新作雉門則知舊無雉門。皆非聖人有意於其間。故曰春秋盡性之書也。

春秋爲君弱臣强而作。故謂之名分之書。

或問。才難何謂也。曰。臨大事。然後見才之難也。曰。何獨言才。曰。才者天之良質也。學者所以成其才也。曰。古人有不由學問而能立功業者。何必曰學。曰。周勃霍光能成大事。惟其無學。故未盡善也。人而無學。則不能燭理。不能燭理。則固執而不通。

爲學養心。患在不由直道去利欲。由直道任至誠。則無所不通。天地之道直而已。當以直求之。若用智數由徑以求之。是屈天理而徇人欲也。不亦難乎。

事無巨細。皆有天人之理。脩身人也。遇不遇天也。得失不動心。所以順天也。行險僥倖是逆天也。求之者人也。得之與否天也。得失不動心。所以順天也。强取必得。是逆天理也。逆天理者患禍必至。

經綸天地之謂才。遠舉必至之謂志。并包含容之謂量。

法始乎伏羲。成乎堯。革于三王。極於五霸。絶於秦。萬世治亂之迹。亦無以逃此矣。

起震終艮一節。明文王八卦也。天地定位一節。明伏羲八卦也。八卦相錯者。明交錯而成六十四也。

數往者順。若順天而行。是左旋也。皆已生之卦也。故云數往也。知來者逆。若逆天而行。是右旋也。皆未生之卦也。故云知來也。夫易之數由逆而成矣。此一節直解圖意。若逆知四時之謂也。

易始于三皇。書始于二帝。詩始于三王。春秋始于五霸。

天使我有是之謂命。命之在我之謂性。性之在物之謂理。佛氏棄君臣父子夫婦之道。豈自然之理哉。

陰者陽之影。鬼者人之影也。

毋意。毋必。毋固。毋我。合而言之則一。分而言之則二。合而言之則二。分而言之則四。始于有意。成于有我。有意然後有必。必生于意。有固然後有我。我生于固。意有心。必先期。固不化。我有己也。

學在不止。故王通云。没身而已。

伊川擊壤集

同道道亦得。先天天弗違。窮理以盡性。放言而遺辭。視外方知簡。聽餘始識希。太羹無以和。元酒莫能漓。觀棋大吟。

開闢而來。世教敷其閒。雄者號眞儒。修身有道名。先覺何代無。人達奥區。煥若丹青。經史義明。如日月聖人途。鯫生涵泳雖云久。天下英才敢厚誣。答人語名教。

百慮謀猶拙。一言迷自開。世間無大事。天下有雄才。惟恐人難得。寧憂道未恢。忌心都去盡。何復病塵埃。悟人一言吟。

仲尼言正性。子輿言踐形。二者能自得。殆不爲虚生。所交若以道。所感若以誠。雖三軍在前。而莫得之淩。答人書意。

無位立事難。逢時建功易。求全自有毁。舉大須略細。去惡慮傷恩。存惡憂害義。徒有仁者心。殊無仁者意。答人書言。

孔子生知非假習。孟軻先覺亦須修。誠明本屬吾家事。自是今人好外求。誠明吟。

當默任言言是垢。當言任默默爲塵。當言當默都無任。塵垢何由輪到身。言默吟。

何事教人用意深。出塵些子索沈吟。施爲欲似千鈞弩。磨礪當如百鍊金。鈞水誤持生殺柄。著棋閑動戰爭心。一杯美酒聊康濟。林下時時或自斟。何事吟寄三城富相公。

朱文公曰。千鈞弩只是不妄發。如子房之在漢。謾説一句。當時承當者便須須百辟㈠。

㈠「須須百辟」當爲「須百粹」。

仁者難逢思有常。平居謹勿恃無傷。爭先路徑機關惡。近後語言滋味長。爽口物多須作疾。快心事過必爲殃。與其病後能求藥。孰若病前能自防。仁者吟。

清風興味未全衰。豈謂天心便棄遺。長具齋莊緣讀易。每慚疏散爲吟詩。人間好景皆輸眼。世上閒愁不到眉。生長太平無事日。又還身老太平時。清風短吟。

緣木求魚固不能。緣魚求炙恐能行。與其病後求良藥。不若醉時辭大觥。答淮南憲張司封。

長憶當年掃弊廬。未嘗三徑草荒蕪。欲爲天下屠龍手。肯讀人間非聖書。否泰悟來知進退。乾坤見了識親疏。自從會得環中意。閒氣胸中一點無。閒行吟。

物如善得終爲美。事到巧圖安有公。不作風波于世上。自無冰炭到胸中。災殃秋葉霜前墜。富貴春花雨後紅。造化分明人莫會。枯榮消得幾何功。安樂窩中自貽。

談笑萌事端。酒食開戰場。情欲之一發。利害之相戕。書皇極經世後。

至靈之謂人。至貴之謂君。明則有日月。幽則有鬼神。至靈吟。

既不能事人。又焉能事鬼。人鬼雖不同。其理何嘗異。人鬼吟。

一般顏色正蒼蒼。今古人曾望斷腸。日往月來無少異。陽舒陰慘不相妨。迅雷震后山川裂。甘露零時草木香。幽暗巖崖生鬼魅。清平郊野見鸞凰。千花爛爲三春雨。萬木凋因一夜霜。此意分明難理會。直須賢者入消詳。蒼蒼吟寄李審言。

老年軀體索温存。安樂窩中别有春。萬事去心閒偃仰。四支由我任舒伸。庭花盛處涼鋪簟。簷雪飛時軟布裀。誰道山翁拙于用。也能康濟自家身。林下吟。

善惡無他在所存。小人君子此中分。改圖不害爲君子。迷復終歸作小人。良藥有功方利病。白圭無玷始稱珍。欲成令器須追琢。過失如何不就新。誡子吟。

自古大聖人。猶以爲難事。而況後世人。豈復便能至。求之不勝難。得之至容易。千人萬人心。一人之心是。自古吟。

安樂窩中好打乖。自知元没出人才。老年多病不服藥。少日壯心都已灰。庭草剗除終未盡。檻花擡舉尚難開。輕風吹動半醒酒。此樂眞從天外來。自和打乖吟。

程明道和打乖吟曰。打乖非是要安身。道大方能混世塵。陋巷一生顔氏樂。清風千古伯夷貧。客來墨妙多攜卷。天與詩豪剩借春。儘把笑談親俗子。德容猶足畏鄉人。

又曰。聖賢事業本經綸。肯爲巢由繼後塵。三幣未回伊尹志。萬鍾難換子輿貧。且因經世藏千古。已占西窗度十春。時止時行皆有命。先生不是打乖人。

吕滎陽和打乖吟曰。先生不是閉關人。高趣逍遥洗世塵。得志須爲天下雨。放懷聊占洛陽春。家無甔石賓常滿。論□(一)錙銖意始新。任使終身臥安樂。一毫何費養天眞。

(一)「□」當作「極」。

天意無他只自然。自然之外更無天。不欺誰怕居暗室。絶利須求在一源。未喫力時猶有説。到收功處更何言。聖人能事人難繼。無價明珠正在淵。天意吟。

安樂窩中春欲歸。春歸忍賦送春詩。雖然春老難牽復。卻有夏初能就移。飲酒莫教成酩酊。賞花謹勿至離披。人能知得此般事。焉有閒愁到兩眉。安樂窩中吟。

經綸事業須才者。燮理工夫有巨臣。安樂窩中閒偃仰。安知不是打乖人。謝伯淳察院。

爲人能了自家身。千萬人中有一人。雖用知如未知説。在乎行與不行分。該通始謂才中秀。傑出方名席上珍。善惡一何相去遠。也由資性也由勤。教子吟。

心不過一寸。兩手何拘拘。身不過數尺。兩足何區區。何人不飲酒。何人不讀書。柰何天地間。自在獨堯夫。自在吟。

心安身自安。身安室自寬。心與身俱安。何事能相干。誰謂一身小。其安若泰山。誰謂一室小。寬如天地閒。心安吟。

天下目爲目。謂之明四目。天下耳爲耳。謂之達四聰。前旒與黈纊。所貴無近情。無爲無不爲。知此非虚生。唐虞吟。

林罅天尤碧。風餘月更明。人閒無事日。得向此中行。步月吟。

月到天心處。風來水面時。一般清意味。料得少人知。清夜吟。

不逢聖人時。不見聖人面。聖人言可聞。聖人心可見。思聖吟。

君子存大體。小人無常心。于人不求備。受恩唯恐深。君子吟。

人有正性。事事皆齊。人無正心。事事皆隳。失于用恩。以非爲是。失于用威。以是爲非。恩威旣失。畏愛何知。不知畏愛。何用恩威。喜怒不節。鮮不至斯。婦人男子。宜用戒之。畏愛吟。

仲尼生魯在吾先。去聖千餘五百年。今日誰能知此道。當時人自比于天。皇王帝伯中原主。父子君臣萬世權。河不出圖吾已矣。修經意思豈徒然。仲尼吟。

人之所學。本學人事。人事不修。無學何異。所學吟。

仲尼再思。曾子三省。予何人哉。敢忘修整。思省吟。

天學修心。人學修身。身安心樂。乃見天人。天之與人。相去不遠。不知者多。知之者鮮。身主于人。心主于天。心旣不樂。身何能安。天人吟。

老者得其養。幼者得其仰。勞者得其餉。死者得其葬。太平吟。

用九見羣龍。首能出庶物。用六利永貞。因乾以爲利。四象以九成。遂爲三十六。四象以六成。遂爲二十四。如何九與六。能盡人間事。乾坤吟。

天地如蓋軫。覆載何高極。日月如磨蟻。往來無休息。上下之歲年。其數難窺測。且以一元言。其理當可識。一十有二萬。九千餘六百。中間三千年。迄今之陳迹。治亂與廢興。著見于方策。吾能一貫之。皆如身所歷。皇極經世一元吟。

何處是仙鄉。仙鄉不離房。眼前無冗長。心下有清涼。靜裏乾坤大。閒中日月長。若能安得分。都勝別思量。仙鄉吟。

可行可止存諸己。或是或非繫在人。吉凶悔吝在乎動。剛毅木訥近于仁。以上答友人。

意未萌于心。言未出諸口。神莫得而窺。人莫得而咎。君子貴愼獨。上不愧屋漏。人神亦吾心。口自處其後。意未萌于心。

會有四不赴。時有四不出。公會。生會。慶會。醵會。大寒。大暑。大風。大雨。無貴亦無賤。無固亦無必。里閈閒過從。身安心自逸。如此三十年。幸逢太平日。四事吟。

飽食豐衣不易過。日長時節奈愁何。求名少日投宣聖。怕死老年親釋迦。安欲斷緣緣愈重。徼求去病病還多。長江一片常如練。幸自無風又起波。學佛吟。

地以靜而方。天以動而圓。既正方圓體。還明動靜權。動久必成潤。動極遂成然。潤則水體具。然則火用全。水體以器受。火用以薪傳。體在天地後。用起天地先。觀物吟。

一物原來有一身。一身還有一乾坤。能知萬物備于我。肯把三才別立根。天向一中分造化。人于心上起經綸。天人焉有兩般義。道不虛行只在人。觀易吟。

執卷何人不讀書。能知性者又何如。工居天下語言內。妙出世閒繩墨餘。陶冶有無天事業。權衡治亂帝功夫。大哉贊易修經意。料得生民以後無。瞻禮孔子吟。

知盡人情與天意。合而言之安有二。能推己心達人心。天下何憂不能治。天人吟。

貴于邱園。束帛戔戔。義既在前。利在其間。舍爾靈龜。觀我朶頤。義既失之。利何能爲。尚義必讓。君子道長。尚利必爭。小人道行。義利吟。

瞽鯀有子。堯舜無嗣。餘慶餘殃。何故如是。堯舜無子。瞽鯀有嗣。福善禍淫。何故如是。以上善惡吟。

不爲十分人。不責十分事。既爲十分人。須責十分是。責己吟。

月明星自稀。日出月亦微。既有少正卯。豈無孔仲尼。日月吟。

堯水九年。湯旱七載。調燮之功。此時安在。

九年洪水。七年大旱。非堯與湯。民死過半。以上水旱吟。

松柏入冬青。方能見歲寒。聲須風裏聽。色更雪中看。歲寒吟。

清而不和。隘而多鄙。和而不清。慢而鮮禮。既和且清。義無定體。時行則行。時止則止。清和吟。

耳目聰明男子身。洪鈞賦予不爲貧。因探月窟方知物。未躡天根豈識人。乾遇巽時觀月窟。地逢雷處看天根。天根月窟閒來往。三十六宫都是春。觀物吟。

或問文公曰。邵子詩。因探月窟方知物。未躡天根豈識人。先生贊曰。手探月窟。足躡天根。莫只是陰陽否。文公曰。先天圖自復至乾。陽也。自姤至坤。陰也。陽生人。陰生物。手探足躡。只是姤在上復在下耳。別無意義。

梓材謹案。朱楓林有三十六宮圖說。載滄洲諸儒學案下卷。

父慈子孝。兄友弟恭。家給人足。時和歲豐。筋骸康健。里閈過從。君子飲酒。其樂無窮。君子飲酒吟。

亂多于治。害多于利。悲多于喜。惡多于美。一陰一陽。柰何如此。

精義入神以致用。利用出入之謂神。神無方而易無體。藏諸用而顯諸仁。

火能勝水。火不勝水。其火遂滅。水能從火。水不從火。其水不熱。夫能制妻。夫不制妻。其夫遂絶。妻能從夫。妻不從夫。其妻必孽。以上治亂吟。

耳無妄聽。目無妄顧。口無妄言。心無妄慮。四者不忘。聖賢之具。予何人哉。敢不希慕。無妄吟。

人善不趨。己惡不除。謂之知道。不亦難乎。善惡吟。

窮不能卷。達不能舒。謂之知道。不亦難乎。窮達吟。

人言爲信。日月爲明。止戈爲武。羔美爲羹。解字吟。

成性存存。用志不分。又何患乎。不到古人。成性吟。

天道遠。人道邇。盡人情。合天理。天人吟。

意盡于物。言盡于誠。矯情鎮物。非我所能。意盡吟。

君子與義。小人與利。與義日興。與利日廢。君子尚德。小人尚力。尚德樹恩。尚力樹敵。

君子作福。小人作威。作福福至。作威禍隨。君子樂善。小人樂惡。樂惡惡生。樂善善作。君子好譽。小人好毁。好毁人怒。好譽人喜。君子思興。小人思壞。思興召祥。思壞召怪。君子好與。小人好求。好與多喜。好求多憂。君子好生。小人好殺。好生道行。好殺道絶。君子與義吟。

見義必爲。不見則已。量力而動。力盡而止。見義吟。

先天天弗違。後天奉天時。弗違無時虧。奉天有時疲。先天吟。

未知道義。尋人爲師。既知道義。人來爲資。尋師未易。爲資實難。指南嚮道。非去非還。師人則恥。人師則喜。喜恥皆非。我獨無是。好爲人師。與恥無異。師資吟。

天地有常理。日月有常明。四時有常序。鬼社有常靈。聖人有常德。小人無常情。有常吟。

以聖責人。固未完備。以人望人。自有餘地。責人無難。受責非易。其殆庶幾。猶望顔子。庶幾吟。

千萬年之人。千萬年之事。千萬年之情。千萬年之理。唯學之所能。坐而爛觀爾。觀性吟。

人多求洗身。殊不求洗心。洗身去塵垢。洗心去邪淫。塵垢用水洗。邪淫非能淋。必欲去心垢。須彈無絃琴。洗心吟。

畫筆善狀物。長于運丹青。丹青入巧思。萬物無遁形。詩畫善狀物。長于運丹誠。丹誠入秀句。萬物無遁情。詩畫吟。

史筆善記事。長于炫其文。文勝則實喪。徒憎口云云。詩史善記事。長于道其真。真勝則華去。非如目紛紛。詩史吟。

史筆善記事。畫筆善狀物。狀物與記事。二者各得一。詩史善記意。詩畫善狀情。狀情與記意。二者皆能精。史畫吟。

心親于身。身親于人。不能治心。焉能治身。不能治身。焉能治人。治心吟。

小人斯須。君子長久。斯須傾邪。長久忠厚。忠厚吟。

何者謂之幾。天根理極微。今年初盡處。明日未來時。此際易得意。其間難下辭。人能知此意。何事不能知。冬至吟。

冬至子之半。天心無改移。一陽初動處。萬物未生時。玄酒味方淡。太音聲正希。此言如不信。更請問庖犧。冬至吟。

朱文公曰。至哉言乎。學者宜盡心焉。此是怵惕惻隱方動而未發于外之時。

陽行一。陰行二。一主天。二主地。天行六。地行四。四主形。六主氣。陰陽吟。

時難得而易失。心雖悔而何追。不知老之已至。不知志與願違。得失吟。

欲出第一等言。須有第一等意。欲爲第一等人。須作第一等事。一等吟。

上天生我。上天死我。一聽于天。有何不可。聽天吟。

安樂窩中三月期。老來纔會惜芳菲。自知一賞有分付。誰讓萬全無孑遺。美酒飲教微醉後。好花看到半開時。這般意思難名狀。只恐人間都未知。安樂窩。

老去無成齒髮衰。年將七十待何爲。居常無病不服藥。閒或有懷時作詩。引水更憐魚並至。

折花仍喜蝶相隨。平生積學都無效。只得胸中□㊀坦夷。自詠。

堯夫非是愛吟詩。爲見聖賢興有時。日月星辰堯則耳。江河淮濟禹平之。皇王帝霸經褒貶。雪月風花未品題。豈謂古人無闕典。堯夫非是愛吟詩。

堯夫非是愛吟詩。詩是堯夫處困時。事體極時觀道妙。人情盡處看天機。孝慈親利未必見。松柏歲寒然後知。匪石未聞心可轉。堯夫非是愛吟詩。

堯夫非是愛吟詩。詩是堯夫自試時。事體待諳然後醒。人情非久莫能知。同霑雨露蓬蒿質。獨出雪霜松柏姿。見慣不如身歷過。堯夫非是愛吟詩。

堯夫非是愛吟詩。詩是閒觀蔬圃時。暖地春初纔蓊鬱。宿根秋末卻披離。韭蔥蒜薤青遮隴。蕷芋薑蘘綠滿畦。時到皆能弄精彩。堯夫非是愛吟詩。

堯夫非是愛吟詩。詩是堯夫不强時。事到强爲須涉跡。人能知止是先機。面前自有好田地。天下豈無平路歧。省力事多人不做。堯夫非是愛吟詩。

堯夫非是愛吟詩。詩是堯夫重惜時。西晉浮誇時可歎。南梁崇尚事堪悲。仲尼豈欲輕辭魯。孟子何嘗便去齊。儀鳳不來人老去。堯夫非是愛吟詩。

堯夫非是愛吟詩。雖老精神未耗時。水竹清閒先據了。鶯花富貴又兼之。梧桐月向懷中照。

㊀「□」當作「恁」。

楊柳風來面上吹。被有許多閒捧擁。堯夫非是愛吟詩。

程明道曰。眞風流人豪也。

堯夫非是愛吟詩。詩是堯夫可歎時。固有命焉剛不信。是無天也果能欺。才高正被聰明使。身貴方爲利害移。無計奈何春又老。堯夫非是愛吟詩。

堯夫非是愛吟詩。詩是堯夫試筆時。以至死生皆處了。自餘榮辱可知之。適居堂上行堂上。或在水湄言水湄。不止省心兼省事。堯夫非是愛吟詩。

堯夫非是愛吟詩。詩是堯夫喜志時。好話說時常愈疾。善人逢處每忘機。此心是物難爲動。其志唯天然後知。詩是堯夫分付處。堯夫非是愛吟詩。

堯夫非是愛吟詩。詩是堯夫自得時。已把樂爲心事業。更將安作道樞機。未來心上休思念。既入手中須指揮。迎刃何煩多顧慮。堯夫非是愛吟詩。

堯夫非是愛吟詩。詩是堯夫忖度時。先見固能無後悔。至誠方始有先知。己之欲處人須欲。心可欺時天可欺。只被世人難易地。堯夫非是愛吟詩。

朱文公曰。邵堯夫六十歲作首尾吟百三十餘篇。至六七年閒繹渠詩。玩侮一世。只是一個四時行焉。百物生焉。

物理人情自可明。何嘗慼慼向生平。卷舒在我有成算。用舍隨時無定名。滿目雲山俱是樂。一毫榮辱不須驚。侯門見說深如海。三十年前掉臂行。自得吟龍門道中。

一片先天號太虛。當其無事見眞腴。胸中美物肯自衒。天下英雄敢厚誣。理順是言皆可放。義安何地不能居。直從太宇收功後。始信人閒大丈夫。先天吟。

意亦心所至。言須耳所聞。誰云天地外。別有好乾坤。心耳吟。

金仁山曰。言意之閒。亦可以見天地。此堯夫之所以獨得。而不容已於吟也。

萬物備吾身。身貧道未貧。觀時見物理。主敬得天眞。心淨星辰夜。情忻草木春。自憐齗喪者。能作太平人。萬物吟。

羲軒堯舜雖難復。湯武桓文尚可循。事既不同時又異。也由天道也由人。天人吟。

梓材謹案。康節詩云。大得卻須防大失。多憂元只爲多求。又云。既有非常樂。須防不測憂。劉氏明本釋取之。

雲濠謹案。康節有詩曰。心頭説得未必是。手裏做成方是眞。

安樂窩中好打乖。打乖年紀合挨排。重寒盛暑多閉户。輕暖初涼時出街。風月煎催親筆硯。鶯花引惹傍罇罍。問君何故能如此。祇被才能養不才。安樂窩中打乖吟。

一歲之事愼在春。一日之事愼在晨。一生之事愼在少。一端之事愼在新。觀事吟。

漁樵問答

雲濠謹案。四庫全書存目録漁樵對問一卷。提要云。舊本題宋邵子撰。晁公武讀書志又作張子。劉安上集中亦載之。三人時代相接。未詳孰是也。

宋元學案補遺卷十目録

宋元學案補遺卷十

後學 鄞 王梓材 慈谿馮雲濠 同輯

百源學案補遺下

附朱子經世說

皇極經世。以元經會。以會經運。以運經世。

皇極經世紀年甚有法。史家多言秦廢太后。逐穰侯。經世書只言秦奪宣太后權。伯恭極取之。蓋實不曾廢來。

問。天開于子。地闢于丑。人生于寅。是如何。曰。此是邵子皇極經世中說。今不可知。他只以數推得是如此。他説寅上生物。是到寅上方有人物也。有三元十二會三十運十二世。十二萬六百九十年爲一元。歲月日時元會運世皆自十二而三十。自三十而十二。至堯時會已在巳午之閒。今則及未至戌上。説閉物到那裏。則不復有人物矣。

邵之學。只把元會運世四字。貫盡天地萬物。

邵之曆。十二萬九千六百分大故密。今曆家所用只是萬分曆。已自是多了。他如何肯用十二萬分。

問。經世書水火土石。石是金否。曰。他分天地間物事皆是四。如日月星辰。水火土石。雨風露雷。皆是相配。皇極經世一元統十二會。十二會統三十運。三十運統十二世。一世統三十年。一年統十二月。一月統三十日。是十二與三十迭爲用。是他見得一箇盛衰消長之理。謂如今日戌時。從此推上去。至未有天地之始。從此推下去。至人物消盡之時。

俞邦翰曰。邵子經世。凡古今治迹。只憑一定之卦以推步。動植事物則隨時取聲音數以求卦而占測也。

查伯復曰。康節經世書本先天方圓圖。

陳了翁報楊中立游定夫論康節先天學書曰。先天圖。心法也。圖雖無文。吾終日言未嘗離于是。故其詩曰。身在天地後。心在天地先。天地自我出。自餘惡足言。又云。數往者順。知來者逆。此一節直解圖意。如逆之四時之化也。然則先天之學以心爲本。其在經世者。康節之餘事耳。

又曰。觀物云。起震終艮一節。明文王之八卦也。天地定位一節。明伏羲之八卦也。蓋先天之學本乎伏羲。而備于文王。故其詩曰。天地定位。否泰反類。山澤通氣。咸損見義。雷風相薄。恆益起意。水火相射。既濟未濟。四象相交。成十六事。八卦相憑。爲六十四。八卦者。易之小成也。六十四卦者。易之大成也。集伏羲文王之事而成之者。非孔子而誰乎。

又曰。康節嘗謂孟子未嘗及易一字。而易道存焉。但人見者鮮。又曰。人能用易。是爲知易。若孟子可謂善用易者也。夫易窮則變。變則通。通則久。故聖人之用易。闔闢于未然。變其窮而通之也。若夫暑之窮也。變而爲寒。寒之窮也。變而爲暑。則是自變而自通者也。窮自變。通自復。何賴于聖人乎。孔子贊易而非與易競。孟子用易而語不及焉。此所謂賢者識其大者。其去聖人之用也。不爲遠矣。

又曰。觀物云。防乎其防。邦家其長。子孫其昌。是以聖人重未然之防。是之謂易之大綱。而其論孔子所以三才之道者。則曰。行無轍迹。至妙至妙。在一動一靜之間而已矣。闡先天之幽。微先天之顯。不在康節之書乎。雖在康節之書。而書亦不足以盡其奥也。

又曰。伏羲之易乾南而坤北。自乾而左。巽而右。兑在東。離爲陽。與起震終艮之序。則離上而坎下。震東而兑西。與先天之位固不同矣。乾坤屯蒙之序。與乾履大有大壯之序。亦不同也。乾坤屯蒙之序。孔子作序卦以教天下。其辭其義可翫而習也。乾履大有大壯之序。文王不言其義。後之學者何所據而習之。雖無可據之義。而悟之在心。心聲不足以發其奥。心畫不足以形其妙。墮于言語文字。而先天之易隱矣。

附朱子先天圖説

問。邵詩云。須探月窟方知物。未躡天根豈識人。又先生贊之云。手探月窟。足躡天根。莫只是説陰陽否。答云。先天圖自復至乾陽也。自姤至坤陰也。陽生人。陰生物。手探足躡亦無甚意義。但姤在上。復在下。上故言手探。下故言足躡。

或誦其詩云。若論先天一事無。後天方要看工夫。先生問。如何是一事無。對曰。出于自然。不用安排。先生默然。

先天乃伏羲本圖。非康節自作。雖無言語而所該甚廣。凡今易中一字一義。無不自其中流出者。太極卻是濂溪自作。發明易中大概綱領意思而已。故論其格局。則太極不如先天之大而詳。論其義理。則先天不如太極之精而約。蓋合下規模不同。而太極終在先天範圍之內。又不若彼之自然。不假思慮安排也。若以數言之。則先天之數自一而二。自二而四。自四而八。以爲八卦。太極之數亦自一而二剛柔。自一而四剛善剛惡柔善柔惡。遂加其一以爲五行。而遂自及于萬物。蓋物理本同。而象數亦無二致。但推得有大小詳略耳。

問。先天圖陰陽自兩邊生。若將乾坤爲太極。與太極圖不同。如何。曰。他自據意思說。卽不曾契勘濂溪底。若論他太極中間虛者。便是他亦自說圖從中起。今不合披㊀橫圖在中閒塞卻。待取出于外。他㊁邊生者卽是陰根陽。陽根陰。這個有對。從中出都無對。

先天圖一日有一個。恁地道理。一月有一個。恁地道理。以至合元會運世十二萬九千六

㊀「披」當爲「被」。
㊁「他」下脱「兩」。

百歲。亦只是這個道理。

先天圖今所寫者。是以一歲之運言之。若大而古今十三萬五千六百年。亦只是這圈子。小而一日一時。亦只是這圈子。都從復上推起去。

邵子天地定位。否泰反類一詩。正是發明先天圓㊀圖之義。問。圖心法也。圖皆自中起。萬事萬化生乎心。何也。曰。其中閒白處便是太極。三十二陰三十二陽底便是兩儀。十六陰十六陽底便是四象。八陰八陽底便是八卦。

易是互相博易之義。觀先天圖可見。東邊一畫陰。便對西邊一畫陽。蓋東一邊本皆是陽。西一邊本皆是陰。東邊陰畫皆自是西邊來。西邊陽畫皆自是東邊來。姤在西。是東邊五畫陽過。復在東。是西邊五畫陰過。互相博易而成。易之變雖多般。然此是第一變。問。程子所謂易。只説反復往來上下者。莫便是指此言之否。曰。看來程子之意。又別邵子。所謂易。程子多理會他底不得。蓋他只據理而言。都不曾去問他。

樓攻媿曰。易之傳尚矣。至本朝而後有先天後天之説。先儒以此二者爲辨。竊嘗攷之説卦。惟帝出乎震之序。合于今人之説。其餘如所謂雷以動之。風以散之。雨以潤之。日以晅之。艮以止之。兌以説之。乾以君之。坤以藏之。曰。乾。健也。坤。順也。震。動也。巽。

㊀「圓」當爲「方」。

入也。坎。陷也。離。麗也。艮。止也。兌。説也。曰。乾爲馬。坤爲牛。震爲龍。巽爲雞。坎爲豕。離爲雉。艮爲狗。兌爲羊。曰。乾爲首。坤爲腹。震爲足。巽爲股。坎爲耳。離爲目。艮爲手。兌爲口。又乾稱父。坤稱母。震巽爲長男長女。坎離爲中。艮兌爲少。又乾爲天。坤爲地。震爲雷。巽爲風。坎爲水。離爲火。艮爲山。兌爲澤。終説卦之篇。皆先天之説也。顧未詳攷爾。先天千載絶學。麻衣得之傳于希夷。累傳至康節而後盛行。先天方圓二圖。探索無窮。康節之學雖不易窺測。要皆不出乎此。繫辭所謂太極生兩儀。兩儀生四象。四象生八卦。明道先生所謂加一倍法。盡在是矣。使伏羲。文王。周公。孔子復生。不能加損毫末于此。不如是。何以順性命之理。通幽明之德。類萬物之情哉。

方桐江先天易吟三十首曰。不識第一畫。羲皇運腕初。憑空説儀象。枉著汗牛書。舜禹昔禪位。曾將易問著。那知重八卦。已自伏羲時。高下乾坤位。東西日月門。正身當午位。一點認心源。太極元無物。羣生性命根。一奇仍一耦。萬象滿乾坤。四象寫老少。兩儀書耦奇。四從兩上判。惟一邵翁知。八卦各爲八。枝從幹上横。厥初有何物。萬物一根生。鍾律及星曆。軍師兼井田。方圓兩圖在。萬古立鼇天。從來二生四。誰謂二生三。迷路求玄牝。精微未許探。首言天地易。次語贊羲皇。繫傳誰精玩。先看第一章。子半至午半。南方旋北方。往來分逆順。治亂判陰陽。有畫無言語。斯文豈易知。人心對天一。更向畫前窺。天地有定位。地天陽泰三。更于通氣處。細認澤山咸。乾坤坎離位。元會運世篇。三百六十歲。才似一周年。瀛登唐治日。奎聚宋興年。子午復南北。一聲啼杜鵑。圓象天儀轉。方侔地里分。獨超形器外。寂感一靈君。河圖天地數。五與十居中。所拱中一點。心爲八位宗。六爻六畫後。六位六虛中。此處曾著眼。玄哉無極翁。萬世復萬世。人心無改時。此理本非古。伏羲先得之。□南復陽起。氣北姤陰行。不有聖賢作。焉能否處亨。先覺欲覺後。三峯列四圖。求精由蘊入。言説本來無。心法先天易。盍于離位求。儻非明出地。長夜使人愁。天地囿于氣。聖賢脩此心。範圍非有許。生聚尚斯今。水旱堯湯有。先天數可推。聖君得賢相。翻是太平時。神農嘗毒藥。軒后設難經。誰識認取卦中意。仁心救未形。水平民不溺。穀播世無飢。氣數如寒暑。能無理轉移。誰識歸奇意。專爲禦患謀。將寒儲纊絮。未暮貯膏油。兩重三畫卦。半束百莖蓍。避就殊凶吉。元元巧與奇。畫處本天地。占時通鬼神。自然大道理。絲髮不由人。嗜欲損爲益。榮華降是升。圓圖觀起處。生意伏陰凝。獨妙先天學。恭惟擊壤翁。返觀心是易。萬化出胸中。

雲濠謹案。桐江續集又有後天易吟三十首。大衍易吟四十首。

郝陵川先天圖説曰。按乾之文言曰。大人者與天地合其德。與日月合其明。與四時合其序。與鬼神合其吉凶。先天而天弗違。後天而奉天時。先天之文昉乎此。仲尼以之贊大人也。先生之學。大人之學也。以爲能造天地者太極。能先天地者此心也。盡心窮理。與道不違。默執左契。無往不合。我亦一太極。亦能造一天地。于是謂畫前有易。而以先天名圖。先天卽太極也。故濂溪先生則圖太極。先生則圖先天。其原則皆本于河圖。昔者宓犧氏當制作之時。將造書契以代結繩。開斯文之統。作易以明道。面目太極以爲萬世用。則必假物以示象。

于是因河圖而畫卦。仲尼曰。河不出圖。吾已矣。夫言雖無圖。亦當制作也。故伊川見賣兔者。謂此兔亦可作八卦。宓犧見河圖而畫卦。孔子感麟而作春秋。取神物之至。著者以發端爾。故有理而後有象。有象而後有數。象數既具。理在其中。而當其可。卽物而皆可畫也。復前乎宓犧。豈無聖人。不當其可。雖有河圖而弗畫也。後乎宓犧。豈無聖人。不當其可。復有河圖亦弗畫也。當其可而圖出焉。則宓犧所不得辭。是以畫之以爲大經大法之始。雖曰後天。其實先天也。然不知何以爲圖。何以爲畫。按大傳。河出圖。洛出書。聖人則之。而不言其何者爲圖。何者爲書。何以爲則。書顧命謂。天球河圖在東序。則河圖乃一物。歷代以爲寶。然亦不知其爲何物。與其圖之所以制作度數。孔子又嘗歎鳳鳥不至。河不出圖。終不知其所以爲畫。所以爲卦。周官雖有太卜筮人。並言三易。而亦不言圖書之所以爲卦。由漢以來。孔安國劉歆關朗謂。大傳之天一地二天三地四天五地六天七地八天九地十爲河圖。去十用九而爲洛書。遂以河圖爲八卦。洛書爲九疇。而大傳與書皆無明文。亦無點誌。孔子則並稱河圖洛書。聖人則之。不別爲八卦九疇。然後河圖之數凡五十五。洛書之數凡四十五。而河圖十位。洛書九位。不知其何以畫三。卦八。重而爲六。錯綜爲六十四。若以位言。則去九與十。而一二三四五六七八。合夫乾兌離震巽坎艮坤之序。然不知其所以爲卦。所以爲畫。雖爲推衍湊定。不免牽合。不能合夫畫三卦八之所以然。若以生成之數而言。則一六爲水。二七爲火。三八爲木。四九爲金。五十爲土。祇成五行。而無八卦。亦無三畫。若以五十爲衍母。一九爲衍數。則揲蓍求卦之法。非按圖畫卦之本。河圖卦之本數。蓍策擬卦之數。

故謂之衍。謂之象。謂之參天兩地而擬數。衍則推之。象則放之。擬則比之也。蓍策出于卦畫。非卦畫出于蓍策也。夫神生數。數生象。象生畫。畫生卦。而後蓍贊神。神藴象。象成數。數成畫。畫成卦。十有八變而成卦。八卦而小成。六十四而大成。故卦畫非點誌之牽合。河圖之象固有之。宓犧因而畫之也。按大傳曰。易者象也。象也者像此者也。圖則圖像之耳。易之爲畫。象河圖之像也。夫道有一。卽有二。二者一之耦也。至于三四五六七八九十。皆本然之一二。至十而終之耳。至于百千萬億皆是也。故有靜卽有動。有陰卽有陽。有奇卽有耦。死爲生根。實爲虛形。地爲天體。月爲日魄。莫不兩兩對待以成變化。而後生生不窮。所以爲易也。故大傳謂。天一地二天三地四天五地六天七地八天九地十。天數五。地數五。五位相得而各有合。天數二十有五。地數三十。凡天地之數五十有五。此所以成變化而行鬼神也。即河圖本然。天地相錯。初無點誌。亦無文字。祇如是耳。

梓材謹案。陵川蓋心觀意會。首爲一圖。圈其中而爲白。黑于外者十重。從而推演八卦次序諸圖。其說之首段如是云。

又先天圖贊曰。大物全體。渾淪厥初。天地萬物。本然一圖。匝密充周。自爲規模。停穩妥帖。極盡無餘。兩兩生生。並爲根株。當爲書契。曆數有在。匹馬隻輪。上天之載。觀象起本。不假神怪。太極兩儀。更相禪代。因而爲數。倍而爲卦。奇則有耦。理不獨生。一則有二。鬼神以行。影不離形。響不應聲。不作不爲。自然而成。無慮無營。本眞則誠。死生兩原。穿徹一竅。動端有幾。月窟騰曜。變乃不測。天門龍跳。神定無方。在神則妙。君看元陽。可以盡道。乾兌離震。巽坎艮坤。天地列位。日月闢門。雷風噫氣。山川出雲。變動錯糅。萬物糾紛。數爲之位。道爲之君。重以合兩。錯綜旋轉。意言象數。由此以見。卦交以背。畫交以變。應違則惡。理契則善。本自震出。孰使乾戰。自犧而文。體用具完。仲尼探賾。扣其兩端。不復爲圖。袛以文觀。梁折山摧。喪其本原。刻舟求劍。聽日擊盤。惟無名公。創圖弗説。獨造羲皇。撐霆裂月。鞭出龍馬。再爲區别。奇耦重復。先天一訣。顛倒羑里。翻覆乾坤。分陰分陽。接續韋編。自震右轉。由巽左旋。一本乎中。皆先乎天。不假刓削。自然而圓。不離陰陽。皆本兩畫。坎伏于蒙。離轉爲革。陰陽之精。互藏其宅。復長剥削。姤遇夬決。陰陽相根。盛衰以别。分陰分陽。用柔爲剛。倒乾爲坤。旋長爲藏。天地反覆。不失其常。八卦相錯。焕乎其章。不假裁截。自然而方。自下而上。不紊其序。由左而右。不失其故。縱入横出。緯錯碁布。神樞鬼紐。消息散聚。地中有天。闔闢一户。自奇合耦。以方契圓。再造一易。自爲二篇。袛是河圖。更無一言。道以象示。神以方傳。退藏於密。直在畫前。内聖外王。雜而不越。範圍化幾。經界心法。層層相呀。宛宛互發。一本萬殊。四面八達。都無轍迹。但見黑白。造天人際。復地天通。渾沌破碎。太虚玲瓏。卻從有限。推出無窮。惟有數畫。纔留幾重。天地萬物。盡在其中。東堂西樓。毁爲一閣。醉裹跳丸。笑傲安樂。忽把地維。掛向大角。箕山雲沈。洛陽花落。吁嗟先生。萬古絶學。

太玄準易圖

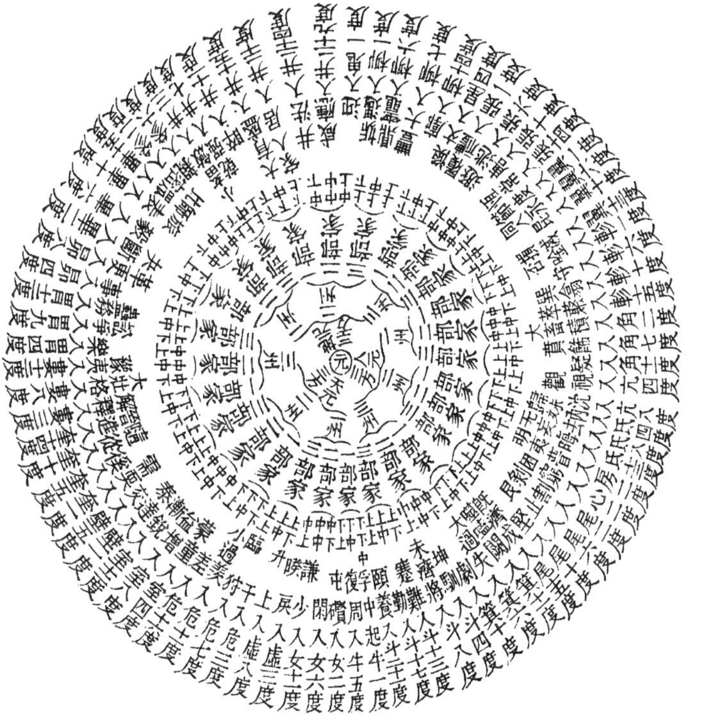

梓材謹案。此據石刻漢上易卦圖中太玄準易圖。戾入虛三度作四度。羨入危十一度作十二度。鋭入室十二度作十三度。交入壁五度作六度。傒入奎五度作六度。進入奎十四度作十五度。樂入胃四度作五度。務入胃十五度作十四度。更入昴八度作九度。斷入畢二度作三度。毅入畢六度作七度。衆入畢十五度作十二度。密入參二度作三度。親入參六度作七度。盛入井十五度作十六度。居入井二十度作二十一度。法入井二十四度作二十五度。迎入鬼一度作二度。文入柳七度作十度。廓入柳十四度作十五度。視入張一度作二度。唐入張十度作十一度。常入張十四度作十五度。昆入翼十度作十一度。減㊀入翼十三度作十五度。唫入軫一度作三度。翕入軫十度作十一度。積入角二度作三度。疑入角十一度作十二度。沈入亢八度作七度。去入氐八度作九度。晦入氐十三度作十五度。瞢入房二度作三度。劇入箕十度作十一度。馴入斗四度作三度。將入斗八度作九度。難入斗十三度作十二度。勤入斗十七度作十八度。養入斗二十一度作二十二度。

太玄準易圖序

夫玄之于易。猶地之于天也。天主太極。而地總元氣。元氣轉而爲三統。在元則謂之三元。三元轉而爲九州。九州轉而爲二十七部。二十七部轉而爲八十一首。首有九贊。贊分晝夜。而剛柔之用見矣。故玄之贊七百二十九而有奇。以應三百六旬有六日之度。蓋本出乎元氣而作者也。太極生兩儀。兩儀生四象。四象生八卦。八卦因而重之爲六十四。故易有乾坎艮震巽離坤兑八卦。以司八節。又以坎離震兑四正之卦二十四爻。以司二十四氣。以復臨泰大壯夬乾姤遯否觀剥坤十

㊀「減」當爲「滅」。

有二卦。以司七十二候節也。氣也。候也。既各有統矣。然周天之度未見其所司也。于是又去四正之卦。分取六十卦。引而伸之爲三百六十爻。各司其日。則周天三百六十度。而寒暑進退之道。陰陽之運。備矣。蓋本乎太極而作者也。由是觀之。則天地各有生成之數。而相爲表裏之用。故天數西行。上承而左轉者。在地之元氣也。地數東行。下順而右運者。在天之太極也。太極運三辰五星于上。元氣轉三統五行于下。此所謂成變化而行鬼神者也。所謂玄之于易。猶地之于天者。如斯而已。準而作之。不亦宜乎。若夫分天度。列次舍。序氣候。明卦爻。冠首贊。位列八重。先以夜贊布諸外。然後晝贊。首位爻象。候卦氣卦。宫分度數。次諸内。復會于辰極而玄易顯仁。藏用之道。循乎數者可見矣。是故始于上元甲子天正朔旦日躔牛宿之初。後四千六百一十七年後復會于太初之上元者。玄之贊也。自上元甲寅青龍之首氣起未濟之九四。後三萬一千九百二十年。復會于太極之上元者。易之爻也。原始要終。究其所窮。則體用雖殊。其歸一而已矣。

康節語要

自然者天也。

道滿天下。何物不有。

先天之學主乎誠。至誠可以通神。不誠不可以得道。

先天圖者。環中也。

爲治之道。必通其變。不可以膠柱。猶春之時。不可行冬之令也。

天下之物。莫不有理。窮之而後可知也。

有詩曰。口頭説得未必是。手裏做成方是眞。

用公正則王。用智力則霸。

邪正之由。繫乎上之所好也。上好德。則民用正。上好佞。則民用邪。邪正之由。有自來也。

天何依。曰。依乎地。地何附。曰。附乎天。天地何所依附。曰。自相依附。天依形。地依氣。其形也有涯。其氣也無涯。

海潮者。地之喘息也。所以應月者。從其類也。

康節戒子孫説

上品之人不教而善。中品之人教而後善。下品之人教亦不善。不教而善。非聖而何。教而後善。非賢而何。教亦不善。非愚而何。是知善也者。吉之謂也。不善也者。凶之謂也。吉也者。目不觀非禮之色。耳不聽非禮之聲。口不道非禮之言。足不踐非禮之地。人非善不交。物非義不取。親賢如就芝蘭。避惡如畏蛇蠍。或曰不謂之吉人。則吾不信也。凶也者。語言詭譎。動止陰險。好利習非。貪淫樂禍。疾良善如讐隙。犯刑憲如飲食。小則殞身滅性。大則覆宗絶嗣。或曰不謂之凶人。則吾不信也。傳有之曰。吉人爲善。惟日不足。凶人爲不善。亦惟日不足。汝等欲爲吉人乎。欲爲凶人乎。

洛陽憶古賦

其一曰。大哉德之爲大也。能潤天下。必先行之于身。然後化之于人。化也者。效之也。自人而效我者也。所以不嚴而治。不爲而成。不言而信。不令而行。順天下之性命。育天下之生靈。其帝者之所爲乎。

其二曰。至哉政之爲大也。能公天下。必先行之于身。然後教之于人。教也者。正之也。自我而正人者也。所以有嚴而治。有爲而成。有言而信。有令而行。拔天下之疾苦。遂天下之生靈。其王者之所爲乎。

其三曰。壯哉力之爲大也。能致天下。必先豐府庫。峙倉箱。鋭鋒鏑。峻金湯。嚴法令于烈火。肅兵刑于秋霜。竦民聽于上下。慴夷心于外荒。其霸者之所爲乎。

其四曰。時若傷之于隨。失之于寬。始則廢事。久而生姦。既利不能勝害。故宂得以疾賢。是必薄其賦斂。欲民不困而民愈困。省其刑罰。欲民不殘而民愈殘。蓋致之之道失其本矣。

其五曰。時若任之以明。專之以察。始則烈烈。終焉闞闞。既上下以交虐。乃恩信之見奪。是必峻其刑罰。欲民不犯而民愈犯。厚其賦斂。欲國不竭而國愈竭。蓋致之之道失其末矣。

其六曰。水旱爲沴。年歲耗虚。此天地之常理。雖聖人不能無。蓋有備而無患。□□□□□□(一)。不得中者。加以寬猛失政。重輕逸權。不有水旱而民已困。而況有水旱兵革者焉。所謂本末交失。不亡何待。天下有成敗六焉。此之謂也。

梓材謹案。此賦中所陳六事也。録之邵氏聞見録。云康節經世之學蓋如此。

附録

康節受業李挺之。先示之以陸淳春秋。意欲以春秋表儀五經。既可語五經大旨。則授易而終焉。其後康節卒以易名世。

嘗謂伯温曰。吾早歲徒步游學。至有所立。艱哉。程伯淳正叔雖爲名士。本出貴家。其成就易矣。

年六十。始爲隱者服。曰。病且老。不復能爲從事矣。

詔三下。答鄉人不起之意。曰。生平不作皺眉事。天下因無切齒人。斷送落花安用雨。裝添舊物豈須春。幸逢堯舜爲眞主。且放巢由作外臣。六十病夫宜揣分。監司何用苦開陳。

六十三歲吟曰。行年六十有三歲。齒髮雖衰志未衰。恥把精神虛作弄。肯將才力妄施爲。愁

(一)「□□□□□□」當作「貴儆戒於不虞」。

聞刮骨聲音切。閒見吹毛智數卑。珍重至人嘗有語。落便宜是得便宜。

答傅欽之曰。欽之謂我曰。詩欲多吟。不如少吟。詩欲少吟。不如不吟。我謂欽之曰。亦不多吟。亦不少吟。亦不不吟。亦不必吟。芝蘭在室不能無臭。金石振地不能無聲。惡則哀之。哀而不傷。善則樂之。樂而不淫。

自作眞贊曰。松桂操行。鶯花文才。江山氣度。風月情懷。借爾面貌。假爾形骸。弄丸餘暇。閑往閑來。丸謂太極。

病亟吟曰。生于太平世。長于太平世。老于太平世。死于太平世。客問年幾何。六十有七歲。俯仰天地間。浩然無所愧。

先生自序伊川擊壤集曰。予自壯歲業于儒術。謂人世之樂。何嘗有萬之一二。而謂名教之樂。固有萬萬焉。況觀物之樂。復有萬萬者焉。雖死生榮辱轉于前。曾未入于胸中。則何異四時風花雪月一過乎眼也。誠爲能以物觀物。而兩不相傷者焉。蓋其閒情累都忘去爾。所未忘者。獨有詩在焉。然而雖曰未忘。其實亦若忘之矣。何者。謂其所作。異乎人之所作也。

張橫渠詩上堯夫先生兼寄伯淳正叔曰。先生高臥洛城中。洛邑簪纓幸所同。顧我七年清渭上。並遊無侶又春風。

明道和康節同程郎中父子月陂上閒步詩曰。先生相與賞西街。小子親攜几杖來。行處每容參劇論。坐隅還許瀝餘杯。檻前流水心同樂。林外青山眼重開。時泰心閒兩難得。直須乘興數追陪。

邵子文曰。明道敬禮康節如此。故康節之葬。伯温獨請誌其墓焉。

張崏狀其行曰。先生少事北海李之才挺之。挺之聞道于汶陽穆修伯長。伯長以上雖有其傳。未之詳也。

又曰。其于書無所不讀。諸子百家之學皆究其本原。而釋老技術之説一無所惑。晚尤喜爲詩。平易而造于理。有擊壤集二十卷。自爲之序。

程明道誌其墓曰。先生少時自雄其才。慷慨有大志。既學。力慕高遠。謂先王之事爲可必致。及其學益老。德益卲。玩心高明。觀于天地之運化。陰陽之消長。以達乎萬物之變。然後頹然其順。浩然其歸。在洛幾三十年。始至蓬蓽環堵。不蔽風雨。躬爨以養其父母。居之裕如。講學于家。未嘗强以語人。而就問者日衆。鄉里化之。遠近尊之。士人之道洛者。有不之公府而必至先生之廬。先生德器粹然。望之可知其賢。然清明坦易。不事表襮。不設防畛。正而不諒。通而不污。接人無貴賤親疏之閒。燕笑終日。不取甚異于人也。

又曰。先生之學得之于李挺之。挺之得之于穆伯長。推其源流。遠有端緒。而先生淳一不雜。汪洋浩大。其所自得者多。

又曰。自七十子學于仲尼。其傳可見者。惟曾子所以告子思。而子思所以授孟子者耳。其餘門人各以其材之所宜爲學。雖同尊聖人。所因而入者。門户則衆矣。況後此千餘歲。師道不立。學者莫知其從來。獨先生之學爲有傳也。語成德者。昔難其人。若先生之道。就所至而論之。可謂安且成矣。

程子曰。堯夫放曠。

又曰。堯夫豪傑之士。根本不帖帖地。

又曰。堯夫有詩云。頻頻到口微成醉。拍拍滿懷都是春。

又曰。梧桐月向懷中照。楊柳風來面上吹。不止風月。言皆有理。又曰。卷舒萬古興亡手。出入千重雲水身。若莊周大抵寓言。要入他放蕩之場。堯夫卻皆有理。故要得從心妄行總不妨。堯夫又得詩云。聖人喫緊些兒事。其言太急迫。此道理平鋪地放著裏。何必如此。

又曰。堯夫詩。雪月風花未品題。他便把這些事。便與堯舜三代一般。此等語。自孟子後。無人曾敢如此道來。直是無端。須信畫前元有易。自從刪後更無詩。這個意思千古未經人道來。

又曰。玉之温潤天下之至美也。石之粗厲天下之至惡也。然兩玉相磨不可以成器。以石磨之。然後玉之爲器得以成焉。猶君子之與小人處也。横逆侵加。然後脩省畏避。動心忍性。增益預防。而義理生焉。道德成焉。吾聞諸邵子云。

司馬温公哀邵堯夫先生辭曰。菽藿一簞樂。蒿萊三畝寬。蒲輪不能起。甕牖有餘安。高節去圭角。久要敦歲寒。今朝郊外客。誰免涕汍瀾。

其二曰。慕德聞風久。論交傾蓋新。何須千面舊。不待一言親。講道切磋直。忘懷笑語眞。重言蒙踱實。佩服感書紳。原注。先生嘗以予爲腳踏實地之人。

晁景迂王氏雙松堂記曰。自慶曆來。康節先生邵堯夫貧居天津之南。獨明先聖之道。不老不釋。卓然振于古之絶學。頗苦志著書。而精深難窺矣。天子嘗命之官。不得辭而身不出。公卿大夫樂從之遊。而莫能名器。既死。而名益高。

又傳易堂記曰。惟康節先生天資既卓越不羣。而夜不施枕。惟易之學者三十年。其兼三才而錯綜變通之妙。始大著明矣。

又記康節先生謚議後曰。叔弼丈曰。世稱先生數學如何。説之復言曰。先生傳先天之數。雖揚雄張衡關子明所不及。然亦吾先生易中一事也。叔弼丈歎曰。先生之易果能悉備如是。盍爲我道之。説之辭不敏。且不幸不及先生之門。而爲京氏易十餘年。後遇先生門人洛陽楊賢寶。略能發先生易之梗概。久之乃有所入。則知先生起卦以四。是謂夏時。以六。是爲坤乾。以八。是謂周易。先生使夏商之易不亡。而周易乾夬之變始終不窮。猶丈人之作謚議也。叔弼復謝曰。吾之文于是乎陋矣。

邵子文曰。皇極經世書凡十二卷。其一至二則總元會運世之數。易所謂天地之數也。三之四以會經運列世數。與歲甲子下紀帝堯至于五代歷年表。以見天下離合治亂之迹。以天時而驗人事者也。五之六以運經世列世數。與歲甲子下紀自帝堯至于五代書傳所載。興廢治亂得失邪正之迹。以人事而驗天時者也。自七之十則以陰陽剛柔之數。窮律吕聲音之數。以律吕聲音之數。窮動植飛走之數。易所謂萬物之數也。其十一之十二則論皇極經世之所以爲書。窮日月星辰飛走動植之數。以盡天地萬物之理。述皇帝王霸之事。以明大中至正之道。陰陽之消長。古今之治亂。較然可見矣。故書謂之皇極經世篇。謂之觀物焉。

邵氏聞見録曰。康節先生春秋祭祀約古今禮行之。亦焚楮錢糧。伊川怪問之。曰。明器之義也。脱有一非。豈孝子之心乎。

又曰。康節先生于書無所不讀。以六經爲本。蓋得聖人之深意。平生不爲訓解之學。嘗曰。經意自明。苦人不知耳。屋下蓋屋。牀下安牀。滋惑矣。所謂陳言生活者也。故有詩曰。陳言生活不須矜。自是中才皆可了。以老子爲知易之體。以孟子爲知易之用。論文中子謂佛爲西方之聖人。不以爲過。于佛老之學。口未嘗言。知之而不言也。故有詩曰。不佞禪伯。不諛方士。不出户庭。直際天地。其所著皇極經世書。以元會運世之數推之千歲之日。可坐致也。以太極爲堂奥。以乾坤爲門户。包括六經。陰陽剛柔行乎其間。消息盈虚相爲盛衰。皇王帝伯相爲治亂。其肯爲訓解之學也哉。

尹和靖曰。康節之學本是經世之學。今人但知其明易數。知未來事。卻小了他學問。如陳叔易贊云。先生之學。志在經綸。最爲得之。

邢和叔序伊川擊壤集序後曰。先生之學。以先天地爲宗。以皇極經世爲業。揭而爲圖。萃而成書。其論世尚友。乃直以堯舜之事而爲之師。其發爲文章。蓋特先生之遺餘。至其形于詠歌聲而成詩者。則又其文章之餘。皆德人之言。撰于中而著于外。故其所摭者近而所託者遠。爲體小而推類大。其始感發于性情之閒。乃若自幸生天下無事。饑而食。寒而衣。不知帝力之何有于我。陶然有以自樂。而其極乃蘄于身。爲堯舜之民。而寄意于唐虞之際。此先生所以自名其集曰擊壤也。

鄭少梅先天圖注自序曰。東卿自學易以來。讀易家文字百有餘家。所可取者古先天圖。揚雄太玄經。關子明洞極經。魏伯陽參同契。邵堯夫皇極經世書而已。惜乎雄之太玄。子明之洞極。倣易爲書。泥于文字。後世忽之。以爲屋上加屋。頭上安頭也。伯陽之參同。意在煅鍊而入于術。于聖人之道。尤爲異端也。堯夫毅然擺去文字小術而著書。天下又不顧之。但以爲曆律之用。難矣哉。四家之學。皆兆于先天圖。先天圖其易之源乎。

周益公跋向子諲家康節戒子孫文曰。康節先生。心聲正大。可以銘盤。心畫遒勁。可以貫準。薌林公寶。藏以示子孫。厥有旨哉。

又跋向氏康節手寫陶靖節詩曰。康節先生。藴先天經世之學。顧獨手鈔靖節詩集。是豈專取詞章哉。蓋慕其知道也。

朱子曰。熹看康節易了。都看别人底不得。它説那太極生兩儀。兩儀生四象。人都無甚玄妙。只是從來更無人識得揚子太玄。一元三方九州二十七部八十一家。亦只這個。他卻識只是以三爲數。皆無用了。他也只是見得一個粗底道理。後人便都無人識。

又曰。太玄擬易。方州部家皆自三數。推之玄爲之首。一以生三。爲三方。三生九。爲九州。

九生二十七。爲二十七部。九九乘之。斯爲八十一家。首之以八十四。所以準六十四卦。贊之以七百二十九。所以準八十四爻。無非三數推之。康節之數用是加倍之法。

又曰。康節詩儘好看。問。舊見無垢。引心贊之廓然。心鏡大無倫。盡此規模有幾人。我性卽天天卽性。莫于微處起經綸。不知如何。曰。是殆非康節之詩也。林少穎云。朱内翰子發作也。如康節云。天向一中分造化。人從心上起經綸。多少平易。實見得者自别。又問一中分造化。曰。本是一個。而消息盈虚。便生陰陽。事事物物皆恁地。

又曰。康節之學。本于明理。

又曰。康節之學。抉摘窈微。與佛老之言豈無一二相似。而卓然自信。無所汙染。此其所見必有端的處。比之温公欲護名教而不言者。又有間矣。

又語類曰。康節嘗于百源深山中闢書齋獨處。王勝之常乘月訪之。必見其燈下正襟危坐。養得至靜之極能。包括宇宙。終始古今。故明道謂其觀天地之運化。然後頹乎其順。浩乎其歸。若曰渠能知未來事。則去道遠矣。其知康節者末矣。康節之學。其骨髓在皇極經世。其花草是詩。看他詩。只説樂。有自私自利意思。所以明道有要之不可治天下之説。

又曰。康節學于李挺之。請曰。願先生微開其端。毋竟其説。此意極好。學者當然須是自理會出來便好。

又曰。諸先生説這道理。卻不似邵子説得最著實。邵子忽自于擊壤序内説出幾句云。性者道之形體也。心者性之郛郭也。身者心之區宇也。物者身之舟車也。此説極好。較之横渠心統性情尤密。

又曰。近來有作釣臺記。謂嚴公非詭激素隱者。昔邵康節作安樂窩中打乖詩。明道先生和之曰。先生不是打乖人。而康節又復之。有安知不是打乖人之句。此言有味也。使嚴公而可作。當爲此發一大笑云。

又爲先生像贊曰。天挺人豪。英邁蓋世。駕風鞭霆。歷覽無際。手探月窟。足躡天根。閒中今古。静裏乾坤。

金仁山曰。天根二句。用先生詩。先天圖。乾在上。一陰生爲姤。所謂月窟也。坤在下。一陽生爲復。所謂天根也。末二句亦先生詩。

或問。康節詩嘗有莊老之説。如何。朱子曰。便是他有些子這個。曰。如此莫於道體有異否。曰。他常説。老子得易之體。孟子得易之用。體用自分作兩截。程子謂其不雜。以今觀之。亦恐未然。

王雙溪曰。邵氏之學長於古易。夫文王之演易不專爲占筮用也。静而正心誠意。動而開物成務。易皆具焉。惟以占筮論之。則古人如管輅郭璞關朗之徒。足以盡易之道矣。不特邵氏能之也。

王景文曰。孔子見起。證而知其末。故曰。其或繼周者。雖百世可知也。孟子見進。證而知其極。故曰。千歲之日至可坐而致也。邵氏見困。證而知其窮。故曰。苟有命世之人。雖民如夷狄之變。而帝道可舉。惜時無百年之世。世無百年之人。時難人難。不其然乎。

蔡西山曰。皇極經世之書。康節先生以爲先天之學。其道一本于伏羲卦圖。但其用字立文。自爲一家。引經引義。别爲一説。故學者多所疑惑。要當且以康節之書反覆涵泳。使倫類精熟。脈絡通貫。然後有得。若其宗要。則明道先生所謂加一倍法也。

又曰。蓋嘗謂體天地之撰者。至于易而止矣。不可以有加矣。康節之學雖作用不同。而其實則伏羲所畫之卦也。故其書以日月星辰水火土石盡天地之體用。以暑寒晝夜雨風露雷盡天地之變化。以性情形體走飛草木盡萬物之感應。以元會運世歲月日辰盡天地之終始。以皇帝王霸易書詩春秋盡聖賢之事業。自秦漢以來。一人而已耳。

魏鶴山曰。邵氏子嘗以康節墓石屬筆于明道先生。久而未得其説。步于庭中。忽躍然曰。吾得之矣。堯夫之學可謂安且成矣。乃書之。遂以安且成三字終一篇之大指。論康節者多矣。未有親切的確如斯言者也。

又曰。先天之學。秦漢而後惟魏伯陽闚見此義。至華山陳處士圖南。始發其祕。一再傳而爲邵子。建圖著書。以示人曰。先天學。心法也。故圖皆自中起。萬化萬事皆生于心。嗚呼。衆人以易觀易而滯于易。邵子以易觀心而得乎心。滯于易則象數文字然耳。得乎心則天地萬物與我一本也。

馬碧梧跋黄君觀物外篇詳説曰。何啻千年與萬年。歲寒松柏獨依然。若無揚子天人學。安有莊生内外篇。蓋先生所自賦者。若此。張子堅所授謂非先生遺書不可也。先儒謂聖人作易。爲義爲數。知義不知數。雖善無所統。余獨于黄君書有感焉。朱文公謂康節之學稍近莊老。余嘗疑其書時有取于老莊之遺。今君于此書。扶道貶異。雖先生所援引。不敢苟徇焉。嚴哉。文公又謂康節以十爲河圖。九爲洛書。余又疑其書未嘗及此。書謂九十之説。其實特在乎歷紀州井。無以他説攙入亂其正。意深哉。

王深寧困學紀聞曰。東坡欲去莊子盜跖漁父篇。而邵子觀物外篇謂。盜跖言事之無可柰何者。雖聖人亦莫如之何。漁父言事之不可强者。雖聖人亦不可强。

謝山箋曰。邵子之説高于坡公。

黄東發曰。先生洞觀天地萬物之變。超然獨樂于其間。然其言曰。新法固嚴。能寬一分則民受一分之賜。投劾而去何益。此可爲憂世者明訓也。郭林宗生亂世而皇皇。先生生治世而熙熙。其爲超然之趣則同。

黄端節曰。邵子于揚氏太玄。嘗謂其見天地之心。而其書遠過太玄之上。究而言之。皆原于易。書中引而不發。邵伯温云。古人之數。皆始于一。而皇極之數。實本于伏羲之先天。得之矣。西山先生始終以易疏其説。于是微顯闡幽。其説大著。學者由蔡氏而知經世。由經世而知易。默而通之可也。

虞道園易啓蒙類編序曰。邵子程子並生一時。居甚近也。道同出也。年又不相遠也。而叔子注易傳。不聞與邵子有所講明。而伯淳嘗謂邵子之學爲加倍法。後問之則又以爲忘之矣。及聞其講風天小畜。與天附地。地附天之説。乃歎曰。嚮嘗聞此于茂叔矣。嘻。豈非三君子之易學。莫逆于心。而無所問辨。故無以傳聞于後世也歟。

宋潛溪記九賢造像曰。康節邵子。色微紫。廣顙。身頎然。有顴特。然其下癯。骨爽而神清。鬚長過頷。内服皁領。帽有翼圍之。袍緇。履如伊川。聳肩低袖手。立而睨視。坦而莊。和而能恭。

朱一齋序六經圖曰。若易。則伏羲先天四圖。邵子終日言而不離乎是。其爲理也微矣。文王後天方位。雖不與先天同。然先天純乎天理。後天各以人事。體用一源。顯微無間。其有功于天下後世一也。易圖之外。益之以揚子之太玄。司馬之潛虚。邵子之皇極經世。使學者可以一覽而得其大概。好學之士果能兼此六圖而並觀之。譬諸千蹊萬徑。皆可以適國。但得一道而入。何患學之不進哉。

馬平泉曰。余聞堯夫之學。數也。三十年不施枕。勤苦且久。故特精。然内聖外王。詎在是乎。蓋嘗欲以授二程而不願也。堯夫云。人必有德器。然後喜怒皆不妄。爲匹夫。爲卿相。以至學高天下。亦如無有也。非先生其孰能之。每觀春秋乘小車遊洛城中。一段風趣。使人心醉。時雍於變後。安得有此氣象耶。世動謂業脩謗興。道高毁乘。似此則又何説。人幸勿輕以此言相抵塞。自薄以薄人也。余嘗遊百門泉。展拜先生像。入門遙望見之。輒欣欣不自禁。不復能著一語。嗚呼。斯所謂天民歟。

著作劉先生羲叟

劉羲叟字仲更。澤州人。歐陽公使河東。薦其學術。試大理評事。先生精算術。兼通大衍諸曆。及脩唐史。令專脩律曆天文五行志。官至著作佐郎。初。李挺之辟署澤州簽判。先生從受曆法。世稱先生曆法遠出古今。上有揚雄張衡所未喻者。著十三代史志。劉氏輯曆。春秋災異諸書。宋史。

附録

嘗以春秋洪範災異休咎著書數十篇。斥古人所强合者。其占日月星辰無或不驗。皇祐五年。日蝕心。是時朝廷制樂鐘。聲大鬱而不發。又陝西錢法大弊。先生曰。此謂害金再興。與周景王同占也。上將感心腹之疾乎。其後月入太微。曰。宮中當有喪。而張貴妃薨。四月。日蝕。客星出于昴。曰。契丹主且死矣。其言無差。

黄豫章别集曰。劉仲更以多聞强識得近世不傳之學。爲大儒歐陽文忠公宋景文公所稱賞。唐書天文地理律曆五行志。皆其所定。諸公但仰成而已。

晁景迂書劉仲更春秋災異後曰。志苦危言凛雪霜。何人敢唤作劉郎。休論瑞應誇圖牒。羞死當年顧野王。

陳先生安民

陳安民字子惠。河陽人。郭兼山忠孝自言得先天卦變于先生云。其書出李挺之。直齋書録解題。

梓材謹案。漢上易卦圖上李挺之六十四卦相生圖一篇。變反對圖爲九篇。康節之子伯温傳之於河陽陳四丈。陳傳之於挺之。原注於陳四丈云。忘其名。蓋卽先生也。

附録

楊時喬曰。楊甲六經圖謂之才卦圖。傳之邵子。邵子傳之河陽陳氏。是圖不獨八卦能生六十四卦。又旁通相生得此。然後易之象辭可知其所從來。所謂象學也。

康節講友

文正司馬涑水先生光詳涑水學案。

中丞呂先生誨詳見涑水學案。

正獻呂晦叔先生公著

少師韓持國先生維並詳范呂諸儒學案。

少卿張先生師錫

張師錫。襄邑人。侍郎去華子。官殿中丞。宋史。

附録

康節和張二少卿丈白菊詩曰。清淡曉凝霜。宜乎殿顥商。自知能潔白。誰念獨芬芳。豈爲瓊無艶。還驚雪有香。素英浮玉液。一色混瑶觴。

龍圖王先生益柔別見涑水學案補遺。

龍圖李先生中師

李中師字君錫。開封人。舉進士。陳執中薦爲集賢校理。提點開封府境界。境多盜。立賞格。督吏分捕。盡得之。進秩。辭不受。乃擢度支判官。爲淮南轉運使。兩浙饑。移淮粟振贍。僚屬勿與。先生曰。朝廷視民。淮浙等爾。卒與之。徙河東。入爲度支副使。拜天章閣待制。陜西都轉運使。知澶州河南府。召權三司使。龍圖閣直學士。復爲河南。前此大臣居守委事掾幕。吏習弛緩。先生一以嚴整齊之。號爲治辦。然用法刻深。煩碎無大體。召爲羣牧使。權發遣開封府。卒。年六十一。宋史。

梓材謹案。伊川擊壤集目録有龍圖奉別堯夫詩序言。承見留數刻。漬梅酒。磨沈水飲別。聊書代謝云。

附録

邵氏聞見録曰。康節赴河南尹李君錫會投壺。君錫末箭中耳。君錫曰。偶爾中耳。康節應聲曰。幾乎敗壺。坐客以爲的對。可謂善謔矣。

龍圖李先生復圭

李復圭字審言。徐州豐人。知滑州。司馬温公賦詩餞之。抵州。嘗與郡官夜會宴。有牙兵奪銀匠鐵鎚殺人者。一府皆驚。先生命捕至。立斬之。上章待罷。諸司按其擅殺。仁宗曰。復圭帥材也。除知慶州。邵堯夫嘗稱其臨事有斷。頗以才見忌于時。歷湖北兩浙淮南河東陝西成都六轉運使。浙民以給衙前役多破産。先生悉罷遺歸農。令出錢助屯。召人承募。民便之。瀕海人賴蛤沙地以生。豪家量受税于官而占爲己有。先生奏蠲其税。分以予民。姓譜。

附録

李龍圖行至龍門。先寄堯夫先生曰。碧洛青松刮眼明。馬頭次第似相迎。天街高士還知否。好約南軒醉一觥。康節和之曰。萬里秋光入座明。交情預喜笑相迎。菊花未報重陽過。如待君來泛巨觥。

龍圖邵先生必

邵必字不疑。自河朔遷丹陽。官國子監直講。康節少時遊京師。與之敘宗盟。康節以兄拜之。至康節自衛入洛。先生爲京西提刑。嘉祐中。河南府薦康節以遺逸。先生自作薦章。其詞有。厚德足以鎮薄俗。清風可以遺來世。相推重如此。熙寧初以龍圖閣學士知成都府。過洛。謂康節曰。某臨辭日再薦先生矣。别去中途寄康節詩云。我乘孤傳徑崤澠。君擁羣書臥洛城。富貴人閒亦何有。閑忙趣味甚分明。次金牛驛暴卒。康節哭之慟。女嫁楊國寶應之。聞見録。

梓材謹案。先生爲蔣侍郎堂之壻。亦稱門人。卽爲侍郎誌其壙。見胡文恭公所作侍郎神道碑。

諫議劉先生元瑜

劉元瑜字君玉。□□人。知潭州。猺人數爲寇。使州人楊謂入海山説酋長。四百餘人出聽命。因厚犒之。籍以爲民。凡千二百户。姓譜。

附録

康節新居成呈劉君玉殿院曰。履道坊南竹徑修。綠楊陰裏水分流。衆賢買得澄心景。獨我居爲養志秋。若比陳門誠已僭。苟陪顔巷亦堪憂。無端風雨雖狂暴。不信能陵沈隱侯。

梓材謹案。邵氏聞見録云。康節先公慶曆閒過洛。館于水北楊氏。愛其山川風俗之美。始有小築之意。至皇祐元年。自衛州共城奉大父伊川丈人遷居焉。門生懷州武陟知縣侯紹曾助其行。初寓天宫寺之學院。劉諫議元瑜字君玉。吕諫議獻可静居。張少卿師錫及其子職方君景伯。狀元師德之子諫議君景憲。王諫議益柔字勝之之子中散兄弟。張縣令諤字師柔及其子南國。張大丞師雄及諸子。劉龍圖之子祕監几字伯壽。修撰忱字明復。李侍講寔字景眞。吴少卿執中。王學士起字仲孺。李侍講育字仲象。子籲字端伯。姚郎中夷字用輔。交遊最密。或稱門生。爲買宅于履道坊西天慶觀東。此詩所由作也。又言。王宣徽尹洛就天宫寺天津橋南爲屋三十間。請康節遷居之。富韓公命其客孟約買對宅一園。皆有水竹花木之勝。熙寧初。行買官田之法。天津之居亦官地。司馬温公而下集錢買之。康節有詩謝王宣徽。後又以詩謝温公諸公云。又案。擊壤集有留題水北楊郎中園亭二首。即所謂水北楊氏也。

縣令張先生諤

張諤字師柔。□□人。官陜令。康節和其石柱村詩云。君爲陜縣令。我實康公孫。始祖有遺烈。託君訪其存。夫君有詩來。題云石柱村。石柱之始立。于古無所根。就勒分陜銘。惟唐人之言。既歷多年所。首尾無完文。難以從考正。將焉求其源。我患讀書寡。知識無過人。經書詩傳外。不能破羣昏。從長卿公羊。宜自陜而分。從君陳畢命。宜成周而云。二者兼取之。于義似或尊。分政東西郊。可以陜洛論。此説如近之。庶幾緩紛紜。甘棠之蔽芾。石柱之清新。當時之盛事。予不得而親。二南之正化。二公之清芬。千載之美談。予可得而聞。棄經而任傳。儒者固不遵。作詩以明之。馳此庸報君。其卒也。康節亦以詩哭之。擊壤集。

梓材謹案。分陜之説。近時崔東壁考信録謂陜以東陜以西之陜。即武王定鼎於郟鄏之郟。字形左右互換耳。其實一字也。可謂力破羣疑。不謂此難已自康節發之。

太博李先生寔

李寔字景眞。□□人。官太傅。康節寄之以詩云。花開靜榻閑眠處。竹下明窗獨坐時。著甚語言名字泰。林閒自有翠禽知。擊壤集。

雲濠謹案。擊壤集又有延福坊李太博之園池詩。官至侍講。見邵氏聞見録。

祕丞吳先生執中

吳執中。洛中人。官中散大夫。少年登科。皇祐初已作祕書丞。不樂仕進。覓休致。居洛。杜門。人不識其面。獨與康節相善。聞見録。

李先生育

李育字仲蒙。河南人。胡致堂稱其詩説最善。其言曰。敘物以言情謂之賦。情盡物者也。索物以託情謂之比。情附物者也。觸物以起情謂之興。物動情者也。故物有剛柔緩急榮悴得失之不齊。則詩人之情性亦各有所寓。非先辨乎物。則不足以攷情性。情性可攷。然後可以明禮義而觀乎詩矣。胡致堂集。

梓材謹案。致堂集祇稱其字仲蒙。葉石林避暑録話云。李育字仲蒙。吳人。馮當世榜第四人登第。能爲詩。性高簡。故官不甚顯。亦少知之者。是卽先生也。但以爲吳人。或以吳人而占籍開封。故亦爲河南人。邵氏聞見録又作李育字仲象。象以蒙傳寫之譌耳。亦官侍講。

郎中姚先生奭

姚奭字輔周。□□人。官郎中。康節訪于月陂西園詩云。相憶不相過。西街來訪時。交橫過溝水。隙曲繞蔬畦。樹偃低頭避。笻高换手持。朋遊相得甚。何樂更如之。其爲開封府推官也。致書康節云。願先生自愛。恐不容久居林下矣。康節以詩代書答之云。世態其如與願違。必須言進是無知。遍將底事閑思處。不若西街極論時。設有奇才能動世。柰何雙鬢已如絲。天邊新月從來細。不爲人閒愛畫眉。擊壤集。

諫議張先生景憲

張景憲字定國。梓材案。范忠宣爲行狀云。字正國。河南人。以父師德任爲淮南轉運副使。屬官不法者多被舉刺。累遷河東都轉使。終知同州。居官不畏强禦。自負所守。于人少可許。母卒。一夕鬚髮盡白。姓譜。

附録

龍圖尹公師魯負天下重名。愛公之才。厕以女配之。公既遊師魯門。益好春秋學。與朋友論辨古今。至忠義名節之際。必嘅然歎息。常欲身行之。故歷官所至。無不稱治。

家居有法度。嘗戒諸子曰。汝曹立身行己。當以孝悌忠信爲先。苟不由禮義而進。雖富且貴。

亦吾所恥矣。

職方張先生景伯

張景伯字元伯。師錫子。官職方。嘉祐元年歲除。康節和其詩云。文正四十六。老去恥無才。殘臘方迴律。新春又起灰。非唯忌利禄。況復外形骸。白髪已過半。光陰任自催。其卒也。又以詩哭之云。近年老輩頻凋落。使我心中又惻然。又云。昔日與君論少長。今日與君爭後先。擊壤集。

祕監劉先生几父燁。

劉几字伯壽。河南人。父燁。登進士第。爲龍圖閣直學士。權開封府。明肅太后朝。獨召對。后曰。知卿名族十數世。欲一見卿家譜。恐與吾同宗也。對曰。不敢。后數問之。度不可免。因陛對爲風眩仆而出。乞出知河南府。再召。懇避不行。求爲留司御史臺以卒。及先生登科。嘗因陛對。奏仁宗不進家譜事。上稱歎久之。聞見録。

雲濠謹案。聞見録載洛中耆英會。言祕書監劉几與趙丙馮行己皆年七十五。時蓋元豐五年。去康節之卒六年矣。

修撰劉先生忱

劉忱字明復。龍圖燁第四子。爲監司郡守有聲。聞見録。

附録

司馬温公答劉太博書曰。足下所示皆國家安危之本。治亂之原。當今所宜汲汲者。足下爲遠官。無言責。猶能孳孳不忘忠藎如此。光任於朝廷。官以諫爲名。政事有闕。或不能知。知之或不能言。言之或不能入。不能入又不能去。此其所以爲愧也。

中散王先生愼言

王愼言字不疑。河南人。文康孫。幼而篤孝。以事親爲事之大。以承顔爲樂之至。故孜孜家庭。老而不懈。視萬鍾蔑如也。先生學無所不覽。而尤深于史。幼能詩。以風騷自任。文康特器之。少蔭補將作監主簿。累改司農少卿。中散大夫。太師潞國文公守洛。與故相韓國富公。温國司馬公。并鄉里宿舊十三人。爲耆英之會。先生實與焉。先生天性愷悌。志尚清逸。與人交愈久。愈相敬愛。奉養省約。居處儉陋。獨掃一室。所寶唯先世琴書。書幾萬卷。閒繙閲古今。訪究義理。命子孫侍坐。親爲講授。遇意適。援琴作輕聲。翛然獨得云。范忠宣集。

大夫王先生愼行

大夫王先生愼術合傳。

王愼行。愼術。文康公孫。與兄愼言俱列大夫。皆賢。從康節交遊。聞見録。

梓材謹案。聞見録後卷。數康節交遊最密者有王勝之子中散兄弟。卽此二先生也。又記洛中耆英會十三人。楚建中與朝散大夫王慎言皆年七十二云。

大中陳先生繹

陳繹字和叔。洛陽人。慶曆初。再舉別試第一。早共賢士大夫游。已名聞于時。自此益大顯。明年。擢乙科。調梁山軍判官。累拜左諫議大夫。改大中大夫。龍圖閣待制。知江寧府。左遷中大夫。知建昌軍。復爲大中。移密州。卒。年六十八。先生文格清峻。尤長于論事。嘗被詔脩宰相拜罷録。撰東西府記。及其他所著十數萬言。諸子編集爲三十卷。蘇魏公集。

梓材謹案。先生爲邵天叟墓銘云。余與堯夫游。知堯夫者從而知其先君。亦隱君子也。是先生固亦康節之友也。

祕監同調

都官錢先生袞從父良。

錢袞字去私。金堂人。先世皆用儒學倡于蜀。以春秋名其家。先生生七年而孤。其世父良。絶器之。教養若己子。性淳篤。寡言笑。嗜學。旣冠。文章道誼鴻麗通博。翕然聞兩蜀閒。中甲科。調江陵節度推官。累遷著作郎。知河南府登封縣。縣有嵩陽書院。師席久倚。生徒盡散落。先生盡料邑人子弟之良者。遣往教之。四方之士來者皆留其中。嵩列天下山水最佳絶處。巒嶺澗谷。幽深奧邃。祕監劉几與先生爲泉石之交。閒常步入。以極其勝。連月忘返。而縣無廢事。遷祕書丞簽書。興州判官廳公事。歷改都官員外郎。卒。年五十三。先生事世父孝謹尤篤。嘗以其所當遷官。具情以聞上。且曰。臣伯良有大恩于臣。願求授之。天子嘉焉。文丹淵集。

尹氏家學

學官尹先生材詳見涑水學案。

肅公尹和靖先生焞詳和靖學案。

蘇氏門人

判官朱先生處仁

朱處仁字表臣。晉邱人。少從蘇子美遊。長又同登進士第。泗州判官。監楚州。蘇學士集。

章先生傅

章傅。蘇子美之徒也。子美嘗答以詩云。廢官旅吳門。迹與世俗掃。構亭滄浪間。築室喬樹杪。窮經交聖賢。放意狎魚鳥。志氣内自充。藜藿日亦飽。不圖名利場。有士同所好。南閩章其氏。傅名字傳道。清晨闖予門。疏爽見姿表。大篇隨自出。爛熳風力老。安敢當所褒。讀之欲驚倒。開軒延與語。指亦有深到。半生蹋京塵。識予恨不早。扶疏珊瑚枝。本不自雕巧。當珍玉府中。何故委衰草。秋風還故鄉。無或難枯槁。貴富烏足論。令名當自保。蘇學士集。

錢氏家學

司諫錢先生彥遠

錢彥遠字子高。希白子。以父蔭補太廟齋郎。累遷大理寺丞。舉進士第。通判明州。遷太常博士。舉賢良方正。能直言極諫。科擢尚書祠部員外郎。知潤州。召爲右司諫。請勿數赦。擇牧守。增奉入。以養廉吏。息土木。以省功費。遷起居舍人。直集賢院。知諫院。先生性豪邁。其任言職。數有建明。卒于官。宋史。

梓材謹案。先生與弟明逸。從子藻。相繼皆以賢良方正應詔。史稱宋興以來。父子兄弟制策登科者。錢氏一家而已。明逸字子求。由殿中丞策制轉太常博士。爲呂夷簡所知。擢右正言。希章得象。陳執中意。首劾范富二公。皆爲之罷。杜祁公亦免相。及爲翰林學士。御史論其附賈昌朝夏竦。以陷正人。卒。諡脩懿。其人不足取也。

附録

擢尚書祠部員外郎。知潤州。上疏言宜念三方之急。講長久之計。以上答天戒。時旱蝗。民乏食。先生發常平倉賑救之。部使者詰其專且摧價。先生不爲屈。

判司農寺。因諸路奏大水。先生言陰氣過盛。在五行傳有下謀上之徵。請嚴宫省宿衛。未幾有挾刃謗門者。上善其奏。特賜五品服。

公自以逢辰遇知己之主。居得言之地。夙夜推念。知無不言。言無不盡。其密啓顯奏凡八十餘事。深動明聽。

龍圖錢先生勰詳見元祐黨案。

學士錢先生藻詳見安定學案。

李氏門人

員外代虚一先生淵

代淵字仲顔。永康軍人。天聖二年登進士第。累遷至太常丞。知益州。田況表其所著周易旨要二十卷。朝廷特授祠部員外郎而卒。先生恬于勢利。退居青城山二十餘年。以著書自適。仕進非所樂也。慶暦初。知制誥王拱辰安撫西川。遺書欲起之。託疾不往見。隆平集。

雲濠謹案。萬姓統譜作導江人。言其性簡潔。事親孝。受學李畋張遠。年四十舉進士。清水主簿。以禄不及親。歸家教授。累薦不起。以太子中允致仕。又云。自號虚一子。宋史隱逸傳云。字藴之。本代州人。唐末避地導江。又言。其謝絶諸生。著周易旨要。老佛雜説數十篇。又云。嘉祐三年九月有疾。召術士擇日。云丙申吉。頷之。是日沐浴而絶。

附録

調清水主簿。即去官還鄉里。蜀之才子弟舉從之。踵相逮坐。席常滿。藴之爲示書精奥。教辭賦法度。得其道者去爲聞儒顯人。

祕書馮先生□附師任玠。子如晦。處晦。用晦。

馮□字□□。蜀之普州人。未冠。求師于成都。是時任玠溫如。李畋渭卿。皆以道義文章教授諸生。先生執業門下。並爲其高第。歸僻居靜處。討究羣策。經深史隱。鉤擿蒧諳。教諸子事業。悉有端次。慶曆中。其子中都外郎如晦。用其法。一舉中進士。嘉祐初。以子官授大理評事致仕。三遷爲祕書丞。賜緋衣銀魚。子如晦。次處晦。用晦。并舉進士。有父行。聞其朋流。文丹淵集。

張氏門人

員外代虛一先生淵見上李氏門人。

何氏家學

光禄何先生敏附子大章。大臨。

何敏字希顏。中季子。簡懿莊重。克承厥家。貧而能力生。以養親奉視。富而能好善。以訓其子孫。以子登朝。封大理寺丞。遷光禄寺丞。子大章大臨。皆飭行不墜先訓。大章皇祐四年中進士第五。遷太常博士。通判瀟州。大臨字才叔。少讀書。知名教。或告以釋氏之說。當虔敬崇奉。乃享令報。則曰。廣慈心卽佛。不妄語卽經。若乃禍福之應。惟修其在我者。而順以聽命。

吾知此而已。漠然自得。有方外之趣。尤長于教子。擇師取友必以賢。封承事郎。至奉議郎。吕淨德集。

范氏門人

助教黄聱隅先生晞詳見士劉諸儒學案。

運判劉長民先生牧詳見泰山學案。

陳先生純臣

雲濠謹案。以上三先生。儒林宗派並以爲范氏門人。

崔氏家學

員外崔象之先生公孺

崔公孺字象之。尚書立之子。幼簡重有高識。喜學。善屬文。始以父任補將作監主簿。恥在蔭籍。欲自取進士第。既不利有司。益究覽經史百家之言。至于浮屠老子之書。無不探考。得其淵妙。初監許州商税。累遷尚書比部員外郎。卒。五十八。先生孝悌仁恕。出于天性。與處士孔寧極尤相厚善。每一過從。則閉關談道。率踰旬不忍別去。韓魏公誌其墓。稱爲有道君子。謂余妻雖象之之姊。然其相友也以賢。而不以親云。韓安陽集。

附録

司馬温公涑水紀聞曰。崔公孺。韓魏公夫人之弟也。性亮直。喜面折人。魏公執政。用監司。有非其人者。則曰。公居陶鎔之地。宜法造化爲心。造化以蛇虎者。害人之物。故置蛇于藪澤。置虎于山林。公今乃置之通衢。使爲民害。可乎。魏公甚嚴憚之。

象之講友

直講孔寧極先生旼

孔旼字寧極。孔子四十六世孫也。居于汝州之龍興山。而上葬其親于汝。汝人爭訟之。不可平者。不聽有司。而聽先生之一言。不羞犯有司之刑。而以不得于先生爲恥。慶曆七年。詔求天下行義之士。守臣以先生應詔。賜之米帛。嘉祐三年。近臣多言先生有道德。可用。而執政度以爲不肯屈。除守祕書省校書郎。致仕。四年。近臣又以爲言。乃召以爲國子監直講。先生辭。乃除守光禄寺丞。致仕。五年。以知汝州龍縣事。先生又辭。辭未聽。而先生卒于家。年六十七。贈太常丞。先生博學。尤喜易。未嘗著書。獨大衍一篇傳于世。王臨川集。

百源家學

補布衣邵先生睦

雲濠謹案。康節擊壤集傷弟詩有云。兄既名雍弟名睦。弟兄雍睦情何足。居常出入留一人。奉親教子如其欲。又一首云。不知何日能銷盡。三十二年雍睦心。蓋其年三十二也。傳作三十三。則據聞見録爾。

補修撰邵子文先生伯温

梓材謹案。宋史先生本傳云。康節名重一時。如司馬光。韓維。吕公著。程頤兄弟。皆交其門。伯温入聞父教。出則事司馬光等。則謂先生爲温公與韓吕二程門人可也。又先生子博。書先生聞見録序後云。先君子嘗曰。吾自爲童子。奉康節公几杖于左右。多閱天下之士。故自富文忠公。司馬文正公。吕正獻公而下。吾皆得從之遊。其學道淵源可尊。而行之將終吾身焉。是先生亦可稱富氏門人。趙忠簡乞追贈先生狀云。伯温自少出入富弼。司馬光。吕公著。韓絳。韓維。范純仁之門。程頤。范祖禹深知之云云。

邵氏聞見録

伯温始生。康節有詩云。我今行年四十七。生男方始爲人父。鞠育教誨誠在我。壽夭賢愚繫于汝。我若壽命七十歲。眼前見汝二十五。我欲願汝成大賢。未知天意肯從否。

伯温以經明行修命官。見吕忠公于東府。公語及康節。咨歎久之。謂伯温曰。科名特入仕之門。高下勿以爲意。立身行道不可不勉。伯温起謝焉。

伯温除喪。往拜富韓公。公惻然曰。先生高尚。勸之學修養。復曰。不能學胡走亂走也。問伯温年幾何。娶未。伯温對年二十四。未娶。公曰。晚娶甚善。可以保養血氣。專意學問。伯温自此得出入公門下。

康節先公遺訓曰。汝固當爲善。亦須量力以爲之。若不量力。雖善亦不當爲也。又嘗曰。善人固可親。未能知。不可急合。惡人固可疏。未能遠。不可急去。必招悔吝也。伯温佩之終身不敢忘。

康節先公既捐館。二程先生于伯温有不孤之意。所以教栽甚厚。宗丞先生謂伯温曰。人之爲學忌標準。若循循不已。自有所至矣。先人敝廬。廳後無門。由傍舍委曲以出。某不便之。因鑿壁爲門。侍講先生見之曰。前人規劃必有理。不可改作。某亟塞之。侍講謂周全□㊀曰。邵君雖小事亦相信。勇于爲善者也。某初入仕。侍講曰。凡作官。雖所部公吏有罪。立案而後決。或出于私怒。比具案亦散。不至倉卒傷人。每決人。有未經杖責者。宜慎之。恐其或有所立也。伯温終身行之。

㊀「□」當作「伯」。

經世纂圖

經世天地始終之數圖

一一乾　一元之元。　日之日。　乾之乾。

一二夬十二元之會。　日之月。　乾之兌。

一三大有三百六十元之運。　日之星。　乾之離。

一四大壯四千三百二十元之世。　日之辰。　乾之震。

一五小畜　一十二萬九千六百元之歲。　日之石。　乾之巽。

一六需　一百五十五萬五千二百元之月。　日之土。　乾之坎。

一七大畜四千六百六十五萬六千元之日。　日之火。　乾之艮。

一八泰五萬五千九百八十七萬二千元之辰。　日之水。　乾之坤。

二一履十二會之元。　月之日。　兌之乾。

二二兌　一百四十四會之會。　月之月。　兌之兌。

二三睽四千三百二十會之運。　月之星。　兌之離。

二四歸妹五萬一千八百四十會之世。　月之辰。　兌之震。

二五中孚　一百五十五萬五千二百會之歲。　月之石。　兌之巽。

二六節一千八百六十六萬二千四百會之月。　月之土。　兌之坎。

二七損五萬五千九百八十七萬二千會之日。　月之火。　兌之艮。

二八臨六十七萬一千八百四十六萬四千會之辰。　月之水。　兌之坤。

三一同人三百六十運之元。　星之日。　離之乾。

三二革四千三百二十運之會。　星之月。　離之兌。

三三離一十二萬九千六百運之運。　星之星。　離之離。

三四豐一百五十五萬五千二百運之世。　星之辰。　離之震。

三五家人四千六百六十五萬六千運之歲。　星之石。　離之巽。

三六既濟五萬五千九百八十七萬二千運之月。　星之土。　離之坎。

三七賁一百六十七萬九千六百一十六萬。　運之日。　星之火。　離之艮。

三八明夷二千一十五萬五千一百九十二萬運之辰。　星之水。　離之坤。

四一无妄四千三百二十世之元。　辰之日。　震之乾。

四二隨五萬一千八百四十世之會。　辰之月。　震之兌。

四三噬嗑一百五十五萬五千二百世之運。　辰之星。　震之離。

四四震一千八百六十六萬二千四百世之世。　辰之辰。　震之震。

四五益五萬五千九百八十七萬二千世之歲。　辰之石。　震之巽。

四六屯六十七萬一千八百四十六萬四千世之月。　辰之土。　震之坎。
四七頤二千一十五萬五千二百九十二萬世之日。　辰之火。　震之艮。
四八復二萬四千一百八十六萬四千七百四萬世之辰。　辰之水。　震之坤。
五一姤一十二萬九千六百歲之元　石之日　巽之乾
五二大過一百五十五萬五千二百歲之會。　石之月。　巽之兑。
五三鼎四千六百六十五萬六千歲之運。　石之星。　巽之離。
五四恆五萬五千九百八十七萬二千歲之世。　石之辰。　巽之震。
五五巽一百六十七萬九千六百一十六萬歲之歲。　石之石。　巽之巽。
五六井二千一十五萬五千三百九十二萬歲之月。　石之土。　巽之坎。
五七蠱六萬四百六十六萬一千七百六十萬歲之日。　石之火。　巽之艮。
五八升七十二萬五千五百九十四萬一千二百二十萬歲之辰。　石之水。　巽之坤。
六一訟一百五十五萬五千二百月之元。　土之日。　坎之乾。
六二困一千八百六十六萬二千四百月之會。　土之月。　坎之兑。
六三未濟五萬五千九百八十七萬二千月之運。　土之星。　坎之離。
六四解六十七萬一千八百四十六萬四千月之世。　土之辰。　坎之震。
六五渙二千一十五萬五千三百九十二萬月之歲。　土之石。　坎之巽。

六六坎二萬四千一百八十六萬四千七百四萬月之月。　土之土。　坎之坎。

六七蒙七十二萬五千五百九十四萬一千一百二十萬月之日。　土之火。　坎之艮。

六八師八百七十萬七千一百二十九萬三千四百四十萬月之辰。　土之水。　坎之坤。

七一遯四千六百六十五萬六千日之元。　火之日。　艮之乾。

七二咸五萬五千九百八十七萬二千日之會。　火之月。　艮之兑。

七三旅一百六十七萬九千六百一十六萬日之運。　火之星。　艮之離。

七四小過二千一十五萬五千三百九十二萬日之世。　火之辰。　艮之震。

七五漸六萬四百六十六萬一千七百六十萬日之歲。　火之石。　艮之巽。

七六蹇七十二萬五千五百九十四萬一千二百二十萬日之月。　火之土。　艮之坎。

七七艮二百一十七萬六千七百八十二萬三千三百六十萬日之日。　火之火。　艮之艮。

七八謙二千六百一十二萬一千三百八十八萬三百二十萬月之辰。　火之水。　艮之坤。

八一否五萬五千九百八十七萬二千辰之元。　水之日。　坤之乾。

八二萃六十七萬一千八百四十六萬四千辰之會。　水之月。　坤之兑。

八三晉二千一十五萬五千三百九十二萬辰之運。　水之星。　坤之離。

八四豫二萬四千一百八十六萬四千七百四萬辰之世。　水之辰。　坤之震。

八五觀七十二萬五千五百九十四萬一千一百二十萬辰之歲。　水之石。　坤之巽。

八六比八百七十萬七千一百二十九萬三千四百四十萬辰之月。水之土。坤之坎。

八七剥二千六百十二萬一千三百八十八萬三百二十萬辰之日。水之火。坤之艮。

八八坤三萬一千三百四十五萬六千六百五十六萬三千八百四十萬辰之辰。水之水。坤之坤。

陽一陰二。故陽之生陰。二而六之爲十二。陰之生陽。三而十之爲三十。

以日經日爲元之元。其數一。日之數一故也。以日經月爲元之會。其數十二。月之數十二故也。以日經星爲元之運。其數三百六十。星之數三百六十故也。以月經辰爲元之世。其數四千三百二十。辰之數四千三百二十故也。

黄瑞節曰。經世天地始終之數。以十二三十反覆乘之也。元之元一。元之會十二。是以十二乘一也。元之運三百六十。是以三十乘十二也。元之世四千三百二十。是以十二乘三百六十也。會之元以下放此。經世之元會運世歲月日辰。卽易之乾兑離震巽坎艮坤也。元之元卽乾之乾。元之會卽乾之兑。元之運卽乾之離。元之世卽乾之震。元之歲卽乾之巽。元之月卽乾之坎。元之日卽乾之艮。元之辰卽乾之坤。會之元以下放此。

經世六十四卦數圖卽先天圖

乾之數一。兌之數二。離之數三。震之數四。巽之數五。坎之數六。艮之數七。坤之數八。交相重而爲六十四焉。乾兌離震在天爲陽。在地爲剛。在天則居東南。在地則居西北。巽坎艮坤在天爲陰。在地爲柔。在天則居西北。在地則居東南。陰陽相錯天文也。剛柔相交地理也。

經世一元消長之數圖期數。

元	會	運	世			
日甲。	月子一。	星三十。	辰三百六十。	年一萬八百。	復	
	月丑二。	星六十。	辰七百二十。	年二萬一千六百。	臨	
	月寅三。	星九十	辰一千八十。	年三萬二千四百。	泰	開物星之巳七十六。
	月卯四。	星一百二十。	辰一千四百四十。	年四萬三千二百。	大壯	
	月辰五。	星一百五十。	辰一千八百。	年五萬四千。	夬	
	月巳六。	星一百八十。	辰二千一百六十。	年六萬四千八百。	乾	唐堯始星之癸一百八十。辰二千一百五十七。
	月午七。	星二百一十。	辰二千五百二十。	年七萬五千六百。	姤	夏。殷。周。秦。兩漢。晉。三國。南北朝。隋。唐。五代。宋。

元	會	運	世			
	月未八。	星二百四十。	辰二千八百八十。	年八萬六千四百。	遯	
	月申九。	星二百七十。	辰三千二百四十。	年九萬七千二百。	否	
	月酉十。	星三百。	辰三千六百。	年十萬八千。	觀	
	月戌十一。	星三百三十。	辰三千九百六十。	年十一萬八千八百。	剝	閉物星之戌三百十五。
	月亥十二。	星三百六十。	辰四千三百二十。	年十二萬九千六百。	坤	

日爲元。元之數一。月爲會。會之數十二。星爲運。運之數三百六十。辰爲世。世之數四千三百二十。則是一元統十二會三百六十運四千三百二十世。一世三十年。則一十二萬九千六百年。一十二萬九千六百年是爲一元之數。一元在大化之中猶一年也。自元之元至辰之元。自元之辰至辰之辰。而後數窮矣。窮則變。變則生。蓋生生而不窮也。經世但舉一元之數。舉一隅而已。引而伸之。則窮天地之數可知矣。日甲。日之數一。歲一周。月子至月亥之數十二。歲十二周也。星三百六十。隨天而轉。日一周。歲三百六十周也。一日十二辰。積一歲之辰。則歲四千三百二十辰也。自子至巳作息。自午至亥作消。作息則陽進而陰退。作消則陰進而陽退。開物於月之寅。星之巳七十有六。閉物于月之戌。星之戌三百一十有五。

日至己之終。當辰之二千一百六十爲陽極。陰陽之餘空各六。月至亥之終。當辰之四千三百二十爲陰極。陰陽之餘空各六。凡二十有四。以當易六十四卦三百八十四爻之數焉。除四正卦凡六。四六二十四。三百八十四去其二十有四。則所存者三百六十也。四正卦謂乾坤坎離。居四方之正位。反覆推明。故謂之四正。經世一元之運數。舉成數焉。消息盈虧之法在其間矣。所以藏諸用也。唐堯起于月之巳。星之癸一百八十。辰之二千一百五十七。推而上之。堯得天地之中數也。故孔子贊堯曰。唯天爲大。唯堯則之。蕩蕩乎民無能名焉。巍巍乎其有成功。煥乎其有文章。揚雄亦謂法始乎伏羲而成乎堯。蓋自極治之盛莫過乎堯。先乎此者有所未至。後乎此者有所不及。考之曆數。稽之天時。質之人事。若合符節。嗚呼盛哉。

黄瑞節曰。一元消長圖蓋以本書約之也。今詳本書日甲一位爲一元。該十二萬九千六百年。此一元總數也。其所以得一元之數者。由十二會積之也。月子一會㊀爲一會。該一萬八百年。至月亥十二位爲十二會。該十二萬九千六百年。屬上日甲統之也。其所以得十二會之數者。由三十運積之也。星甲一位爲一運。該三百六十年。至三十位爲三十運。該一萬八百年。屬上月子統之。過此屬月丑統之。其所以得三十運之數者。由十二世積之也。辰子一位爲一世。該三十年。至辰亥十二位爲十二世。該三百六十年。屬上星甲統之。過此屬星乙統

㊀「會」當爲「位」。

之。蓋由世積而爲運。運積而爲會。會積而爲元。即由時積而爲日。日積而爲月。月積而爲歲也。邵伯温所謂一元之數。在天地之閒猶一年是已。然邵子此數何從而知其始。何從而知其終耶。善乎西山先生之言曰。以今日天地之運。日月五星之行。推而上之。因以得之也。故曰。堯得天地之中數。斯言何謂也。蓋堯之時。在日甲。月巳。星癸。辰申。當十二萬九千六百年之半。以上爲六萬四千八百年之已往。以下爲六萬四千八百年之方來。是以爲中數也。堯而後可遞而推矣。

經世四象體用之數圖萬物之數。

日日聲平闢	水水音開清
多良千刀妻宮心●●●	古黑安夫卜東乃走思■■■■
日日聲七。下唱地之用。音一百五十二。是爲平聲闢音。平聲闢音一千六十四。	水水音九。上和天之用。聲一百一十二。是謂開音清聲。開音清聲一千八。
日日聲平之一闢	水水音開之一清
開音清和律。一之一一音古字和。一聲至十聲。	平聲闢唱呂。一之一一音至十二音。一聲多字唱。
一之二二音黑字和。一聲至十聲。	一之二一音至十二音。二聲良字唱。
一之三三音安字和。一聲至十聲。	一之三一音至十二音。三聲千字唱。

一之四四音夫字和。一聲至十聲。	一之四一音至十二音。四聲刁字唱。
一之五五音卜字和。一聲至十聲。	一之五一音至十二音。五聲妻字唱。
一之六六音東字和。一聲至十聲。	一之六一音至十二音。六聲宮字唱。
一之七七音乃字和。一聲至十聲。	一之七一音至十二音。七聲心字唱。
一之八八音走字和。一聲至十聲。	一之八一音至十二音。
一之九九音思字和。一聲至十聲。	一之九一音至十二音。
一之十一聲至十聲。	一之十一音至十二音。
一之十一一聲至十聲。	
一之十二一聲至十聲。	
日月聲平翕	水火音開濁
禾光元毛衰龍○●●●	口黃口父步兑內自寺■■■
日月聲七。下唱地之用。音一百五十二。是謂平聲翕音。平聲翕音一千六十四。	水火音九。上和天之用。聲一百一十二。是謂開音濁聲。開音濁聲一千八。
日月聲平之二翕	水火音開之二濁
開音濁和律。二之一一音□字和。一聲至十聲。	平聲翕唱呂。二之一一音至十二音。一聲禾字唱。

二之二二音黃字和。	二之二二聲光字唱。
二之三三音□字和。	二之三三聲元字唱。
二之四四音父字和。	二之四四聲毛字唱。
二之五五音步字和。	二之五五聲衰字唱。
二之六六音兌字和。	二之六六聲龍字唱。
二之七七音內字和。	二之七七聲○字唱。
二之八八音自字和。	二之八
二之九九音寺字和。	二之九
二之十	二之十
二之十一	
二之十二	
日星聲平闢	水火音開清
開丁臣牛○魚男●●●	坤五母武普土老草口■■■
日星聲七。下唱地之用。音一百五十二。是謂平聲闢音。平聲闢音一千六十四。	水土音九。上和天之用。聲一百一十二。是謂開音清聲。開音清聲一千八。

日星聲平之三闢	水土音開之三清
開音清和律。三之一一音坤字和。一聲至十聲。	平聲闢唱呂。三之一一音至十二音。一聲開字唱。
三之二二音五字和。	三之二二聲丁字唱。
三之三三音母字和。	三之三三聲臣字唱。
三之四四音武字和。	三之四四聲牛字唱。
三之五五音普字和。	三之五五聲○字唱。
三之六六音土字和。	三之六六聲魚字唱。
三之七七音老字和。	三之七七聲男字唱。
三之八八音草字和。	三之八
三之九九音口字和。	三之九
三之十	三之十
三之十一	
三之十二	
日辰聲平翕	水石音開濁
回兄君○龜烏○●●●	□吾目文旁同鹿曹□■■■

日辰聲	水石音
日辰聲七。下唱地之用。音一百五十二。是謂平聲翕音。平聲翕音一千六十四。	水石音九。上和天之用。聲一百一十二。是謂開音濁聲。開音濁聲一千八。
日辰聲平之四翕	水石音開之四濁
開音濁和律。四之一一音□字和。一聲至十聲。	平聲翕唱呂。四之一一音至十二音。一聲回字唱。
四之二二音吾字和。	四之二二聲兄字唱。
四之三三音目字和。	四之三三聲君字唱。
四之四四音文字和。	四之四四聲〇字唱。
四之五五音旁字和。	四之五五聲龜字唱。
四之六六音同字和。	四之六六聲烏字唱。
四之七七音鹿字和。	四之七七聲〇字唱。
四之八八音曹字和。	四之八
四之九九音□字和。	四之九
四之十	四之十
四之十一	
四之十二	

月日聲上闢	火水音發清
可兩典早子孔審●●●	甲花亞法百丹孍哉三山莊卓
月日聲七。下唱地之用。音一百五十二。是謂上聲闢音。上聲闢音一千六十四。	火水音十二。上和天之用。聲一百一十二。是謂發音清聲。發音清聲一千三百四十四。
月日聲上之一闢	火水音發之一清
發音清和律。一之一一音甲字和。一聲至十聲。	上聲闢唱呂。一之一一音至十二音。一聲可字唱。
一之二二音花字和。	一之二二聲兩字唱。
一之三三音亞字和。	一之三三聲典字唱。
一之四四音法字和。	一之四四聲早字唱。
一之五五音百字和。	一之五五聲子字唱。
一之六六音丹字和。	一之六六聲孔字唱。
一之七七音孍字和。	一之七七聲審字唱。
一之八八音哉字和。	一之八
一之九九音三字和。	一之九
一之十十音山字和。	一之十

一之十一十一音莊字和。

一之十二十二音卓字和。

月月聲上翕

火廣犬寶○甬○●●●

月月聲七。下唱地之用。音一音五十二。是謂上聲翕音。上聲翕音一千六百六十四。

月月聲上之二翕

發音濁和律。二之一一音□字和。一聲至十聲。

二之二二音華字和。

二之三三音爻字和。

二之四四音凡字和。

二之五五音白字和。

二之六六音大字和。

二之七七音南字和。

二之八八音在字和。

火火音發濁

□華爻凡白大南在□士召宅

火火音十二。上和天之用。聲一百一十二。是謂發音濁聲。發音濁聲一千三百四十四。

火火音發之二濁

上聲翕唱呂。二之一一音至十二音。一聲火字唱。

二之二二聲廣字唱。

二之三三聲犬字唱。

二之四四聲寶字唱。

二之五五聲○字唱。

二之六六聲甬字唱。

二之七七聲○字唱。

二之八

二之九九音□字和。	二之九
二之十十音土字和。	二之十
二之十一十一音召字和。	
二之十二十二音宅字和。	
月星聲上闢	火土音發清
辛井引斗○鼠坎●●●	巧瓦馬晚扑貪冷采□□乂拆
月星聲七。下唱地之用。音一百五十二。是謂上聲闢音。上聲闢音一千六十四。	火土音十二。上和天之用。聲一百一十二。是謂發音清聲。發音清聲一千三百四十四。
月星聲上之三闢	火土音發之三清
發音清和律。三之一一音巧字和。一聲至十聲。	上聲闢唱呂。三之一一音至十二音。一聲辛字唱。
三之二二音瓦字和。	三之二二聲井字唱。
三之三三音馬字和。	三之三三聲引字唱。
三之四四音晚字和。	三之四四聲斗字唱。
三之五五音扑字和。	三之五五聲○字唱。
三之六六音貪字和。	三之六六聲鼠字唱。

三之七七音冷字和。	三之七七聲坎字唱。
三之八八音采字和。	三之八
三之九九音□字和。	三之九
三之十十音□字和。	三之十
三之十一十一音乂字和。	
三之十二十二音拆字和。	
月辰聲上翕	火石音發濁
每永允○水虎○●●●	□牙兒萬排覃犖才□□崇茶
月辰聲七。下唱地之用。音一百五十二。是謂上聲翕音。上聲翕音一千六百六十四。	火石音十二。上和天之用。聲一百一十二。是謂發音濁聲。發音濁聲一千三百四十四。
月辰聲上之四翕	火石音發之四濁
發音濁和律。四之一一音□字和。一聲至十聲。	上聲翕唱吕。四之一一音至十二音。一聲每字唱。
四之二二音牙字和。	四之二二聲永字唱。
四之三三音兒字和。	四之三三聲允字唱。
四之四四音萬字和。	四之四四聲○字唱。

四之五五音排字和。	四之五五聲水字唱。
四之六六音覃字和。	四之六六聲虎字唱。
四之七七音犖字和。	四之七七聲〇字唱。
四之八八音才字和。	四之八
四之九九音□字和。	四之九
四之十十音□字和。	四之十
四之十一十一音崇字和。	
四之十二十二音茶字和。	
星日聲去闢	土水音收清
个向旦孝回衆禁●●●	九香乙□丙帝女足星手震中
星日聲七。下唱地之用。音一百五十二。是謂去聲闢音。去聲闢音一千六十四。	土水音十二。上和天之用。聲一百一十二。是謂收音清聲。收音清聲一千三百四十四。
星日聲去之一闢	土水音收之一清
收音清和律。一之一一音九字和。一聲至十聲。	去聲闢唱呂。一之一一音至十二音。一聲个字唱。
一之二二音香字和。	一之二二聲向字唱。

一之三三音乙字和。	一之三三聲旦字唱。
一之四四音□字和。	一之四四聲孝字唱。
一之五五音丙字和。	一之五五聲四㈠字唱。
一之六六音帝字和。	一之六六聲衆字唱。
一之七七音女字和。	一之七七聲禁字唱。
一之八八音足字和。	一之八
一之九九音星字和。	一之九
一之十十音手字和。	一之十
一之十一十一音震字和。	
一之十二十二音中字和。	
星月聲去翕	土火音收濁
化況半報帥用○●●●	近雄王□肯年匠象石□直
星月聲七。下唱地之用。音一百五十二。是謂去聲翕音。去聲翕音一千六十四。	土火音十二。上和天之用。聲一百一十二。是謂收音濁聲。收音濁聲一千三百四十四。

㈠「四」當爲「回」。

星月聲去之二翕	土火音收之二濁
收音濁和律。二之一一音近字和。一聲至十聲。	去聲翕唱呂。二之一一音至十二音。一聲化字唱。
二之二二音雄字和。	二之二二聲況字唱。
二之三三音王字和。	二之三三聲半字唱。
二之四四音□字和。	二之四四聲報字唱。
二之五五音葥字和。	二之五五聲帥字唱。
二之六六音第字和。	二之六六聲用字唱。
二之七七音年字和。	二之七七聲○字唱。
二之八八音匠字和。	二之八
二之九九音象字和。	二之九
二之十十音石字和。	二之十
二之十一十一音□字和。	
二之十二十二音直字和。	
星星聲去闢	土土音收濁
愛亘艮奏○去貝●●●	丘仰美□品天呂七□耳赤丑

星星聲七。下唱地之用。音一百五十二。是謂去聲闢音。去聲闢音一千六百十四。

星星聲去之三闢

收音清和律。三之一一字丘字和。一聲至十聲。

三之二二音仰字和。

三之三三音美字和。

三之四四音□字和。

三之五五音品字和。

三之六六音天字和。

三之七七音吕字和。

三之八八音七字和。

三之九九音□字和。

三之十十音耳字和。

三之十一十一音赤字和。

三之十二十二音丑字和。

土土音十二。上和天之用。聲一百一十二。是謂收音清聲。收音清聲一千三百四十四。

土土音收之三清

去聲闢唱呂。三之一一音至十二音。一聲愛字唱。

三之二二聲亘字唱。

三之三三聲艮字唱。

三之四四聲奏字唱。

三之五五聲〇字唱。

三之六六聲去字唱。

三之七七聲貝字唱。

三之八

三之九

三之十

星辰聲去翕	土石音收濁
退坐巽○貴免○●●●	乾月眉□平田離全□二辰呈
星辰聲七。下唱地之用。音一百五十二。是謂去聲翕音。去聲翕音一千六十四。	土石音十二。上和天之用。聲一百一十二。是謂收音濁聲。收音濁聲一千三百四十四。
星辰聲去之四翕	土石音收之四濁
收音濁和律。四之一一音乾字和。一聲至十聲。	去聲翕唱呂。四之一一音至十二音。一聲退字唱。
四之二二音月字和。	四之二二聲坐字唱。
四之三三音眉字和。	四之三三聲巽字唱。
四之四四音□字和。	四之四四聲○字唱。
四之五五音平字和。	四之五五聲貴字唱。
四之六六音田字和。	四之六六聲免字唱。
四之七七音離字和。	四之七七聲○字唱。
四之八八音全字和。	四之八
四之九九音□字和。	四之九
四之十十音二字和。	四之十

四之十一十一音辰字和。	
四之十二十二音呈字和。	
辰日聲入闢	石水音閉清
舌〇〇岳白〇〇●●●	癸血一飛必■■■■■■■
辰日聲七。下唱地之用。音一百五十二。是謂	石水音五。上和天之用。聲一百一十二。是謂
入聲闢音。入聲闢音一千六十四。	閉音清聲。閉音清聲五百六十。
辰日聲入之一闢	石水音閉之一清
閉音清和律。一之一一音癸字和。一聲至十聲。	入聲闢唱呂。一之一一音至十二音。一聲舌字唱。
一之二二音血字和。	一之二二聲〇字唱。
一之三三音一字和。	一之三三聲〇字唱。
一之四四音飛字和。	一之四四聲岳字唱。
一之五五音必字和。	一之五五聲白字唱。
一之六	一之六六聲〇字唱。
一之七	一之七七聲〇字唱。
一之八	一之八

一之九	一之九
一之十	一之十
一之十一	
一之十二	
辰月聲入翕	石火音閉濁
八〇〇霍骨〇十●●●	揆賢寅吷鼻■■■■■■■
辰月聲七。下唱地之用。音一百五十二。是謂入聲翕音。入聲翕音一千六十四。	石火音五。上和天之用。聲一百一十二。是謂閉音濁聲。閉音濁聲五百六十。
辰月聲入之二翕	石火音閉之二濁
閉音濁和律。二之一音揆字和。一聲至十聲。	入聲翕唱吕。二之一一音至十二音。一聲八字唱。
二之二二音賢字和。	二之二二聲〇字唱。
二之三三音寅字和。	二之三三聲〇字唱。
二之四四音吷字和。	二之四四聲霍字唱。
二之五五音鼻字和。	二之五五聲骨字唱。
二之六	二之六六聲〇字唱。

二之七	二之七七聲十字唱。
二之八	二之八
二之九	二之九
二之十	二之十
二之十一	
二之十二	
辰星聲入闢	石土音閉清
○○○六德○○●●●	弃□米尾匹■■■■■■■
辰星聲七。下唱地之用。音一百五十二。是謂入聲闢音。入聲闢音一千六十四。	石土音五。上和天之用。聲一百一十二。是謂閉音清聲。閉音清聲五百六十。
辰星聲入之三闢	石土音閉之三清
閉音清和律。三之一一音弃字和。一聲至十聲。	入聲闢唱呂。三之一一音至十二音一聲○字唱。
三之二二音□字和。	三之二二聲○字唱。
三之三三音米字和。	三之三三聲○字唱。
三之四四音尾字和。	三之四四聲六字唱。

三之五五音匹字和。	三之五五聲德字唱。
三之六	三之六六聲〇字唱。
三之七	三之七七聲〇字唱。
三之八	三之八
三之九	三之九
三之十	三之十
三之十一	
三之十二	
辰辰聲入翕	石石音閉濁
〇〇〇玉北〇妾●●●	蚪堯民未瓶■■■■■■■
辰辰聲七。下唱地之用。音一百五十二。是謂入聲翕音。入聲翕音一千六十四。	石石音五。上和天之用。聲一百一十二。是謂閉音濁聲。閉音濁聲五百六十。
辰辰聲入之四翕	石石音閉之四濁
閉音濁和律。四之一一音蚪字和。一聲至十聲。	入聲翕唱呂。四之一一音至十二音。一聲〇字唱。
四之二二音堯字和。	四之二二聲〇字唱。

四之三三音民字和。	四之三三聲〇字唱。
四之四四音未字和。	四之四四聲玉字唱。
四之五五音瓶字和。	四之五五聲北字唱。
四之六	四之六六聲〇字唱。
四之七	四之七七聲妾字唱。
四之八	四之八
四之九	四之九
四之十	四之十
四之十一	
四之十二	

太陽之數十。少陽之數十。太剛之數十。少剛之數十。太陽少陽太剛少剛之數凡四十。太陰之數十二。少陰之數十二。太柔之數十二。少柔之數十二。太陰少陰太柔少柔之數凡四十有八。以四因四十得一百六十。以四因四十八得一百九十二。以一百六十因一百九十二得三萬七百二十。是謂動植之全數。一百六十內去太陰少陰太柔少柔之體數四十八。得一百一十二。一百九十二內去太陽少陽太剛少剛之體數四十。得一百五十二。是謂動植之用數。以

一百一十二唱一百五十二。得一萬七千二十四。以一萬七千二十四唱一萬七千二十四。得二萬八千九百八十一萬六千五百七十六。是謂動植之通數。梓材案。此條下半截已見正編聲音論。又鍾氏過。祝氏子涇。上官氏萬里。彭氏長庚之說。皆是圖之說也。

黄瑞節曰。邵子之書。伯温略發其微。至祝氏而其說詳。其用異。蔡氏蓋由博而約之也。右四象體用圖。取本書隱括爲凡例。今以本書詳之。日月星辰四象爲聲。日月星辰又自相加。水火土石四象爲音。水火土石又自相加。亦如八卦相加爲六十四也。其爲圖凡三十二。平上去入各聲爲四圖。共一十六圖。開發收閉各音爲四圖。共一十六圖。聲之數每圖一千六十四。十六圖共一萬七千二十四。音之數間有出入。十六圖亦一萬七千二十四。蓋平上去入開發收閉分布細推以得之也。蔡氏取十聲爲十圖。取十二音爲十二圖。如第一聲圖多字平聲。而可个舌上去入三聲隨之矣。第一音圖古字開音。而甲九癸發收閉三音隨之矣。至于一萬七千二十四之數。但以一百十二因一百五十二。以一百五十二因一百十二而得之。亦合此。其所以爲自然之妙也。若夫以聲起數。以數合卦。則具祝氏鈐。而邵子未言。蔡氏未用云。

梓材謹案。黄氏此說是四象體用圖。爲子文所摹。而正編所載聲音圖。爲蔡西山所編也。蔡氏九儒書謂前之二數。邵伯温氏嘗著一元消長等圖。以括其要約。後西山蔡氏因其圖而推衍之。著爲經世提要一書。則天地始終圖。六十四卦數圖。俱爲子文所摹明矣。惟正編所載經世衍易圖。經世天地四象圖。與陽九陰六用數圖。爲西山所約耳。

附録

章惇論及康節之學曰。嗟乎。吾于先生不能卒業也。子文曰。先君先天之學論天地萬物。未有不盡者。其信也。則人之仇怨反覆者可忘矣。時惇方興黨獄。故以是動之。惇悚然。

嘗論元祐紹聖之政曰。公卿大夫當知國體。以蔡確姦邪。投之死地。何足惜。然嘗謂宰相當以宰相待之。范忠宣有文正餘風。知國體者也。故欲薄確之罪。言既不用。退而行確詞命。然後求去。君子長者。仁人用心也。確死南荒。豈獨有傷國體哉。劉摯。梁燾。王巖叟。劉安世。忠直有餘。然疾惡已甚。不知國體。以貽後日縉紳之禍。不能無過也。

晁景迂舉先生自代狀曰。伯温束髮謹父庭之訓。皓首推王度之恭。况乃早客司馬光之門。能教子弟以禮法。若使晚與中興之偉績。必復士夫之廉隅。

晁氏客語曰。揚雄不識聖人操則存舍則亡。能常操而存者。其唯聖人乎。邵伯温以此修爲事人道之門也。若同聖人之徒則可。若以爲聖人。則從容中道。不勉而中。不思而得。爲何人耶。

檢詳邵公濟博

邵博字公濟。伯温子也。著有聞見後録三十卷。蓋續其父伯温書。第伯温盛推二程。公濟乃排程氏而宗蘇軾。且詆趙鼎宗洛學之謬。有乖邵子之家法。四庫書目提要。

梓材謹案。公濟官檢詳。見李方舟集。

聞見後録

孔子贊周公。贊召公。不贊太公。

孔子答羣弟子問孝不過一二言。至曾子則特爲著經。又夫子之文章可得而聞。性與天道不可得而聞也。其告曾子猶曰。吾道一以貫之。蓋顔淵死。孔子之所付授者。曾子一人耳。

程伊川以□[一]爲贊者。非也。伊川之門人。以司馬文正公不知先天之學者。亦非也。

梓材謹案。公濟祭景迂文。雖自稱從表姪。稱景迂爲四丈。然其文云。昔我先君公之所尊。我在童子登公之門。覽其少作。許以知言。似亦嘗親炙者矣。

附録

築室犍爲之西山。告家廟文曰。少時得大父平生之言于汝潁大夫士曰。世行亂。蜀安。可避居焉。大父學通天人。足以前知矣。宣和國亂。先人載家使蜀。免焉。困學紀聞。

謁武侯廟文云。公昔高臥。隱然一龍。鬼蜮亂世。其誰可從。惟明將軍。漢氏之宗。相挽以

[一]「□」當作「玄」。

起。意氣所同。將持尺箠。盡逐奸雄。天未悔禍。世豈能容。惟史臣壽。姦言非公。惟大夫周。誤國非忠。廟食故里。羞此南充。置公左右。不堪僕童。我實鄙之。築公之宫。春秋之法。孰敢不恭。俾千萬年。仰其高風。困學紀聞。

王滹南議論辨惑曰。邵氏聞見後録云。顔子得位爲堯舜。孟子得位爲湯武。此繆論也。聖賢事業易地則皆然。何嘗有決擇之意。彼徒見顔子窮居陋巷。默無所爲。而孟子游説諸侯。急于救世。遂敢臆度而爲是斬絶之論。豈知顔孟者哉。

康節門人

祕閣王先生安國詳見荆公新學略。

尚書邢和叔恕詳見劉李諸儒學案。

僕射章子厚惇詳見元祐黨案補遺。

陳氏門人

修撰邵子文先生伯温詳上邵氏㊀家學。

㊀「邵氏」當爲「百源」。

提刑郭兼山先生忠孝詳兼山學案。

李氏家學

校書李先生籲詳劉李諸儒學案。

范氏所傳

集賢王先生哲

王哲。太原人。爲兵部郎中集賢校理。著周易衍註四卷。周易綱旨二十篇。名卦在第二。謂伏羲作八卦。則八卦之名伏羲所制也。因而重之。則六十四卦。蓋亦然也。或假其象。或舉其義。或以一言而定。或以二字而成。隨義象名之也。蔡攸上其書。末有脱誤一篇。大率稽述郭京范諤昌之説。間出己意。斷以去取。胡一桂説。

梓材謹案。先生所著又有春秋通義等書。四庫全書著録春秋皇綱論五卷。提要云。是書皆發明夫子筆削之旨。而考辨三傳及啖助趙匡之得失。其言多明白平易。無穿鑿附會之習。在宋人春秋解中。可謂不失大義。又案。四庫有春秋通義一卷。不著撰人名氏。提要云。考宋史藝文志。蹇遵品。王哲。家安國。邱葵。皆有春秋通義。其書均佚不傳。此本編端冠以小序。後以特筆二字爲標題。蓋通義中之一種。不知四家中爲誰氏之書耳。

春秋皇綱論

若專爲誅亂臣賊子使知懼。則尊賢旌善之旨闕矣。孔子修春秋篇。

梓材謹案。四庫提要云。足破孫泰山等有貶無褒之説。

左氏善覽舊史。兼該衆説。得春秋之事迹。然於經外自成一書。故有貪惑異説。采掇過當。至於聖人微旨。頗亦疏略。而大抵有本末。蓋出一人之所撰述也。公穀之學。本於議論。擇取諸儒之説。繫於經文。故雖不能詳其事迹。而於聖人微旨多所究尋。然失於曲辭贅義。鄙淺叢雜。蓋出於衆儒之所講説也。

左氏好以一時言貌之恭惰。與卜筮巫醫之事。推定禍福。靡不有驗。此其蔽也。固當裁取其文。以通經義。如玉之有瑕。但棄瑕而用玉。不可並棄其玉也。二傳亦然。以上傳釋同異篇。

梓材謹案。四庫提要云。亦足破泰山等盡廢三傳之説。

附録

至和中。官太常博士。撰春秋通義十二卷。據三傳注疏及啖趙之學。其説通者附經文之下。闕者用己意釋之。又異義十二卷。皇綱論五卷二十三篇。玉海。

酸棗續傳

王先生莘別見廬陵學案補遺。

附傳

張葆光先生弼

張弼字舜元。興化軍人。性恬淡好學。尤刻意于易。凡三十年。釋然領悟。窮日不已。久而益信。推明爲書。根象數。原義理。得與己同。患之實用。雖與前此談易者異同。而于爻象之詞。一字皆有所本。是以上極道德性命之理。下及昆蟲草木之微。禮樂典章法度可指。吉凶悔吝動靜先知。有漢晉易家所不到者。紹聖間。大臣上所著書。敕賜葆光處士。復以薦授福州司户參軍。充泉州教授。未赴官而卒。有易解行于世。福建續志。

梓材謹案。萬姓統譜載先生仙遊人。精于易。推明象數。出乎自得。隱居不仕。賜號葆光處士。兩淮名賢録以先生爲嘉興人。蓋寓公爾。

葆光易説

大傳二與四同功而異位。三與五同功而異位。此正論互體。

四千九十六卦凡七十三萬七千二百八十策。

李微之曰。變卦之數。與焦贛易林合。

八卦設而萬物之象備。孔子陳之于説卦者。蓋明其例非至于此也。見于易者説卦有所不陳。

陳于説卦者易有所不盡。此可議其意矣。

附録

市居讀易。一目睛突出。乃用蕉葉熨眼。且熨且讀。超然有得。見黄冕仲。黄曰。如師卦。初。長子帥師。二。弟子輿尸。三。在師中吉。極分曉。先生曰。作如此説。宜其易也。乃削簡盈箱。布算縱横。所謂八陣圖。五花陣諸法。無一不出于此。冕仲駭服。

董眞卿曰。葆光處士周易解義十卷。黄裳龔原皆序之。稱其明于象數。古今之説未能當意。默誦繫辭二十年。一日釋然而悟。得大例幾百條。毛伯玉謂其專主輔嗣。然亦主卦變。如朱子發。

雲濠謹案。晁氏公武謂先生云。其學易頗宗鄭氏。

張氏學侶

待制王先生昇

王昇字君儀。嚴州人。居烏龍山。布衣疏食。無書不讀。爲湖婺二州學官。罷歸山中。每旦筮卦。以卜一歲事。豫言災祥。其驗甚多。宣和乙巳。以待制領宮祠。方舟説。

附録

林少潁曰。王君儀説易。大抵論象。謂易無非象者。如乾初爻潛龍勿用。蓋初爻是震。故爲龍。二爻是坎。龍在水下。所以爲潛龍。二爻見龍在田。此爻變爲離。有見龍象。三爻君子終日乾乾。夕惕若。此爻變兑。有夕意。四爻或躍在淵。亦如初爻。而震爲足。故躍。上九亢龍。此爻變夬。澤在天上。所以爲亢。

陸放翁跋待制易説曰。王公易學雖出於葆光張先生。然得於心者多矣。建炎間。胡騎在錢塘。明越俱陷。王公端居於巖曰。敵決不至此。且狼狽而歸。自此窮天地。不復渡江矣。其妙於易數。蓋如此。

朱子偶讀漫記曰。王君儀能以易言禍福。其術略如徐復林瑀之説。以一卦直一年。嘗言紹興壬戌。大母當還。其後果然。人問其説。則曰。是年晉卦直事。有受兹介福於王母之文也。此亦小數偶中爾。若遂以君儀爲知易。則吾不知其説也。

子文門人

補 司馬先生植

附録

陳鵠耆舊續聞曰。古人年長而爲學者多矣。但看用功多廣耳。近時司馬子立年踰二十。不甚知書。人多以爲懦弱。後更激厲苦學。不舍晝夜。從伊川張思叔諸人講求大義。數年之間。洛中人士翕然稱之。向之笑之者皆出其下。此學之不可以已也。

百源私淑

鄭合沙先生東卿別見士劉諸儒學案補遺。

薦舉陳先生易

陳易字體常。興化人。崇寧初舉遺逸。又舉八行。辭不赴。興化總志。

梓材謹案。先生著有易解先天圖說。

文定朱漢上先生震詳漢上學案。

隱君郭白雲先生雍詳見兼山學案。

牛氏家學

補 牛先生思純

梓材謹案。經義考引趙元輔所編象數鉤深圖。其述古今易學傳授。邵雍傳之司馬光。光傳之牛師德。師德傳子思純。謂其父子相傳。則似矣。謂温公傳之康節。未知所本。

附傳

主簿戴玉谿先生師愈

戴師愈字孔文。號玉谿子。星子人。博學强記。摭廬山古今人物。著列傳十三卷。又作麻衣易。後登隆興進士。授湘陰主簿。江西通志。

正易心法

上經三十卦共得十八

䷀ 乾	䷁ 坤	蒙 ䷂ 屯
謙① ䷄ 需	比 ䷆ 師	履 ䷈ 小畜
否 ䷊ 泰	大有 ䷌ 同人	豫 ䷎ 謙
蠱 ䷐ 隨	觀 ䷒ 臨	賁 ䷔ 噬嗑
復 ䷖ 剥	大畜 ䷘ 无妄	䷚ 頤
䷛ 大過	䷜ 坎	䷝ 離

①「謙」當爲「訟」。

下經三十四卦共得十八

恒 ䷞ 咸　　大壯 ䷠ 遯　　明夷 ䷢ 晉
睽 ䷤ 家人　　解 ䷦ 蹇　　益 ䷨ 損
姤 ䷪ 夬　　升 ䷬ 萃　　井 ䷮ 困
鼎 ䷰ 革　　艮 ䷲ 震　　歸妹 ䷴ 漸
旅 ䷶ 豐　　兌 ䷸ 巽　　節 ䷺ 渙
䷼ 中孚　　䷽ 小過　　未濟 ䷾ 既濟

羲皇易道。包括萬象。須知落處。方有實用。
六畫之設。非是曲意。陰陽運動。血氣流行。
卦象示人。本無文字。使人消息。吉凶默會。
易道不傳。乃有周孔。周孔孤行。易道復晦。
六十四卦。無窮妙義。盡在畫中。合爲自然。
消息卦畫。無止於辭。辭外見意。方審易道。
天地萬物。理有未明。觀於卦脈。理則昭然。

經卦重卦。或離或合。縱横設施。理無不在。
乾坤錯雜。乃生六子。六子則是。乾坤破體。
粤乾與坤。即是陰陽。圓融和粹。平氣之名。
至於六子。即是陰陽。偏陂反側。不平之名。
健順動入。陷麗止説。非特乾坤。六子訓釋。
坎兑二水。明須識破。坎潤兑説。理自不同。
鑽木鑿井。人之坎離。天地坎離。識取自然。
八卦不止。天地雷氣。一身一物。便是八卦。
卦有反對。最爲關鍵。反體既深。對體尤妙。
六十四卦。皆有取象。其爲名義。無不反對。
諸卦名義。須究端的。名義不正。易道懸絶。
一卦之中。凡具八卦。有正有伏。有互有參。
六十四卦。惟乾與坤。本之自然。是名眞體。
六子重卦。乾坤雜氣。悉是假合。無有定實。
卦義未審。須求變復。不惟辭合。義實通明。
古今傳易。舛訛爲多。履畜八體。最爲害義。

畫卦取象。本爲特物。見於日用。無所不合。
中爻之義。足爲造化。納音切脚。其理則一。
反對正如。甲子乙丑。有平有餘。氣序自然。
每卦之體。六畫便具。天地四方。是爲六虛。
乾坤六子。其象與數。乾坤之位。皆包六子。
爻數三百。八十有四。以潤求之。其數脗合。
二十四爻。求之八卦。畫純爲疊。是爲閏數。
一歲之數。三百六十。八卦八變。其數已盡。
數成於三。重之則六。其退亦六。是爲乾坤。
凡物之數。有進有退。進以此數。退以此數。
凡具於形。便具五數。五數既具。十數乃成。
大衍七七。其一不用。凡得一數。理自不動。
策數六八。八卦定數。卦數占卦。之理自然。
五行之數。須究落處。應數倍數。亦明特時。
卦位生數。運以成數。生成之數。感應之道。
一變爲七。七變爲九。卽卦□妄。宜究其實。

名易之義。非訓變易。陰陽根本。有在於是。見道彌滿。九流可入。當知活法。要須自悟。世俗學解。浸漬舊聞。失其本始。易道淺狹。

附録

朱子曰。麻衣道者。本無言語。祇因小説有陳希夷問錢若水骨法一事。遂爲南康軍戴師愈者僞造正易心法之書以託之也。

朱子語類。浩問。李壽翁最好麻衣易。與關子明易如何。先生笑曰。偶然。兩書皆是僞書。子明易是阮逸作。陳無己集中説得分明。麻衣易乃是南康戴主簿作。某知南康時。尚見此人。已垂老。卻也讀書博記。一日訪之。見他案上有册子。問是甚文字。答云。是某有見鈔録。因借歸看。内中言語文勢。大率與麻衣易相似。已自提破。又因問。彼處人麻衣易從何處傳來。皆云。從前不曾見。只見戴主簿傳與人。又可知矣。後來戴主簿死了。某又就渠家借所作易圖看。皆與麻衣言語相應。逐卦將來牽合。取象畫所圖字。需卦畫共食之象。坎卦中一畫作卓。兩陰爻作飲。其乾三爻作三箇人。向而食之。訟卦則三人背飲食而坐。蒙卦以筆牽合六爻。作小兒之象。大率可笑如此。某遠寫與伯恭。伯恭轉問壽翁。時壽翁知太平。謂如此戴主簿亦是明易人。卻作書託某津遣來太平相見。時戴已死。又曰。李壽翁看杜撰易。渠亦自得杜撰受用。

黄東發讀晦庵文集曰。書麻衣心易後。先生指其謂雷自天下而發。山自天下而墜。皆無理之妄談。謂一陽生於子月而應在卯月。乃術家之小數。謂破體煉之乃成全體。乃爐火之末技。謂人間萬事悉是假合。又佛老之幻語。蓋湘陰主簿戴師愈所著。而託名麻衣。

百源續傳

補王先生湜

王先生説

先天圖傳自希夷。前此則莫知其所自來也。

孫先生份

孫份。著有周易先天流衍圖十二卷。程敦厚序。宋史。

梓材謹案。胡庭芳云。紹興中撰。

知州林先生師説

林師説字箕仲。仙遊人。以進士累遷尚書兵部員外郎。知建昌軍。移節江州。改漳州。先生不喜爲新經偏旁之學。晚而學易。取晉宋以來京房郭璞關子明易。包諸家之説而折衷以伊川康節之書。林艾軒集。

朝奉程沙隨先生迥詳見龜山學集。

文公朱晦庵先生熹詳晦翁學案。

宣公張南軒先生栻詳南軒學案。

善士林先生碩

林碩字興祖。四明善士也。梓材案。先生爲司户暐之孫。開禧二年卒。年七十四。力學而不見于用。躬行于家。里閭敬之。其卒也。楊敬仲誌其壙。袁和叔狀其行。樓大防又爲之銘。稱其講學至勤。求友至切。質疑請益。甚于飢渴。又稱其誦言行録。自深愧怍。詠康節詩。如在伊洛。躬行于家。是亦爲政。樓攻媿集。

文節蔡西山先生元定詳西山蔡氏學案。

鄉舉周欽齋先生奭詳見嶽麓諸儒學案。

提刑虞滄州先生剛簡詳見二江諸儒學案。

陳先生有輝

陳有輝。永嘉人。潛心易學。眞西山送之詩云。深山讀易如康節。白首談玄似子雲。肯學時流誇末技。卻于聖處策奇勳。二圖君已窺微指。十翼吾方媿淺聞。得意春風重過我。綠波清夜話義文。眞西山集。

隱君高先生仲振

高仲振字正之。遼東人。其兄領開封鎭。先生依之以居。既而以家業付其兄。挈妻子入嵩山。博極羣書。尤極易皇極經世學。安貧自樂。不入城市。山野小人。亦知敬之。嘗與其弟子張潛王汝梅行山谷閒。人望之翩然如仙云。金史。

乖崖私淑

治中閻先生詠

閻詠。高唐人。氣質豪邁。嘗慕張忠定公之爲人。終河南治中。姓譜。

邵學之餘

司户司馬先生子己別見涑水學案補遺。

稅先生與權詳見鶴山學案。

資政厲先生文翁別見木鐘學案補遺。

隱君夏自然先生希賢詳見慈湖學案。

陳先生自新

陳自新字貢父。福寧人。通五經。精易本傳義而推衍以皇極經世。從遊者甚衆。著有起興集等書行世。道南源委。

康敏黄壽雲先生超然詳見北山四先生學案。

傅先生子淵

傅子淵。與林竹溪爲友。著有靜觀小稿。竹溪跋之云。太極一圖所主者靜。夫子言詩曰可以觀。子淵學聖門而宗濂洛者。意以是名之。又云。柳月梧風先天翁。擊壤詩也。伊川嘗以非風非月美之。而翁之自敘。則因閒觀時。因靜照物。因物寓言。因言成詩。子淵之靜。其得于康節照物者。子淵之詩。其得于康節觀時者。鬳齋續集。

蘇先生澤

蘇澤。潮士也。著先天太極圖論。劉後村跋云。經莫粹于易。夫子五十而學。如先天太極之義。前有濂洛皇極經世書。通書。易傳。後有朱陸鵝湖往復之論。至矣盡矣。以董龍泉之精詣。陳龍川之豪雋。猶不添一字注脚。君乃著論以翼先儒。能通其難通者。足以見君之英妙不可及矣。

劉後村集。

隱君俞石澗先生琰詳見晦翁學案。

麻先生九疇別見張祝諸儒學案補遺。

教授洪泳齋先生淵

洪淵。豐城人。宋鄉貢進士。入元以儒學教授致仕。自號泳齋翁。年八十一而卒。著有環中集十卷。先生天資敏邁。晚耽邵子易學。揭先天方圓圖于屋壁。扁曰環中。吳文正集。

嚴先生養晦別見晦翁學案補遺。

縣令左隱齋先生繼椁

左繼椁字芳遠。涇縣人。博學明經。仕元任安慶路教授。嘗讀康節擊壤集。歎曰。人不見此書。則人不通大。改錢塘令。固辭不獲。乃赴官。未旬日卽移疾歸。築精舍曰隱齋。終日危坐。手持大易性理諸編。推究性命之學。嘗語其子曰。顏子不改其樂。何樂也。孟子善養浩然之氣。何氣也。學者多稱述之。江南通志。

文靖劉靜修先生因詳靜修學案。

教授薛庸齋先生玄別見魯齋學案補遺。

浮邱陳先生紹叔別見濂溪學案補遺。

文清袁清容先生桷詳見深寧學案。

參軍史先生徽孫

史徽孫字猷父。鄞縣人。忠定元孫。試吏爲諸曁主簿。調揚州司理參軍。晚讀陶靖節詩。語近意遠。仿邵子觀物爲詩數十篇。久更困約。益以理自得。清容居士集。

鄧先生淳翁

鄧淳翁。邵武人。著春秋集傳。袁清容序之曰。自唐以來。合三傳始各以其長自見。然而求于外者必謹于內。純明粹精。非自外至焉者耳。先王之典禮舊章。具于傳記。悉心以推之。闇而日彰。墜而復完。則禮者春秋之標準也。淳翁慨不行于今。特立己任纂而爲編。復因胡氏七家而增廣之。余嘗謂審乎人情。酌乎事變。非春秋其誰準。感而通其下之用。其與是相並。始于春秋而終于易者。邵子之學也。淳翁學首于是。必有其本。敢因以訂諸。清容居士集。

劉辰範先生有定別見九峯學案補遺。

提舉張先生理詳見草廬學案。

周先生子固

周子固。□□人。吕敬夫寄之以詩云。汝南先生予所欽。暮年築室大江潯。妙傳邵子先天學。獨得濂溪太極心。金鼎夫容長候火。雪巢風月自鳴琴。期君乞與青囊術。草閣梅花重一臨。吕敬夫集。

處士陳存心先生師可

陳師可字伯大。自號存心老人。宋末。父居官常州武進縣奔牛鎮。宋亡而元。遂爲武進人。不數歲能通孝經論孟大義。居平坐蒲石軒觀盆池小魚。洋洋自得。曰。魚之樂猶吾之樂也。或小飲微醉。歌安樂窩先生之詩。擊節歎賞。晚年家居爲童子師。無賢愚貴賤。但内拜則進而教之。束脯之禮不計。其孰有而孰無也。謝龜巢稿。

梓材謹案。謝子蘭龜巢稿。有奉陪陳伯大先輩。及趙師吕。張伯啓。朱月江。金清夫兄弟登金牛臺詩。又代黄仲器作陳存心先生輓詞。

提舉朱先生本

朱本字致其。豐城人。元福州路儒學提舉。明初以賢良召至京。固辭。安置和州。後放歸。卒。著有皇極經世解。黄氏千頃堂書目。

朱灊山先生隱老別見晦翁學案補遺。

隱君江草窗先生萊甫

江萊甫字芳卿。歙縣人。居恆雅好讀易。用堯夫語自號爲草窗先生。太史虞公賢而薦之朝。詔有司辟舉。先生堅以疾辭不應。因密致書太史曰。祁皇際中天之運。尚容洗耳者流。赤帝握太紫之符。不屈茹芝之侶。士各有志。無容相强。朝士知不可奪。遂聽之。終身不仕。明太祖定鼎。首嘉其妻葉氏之節。而旌其廬。寔以高其風云。歙縣志。

隱君趙東山先生汸詳見草廬學案。

忠貞卓先生敬別見濂溪學案補遺。

高氏門人

張古人先生潛

張潛字仲升。武清人。幼有志節。慕荆軻聶政爲人。年三十始折節讀書。時人高其行誼。目曰張古人。後客嵩山。從高仲振受易。年五十始娶魯山孫氏。亦有賢行。夫婦相敬如賓。負薪拾穗。行歌自得。不知其貧也。鄰里有爲先生種瓜者。及熟。讓先生。先生弗許。竟分而食之。嘗行道中拾一斧。夫婦計度移時。乃持歸。訪其主還之。里有兄弟分財者。其弟曰。我家如此。獨不畏張先生知耶。遂如初。天興間。挈家避兵少室。乃不食七日死。孫氏亦投絶澗死焉。金史。

主簿王先生汝梅

王汝梅字大用。大名人。始由律學爲伊陽簿。秩滿遂隱居不仕。性嗜書。動有禮法。生徒以法經就學者。兼授以經學。諸生服其教。無敢爲非義者。同業嘗憫其貧。時周之。皆辭不受。後不知所終。金史。

閻氏門人

祭酒康澮軒先生曄

康曄字顯之。高唐人。登金詞賦科。嘗學于同邑閻詠。先生平居論學。嘗以操行爲先。文藝爲末。元初。東平嚴忠濟爲首議興學養士。起先生爲儒林祭酒。四方學者雲集。以行能著聞者百餘人。所著有澮軒文集數卷。姓譜。

康氏門人

尚書夾谷先生之奇詳見北山四先生學案。

文康閻靜軒先生復

閻復字子靜。東平人。幼從贈翰林學士康公。康大器之。始仕東平行臺書記。御史臺掾。至元八年。入翰林。自應舉至侍讀。皆兼會同。二十三年陞翰林學士。改集賢學士。大德四年拜翰林學士承旨。而知制誥。修國史。皆視其職以進。其補外職。則僉河北河南道提刑按察司事。浙西道廉訪使。以敦本崇化爲先務。先生受知成宗爲深。嘗問其所師承。皇慶元年卒。年七十七。其所爲文號靜軒集。内外制集若干卷。贈光禄大夫大司徒上柱國永國公。謚文康。清容居士集。

雲濠謹案。元史先生本傳言。先生弱冠入東平學。時嚴實領東平行臺。招諸生肄進士業。延元好問校試其文。預選者四人。先生爲首。徐琰。李謙。孟琪次之。

靜軒同調

文獻曹先生元用

曹元用字子貞。世居阿城。後徙汶上。先生資稟俊爽。幼嗜書。一經目輒成誦。每夜讀書。常達曙不寢。父憂其致疾。止之。輒以衣蔽窗默觀之。始以鎮江路儒學正考滿。游京師。翰林承旨閻復于四方士少許可。及見先生。出所爲文示之。先生輒指其疵。復大奇之。因薦爲翰林國史院編修官。卽論史院僚屬非材。請較試取其優者用之。累轉中書省右司掾。與清河元明善。濟南張養浩同時。號爲三俊。及尚書省罷退。居任城久之。齊魯閒從學者甚衆。泰定二年。授太子贊善。轉禮部尚書。兼經筵官。時宰執有罷科舉法者。先生以爲國家文治正在于此。胡可罷也。又有欲損太廟四時之享。止存冬祭者。先生謂禴祠嘗蒸四時之享不可闕一。乃經禮之大者。其可惜費而廢乎。拜翰林侍講學士。天曆二年。代祀曲阜孔子廟還。以司寇像及代祀記獻。帝甚喜。值太禧宗禋院副使缺中書。奏以先生爲之。帝不允。曰。此人翰林中所不可無者。將大用之矣。會卒。帝嗟悼久之。謂侍臣曰。曹子貞盡忠宣力。今亡矣。可賜鈔五千緡。追封東平郡公。謚文獻。詩文四十卷。號超然集。元史。

曹氏門人

獻肅王先生思誠

王思誠字致道。嵫陽人。天資過人。七歲從師授孝經論語。自能成誦。家本業農。其祖佑。詬家人曰。兒大不教力田。反教爲迂儒耶。先生愈自力弗懈。後從汶陽曹元用游。學大進。中至治元年進士第。授管州判官。召爲國子助教。改翰林國史院編修官。再轉爲待制。至正元年遷國子司業。二年拜監察御史。出僉河南山西道肅政廉訪司事。召修遼金宋三史。調祕書丞。會國子監諸生相率爲鬨。復命爲司業。先生召諸生立堂下。黜其首爲鬨者五人。罰而降齋者七十人。勤者升。惰者黜。于是更相勉勵。超陞兵部侍郎。及丁内憂。扶櫬南歸。甫禫。朝廷行内外通調法。選郡縣守令。起先生河間路總管。所轄景州廣川鎮。漢董仲舒之里也。河間尊福鄉。博士毛萇舊居也。皆請建書院。設山長員。召拜禮部尚書。遷國子祭酒。俄復爲禮部尚書。知貢舉。升集賢侍講學士。遷國子祭酒。尋出爲陜西行臺治書侍御史。辭以老病。不允。力疾成行。十七年召拜國子祭酒。時臥疾。聞命卽起。至朝邑。疾復作。十日卒于旅舍。年六十七。謚獻肅。元史。

邵氏續傳

布衣邵先生彌遠曾祖德隆。祖思聰。父天驥。

邵彌遠字子猷。雲間人。自號雪溪。有譜。爲康節十世孫也。自其高祖避兵火。渡江至華亭。遂家焉。曾大父德隆。大父思聰。皆儒業。教子以經術。父天驥。以易經中宋待補。先生通文㊀經。博涉羣子史。絶志仕宦。嘗慕漢東平王蒼以爲善最樂。又喜唐張公藝忍字爲家法。迺緝經傳言善與忍字者。爲百善百忍圖。州里多傳之爲勸。東維子集。

邵九經先生光祖闕。

㊀「文」當爲「父」。

宋元學案補遺卷十一目録

宋元學案補遺卷十一

後學　鄞　王梓材　慈谿馮雲濠　同輯

濂溪學案補遺上

濂溪先緒

補　縣令周先生輔成

周輔成字□□。道州人。濂溪先生之父也。世居營道之濂溪。登大中祥符八年進士。歷官多善政。終于桂陽令。累贈諫議大夫。姓譜。

雲濠謹案。先生明萬曆二十三年從祀啓聖祠。國朝雍正二年復祀。

濂溪師承

補　鄭先生向

鄭向字公明。衡山人。大中祥符進士。官龍圖閣學士。周子其甥也。教育之成大儒。嘗撰五代開皇紀三十卷。又起居注故事三卷。一統志。

梓材謹案。潘氏爲周子墓誌言。龍圖以君有遠器。愛之如子。又言。龍圖名子皆用惇字。因以惇名君。是周子之名本作惇也。

梓材又案。湖南通志引楚記云。鄭平。向子。天禧三年進士。授郴州推官。監潭州茶場。坐免。久之。召授祕書省校書郎。出知陽山縣。有善政。補道州推官。內艱。起復。調永州判官。監衡州銀冶。歐陽公志墓。稱其自信不疑。知命不惑。故得失不累其心。喜愠不見于色。若可見先生之家學。然攷廬陵所撰墓志云。父某。道州軍事判官。而先生以龍圖學士知杭州。卒。具見宋史。則平非其子明矣。

陸先生參

陸參。□□人。少好學淳謹。獨與母居。鄰家失火。母急呼不應。蹴之墮牀下。良久束帶。火將至。曰。大人嚮者呼參。未束帶。故不敢應。及長。舉進士及第。嘗爲縣令。有劫盜繫甚急。先生愍之。呼謂曰。汝迫于饑寒爲是耳。非性不善也。命緩其縛。一夕逸之。吏急以告。命捕之。歎曰。我仁惻緩汝。汝乃忍負參如此。脱復捕得。胡顏見參。又有訟田者。判其狀尾而授之曰。汝不見虞芮之事乎。訟者齎以示所司。皆不能解。復以見先生。先生又判其後曰。嗟乎。一縣之人。曾無深于詩者。人皆以爲笑。蔡文忠公以爲有淳古之風。薦之朝廷。官員外郎。遷史館檢討。著蒙書十卷。涑水紀聞。

梓材謹案。朱子語録董銖問。周子之學是自得于心。還有所傳授否。先生曰。也須有所傳授。渠是陸詵壻。温公涑水紀聞載之。攷宋史列傳。陸詵字介夫。餘杭人。官至龍圖閣學士。知成都。熙寧三年卒。年五十九。濂溪以熙寧六年卒。年五十七。介夫長于濂溪纔五歲。不得以濂溪爲壻。況涑水紀聞有陸參。無陸詵。濂溪年譜景祐二年娶陸氏。職方郎中參之女。蓋本潘氏所撰墓誌銘。正作陸參。則朱子語録所云。係傳寫之誤矣。

清獻先緒

縣尉趙先生湘

趙湘字叔靈。南陽人。淳化中貢進士。未試而春官已題其警句于都堂之壁。俄中第。調廬江尉。閱期卒于官。著有南陽集。宋景文爲之序。宋景文集。

雲濠謹案。四庫全書本永樂大典釐爲南陽集六卷。提要言其先自京兆徙家於越。至先生始家於衢。遂爲西安人。卽熙寧名臣資政殿大學士趙抃之祖。東坡爲清獻作碑。稱其官廬州廬江尉。其後追贈司徒。則以孫貴推恩者也。

南陽集

尊與志。養之大者也。甘與旨。養之細者也。君子務其大。小人知其細。養說。

名之貴。貴乎道。道由人。不由名。道貴則名著。道賤則名汩。是故君子疾沒世而名不稱焉。名說。

易曰。仁者見之謂之仁。智者見之謂之智。由是明之之謂道。由是行之之謂教。教所以存天下也。

教者本乎道。道本乎性情。性本乎心。以上原教。

天生烝民。本異乎鳥獸。飲食衣服居處之事。其實別矣。然而飲食衣服居處有若鳥獸者。其心則仁人也。飲食衣服居處有若聖賢者。其身則鳥獸也。古之人有巢于木。處于穴。毛于茹。血于飲。皮于衣服。在鳥獸之閒而不爲鳥獸者。後世聖人懼其混也。爲之宮室。爲之飲食。爲之蠶絲。將欲使人知其身其心。果與禽獸異。奈何飲食衣服居處之且異而其心愈不仁。夫如是。則古之巢穴有仁人者也。今之宮室有鳥獸者也。巢穴雖近于鳥獸。而其心遠矣。宮室雖遠于鳥獸。而其心近矣。嗚呼。巢穴之閒。人獸易知也。狀斯別矣。宮室之閒。人獸難知也。狀斯同矣。聖人雖欲其不混也。如之何。室箴。

高平講友

補元公周濂溪先生敦頤

雲濠謹案。先生淳祐七年從祀。元至順二年封道國公。國朝雍正二年改稱先賢。

梓材謹案。朱漢上表上易傳具述源流云。穆脩以太極圖傳周敦頤。是先生爲穆氏弟子。故胡五峯陸象山皆從朱說。然穆氏卒於明道元年。時先生年止十四。蓋非親相授受。特私淑而傳之。猶橫渠之於先生。未嘗如二程子之受學。而郝陵川亦以先生一傳而得二程張某也。又案。先生爲彭推官詩序自言。慶曆初。爲洪州分寧縣主簿。被外臺檄。承乏袁州盧溪鎮市征之局。局鮮事。袁之進士多來講學於公齋。是先生及門多袁士。惜其名莫考。度性善跋是序云。濂溪初仕時。年踰弱冠。從而請學者已如此。亦足見聞道之甚早也。

周子通書

朱子通書解

誠者。至實而無妄之謂。天所賦。物所受之正理也。人皆有之。而聖人之所以聖者。無他焉。以其獨能全此而已。此書與太極圖相表裏。誠卽所謂太極也。

乾者。純陽之卦。其義爲健。乃天德之别名也。元。始也。資。取也。言乾道之元。萬物所取。以爲始者。乃實理流出。以賦于人之本。如水之有源。卽圖之陽動也。

天所賦爲命。物所受爲性。言乾道變化。而萬物各得受其所賦之正。則實理於是而各爲一物之主矣。卽圖之陰靜也。

純不雜也。粹無疵也。此言天之所賦。物之所受。皆實理之本然。無不善之雜也。

陰陽氣也。形而下者也。所以一陰一陽者理也。形而上者也。道卽理之謂也。繼之者氣之方出而未有所成之謂也。善則理之方行而未有所立之名也。陽之屬也。誠之源也。成則物之已成。性則理之已立者也。陰之屬也。誠之立也。

元始。亨通。利遂。貞正。乾之四德也。通者方出而賦于物。善之繼也。復者各得而藏于己。性之成也。此于圖已爲五行之性矣。

易者交錯代換之名。卦爻之立由是而已。天地之間。陰陽交錯。而實理流行。一賦一受于其中。亦猶是也。以上誠上第一。

聖人之所以聖。不過全此實理而已。卽所謂太極者也。五常。仁義禮智信。五行之性也。百行。孝弟忠信之屬。萬物之象也。實理全。則五常不虧。而百行脩矣。

方靜而陰。誠固未嘗無也。以其未形而謂之無耳。及動而陽。誠非至此而後有也。以其可見而謂之有耳。靜無則至正而已。動有然後明與達者可見也。

非誠則五常百行皆無其實。所謂不誠無物者也。靜而不正。故邪。動而不明不達。故暗且塞。

誠則衆理自然。無一不備。不待思勉而從容中道矣。實理自然故易。人僞奪之故難。果者陽之決。確者陰之守。決之勇。守之固。則人僞不能奪之矣。

克去己私。復由天理。天下之至難也。然其機可一日而決。其效至于天下歸仁。果確之無難如此。以上誠下第二。

實理自然。何爲之有。卽太極也。

幾者動之微。善惡之所由分也。蓋動于人心之微。則天理固當發見。而人欲亦已萌乎其閒矣。此陰陽之象也。

道之得于心者謂之德。其別有是五者之用。而因以名其體焉。卽五行之性也。

性者獨得于天。安者本全于己。聖者大而化之之稱。此不待學問勉强。而誠無不立。幾無不明。德無不備者也。

復者反而至之。執者保而持之。賢者才德過人之稱。此思誠研幾。以成其德。而有以守之者也。

發之微妙而不可見。充之周徧而不可窮。則聖人之妙用而不可知者也。以上誠幾德第三。

本然而未發者實理之體。善應而不測者實理之用。動靜體用之閒。介然有頃之際。則實理發見之端。而衆事吉凶之兆也。

清明在躬。志氣如神。精而明也。不疾而速。不行而至。應而妙也。理雖已萌。事則未著。微而幽也。

性焉安焉。則精明應妙。而有以洞其幽微矣。以上聖第四。

動之所以正。以其合乎衆所共由之道也。用之所以和。以其得道于身而無所待于外也。所謂道者。五常而已。非此。則其動也邪矣。無得于道。則其用不和矣。動必以正。則和在其中矣。以上慎動第五。

中卽禮。正卽智。

天德在我。何貴。如之順理而行。何往不利。

廓之配天地。充其本然並立之全體而已矣。

道體本然。故易簡。人所固有。故易知。

不守不行不廓耳。言爲之則是。而歎學者自失其幾也。以上道第六。

所謂性。以氣稟而言也。

剛柔固陰陽之大分。而其中又各有陰陽。以爲善惡之分焉。惡者固爲非正。而善者亦未必皆得乎中也。

中也者和也。以得性之正而言也。然其以和爲中。與中庸不合。蓋就已發無過不及者而言之。如書所謂允執厥中者也。

易其惡。則剛柔皆善。有嚴毅慈順之德。而無强梁懦弱之病矣。至其中。則其或爲嚴毅。或爲慈順也。又皆中節。而無太過不及之偏矣。

師者所以攻人之惡。正人之不中而已矣。所以爲天下善也。

此章所言剛柔。卽易之兩儀。各加善惡。卽易之四象。易又加倍。以爲八卦。而此書及圖則止于四象。以爲火水金木。而卽其中以爲土。蓋道體則一。而人之所見詳略不同。但于本體不差。則並行而不悖矣。以上師第七。

不聞過。人不告也。無恥。我不仁也。

有恥。則能發憤而受教。聞過。則知所改而爲賢。然不可教。則雖聞過而未必能改矣。以此見無恥之不幸爲尤大也。以上幸第八。

睿。通也。無思。誠也。思。通神也。所謂誠神幾。曰聖人也。通。微睿也。無不通。

聖也。

思之至。可以作聖。而無不通。其次亦可以見幾通微。而不陷于凶咎。君子見幾而作。不俟終日。睿也。知幾其神乎。聖也。以上思第九。

希。望也。字本作睎。

伊尹顔淵皆賢人之事也。

志伊尹之所志。學顔子之所學。此言士希賢也。

過則聖。三者隨其所用之淺深。以爲所至之近遠。不失令名。以其有爲善之實也。以上志學第十。

陰陽以氣言。仁義以道言。

以仁育萬物。以義正萬民。所謂定之以仁義。

天地聖人。其道一也。

天下之本在君。君之道在心。心之術在仁義。以上順化第十一。

純者不雜之謂。心謂人君之心。

仁義禮智。五行之德也。動靜陰陽之用。而言貌視聽。五行之事也。德不言信。事不言思者。欲其不違。則固以思爲主。而必求是四者之實矣。

君取人以身。臣道合而從也。

衆賢各任其職。則不待人人提耳而教矣。

心不純則不能用賢。不用賢則無以宣化。以上治第十二。

禮。陰也。樂。陽也。

萬物各得其理然後和。此定之以中正仁義而主静之意。程子論敬。則自然和樂。亦此理也。學者不知持敬而務爲和樂。鮮不流于慢者。以上禮樂第十三。

實脩而無名勝之恥。故休。名勝而無實脩之善。故憂。務實第十四。

設問。人或有善而我不能及。則如之何。答言。當學其善而已。問。人有不善。則何以處之。答。言人有不善。則告之以不善。而勸其改。告之者。恐其不知此事之爲不善也。勸之者。恐其不知不善之可改而爲善也。

人有善惡之雜。則學其善而勸其惡。

聞人有過。雖不得見而告勸之。亦當答之以此。冀其或聞而自改也。有心悖理謂之惡。無心失理謂之過。

善無不學。故悉有衆善。惡無不勸。故不棄一人於惡。不棄一人於惡。則無所不用其愛敬矣。以上愛敬第十五。

有形則滯于一偏。神則不離于形。而不囿于形矣。

動中有静。静中有動。

物則不通。神妙萬物。結上文。起下意。
水。陰也。而生於一。則本於陽也。火。陽也。而生於二。則本乎陰也。所謂神妙萬物者如此。
五行陰陽。陰陽太極。此即所謂五行一陰陽。陰陽一太極者。以神妙萬物之體而言也。
四時運行。萬物終始。此即所謂五氣順布。四時行焉。
無極二五妙合而凝者。以神妙萬物之用而言也。
體本則一。故曰混。用散而殊。故曰闢。一動一靜。其運如循環之無窮。此兼舉其體用而言也。
此章發明圖意。更宜參攷。以上動靜第十六。
綱。網上大繩也。三綱者。夫爲妻綱。父爲子綱。君爲臣綱也。疇。類也。九疇見洪範。若。順也。此所謂理而後和也。
八音以宣八方之風。見國語。宣所以達其理之分。平所以節其和之流。
淡者理之發。和者聲之爲。先淡後和。亦主靜之意也。然古聖賢之論樂。曰和而已。此所謂淡。蓋以今樂形之。而後見其本于莊正齊肅之意爾。
欲心平。故平中。躁心釋。故優柔。言聖人作樂功化之盛如此。或云化中。當作化成。
廢禮敗度。故其聲不淡而妖淫。政苛民困。故其聲不和而愁怨。妖淫故導欲而至于輕生敗倫。愁怨故增悲而至于賊君棄父。古今之異。淡與不淡。和與不和而已。

復古禮。然後可以變今樂。以上樂上第十七。

聖人之樂。既非無因而强作。而其制作之妙。又能眞得其聲氣之元。故其志氣天人交相感動。而其效至此。樂中第十八。

此章辭義明白。不煩訓解。學者能深玩而力行之。則有以知無極之眞。兩儀四象之本。皆不外乎此心。而日用間自無别用力處矣。聖學第二十。

未有不公于己而能公于人。此爲不勝己私而欲任法以裁物者發。

謂能疑爲明。此爲不能先覺而欲以逆詐億不信爲明者發。然明與疑正相南北。何啻千里之不相及乎。以上公明第二十一。

厥彰厥微。匪靈弗瑩。此言理也。陽明陰晦。非人心太極之至靈。孰能明之。

剛善剛惡。柔亦如之。中焉止矣。此言性也。即五行之理也。

萬一各正。大小有定。此言命也。二氣五行。天之所以賦授萬物而生之者也。自其末以緣本。則五行之異本二氣之實。二氣之實又本一理之極。是合萬物而言之。爲一太極而已也。自其本而之末。則一理之實。而萬物分之以爲體。故萬物之中各有一太極。而小大之物。莫不各有一定之分也。以上理性命第二十二。

所謂至貴至富。可愛可求者。即周子之教程子。每令尋仲尼顔子樂處。所樂何事者也。

然學者當深思而實體之。不可但以言語解會而已。

處之一則能化而齊。齊字意複。恐或有誤。或曰。化。大而化也。齊。齊于聖也。亞則將齊而未至之名也。以上顔子第二十三。

此略承上章之意。其理雖明。然人心蔽于物欲。鮮克知之。故周子每言之詳焉。求人至難得者有于身。是以君子必隆師而親友。以上師友上第二十四。

道義者身有之。則貴且尊。周子於此一意而屢言之。非複出也。其丁寧之意切矣。道義由師友有之。此處恐更有由師。友字屬下句。

此重此樂人亦少知之者。以上師友下第二十五。

一輕一重。則勢必趨于重。而輕愈輕。重愈重矣。重未極而識之。則猶可反也。反之在于人力。而力之難易。又在識之早晚。不識則不知用力。不力則雖識無補。

問。勢之不可反者。果天之所爲乎。若非天而出於人之所爲。則亦無所歸罪矣。以上勢第二十七。

文所以載道。猶車所以載物。故爲車者必飾其輪轅。爲文者必善其辭說。皆欲人之愛而用之。然我飾之而人不用。則猶爲虚飾。而無益于實。況不載物之車。不載道之文。雖美。其飾亦何爲乎。

篤其實而藝者。書之。美則愛。愛則傳焉。此猶車載物而輪轅飾也。

强之不從。此猶車已飾而人不用也。

不知務道德。而第以文辭爲能。此猶車不載物。而徒美其飾也。

或疑有德者必有言。則不待藝而後其文可傳矣。周子此章。似猶别以文辭爲一事而用力焉。何也。曰。人之才德偏有長短。其或意中了了而言不足以發之。則亦不能傳於遠矣。故孔子曰。辭達而已矣。程子亦言。西銘吾得其意。但無子厚筆力。不能作耳。正謂此也。然言或可少而德不可無。有德而有言者常多。有德而不能言者常少。學者先務。亦勉于德而已矣。以上文辭第二十八。

聖人之教必當其可。而不輕發也。聖人之道有不待言而顯者。

蘊中所畜之名也。仲尼無迹。顔子微有迹。故孔子之教既不輕發。又未嘗自言其道之蘊。而學者惟顔子爲得其全。故因其進脩之迹。而後孔子之蘊可見。猶天不言而四時行。百物生也。

聖凡異品。高下懸絶。有不待校而明者。其言急。人知而名也。薄亦甚矣。正以深厚之極。警夫淺薄之尤耳。然于聖人言深。常人言薄者。深則厚。淺則薄。上言首。下言尾。互文以明之也。以上聖蘊第二十九。

精者精微之意。畫前之易。至約之理也。伏羲畫卦。專以明此而已。蘊謂凡卦中之所有。如吉凶消長之理。進退存亡之道。至廣之業也。有卦則因以形矣。

陰陽有自然之變。卦畫有自然之體。此易之爲書。所以爲文字之祖。義理之宗也。然不止此。蓋凡管于陰陽者。雖天地之大。鬼神之幽。其理莫不具於卦畫之中焉。此聖人之精蘊。所以必于此而寄之也。以上精蘊第三十。

此以乾卦爻辭。損益大象。發明思誠之方。蓋乾乾不息者。體也。去惡進善者。用也。無體則用無以行。無用則體無所措。故以三卦合而言之。

吉凶悔吝四者。一善而三惡。故人之所值福常少。而禍常多。不可不謹。

此章論易所謂聖人之蘊。以上乾損益動第三十一。

則謂物之可視以爲法者。猶俗則例則樣也。

心不誠則身不可正。親不和則家不可齊。

親者難處。疏者易裁。然不先其難。亦未有能其易者。

睽次家人。易卦之序。二女謂睽卦。兑下離上。兑少女。離中女也。陰柔之性。外和説而内猜嫌。故同居而異志。

釐。理也。降。下也。嬀。水名。汭。水北。舜所居也。堯理治。下嫁二女于舜。將以試舜而授天下也。

不善之動息于外。則善心之生于内者。無不實矣。

程子曰。无妄之謂誠。

无妄次復。亦卦之序。先王以下引无妄卦大象。以明對時育物。惟至誠者能之。而贊其旨之深也。

此章發明四卦。亦皆所謂聖人之蘊。以上家人睽復无妄第三十二。此理易明而屢言之。欲人有以眞知道義之重。而不爲外物所移也。富貴第三十三。意同上章。欲人眞知道德之重。而不溺于文辭之陋也。陋第三十四。中庸。易大傳。所指不同。今合而言之。未詳其義。或曰。至誠者實理之自然。擬議者所以誠之之事也。擬議第三十五。

中正本也。明斷用也。然非明則斷無以施。非斷則明無所用。二者又自有先後也。訟之中兼乎正。噬嗑之明兼乎達。訟之剛。噬嗑之動。卽果斷之謂也。刑第三十六。

道高如天者。陽也。德厚如地者。陰也。教化無窮如四時者。五行也。孔子其太極乎。孔子下第三十九。

三節雜引蒙卦彖象而釋其義。童。稚也。蒙。暗也。我。謂師也。筮。揲蓍以決吉凶也。言童蒙之人來求于我。以發其蒙。而我以正道果決彼之所行。如筮者叩神以決疑。而神告之吉凶。以果決其所行也。叩神求師。專一則明。如初筮則告。二三則惑。故神不告以吉凶。師亦不當決其所行也。

山靜泉清。有以全其未發之善。故其行可果。汩。再三也。亂。瀆也。不決不告也。蓋汨則不靜。亂則不清。既不能保其未發之善。則告之不足以果其所行。而反滋其惑。不如不告之爲愈也。

時中者。教當其可之謂也。初則告。瀆而不告。靜而清則決之。汨而亂則不決。皆時中也。

引艮象而釋之。艮。止也。背非有見之地也。艮其背者。止于不見之地也。止于不見之地則靜。靜則止而無爲。一有爲之之心。則非止之道矣。

此章發明二卦。皆所謂聖人之藴。而主靜之意一矣。以上蒙艮第四十。

又朱子通書後記

朱子通書後記曰。此篇本號易通。與太極圖説並出程氏以傳于世。而其爲説實相表裏。大抵推一理二氣五行之分合。以紀綱道體之精微。決道義文辭祿利之取舍。以振起俗學之卑陋。至論所以入德之方。經世之具。又皆親切簡要。不爲空言。顧其宏綱大用。既非秦漢以來諸儒所及。而其條理之密。意味之深。又非今世學者所能驟而窺也。是以程氏既没。而傳者鮮焉。其知之者不過以爲用意高遠而已。

又朱子語録

太極圖若無通書。卻教人如何曉得。故太極圖得通書而後明。

問。通書多説幾。太極圖上卻無此意。曰。五性感動。動而未分者便是。

問。誠無爲幾善惡一段。看此與太極圖相表裏。曰。然。周子一書。都説這道理。

問。通書便可上接語孟。曰。比語孟便較分曉。精深結構得密。語孟説得較闊。

梓材謹案。朱子與東萊先生輯近思録。於周子書首太極圖説。而以通書次之。姚江黄氏於太極圖説有微辭。故以通書先之云。

王魯齋曰。嘗謂周子通書正是上接中庸。中庸是終之以誠。通書是首之以誠。通書首三章卽是中庸末後三句。如曰。大哉乾元。萬物資始。誠之源也。乾道變化。各正性命。誠斯立焉。此章卽天地之化育也。如曰。誠。五常之本。百行之原。卽經綸天下之大經也。如曰。德愛曰仁以下。卽立天下之大本也。妄謂太極圖是天命之謂性以上道理。通書是續中庸以後道理。向來與朋友論。頗疑中庸序上説二程不説周子者。非有他也。蓋中庸書許多年堙没。至程子方表章出來。故説其所顯之由。是以不及周子。其實通書是續中庸者。此正是聖學絶續交接處。向所謂要知統緒之正者。此也。

宋元學案補遺卷十二目録

宋元學案補遺卷十二

後學 鄞 王梓材 慈谿 馮雲濠 同輯

濂溪學案補遺下

太極圖

朱子太極圖解

○此所謂無極而太極也。所以動而陽靜而陰之本體也。然非有以離乎陰陽也。即陰陽而指其本體。不雜乎陰陽而爲之耳。◎此○之動而陽靜而陰也。中○者。其本體也。☾者。陽之動也。○之用所以行也。☽者。陰之靜也。○之體所以立也。☽者。☾之根也。☾者。☽之根也。此陽變陰合。而生水火木金土也。乀者。陽之變也。丿者。陰之合也。㊌陰盛故居右。㊋陽盛故居左。㊍陽穉故次火。㊎陰穉故次水。㊏沖氣故居中。而水火之×。交係乎上。陰根陽。陽根陰也。水而木。木而火。火而土。土而金。金而復水。如環無端。五氣布。四時行也。○五行一陰陽。五殊二實。無餘欠也。陰陽一太極。精粗本末。

無彼此也。太極本無極。上天之載。無聲臭也。五行之生。各一其性。氣殊質異。各一其〇。無假借也。此無極。二五所以妙合而無閒也。〇乾男坤女。以氣化者言也。各一其性。而男女一太極也。〇萬物化生。以形化者言也。各一其性。而萬物一太極也。惟人也。得其秀而最靈。則所謂人〇者。于是乎在矣。然形。之爲也。神。之發也。五性。之德也。善惡男女之分也。萬事萬物之象也。此天下之動。所以紛綸交錯。而吉凶悔吝所由以生也。惟聖人者又得夫秀之精一。而有以全乎〇之體用者也。是以一動一靜。各臻其極。而天下之故。常感通乎寂然不動之中。蓋中也。仁也。感也。所謂也。〇之用所以行也。正也。義也。寂也。所謂也。〇之體所以立也。中正仁義。渾然全體。而靜者常爲主焉。則人〇于是乎立。而〇天地日月四時鬼神有所不能違矣。君子之戒慎恐懼。所以脩此而吉也。小人之放僻邪侈。所以悖此而凶也。天地人之道各一〇也。陽也。剛也。仁也。所謂也。物之始也。陰也。柔也。義也。所謂也。物之終也。此所謂易也。而三極之道立焉。實則一〇也。故曰易有太極。之謂也。

又太極圖說注

上天之載。無聲無臭。而實造化之樞紐。品彙之根柢也。故曰無極而太極。非太極之外復有無極也。

太極之有動靜。是天命之流行也。所謂一陰一陽之謂道。誠者聖人之本。物之終始。而命之道也。其動也。誠之通也。繼之者善。萬物之所資以始也。其靜也。誠之復也。成之者性。萬物各正其性命也。動極而靜。靜極復動。一動一靜。互爲其根。命之所以流行而不已也。動而生陽。靜而生陰。分陰分陽。兩儀立焉。分之所以一定而不移也。蓋太極者本然之妙也。動靜者所乘之機也。太極。形而上之道也。陰陽。形而下之器也。是以自其著者而觀之。則動靜不同時。陰陽不同位。而太極無不在焉。自其微者而觀之。則沖漠無眹。而動靜陰陽之理已悉具于其中矣。雖然推之于前而不見其始之合。引之于後而不見其終之離也。故程子曰。動靜無端。陰陽無始。非知道者。孰能識之。

有太極。則一動一靜而兩儀分。有陰陽。則一變一合而五行具。然五行者。質具于地。而氣行于天者也。以質而語其生之序。則曰水火木金土。而水木陽也。火金陰也。以氣而語其生之序。則曰木火土金水。而木火陽也。金水陰也。又統而言之。則氣陽而質陰也。又錯而言之。則動陽而靜陰也。蓋五行之變。至于不可窮。然無適而非陰陽之道。至其所以爲陰陽者。則又無適而非太極之本然也。夫豈有所虧欠間隔哉。

五行具。則造化發育之具無不備矣。故又卽此而推本之。以明其渾然一體。莫非無極之妙。而無極之妙。亦未嘗不各具于一物之中也。蓋五行異質。四時異氣。而皆不能外乎陰陽。

陰陽異位。動靜異時。而皆不能離乎太極。至于所以爲太極者。又初無聲臭之可言。是性之本體然也。天下豈有性外之物哉。然五行之生隨其氣質。而所稟不同。所謂各一其性也。各一其性。則渾然太極之全體。無不各具于一物之中。而性之無所不在。又可見矣。

夫天下無性外之物。而性無不在。此無極二五所以混融而無閒者也。所謂妙合者也。眞以理言。无妄之謂也。精以氣言。不二之名也。凝者聚也。氣聚而成形也。蓋性爲之主。而陰陽五行爲之經緯錯綜。又各以類凝聚而成形焉。陽而健者成男。則父之道也。陰而順者成女。則母之道也。是人物之始以氣化而生者也。氣聚成形。則形交氣感。遂以形化。而人物生生變化無窮矣。自男女而觀之。則男女各一其性。而男女一太極也。自萬物而觀之。則萬物各一其性。而萬物一太極也。蓋合而言之。萬物統體一太極也。分而言之。一物各具一太極也。所謂天下無性外之物。而性無不在者。于此尤可以見其全矣。子思子曰。君子語大。天下莫能載焉。語小。天下莫能破焉。此之謂也。

衆人具動靜之理。而常失之于動。蓋人物之生莫不有太極之道焉。然陰陽五行氣質交運。而人之所稟獨得其秀。故其心爲最靈。而有以不失其性之全。所謂天地之心。而人之極也。然形生于陰。神發于陽。五常之性感物而動。而陽善陰惡又以類分。而五性之殊散爲萬事。蓋二氣五行化生萬物。其在人者又如此。自非聖人全體太極有以定之。則欲動情勝。利害相攻。人極不立。而違禽獸不遠矣。

聖人全動靜之德。而常本之于靜。蓋人稟陰陽五行之秀氣以生。而聖人之生又得其秀之秀者。是以其行之也中。其處之也正。其發之也仁。其裁之也義。蓋一動一靜。莫不有以全夫太極之道。而無所虧焉。則向之所謂欲動情勝。利害相攻者。于此乎定矣。然靜者誠之復。而性之眞也。苟非此心寂然無欲而靜。則又何以酬酢事物之變。而一天下之動哉。故聖人中正仁義。動靜周流。而其動也必主乎靜。此其所以成位乎中。而天地日月四時鬼神有所不能違也。蓋必體立而後用有以行。若程子論乾坤動靜。而曰不專一則不能直遂。不翕聚則不能發散。亦此意爾。

聖人太極之全體。一動一靜。無適而非中正仁義之極。蓋不假脩爲而自然也。未至此而脩之。君子所以吉也。不知此而悖之。小人之所以凶也。脩之悖之。亦在乎敬肆之閒而已矣。敬則欲寡而理明。寡之又寡。以至于無。則靜虛動直而聖可學矣。

陰陽成象。天道之所以立也。剛柔成質。地道之所以立也。仁義成德。人道之所以立也。道一而已。隨處著見。故有三才之别。而于其中。又各有體用之分焉。其實則一太極也。陽也。剛也。仁也。物之始也。陰也。柔也。義也。物之終也。能原其始。而知所以生。則反其終。而知所以死矣。此天地之閒。綱紀造化流行。古今不言之妙。聖人作易。其大意蓋不出此。故引之以證其説。

易之爲書。廣大悉備。然語其至極。則此圖盡之。其指豈不深哉。抑嘗聞之。程子昆弟之學于周子也。周子手是圖以授之。程子之言性與天道。多出于此。然卒未嘗明以此圖示人。是則必有微意焉。學者亦不可以不知也。

又注後記

此圖立象盡意。剖析幽微。周子蓋不得已而作也。觀其手授之意。蓋以爲惟程子爲能當之。至程子而不言。則疑其未有能受之者爾。夫既未能默識于言意之表。則馳心空妙。入耳出口。其弊必有不勝言者。觀其答張閎中論易傳成書。深患無受之者。及東見録中論横渠清虚一大之説。使人向别處走。不若且只道敬。則其意亦可見矣。若西銘。則推人以之天。卽近以明遠。于學者日用最爲親切。非若此書。詳于性命之原。而略于進爲之目。有不可以驟而語者也。孔子雅言詩書執禮。而于易則鮮及焉。其意亦猶此耳。韓子曰。堯舜之利民也大。禹之慮民也深。熹于周子程子亦云。

又太極説

動靜無端。陰陽無始。天道也。始于陽。成于陰。本于靜。流于動者。人道也。然陽復本于陰。靜復根于動。其動靜亦無端。陰陽亦無始。則人蓋未始離于天。而天亦未始離乎人也。

元亨。誠之通。動也。利貞。誠之復。靜也。元者。動之端也。本乎靜。貞者。靜之質也。著乎動。一動一靜。循環無窮。而貞也者。萬物之所以成終而成始者也。故人雖不能不動。而立人極者必主乎靜。惟主乎靜。則其著乎動也無不中節。而不失其本然之靜矣。

靜者。性之所以立也。動者。命之所以行也。然其實則靜亦動之息爾。故一動一靜。皆命之行。而行乎動靜者。乃性之眞也。故曰。天命之謂性。

情之未發者。性也。是乃所謂中也。天下之大本也。性之已發者。情也。其皆中節。則所謂和也。天下之達道也。皆天理之自然也。妙性情之德者。心也。所以致中和。立大本。而行達道者也。天理之主宰也。

靜而無不該者。性之所以爲中也。寂然不動者也。動而無不中者。情之發而得其正也。感而遂通者也。靜而常覺。動而常止者。心之妙也。寂而感。感而寂者也。

又答胡廣仲書曰。程子所謂無截然爲陰爲陽之理。卽周子所謂互爲其根也。程子所謂升降生殺之大分不可無者。卽周子所謂分陰分陽也。兩句相須。其義始備。故二夫子皆兩言之。未嘗偏有所廢也。

又記濂溪傳曰。戊申六月在玉山邂逅洪景盧内翰。借得所脩國史中有濂溪程張等傳。盡載太極圖說。蓋濂溪于是始得立傳。作史者于此爲有功矣。然此説本語首句。但云無極而太極。今傳所載。乃云自無極而爲太極。不知其何所據。而增此自爲二字也。

又太極通書後序曰。蓋先生之學。其妙具于太極一圖。通書之言。皆發此圖之藴。而程先生兄弟語及性命之際。亦未嘗不因其説。觀通書之誠。動靜理性命等章。及程氏書之李仲通銘。程邵公誌。顔子好學論等篇。則可見矣。故潘清逸誌先生之墓。敘所著書。特以作太極圖爲稱首。然則此圖當爲書首不疑也。然先生既手以授二程。本因附書後。祁寬居之云。使者見其如此。遂誤以圖爲書之卒章。不復釐正。使先生立象盡意之微旨。暗而不明。而驟讀通書。亦復不知有所總攝。此則諸本皆失之。

又曰。嘗讀朱内翰震進易説表。謂此圖之傳。自陳摶种放穆脩而來。而五峯胡公作通書序。又謂先生非止爲种穆之學者。此特其學之一師耳。非其至者也。夫以先生之學之妙。不出此圖。以爲得之于人。則決非种穆所及。以爲非其至者。則先生之學。又何以加于此圖哉。及得誌文考之。然後知其果先生之所自作。而非有所受于人者。公蓋皆未見此誌云云耳。

又再定太極通書後序曰。又讀張忠定公語。而知所論希夷种穆之傳。亦有未盡其曲折者。自注云。按張忠定公嘗從希夷學。而其論公事之有陰陽。頗與圖説意合。竊疑是説之傳固有端緒。至于先生然後得之于心。而天地萬物之理。鉅細幽明高下精粗。無所不貫于道。始爲此圖以發其祕爾。

又語録曰。先生之精。立圖以示。先生之藴。因圖以發。而其所謂無極而太極云者。又一圖之綱領。所以明夫道之未始有物。而實爲萬物之根柢也。夫豈以爲太極之上復有所謂無極者哉。

太極書如易六十四卦。一一有定理。毫髮不差。自首至尾。只不出陰陽二端而已。始處是生生之初。終處是已定之理。

問。太極圖自一而二。自二而五。即推至于萬物。易則自一而二。自二而四。自四而八。自八而十六。自十六而三十二。自三十二而六十四。然後萬物之理備。西銘則止言陰陽。洪範則止言五行。或略或詳。皆不同。何也。曰。理一也。人所見有詳略耳。然道理亦未始不相值也。

問。太極圖之説。曰。以人身言之。呼吸之氣便是陰陽。軀體血肉便是五行。其性便是理。又曰。其氣便是春夏秋冬。其物便是金木水火土。其理便是仁義禮智信。

問。太極圖自太極以至萬物化生。只是一個圈子。何嘗有異。曰。人物本同。氣稟有異。故不同。

又語類曰。孔子只説忠信篤敬。孟子又攢進一著。知惻隱。求放心之類。至周子説太極。大段分明指出矣。若看得太極分明。則盡見天下道理。皆自此出。

張南軒序太極圖説曰。二程先生道學之傳。發于濂溪周子。而太極圖乃濂溪自得之妙。蓋以手授二程先生者。或曰。濂溪傳太極圖于穆脩。脩之學出于陳摶。豈其然乎。此非諸子所得而知也。其言約。其義微。自孟氏以來。未之有也。通書之説。大抵皆發明此意。故其首章曰。誠者。聖人之本。大哉乾元。萬物資始。誠之源也。乾道變化。各正性命。誠斯立焉。夫曰聖人之本。誠之源者。蓋深明萬化之一源也。以見聖人之精藴。此卽易之所謂密。中庸之所謂無聲無臭者也。至于乾道變化。各正性命。則是本體之流行發見者。故曰誠斯立焉。其篇云。五行陰陽。陰陽太極。四時運行。萬物終始。混兮闢兮。其無窮兮。道學之傳。實在乎此。

又後序曰。二程先生雖不及此圖。然其説固多本之矣。試詳考之。當自可見。學者誠能從事于敬。眞積力久。則夫動靜之機。將深有感于隱微之閒。而是圖之妙。可以嘿得于胸中。不然。縱使辨説之詳。猶爲無益也。先生誠通誠復之論。其至矣乎。聖人與天地同用。通而復。復而通。中庸以喜怒哀樂未發已發言之。又就人身上推尋。至于見得大本達道處。同是此理。此理就人身上推尋。若不于未發已發處看。卽何緣知之。蓋就天地之本源與人物上推來。不得不異。此所以于動而生陽難爲。以喜怒哀樂已發言之。在天地只是理也。今欲作兩節看。竊恐差了。復卦見天地之心。先儒以爲靜見天地之心。伊川先生以爲動乃見。此恐便是動而生陽之理。然于復卦發出此一段示人。又于初爻以顏子不遠復爲之。此只要示人無閒斷之意。人與天理一也。就此理上皆收攝來。與天地合其德。與日月合其明。與四時合其序。與鬼神合其吉凶。皆其度内爾。

朱氏經義考曰。南軒張氏謂太極圖乃濂溪自得之妙。蓋以手授二程先生者。山陽度正作元公年表。慶曆六年知虔州興國縣。程公珦假倅南安。因與先生爲友。令二子師之。時明道年十五。伊川年十四爾。其後先生作太極圖。獨手授之。他莫得而聞焉。攷是年元公以轉運使王逵薦。移知郴縣。自是而後。二程子未聞與元公覿面。然則從何地手授乎。伊川撰明道行狀云。先生爲學。自十五六時聞汝南周茂叔論道。遂厭科舉之業。慨然有求道之志。未知其要。泛濫于諸家。出入于老釋者幾十年。返求諸六經而後得之。釋其文。若似乎未受業于元公者。不然。何以求道未知其要。復出入于老釋也邪。潘興嗣志元公墓。亦不及二程子從遊事。明道之卒。其弟子友朋若范淳夫。朱公掞。邢和叔。游定夫。録其行事。皆不言其以元公爲師。惟劉斯立謂從周茂叔問學。斯猶孔子問禮于老子。問樂于萇弘。問官于郯子云。然蓋與受業有間矣。吕與叔東見録則有昔受學于周茂叔之語。然弟子稱師。無直呼其字者。而遺書凡及元公。必直呼其字。至以窮禪客目元公。尤非弟子義所當出。且元公初名惇。實後避英宗藩邸嫌名改惇頤。夫既以學傳伊川矣。不應下同其名。而伊川亦不引避。昔朱子表程正則墓。稱其名下字同周程。亟請其父而更焉。孰謂二程子而智反出正則下哉。此皆事之可疑者也。

梓材謹案。竹垞以程子果師周子不當稱茂叔。耒史不以爲然。又據明道行狀。以其出入老釋爲未嘗受業之證。謝山周程學統論又辨之。則竹垞未爲定論也。姑識以備考。

度周卿跋太極圖説曰。正始讀晦庵先生所釋太極圖説。莫得其義。然時時覽而思之。不敢廢。其後十有餘年。讀之既久。然後始知所謂上之一圈者。太極本然之妙也。及其動靜既分。陰陽既形。而其所謂上之一圈者。常在乎其中。蓋本然之妙。未始相離也。至于陰陽變合。而生五行。水火木金土各具一圈者。所謂分而言之。一物一太極也。水而木。木而火。火而土。土而金。復會于一圈者。所謂合而言之。五行一太極也。然其指五行之合也。總水火木金而不及土者。蓋土行四氣。舉是四者以該之。兩儀生四象之義也。其下之一圈。爲乾男坤女者。所謂男女一太極也。又其下之一圈。爲萬物化生者。所謂萬物一太極也。以見太極之妙。流行于天地之間者。無乎不在。而無物不然也。然太極本然之妙。初無方所之可名。無聲臭之可議。學者之求之。其將何以求之哉。亦求之此心而已矣。學者誠能自識其心。反而求之日用之間。則將有可得而言者。夫寂然不動。喜怒哀樂之未發者。此心之體。而太極本然之妙。于是乎在也。感而遂通。喜怒哀樂之既發者。此心之用。而太極本然之妙。于是而流行也。然已發者可見而未發者不可見。已發者可聞而未發者不可聞。學者于此深體而默識之。因其可見以推其不可見。因其可聞以推其不可聞。庶乎融會貫通。太極本然之妙可求。而人極亦庶乎可立矣。或者不知致察乎此。而于所謂無極云者。眞以爲無。而以爲周子立言之病。失之遠矣。先生嘗語正曰。萬物生于五行。五行生于陰陽。陰陽生于太極。其理至此而極。正當時聞之。心中釋然。若有以見夫理之所以然。名之所以立者。先生又曰。乾道成男。坤道成女。何也。此程子所謂海上無人之境。而人忽生乎其間者。此天地人物之始。禮家所謂感生之道也。又曰。生天生地。成鬼成帝。卽太極動靜生陰陽之義。蓋先生晚年表裏洞然。事理俱融。凡諸子百家。一言一行之合于道者。亦無不察。況聖門之要旨哉。

王深寧困學紀聞曰。仁者靜。孔安國云。無欲故靜。原注與太極圖說同。

王魯齋曰。太極何爲而有圖也。子周子慮是理湮微于後世而圖也。然則亦有傳歟。愚不得而知也。嘗聞在昔漢上朱公表進易說。謂此圖傳自陳摶。摶傳种放。放傳穆脩。脩傳周子。五峯胡先生嘗非之。故朱子張子截斷其說。以爲周子不由師傳。默契道體。後學遂以爲果無所自。出于心通自得之妙。則亦非所以知周子也。自伏羲之畫八卦也。仰觀俯察。近取遠取。其用心如此之廣也。得河圖而後成。程子曰。果無河圖。八卦亦須畫取。愚謂太極圖亦猶是也。夫太極二字不見于堯舜禹湯文武之書。不出于皋夔稷契伊傅周召之口。而創見于夫子之大傳。謂易有太極之理。由是而生兩儀。此紀先天圖。自然之法象也。先天圖雖亡。數千年之後。而猶有傳此圖者。正以夫子有此數語也。周子慮學者于有字上求太極。而滯于形器。故曰無極而太極。學者又以無極二字不見于吾儒之書。而見于道家者流。以爲果傳于陳摶也。于是鋭然出力而排之。殊不知夫子之所謂有。謂有此至極之理。周子之所謂無。謂無此太極之形。周子本欲釋後學有字之疑。而不知反啓後學無字之惑。周子固嘗慮後世疑其無也。而太極淪于空虛。故曰。無極之眞。眞者實也。又爲通書相爲表裏。而開端于一誠。誠者亦實也。必互相參考。見太極雖無形。而理甚實。夫子發太極之言。以推伏羲之圖之妙。周子圖太極之妙。以推夫子之言之旨。周子豈無所爲而圖者。此周子之不得已也。不然自秦漢以來。何曾有一學者提太極二字。以推夫子之旨哉。此朱張二子謂其不由師傳。默契道體者也。然自太極以下。既以動靜生陰陽矣。又曰分陰分陽而兩儀立。又何其言之太費也。夫子止言易有太極。是生兩儀。辭甚簡矣。惟其夫子之言甚簡。而周子不得而不詳。夫子之言藏陰陽于太極之表。周子之言交陰陽于太極之下。兩儀者非可便指爲陰陽也。蓋兩儀者言陰陽之配也。夫子之言易。非指易書而言也。謂陰陽交易之中有至極之理存焉。與一陰一陽之謂道。正相發也。周子之圖自太極之動而下。中間包含許多道理。必感應遇合。融結凝聚。次第工夫。方能分陰陽而兩儀立。天地無直截變化之理。非周子此圖。孰得而知之。若曰太極者本然之妙。動靜者所乘之機而下。朱子解剥以及毫釐。愚何贅爲。朱子嘗合兩圖而互言之曰。論其格局。則太極不如先天之大而詳。論其義理。則先天不如太極之精而約。斯言盡之矣。蓋先天圖自兩儀説向四象八卦。上以吉凶教人生大業。太極圖自兩儀説向五行。上生人物。添一圖説。以仁義教人生大業。此合下規模不同。其所同者。是説得易有太極是生兩儀二句造化詳盡。故于末云。大哉易也。斯其至矣。盡結在此句上。其通書四十章。不過教人全此太極而已。

黄東發曰。無極而太極以下。詳太極之理。此圖之訓釋也。惟人也得其秀以下。言人極之所以立。此所以書圖之本意也。蓋周子之圖太極。本以推人極之原。而周子之言無極。又以指太極之理。辨析其精微。正將以歸宿于其人。而豈談空之謂哉。象山陸氏嘗以無極之字。大易所未有。而老莊嘗有之。遂疑其非周子之眞。今觀圖之第二圖。陰陽互根之中。有圈而虛者。卽易有太極之體也。其上之一圈。卽挈取第二圖中之圓而虛者。表而出之。以明太極之不雜乎陰陽。單言太極之本體也。單出本體于其上。初無形質。故曰無極而太極。所謂無極者。實卽陰陽互根之太極。未嘗于太極之上。别爲一圖。名無極也。恐不必以他書偶有無極二字而疑之。惟洞見太極之理。以自求無愧于人極之立。此則周子所望于學者耳。

方桐江周子無極辨曰。無極而太極。聖賢嘗有是言乎。曰。有之。易繫曰。形而上者謂之道是也。周子以無極而太極一句。畫此一句是也。太極本無極。聖人嘗有是言乎。曰。有之。上天之載。無聲無臭是也。周子以太極本無極。畫此二句是也。無極而太極。卽是形而上者之謂道。太極本無極。卽是上天之載無聲無臭。且無形者理也。而理必先于事物之有。有與無相爲用。而無與有不相離。此儒者之實學也。謂之無形而有理。故曰無極而太極。謂之有理而無形。故曰太極本無極。太極者萬事萬物之根柢。而所謂太極者不可以形求也。道爲太極。道不可以形求。心爲太極。心不可以形求。邵子周子之言一也。周子之言渾全無罅。明白無疵。以私意偏見觀之者。妄爲詆訐。非也。罪。非也。

雲濠謹案。桐江又有老子無極辨。莊子無極辨。蓋以無極二字見于老子者一。見于莊子者四也。曹宏齋云。無極辨三。乃因徐省元有梅巖講議闢周子無極之説而作。又謂莊子言無極者四。猶遺其其一云。

許魯齋曰。天下皆有對。惟一理無對。便是太極也。

郝陵川太極圖説曰。易大傳曰。易有太極。是生兩儀。兩儀生四象。四象生八卦。八卦定吉凶。吉凶生大業。至宋濂溪先生周茂叔。推廣其義。作太極圖而爲之説。夫大傳之言固自有次第。雖未爲圖而圖已具乎其中矣。●易有太極。即此也。○是生兩儀。即此也。陰靜。陽動。兩儀生四象。即此也。

四象生八卦。即此也。○坤道成女。乾道成男。八卦定吉凶。吉凶生大業。即此也。○萬物化生。茂叔乃爲此圈圖指明其次第。以太極本無極。爲天地人物五行根柢。以動陽靜陰爲太極妙用。分陰分陽爲太極體段。陰陽既分。則兩儀立。兩儀立。則二氣五行行乎其中。而八卦成列。太極之跡著矣。乾統三男。坤統三女。善惡分而吉凶定。太極之功用無窮。而人道立矣。是以死生化萬物。吉凶生萬事。而太極之大業成。故易窮則變。變則通。通則久。此爲圖之大旨也。

又曰。無極而太極者。包本末。貫隱顯。一體用。極始終而爲言也。屈信消長之幾。氣形象數之藴。命性心跡之原。天地人物之理。造化之樞紐。鬼神之情狀。道德之體統。無不在焉。其曰無極而太極。猶曰莫能極盡而莫不極盡焉爾。故極者。極盡無餘之稱也。其上則盤薄無顛而不可窮。其下則匯蓄無底而不可測。其外則周通遍滿而不可出。其内則旋緊嚴密而不可入。渾淪圓轉而無上下内外。開廓布置而皆上下内外。含宏天地人物。包括鬼神造化。

混然一大活物。旁行而不流。無所往而未嘗去。居其所而變動無窮焉。聖人無以指名。故名之曰太極。易之全體大用皆在夫是矣。故孔子謂易有太極。邵康節謂畫前有易。則太極者易之所固有也。庖犧所以畫其故。文王所以演其故。周公所以效其故。孔子所以説其故。周茂叔所以圖其故也。不畫。不演。不效。不説。不圖。太極自若也。而無所損。畫之。演之。效之。説之。圖之。太極亦自若也。而無所益。聖人將明易道。必指其故以爲法。于是畫演效説圖之爾。學者將求其故。必自圖以求説。自説以求效。自效以求演。自演以求畫。稽諸天地。考諸萬物。本諸聖人。反諸吾身。混然一太極。皆無所固有。而後可以言易矣。

又曰。此圖既本于易大傳。而其説皆掇拾大傳之要區以爲言。以明易之大義。大傳謂生生之謂易。故每節皆以生言。動而生陽。靜而生陰。陽變陰合而生水火木金土。二氣交感化生萬物。萬物生生而變化無窮。于其末始言生死。以爲結以一生字。貫天地萬物。則生者太極之本原也。非生則天地萬物皆莫得而見也。故讀其説。但見生意一篇。塞于天地。溢于肝臆。一太極混含流轉。無一息之。或死而發育萬物。造起天地。生生不窮。數圈幾字。範圍法象。自太極内推出動靜。自動靜内推出陰陽。自陰陽内推出五行。并陰陽五行推出人物。自萬物内復推出人。自人内推出聖人。其次又推出君子小人。末乃自始終上推出死生。合而爲之易。以盡易之道。仲尼以來無此作也。可謂幾聖之學矣。初宓犧氏畫易八卦而不及五行。箕子作洪範九疇而不及八卦。至仲尼贊易説卦之本。謂天地定位。山澤通氣。雷風相薄。水火不相射。五行在其間。而其數不備。天數五。地數五。五位相得。而各有合。其數備而不舉爲行。蓋八卦成列。則五行不復見矣。故八卦可以備五行。五行不能兼八卦。八卦備三才之道。五行則備二氣而已。是以五行僅爲洪範之一法。而八卦則具易之全體。所以言卦而不言行也。洪範本于人。故以皇極言。易本于道。故以太極言。故易能兼洪範。而洪範不能兼易。是以此圖上推無極。下窮變化。中備三才。陰陽五行八卦人物各分四段。太極著二氣之本。陰陽著二氣之儀。五行合二氣之變。乾坤男女備八卦之索。八卦備二氣五行人物之道。精粗巨細無不具。胳而合之爲一太極。非天下之至精。其孰能與于此。

宋體仁太極圖贊曰。道原于天。無極太極。陽奇陰耦。聖用作易。惟子周子。厥圖是究。象帝之先。無聲無臭。三材既立。人稟獨秀。有物有則。厥脩在懋。萬理一貫。惟心之靈。秉彝好德。罔或不承。仁焉生物。隨類賦形。稟異欲蔽。克復惟誠。天高地下。嶽峙川流。希賢作繪。用贊大猷。

濂溪文集

或謂予曰。人謂子拙。予曰。巧。竊所恥也。且患世多巧也。喜而賦之曰。巧者言。拙者默。巧者勞。拙者逸。巧者賊。拙者德。巧者凶。拙者吉。嗚呼。天下拙。刑政徹。上安下順。風清弊絶。拙賦。

朱子語類曰。天下拙。刑政徹。其言似莊老。

水陸草木之花。可愛者甚蕃。晉陶淵明獨愛菊。自李唐來。世人盛愛牡丹。予獨愛蓮。出污泥而不染。濯清漣而不妖。中通外直。不蔓不枝。香遠益清。亭亭淨植。可遠觀而不可褻翫焉。予謂菊。花之隱逸者也。牡丹。花之富貴者也。蓮。花之君子者也。噫。菊之愛。陶後鮮有聞。蓮之愛。同予者何人。牡丹之愛。宜乎衆矣。愛蓮説。

附録

先生大顛堂詩曰。退之自謂如夫子。原道深排釋老非。不識大顛何似者。數書珍重更留衣。

又書門扉詩曰。有風還自掩。無事晝常關。開闔從方便。乾坤在此閒。

梓材謹案。濂溪風雅載此詩。云出南軒語録。

孔長源邵州學記曰。周君好學博通。言論政事。皆本之六經。考之孟子。

吕元鈞送先生詩序曰。春陵周茂叔。志清而材醇。行敏而學博。讀易春秋探其原。其文簡潔有制。其政撫而不柔。與人交。平居若泛愛。及其判忠諛。拯憂患。雖賁育之力。亦莫亢其勇。

趙清獻題濂溪書堂曰。吾聞上下泉。終與江海會。高哉廬阜間。出處濂溪派。清深遠城市。潔淨去塵壒。毫髮難遁形。鬼神縮妖怪。對臨開軒窗。勝絶甚圖繪。固無風波虞。但覺耳目快。琴樽自左右。一堂不爲泰。經史自枕藉。一室不爲隘。有蓴足以羹。有魚足以鱠。飲啜其樂眞。

靜正于俗邁。主人心淵然。澄徹一内外。本源孕清德。游詠吐嘉話。何當結良朋。講習取諸兌。

雲濠謹案。清獻集又有同周國博遊馬祖山詩。又次韻周國博見贈詩。

蘇東坡茂叔先生濂溪詩曰。世俗眩名實。至人疑有無。怒移水中蟹。愛及屋上烏。坐令此溪水。名與先生俱。先生本全德。廉退乃一隅。因抛彭澤米。偶似西山夫。遂卽世所知。以爲溪之呼。先生豈我輩。造化乃其徒。應同柳州柳。聊使愚溪愚。

孔文仲祭先生曰。公年甚壯。玉色金聲。從容和毅。一府盡傾。

謝無逸志潘延之墓曰。荆公子固在江南。二公議論或有疑而未決。必曰。姑置是。待他日茂叔來訂之。

吕紫微童蒙訓曰。正獻在侍從。聞茂叔名。力薦之。自常調除轉運判官。茂叔以謝正獻公云。在薄宦有四方之遊。于高賢無一日之雅。

胡澹庵道州濂溪祠記曰。嘗聞韓子曰。誠者不欺之名。程子曰。誠者理之實。不誠無物。言無實也。其説始于易。成于禮。考之曲禮。鬼神以誠。考之檀弓。慎終以誠。考之特牲。昏禮以誠。考之月令。工師以誠。考之學記。教學以誠。考之祭統。禮享以誠。考之樂記。禮經以誠。考之中庸。事親以誠。考之大學。治天下國家以誠。九者一不誠焉。皆欺矣。大哉誠乎。誠非難也。至誠之誠難也。夫婦之愚。反身可以爲誠。及其至也。雖堯舜之誠。荀卿猶以爲僞。堯舜豈僞也哉。故曰。至誠之誠難也。禮。至誠有五。能盡性也。能化也。前知如神也。無息也。知天地之化育也。是皆實理之極。不欺于人。故能盡性。不欺于物。故能化物。不欺于神。故能如神。不欺于己。故能無息。不欺于天地。故能知天地之化育。通書之作。蓋期學者至于是焉耳。其云性者剛柔善惡中而已。盡性也。云動則變。變則化者。能化也。云寂然不動者誠也。感而遂通者神也。如神也。云君子乾乾于誠者。無息也。云乾坤交感。化生萬物者。知天地之化育也。知此五者。則知禮之所謂誠矣。知禮之所謂誠。則知易之所謂誠矣。易禮通書。其致一也。或曰。通書序乾損益動云。不息于誠。序家人睽復无妄云。无妄則誠。是卦皆誠也。而漢書又以爲易乾言誠。誠者天下之道也。然則通書非乎。曰。否。子獨不見夫一六之説乎。天以一生水。地以六成之。一六合而水可見。誠則明。明則誠。誠明合而道可見。古之人蓋以誠配一也。言誠而止于天。猶知一而不知六也。按誠説。乾元誠之源。元亨誠之通。利貞誠之復。夫乾四德爲誠。坤。屯。隨。无妄。革。亦四德也。不得爲誠乎。元亨誠之通。大有。蠱。升。鼎。非誠之通乎。利貞誠之復。蒙。同人。大畜。離。咸。恆。遯。大壯。明夷。家人。蹇。萃。漸。兑。涣。中孚。小過。既濟。非誠之復乎。推此。則易非止乾爲誠也明矣。獨乾言誠者。端本之道耳。故曰。乾元誠之源。其旨微哉。

胡明仲序先生通書曰。通書四十章。周子之所述也。推其道學所自。或曰傳太極圖于穆脩。脩傳先天圖于种放。放傳于陳摶。此殆其學之一師歟。非其至者也。希夷先生有天下之願。而卒與鳳歌荷蓧長往不來者伍。于聖人無可無不可之道。亦似有未至者。程明道先生嘗謂門弟子曰。

昔受學于周子。令尋仲尼顔子所樂者何事。而明道先生自再見周子吟風弄月以歸。道學之士皆謂程顥氏續孟子不傳之學。則周子豈特爲种穆之學而止者哉。

朱子江州書堂記曰。濂溪先生不繇師傳。默契道體。建圖屬書。根極領要。當時見而知之。有程氏者。遂擴大而推明之。使夫天理之微。人倫之著。事物之衆。鬼神之幽。莫不洞然而貫于一。而周公孔子孟氏之傳。焕然復明于當時。有志之士。得以探討服行。而不失其正。如出于三代之前。非天所畀。其孰能與于此。

又隆興祠堂記曰。蓋嘗竊謂先生之言。其高極乎無極太極之妙。而實不離乎日用之閒。其幽探乎陰陽五行造化之賾。而其實不離乎仁義禮智剛柔善惡之際。其體用之一源。顯微之無閒。秦漢以下。誠未有臻斯理者。而其實不外乎六經論語中庸大學七篇之所傳也。蓋其所謂太極云者。合天地萬物之理而一名之耳。以其無器與形。而天地萬物之理無不在是。故曰無極而太極。以其具天地萬物之理。而無器與形。故曰太極本無極也。是豈離乎生民日用之常。而自爲一物哉。其爲陰陽五行造化之賾者。固此理也。其爲仁義禮智剛柔善惡者。亦此理也。性此理而安焉者。聖也。復此理而執焉者。賢也。自堯舜以來。至于孔孟。其所以相傳之説。豈有一言以易此哉。此先生之教。所以繼往聖開來學。而大有功于斯世也。

又答汪尚書曰。蒙喻及二程之于濂溪。亦若横渠之于范文正耳。先覺相傳之祕。非後學所能窺測。誦其詩。讀其書。則周范之造詣固殊。而程張之契悟亦異。如曰仲尼顔子所樂。吟風弄月以歸。皆是當時口傳心受的當親切處。後來二先生舉似後學。亦不將作第二義看。然則行狀所謂反求之六經。然後得之者。特語夫功用之大全耳。至其入處。則自濂溪。不可誣也。若横渠之于文正。則異于是。蓋當時粗發其端而已。受學乃先生自言。此豈自誣者耶。大抵近世諸公知濂溪甚淺。如吕氏童蒙訓。記其嘗著通書。而曰用意高遠。夫通書太極之説。所以明天理之根源。究萬物之終始。豈用意而爲之。又何高下遠近之可道哉。

又語録曰。陰陽五行。康節説得法密。濂溪説得理透。

又語類曰。汪端明嘗言。二程之學。非全資于周先生者。蓋通書人多忽略。不曾考究。今觀通書。皆是發明太極。書雖不多。而統紀已盡。二程蓋得其傳。但二程之業廣耳。

又曰。周子看得這理熟。縱横妙用。只是這數個字都括盡了。周子從理處看。邵子從數處看。都只是這理。砥曰。畢竟理較精粹。曰。從理上看則用處大。數自是細碎。

又君子詩曰。倚杖臨寒水。披襟立晚風。相逢數君子。爲我説濂翁。

張南軒韶州祠堂記曰。先生之學。淵源精粹。實自得于心。而其妙乃在太極一圖。窮二氣之所根。極萬物之所行。而明主静之爲本。以見聖人之所以立人極。而君子之所當脩爲者。由秦漢以來。蓋未有臻于斯也。

又爲石子重作南劍州尤溪縣傳心閣銘曰。惟民之生。厥有彝性。情動物遷。以隳厥命。惟聖有作。純乎天心。脩道立教。以覺來今。孰謂道遠。始卒具陳。俾爾由學。而聖可成。鄒魯云邈。

異端日滋。白首章句。倀倀何之。惟子周子。崛起千載。獨探其源。以識其大。立象盡意。闡幽明微。聖學有傳。不曰在茲。惟二程子。實嗣其徽。既自得之。又光大之。有渾其全。則無不總。有析其精。則無不中。曰體曰用。著察不遺。曰隱曰顯。莫閒其幾。於皇聖心。如日有融。於赫心傳。來者所宗。有屹斯閣。尤溪之濱。翼翼三子。繪事孔明。儼然其秋。温然其春。揭名傳心。詔爾後人。咨爾後人。來拜于前。起敬起慕。永思其傳。于味其言。于考其爲。體于爾躬。以會其歸。爾之體矣。循其至而。爾之至矣。道豈异而。傳心之名。千古不渝。咨爾後人。無替厥初。

葉水心曰。聖遠言湮。俗淪士散。求道者離乎器。而不知一理二氣之互根。言性者離乎氣。而不知元亨變化之實理。知剛柔之爲善惡。不知剛不一于善。柔不一于惡也。知陰陽之爲動靜。不知陰不一于靜。陽不一于動也。先生始爲圖書。貫融而劈析之。二程親得其傳。道日以彰。迨胡子朱張推演究極。亦幾無餘藴矣。

蔡季通曰。濂溪之學。精慤深密。

陳北溪曰。昔夫子之道。其精微在易。濂溪周子出。始發明孔子易道之藴。

曾雲巢濂溪詩曰。逍遙社裏周夫子。太極圖成晝掩關。欲驗個中眞動靜。終朝臨水對廬山。

王魯齋曰。後兩句似知道者驗動靜于山林閒。似亦尚小。

眞西山曰。自荀揚以惡與混爲性。而不知天命之本然。老莊氏以虛無爲道。而不知天理之至實。佛氏以剗滅彝倫爲教。而不知天敍之不可易。周子生乎絶學之後。乃獨探本原。闡發幽祕。

二程子見而知之。朱子又聞而知之。述作相承。本末具備。自是人知性不外乎仁義禮智。而惡與混非性也。道不離乎日用事物。而虚無非道也。教必本乎君臣父子夫婦昆弟。而剗滅彝倫非教也。闡聖學之户庭。祛世人之矇聵。千載相傳之正統。其不在兹乎。

又爲昌黎濂溪二先生祠記曰。自湯誥論降衷。詩人賦物則。人知性之出于天。而未知其爲善也。繼善成性。見于繫易。性無不善。述于七篇。人知性之善而未知所以善也。周子因羣聖之已言。而推其所未言者于圖。發無極二五之妙于書。闡誠源誠立之指。昔也太極自爲太極。今知吾身有太極矣。昔也乾元自爲乾元。今知吾身卽乾元矣。有一性則有五常。有五常則有百善。循源而流。不假人力。道之全體。焕然益明者。周子之功也。

魏鶴山請謚奏曰。周敦頤奮乎百世之下。始探造化之至賾。建圖著書。闡發幽祕。卽斯人日用常行之際。示學者窮理盡性之歸。使誦其遺言者。始得以曉然于洙泗之正傳。而知世之所謂學者。非滯于俗師則淪于異端。蓋有不足學者。于是二程親得其傳。而聖學益以大振。雖三人于時皆不及大用。而嗣往聖。開來哲。發天理。正人心。使孔孟絶學獨盛于本朝。而超出乎百代。功用所關。誠爲不小。

臧格議謚曰。先生所得之奥。不俟師傳。匪由智索。神交心契。固已得其本統。不然嗜溪流之紺寒。愛庭草之交翠。體夫子之無言。窮顔淵之所樂。是果何味。而獨嚅嚌之耶。故能發先聖之所未發。覺斯人之所未覺。使高遠者不墮于荒忽。使循守者不淪于滯固。私意小智何所容其巧。

詭經僻説何所肆其誣。功用豈不偉哉。

柴南溪題濂溪先生書堂曰。有生同宇宙。所欠好江山。因至舂陵市。留居廬阜間。斯文傳墜緒。太極妙循環。希聖誠何事。懷哉伊與顏。原註。志伊尹之志。學顏子之學。先生教人親切之語也。後學宜盡心焉。

蔡久軒廣東憲司濂溪先生祠記曰。夫子之學。體用一源。顯微無間。上下與天地同流。此豈淺近者所能窺。而其見之行事。則謹刑一節。尤爲深切著明。夫明刑以弼五教。至政以教祇德。自古聖人輕重毫髮必致其謹者。是固陽舒陰慘。仁柔義剛。以輔教化之不及。而好生之心流行不息。同胞同體視之如傷。于以全人性之天則。于無極太極之本體。亦豈有間哉。夫子辨分寧不決之獄。爭南安非辜之囚。所至務以洗冤澤物爲己任。至于祥刑廣東。則仁流益遠矣。天以春生萬物。止之以秋。聖人法天。以政養萬民。肅之以刑。此夫子之秋肅。夫子之春生也。深溪萬仞。民死于石。爲之減硯而著令。黄茆張空。民死于瘴。爲之絆轡而後行。鄉人候吏。惟恐奔走馬蹄脚之或後。而黠胥惡少。則凜凜然如快刀健斧之將加。仁之充廣。形著如是夫。

王深寧困學紀聞曰。周元公生于道州。二程子生于明道元二間。天所以續斯道之緒也。

又曰。止齋謂本朝名節自范文正公。議論文章自歐陽子。道學自周子。三君子皆萃于東南。殆有天意。

黄東發曰。周子遺文□賦。□□便風俗源之意。大林寺詩云。天風拂巾袂。縹緲覺身輕。有蕭然出塵之意。養心亭説。充廣孟子之説以極于聖。釋菜祝詞。推明聖德之久以同乎天。愛蓮説。又所以使人知天下至富至貴可愛可求者。無加于道德。而芥視軒冕。塵視珠玉者也。

又回靖安張知縣書曰。前輩道尊德盛。爲世所宗。仰恬于仕進者。則有道號如濂溪。則追記其舊地也。如明道。則其身後門人所以尊其師也。如伊川。則門人不敢指其師而以其地稱之也。如六一居士。則致仕後自戲之言也。如東坡涪翁。則罪謫中自託于蕭散者也。

柴瞻岵謁濂溪故居詩曰。迢迢豸嶺水縈紆。知是元公此結廬。老屋至今圖太極。古碑猶在勒通書。落花啼鳥春無意。窗草池蓮景自如。閒立釣遊磯上石。光風霽月滿庭除。

劉靜脩曰。太極圖。朱子發謂周子得于穆伯長。而胡仁仲因之。陸子靜亦因之。其實穆死于明道元年。周子時年十四爾。或又謂周子與胡宿邵古同事潤州一浮屠。傳其易書。此又淺薄不根之説也。

吴草廬跋常氏易學圖曰。邵周授受之次。頗與常所聞異。予所據者。邵子文所記。陳授穆。穆授李。李受穆。親授于陳。而非轉授于种也。种亦得陳學之一支。傳于南方。劉牧仍其緒。或以周子與牧同出此一支者。非也。周子之學。乃其自得而無所師授。至謂穆傳之周。尤非也。朱子發進易傳表。蓋踵訛而失其實。何也。周在南。穆在北。足跡不相及也。何由相授受哉。

王華川廬山經行記曰。世謂先生傳聖賢千載不傳之統。豈有取于佛氏之徒。而顧從之遊。甚者謂先生之學受于壽巖佛。此又厚誣吾先哲者也。

宋潛溪記宋九賢遺象曰。濂溪周子。顏玉潔頟。以下漸廣。至顴而微收。然頤下豐腴。脩目末微聳。須疏朗微長。頰上稍有髯。三山帽後有帶。紫衣褎袖。緣以皁白。内服緣如之。白裳無緣。舄赤色。袖而立。清明高遠。不可測其端倪。

又龍門子曰。周子通書四十章。本號易通。自孟子没。孔子之學不傳。千載之下。獨周子得之。以授二程氏。遂大白于天下。其書文雖高簡。體實淵慤。誠可上繼孟氏。非餘子比也。然莫知其師傳之所自。其殆不階師授。超然獨覺于千古之上者歟。

馬平泉曰。周子每令學者尋孔顏樂處。所樂何事。當時引而不發。嗣後諸儒亦未有明言之者。余嘗伏而思之。既曰處定非撮空。曰事定非逸獲。竊以爲所謂處者仁也。其事則孔子之發憤。顏子之不惰也。然未敢遽以爲是。比見曹月川謂孔子安仁。故樂在其中。顏子不違仁。故不改其樂。不覺神開意喻。灑然大快于懷。孔門求仁。周子尋樂。其事一也。夫仁者。天地之生意。活潑潑地。不仁。則必死。哀莫大焉。

陳碩士師寄姚先生書曰。人心之危。道心之微二語。荀子已引用之。而以爲道書之説。竊意道書者三代相傳舊説。古聖之説也。僞古文者竊取之。以爲堯之語。舜則不必然矣。而理則當也。程朱諸儒取之。以爲歷聖相傳之心法。以理斷之。未爲不可也。書缺有閒矣。二帝三王之微言。容有錯出于各家之傳記者。别白而標舉之。是卽無異于尊經。由是以推周子太極圖説。固無嫌其得之于道家矣。今之爲漢學者。辨其授受之源。而以爲非河圖洛書之所有。昧其所自得。而斤斤于同異之閒。豈獨其心之不公耶。抑亦其考之未審矣。

梓材謹案。阮亭居易録云。王安石嘗三謁周茂叔。皆拒而不見。安石恚曰。吾獨不能求之六經乎。遂不復見。茂叔知人與蘇明允同。然使不峻拒之。使變化氣質。未必不爲良臣。卽不然。亦未必禍天下若斯之烈也。鶴林玉露嘗深惜之。以爲此有天意。

濂溪講友

補太中程先生珦

雲濠謹案。先生封永平伯。明嘉靖九年從祀崇聖祠。國朝雍正二年復祀。

梓材謹案。邵氏聞見録云。程宗正先生伯淳。侍講先生正叔。康節先公以兄事其父太中公。二先生皆從康節遊。是程子父子兄弟皆與邵子交。聞見録又言。文潞公又爲同甲會。司馬郎中旦。程太中珦。席司封汝言。皆丙午人也。宋史道學傳云。累轉太中大夫。元祐五年卒。年八十五。

附録

黄陂尉任滿。又不能調。閒居安貧。以待諸弟之長。至長弟與從弟皆得官娶婦。二妹既嫁。乃復赴調。

遷司門郎中。是歲城中瓦屋及濠水上冰澌。盤屈成花卉之狀。奇怪駭目。郡官皆以爲嘉瑞。請以上聞。公曰。石晉之末。嘗有此。朝廷豈不惡之。衆皆服。

熙寧中。議行新法。州縣囂然。皆以爲不可。公未嘗深論也。及法出。爲守令者奉行惟恐後。成都一道抗議指其有未便者。獨公一人。

平生居家。不以私事笞扑人。公之親愛者。常有所怒。堅請杖之曰。吏卒小人。不加以威。是使之慢也。公曰。當官用刑。蓋假手耳。豈可用于私也。終不從。

自領崇福。外無職事。内不問家有無者蓋二十餘年。居常默坐。人問靜坐既久。寧無悶乎。公笑曰。吾無悶也。

嘗從二子遊壽安山。爲詩曰。藏拙歸來已十年。身心世事不相關。洛陽山水尋須徧。更有何人似我閒。顧謂二子曰。遊山之樂。猶不如靜坐。蓋亦非好也。

先生前後五得任子。以均諸父子孫。嫁遣孤女。必盡心力。所得俸錢。分贈親戚之貧者。伯母劉氏寡居。公奉養惟謹。其姊之夫死。公迎姊以歸。教養其子。同于己子。既而姊之女又寡。公懼姊之悲傷。又取甥女歸養之。時官小禄薄。克己爲義。人以爲難。

康節思程氏父子兄弟。因以寄之曰。年年時節近中秋。佳水佳山爛漫遊。此際歸期爲君促。伊川不得久遲留。又曰。氣候如當日。山川似舊時。獨來還獨往。此意有誰知。

邵伊川先生古別見百源學案補遺。

補 文恭胡先生宿

梓材謹案。先生爲蔣侍郎堂神道碑。自言早依門牆。則蔣氏門人也。

附録

公每語後進曰。富貴貧賤莫不有命。當脩身俟時。毋爲造物者所嗤。燕談。

黄東發曰。胡文恭公。篤孝謹默人也。論致仕當使人自言。論樂當用舊律。論貢舉當用舊制。方羣臣議更法開邊。公一一力爭。議論率歸于忠厚。而必不肯草楊懷敏之制。必欲加包拯三司吏之罪。則其發也不可回。尤精陰陽之學云。

補 知州傅先生耆

附録

朱子跋度正家藏伊川先生帖後曰。傅君周旋周程師弟子間。知所主友。而伊川先生手刺謁謝。爲禮亦恭。則其人之賢。不問可知。

度周卿曰。正爲遂寧户掾。友人王君世㕓數數爲正言。城西傅君光。迺祖大夫公。嘉祐初。實見濂溪周先生于合陽。求教先生。手書家人退遇等説贈之。其後程太中公知漢州。大夫公時爲邑西川。又得交伊川兄弟。閒手筆相問。往往皆在。大夫公字伯壽。名在元符黨籍。

又曰。濂溪先生攝邵州事。以改定同人說寄傅伯成。伯成復書云。蒙寄同人說。改易數字。皆人意所不□□㊀。宜乎使人宗師仰慕之不暇也。

補 懿恪王先生拱辰

附録

兼判國子監。請闢錫慶院。以廣學宮。因請車駕視學。

蘇子美監進奏院。鬻故牘。得緡錢數千。夜召朋友宴集。客或爲傲歌。有醉卧北極遣帝扶。周公孔子驅爲奴云者。公彈劾之。遂坐黜。

于書無所不觀。博雜涵茹。而折衷于孔氏。

平生奏章。皆自爲之。至老不以屬人。並行狀。

補 提刑孔先生延之

雲濠謹案。廬山志載薛所習孔聖祠碑記略云。先是唐末文德元年。四十代孫孔續登進士。任吉州推官。五代亂。遂家吉州之新淦。及宋。孔元任欽州推官。元子文仲。武仲。平仲。俱登進士。平仲官至尚書。適歸吉州。道經廬阜。得與周元公

㊀「□□」當作「能到」。

遊。遂卜居黄龍山麓。請旨建祠于龍溪廟之南。當是時。稱孔氏三仲。見周必大記。據此。則先生又名元。或因長源而譌。平仲未爲尚書。其與元公遊。殆從元公遊耳。

梓材謹案。朱子記邵州學濂溪祠。述東陽潘燾之書云。郡學故有濂溪先生祠。蓋治平四年。先生以零陵通守來攝郡事。而遷其學。且屬其友孔公延之記而刻焉。據此。則與濂溪友者。實先生。非其季子平仲也。

附録

幼孤。自感厲。晝耕。讀書隴上。夜燃松明繼之。學藝大成。其家食不足。而俸錢常以聚書。至老讀書未嘗一日廢也。諸子皆自教以學。子多而賢。天下以爲盛云。

曾茶山永州倅拙堂記曰。余聞豫章黄魯直之論濂溪。其自爲謀誠拙矣。二程先生一世師表。而問學淵源實自濂溪出。工于道乃如是。當世名卿大夫如清獻趙公。東坡先生。余外氏孔公父子。皆推尊之。惟其實也。

潘先生興嗣

潘興嗣字延之。號清逸。□□[一]人。周子之友也。周子築書堂于廬山之麓。因語先生曰。可

[一] 「□□」當作「新建」。

仕可止。古人無所必。束髪爲學。將有以設施。可澤于斯民者。必不得已止。未晚也。此濂溪者。異時與子相從于其上。歌詠先王之道。足矣。道學言行外録。

梓材謹案。金仁山孟子集註攷證。于潘興嗣云。清逸嘗從濂溪遊。曾子固亦在。事見謝溪堂文集。清逸墓誌所謂從遊。亦止與游爾。子固亦在云云。有所未悉。

孟子説

孟子告齊王之言。猶孔子對定公之意也。而其言有迹。不若孔子之渾然也。蓋聖賢之别如此。

師道詩

師道久不振。小儒咸自私。破崖求圭角。務出己新奇。□㈠惻去聖遠。六經秦火隳。不有傳授學。涉獵安所爲。漢儒守一經。學者如雲隨。承習雖未盡。模法有根基。薦紳立朝廷。開口應萬機。附對皆據經。金石確不移。熟爛見本末。較然非可欺。吾願下學官。各立一經師。務盡道德業。不取章句辭。庶幾昔人風。炳然復在兹。

㈠「□」當作「惻」。

附録

黄東發曰。潘不特誌先生之墓也。先生母夫人之墓。實先生請其誌。竊計先生平日之所敬。實無以加于潘。如蒲宗孟雖一時聞人。而其爲先生之墓碣。晦翁不之取而取此。竊計晦翁所以證先生之圖説者。亦無以加于潘。自古有道之士。堙没無聞于世者多矣。豈可以潘之功業不見于世。而輕加詆訾。

王先生鴻

王鴻字翼道。雩都人。皇祐中。試南宫。不第。幡然歸隱。目其山曰峿山。巖曰雪巖。嘗註太玄經。時周濂溪倅郡。先生亦在講。郡守劉彝請掌郡教。不就。江西通志。

張先生宗範

張宗範。合州人。濂溪稱其有文有行。其居背山而面水。山之麓構一亭。甚清淨。予偶至而愛之。因題曰養心云。周子全書。

梓材謹案。周子年譜謂其在合。士之從學者甚衆。而尤稱張某云云。

濂溪同調

補清獻趙先生抃

趙清獻語

易之吉凶。詩之美刺。禮之汙隆。樂之治亂。春秋之□㈠。先代得失存亡。無不紀述。今經筵侍講講吉不講凶。講治不講亂。侍讀者讀得不讀失。讀存不讀亡。非所以廣聰明也。

座右銘

依本分。原註無煩惱。莫妄想。常快活。爭先徑路機關惡。爭于趨利。用心必惡。近後語言滋味長。謙退自守。情味甚佳。爽口味多須作疾。偏勝之味疾疹隨作。快心事過必爲殃。一時快意。事過傷身。盛怒中勿答人簡。既形紙筆。溢語難收。無事于心。無心于事。兩者既無。卽得解脱。聞諸惡言如風如響。彼自妄發。何須理會。

㈠「□」當作「善惡以至史漢之書」。

勸學詩

古人名教自詩書。淺俗頽風好力扶。口誦聖賢皆進士。身爲仁義始眞儒。任從客笑原思病。莫管時譏孟子迂。通要設施窮要樂。不須隨世問榮枯。示江原諸生。

桐江爲守愧顓蒙。來喜衣冠好士風。勸學重思唐吏部。教人多謝漢文翁。濟時事業期深得。落筆詞章貴不空。道有未充須自立。莫將榮悴汩于中。勉郡學諸生。

學欲精勤志欲專。魯門高弟美淵騫。文章行業初由己。富貴榮華只自天。一簣爲山先聖戒。寸陰輕璧古人賢。沂公庠序親模範。今日諸生爲勉旃。青州勸學。

學初心勿動華紛。須念文翁昔日勤。事業直教名不朽。聲猷堪畏世無聞。平居鄉黨終傳道。得位朝廷必致君。爲語諸生期遠到。天衢亨處有青雲。勸成都府學諸生。

附錄

范忠文公爲諫官。公爲御史。以論事有隙。王荊公數毀范公。且曰。陛下問趙抃。即知其爲人。他日。神宗以問公。對曰。忠臣。上曰。卿何以知其忠。對曰。嘉祐初。仁宗違豫。首請立皇嗣以安社稷。豈非忠乎。既退。荊公謂公曰。公不與景仁有隙乎。公曰。不敢以私害公。

王荊公初參政。下視廟堂如無人。一日爭新法。怒目諸公曰。公輩坐不讀書耳。公同參政事。

獨折之曰。君言失矣。如皋夔稷契之時。何書可讀。荆公默然。

熙寧中以大資政知越州。兩浙旱蝗。米價踊貴。諸州皆厲禁。公獨榜衢路。令有米者任增價糶之。于是米商輻輳。米價反賤。民無飢死者。

清獻嫁兄弟之女以十數。在官。爲人嫁孤女二十餘人。居鄉。葬暴骨及施棺給薪者不知其數。

韓魏公嘗稱趙公眞世人標表。

蘇文忠爲神道碑銘曰。其在官守。不專于寬。時出猛政。嚴而不殘。其在言責。不專于直。爲國愛人。掩其疵疾。蓋東郭順子之清。孟獻子之賢。鄭子產之政。晉叔向之言。公兼而有之。不幾于全乎。

晁氏客語曰。趙清獻不高聲。文潞公未得力田。乖崖食時魚。是皆下工夫爲學者也。

黄東發曰。趙清獻公治虔州成都杭越。爲政愷悌。不嚴而肅。雖古循吏無以過之。其在言路。彈劾不避權貴。論陳執中陳升之章至二十餘上。及參大政。會王安石行新法。極言其不可而去之。平生出處之大要如此。公日所爲事。夜必衣冠焚香。九拜手告于天。一身之間。常以天自律。此其所以終始無愧歟。

清獻講友

俞先生汝尚

俞汝尚字退翁。烏程人。少時讀書于郭南之崑山。爲人温温有禮。議論不苟。不可于意有所不言。言之未嘗妄也。不肯料理生事。不以貧乏撓其懷。澹于勢利。聞人善言善行記之不忘。時時爲人道之。擢進士第。涉歷州縣。無少營進取之心。熙寧初。簽書劍南西川判官。趙清獻守蜀。以簡靜爲治。每旦退坐便齋。諸吏莫敢至。唯先生來輒排闥徑入。相對清談竟暮。王荆公當國。驛召詣京師。既知所以薦用意。力辭得免。又從清獻于青州。遂以屯田郎中致仕。優游數年而卒。宋史。

張景通先生遨

張遨。青城人。號景通先生。趙清獻在蜀題其書堂云。志士博古今。名賢口誦聖。通則施所有。致君冀時政。窮斯處巖野。信道樂天命。富貴貧賤閒。烏與一息競。先生于蜀奇。不爲席珍聘。學易到深處。研幾劇精靜。書屋數百椽。寒松夾幽徑。竹森瀟灑觀。泉逗潺湲聽。小人多謗訾。先生自吟咏。其徒識所歸。歸雅不歸鄭。今時事薄惡。先生自醇正。其徒知所入。入賢不入佞。憂弊以文捄。敵邪以道勝。先生終其爲。彼俗徒詬病。及過嶺回寄先生示邑下同人云。二年官役愧能名。賢得斯人幸合并。幾度孝廉交郡辟。一生文行出鄉評。君廬早水江頭遠。我馬青泥嶺頂行。西首胡爲書以贈。欲持同邑寄諸生。又入蜀先寄先生云。踰年青社得徘徊。一日皇華下詔催。蜀道五千馳驛去。秦關百二拂雲開。不同參政初時入。也似尚書兩度來。到日先生應笑我。白鬚猶自走塵埃。參政謂呂公餘慶。尚書謂張公乖崖。趙清獻集。

濂溪家學

補　郎中周先生壽

補　待制周先生燾合傳。

周壽。周燾。濂溪二子。皆好學承家。求黄涪翁作濂溪詩。思詠潛德。黄豫章集。

雲濠謹案。史氏山谷外集詩註言。濂溪二子。壽字元老。後改元翁。燾字通老。後改次元。山谷在太和。元翁任吉州司法。至元豐五年。于黄裳榜登第。次元亦于元祐三年李常寧榜登第云。

梓材謹案。山谷跋元翁所撰龍眠居士大悲贊云。元翁純粹動金石。其言語文章發明妙慧。非爲作使之合。蓋其中心純粹而生光耳。宋詩紀事載。次元爲兩浙轉運使時。東坡知杭州。相與唱酬甚夥。是二先生固蘇黄學侶也。

濂溪門人

郎中孔先生平仲詳下孔氏家學。

縣尉倪千乘先生天隱詳見安定學案。

胡氏家學

知州胡先生宗炎

胡宗炎字彦聖。文恭宿之子。由將作監主簿鎖廳登第。爲國子大宗正丞。開封府推官。考功吏部郎中。舊制選人改京官。舉將小絓。吏議輒尼不行。先生請先引見。俟舉者罪。即追止從之。哲宗崩。遼使來弔祭。先生以鴻臚少卿迓境上。使者不易服。先生以禮折之。須其聽命乃相見。暨還。升爲卿。初。文恭使遼。遼人重之。其後先生壻鄧忠臣迓客。客問中外嘗有充使者否。忠臣以文恭告。且言前使鴻臚其子也。客歎胡氏世不乏人。俄以直龍圖閣。知潁昌府。歷密州而卒。先生善爲詩。藻思清婉。歐陽兖公守亳。與客游郡圃。或誦其詩。兖公賞味不已。以爲有鮑謝風致。其重之如此。宋史。

孔氏家學

補舍人孔先生文仲

附録

公世儒者。少稟義訓。知自刻苦。經史傳註百氏子集外。至于天文律曆算數之書。無不識于心而誦于口。其議論浹洽。講解精辨。諸宿老生往往不能出其右。

蘇魏公誌其墓曰。凡所言多切直拂時。人爲危懼。而上常察其諫意。多爲容納。又言朝廷起處士侍經筵。所以崇進道義也。而希附者衆。致興討論。使人不安其分。浸不可長。又執政罷不以大故。宜全進退之體。以散官領州恩。禮非。稱王氏經義今格不用。而其親鄙有專守其説者。不宜置之朝右。以蔽惑後進。熙寧用事之臣。有主新法而撓民事者。謫逐日淺。未宜内徙。有榷鹽利而酷刑罰者。請命案實以正其罪。上皆施行如其言。由是論之。居位雖不久。而其志得行固不爲少。于士望雖未厭。而于公志亦無歉然也。

補 待制孔先生武仲

五福論

貴者。所以嚴天下之分也。五福者。聖人所以與天下之民共也。均其勢。亢其等。使天下之民皆貴。可乎哉。此貴所以不錫于民也。

補 郎中孔先生平仲

梓材謹案。先生有題濂溪書堂詩。又案。阮亭居易録引内閣藏書目録。載三孔清江文集四十卷。謂孔文仲。武仲。平仲也。又言宋牧仲寄三孔文集云。經父以范蜀公薦。對策九千餘言。力排安石。觸其怒。罷歸。常父詆王氏學。毅父以不行新法爲董必所劾。安置英州。皆元祐君子也。史稱文仲集五十卷。武仲集百餘卷。平仲有續世説。珩璜新論諸書。今三孔集通僅五卷。又云。三公以氣節重當世。不甚工詩。經父制科策。首嚴王霸義利之辨。剴切似劉蕡。其論李訓。義不顧難。忠不避死。而惜其情鋭而氣狹。志大而謀淺。足破羣瞽拍肩之論。常父論唐憲宗相皇甫鎛逐裴度。蓋爲安石惠卿輩而發。蝗説謂新法之害。鼠説謂熙豐用事之人。雞説謂王吕之不終。魯雞以喻安石。蜀雞以喻惠卿也。毅父文僅表啓。無可觀。蓋佳處不傳多矣。惜哉。

潘氏家學

潘先生淳別見范吕諸儒學案補遺。

清獻家學

趙先生屼附子雲。

趙屼字景仁。清獻子。由蔭登第。累擢監察御史。以父老請外。提舉兩浙常平。元祐中。復爲御史。所言皆切時務。改都官員外郎。出提點京東刑獄。元符中。歷鴻臚太僕少卿。卒。初清獻廬母墓三年。縣榜其里曰孝弟處士。孫侔爲作孝子傳。及先生執父喪。而甘露降墓木。先生卒。子雲又以毁死。人稱其世孝。宋史。

梓材謹案。湖南通志載。先生其先蘭谿人。熙寧五年提舉兩浙常平。奉父抃遊衡山。遂家焉。是先生又爲衡山人。

雲濠謹案。萬姓統譜載趙蟣云。抃之子。篤行君子也。元豐中。爲温倅。清獻來。遂名其堂曰戲綵。東坡送以詩云。風流半刺史。清絶校書郎。蟣蓋屼之僞文。即先生爾。

校書趙先生屼

趙屼字景山。龍圖抃之子。龍圖友愛羣弟。多攜之官。每退食。即便舍相與磨講道誼爲文章。

而先生常入諸父行。謹謹就業。未始略遨嬉。不滿其所程。淳粹和厚。無毫髮兒姪之過。一家欣愛之。年十六舉進士。不中。歸。自閉嘿。愈奮厲增力。極取游太學。事先生胡瑗。授諸經。鉤探擿抉。造詣深穩㊀。纂譔辭語。精簡渾重。胡獨常稱之。同舍生三十人。先生最少。動有儀法。衆以先生不敢燕惰廢所事。兩就天府貢。禮部輒落。龍圖爲益州路轉運使。用袷享授以太廟齋郎。嘉祐中。鏁試嘉慶院。復得奏名第六。中第御前。調憲州司理參軍。不之官。龍圖自河北都轉運使移成都。朝廷以先生試祕書省校書郎。知杭州於潛縣事。監西京糧料院。假局河南府。且使視其家。未治事。得疾卒。年三十一。先生博學。喜辨論。雅善鼓琴。平居入靜室。爲雍容閒澹之音。以揄揚其和易之性。好黄帝書。曉診法。有文數十篇。語氣澹蕩。皆可與當時號能爲詞章者較上下。文丹淵集。

濂溪私淑

獻公張横渠先生載詳横渠學案。

縣令王先生端禮附子鴻舉。

王端禮字懋甫。吉水人。元祐進士。任富川令。政皆行其所學。平居慕濂洛。慨然以道自任。所著有强仕稿。論語解。易解。疑獄集。子鴻舉。字南賓。亦以文名。豫章書。

牛先生思純詳見百源學案。

㊀「穩」當爲「隱」。

隱君劉無悶先生繼寬別見士劉諸儒學案補遺。

文忠張橫浦先生九成詳橫浦學案。

祕丞潘先生慈明

潘慈明字伯龍。純孝鄉人。紹興進士。仕至祕書丞。荆湖南路轉運。其知江州日。嘗建濂溪周先生祠堂。朱子爲之作記。其他政事雖不傳。此亦可見其一端矣。其殁也。遺教子孫。以古禮送終。鄉人傳以爲法。姓譜。

進士潘先生文饒附從子欏。

潘文饒字明則。永嘉人。與弟文孝文禮先後登紹興第。先生學本濂洛。尤爲多士所宗。從子欏。字德久。以父任補右職。召試爲閤門舍人。授福建兵馬鈐轄。喜爲詩。下筆立成。永嘉言唐詩自欏始。有轉庵集。温州府志。

吏部許先生忻詳范許諸儒學案。

周氏續傳

周環溪先生□

梓材謹案。環溪蓋濂溪之後人。其略見朱子所答何叔京書。又朱子答吕季克書曰。承示及環叟之書。粗釋所疑。此公舊亦聞之。平父伯崇皆與之相識。然不聞其爲濂溪家子弟也。其所著書乃如此。若原説者。則可謂青出于藍矣。

周先生直卿

周直卿。濂溪曾孫。朱子守南康郡。以愛蓮説之墨本爲贈。又言。濂溪拙賦。近歲耕者得之溪上之田。聞已斷裂。尚可讀也。朱子文集。

周先生興嗣

周興嗣。濂溪從弟意之曾孫。有志力學。教子以紹祖風。濂溪志。

周先生子亮

周子亮號梅叟。元公族孫也。弭節廣東。首訪濂溪舊祠。亟命汎埽舊宇而謁至焉。嘗以御史經筵召。不至。改外臺云。蔡氏九儒書。

梓材謹案。淳祐七年。蔡久軒自江東提刑歸。抵家。三館名公分韻送别。先生得氣字。時爲祕書。

傅氏續傳

傅先生光

傅光字用之。大夫公耆之後也。家藏先正韓范諸公手蹟甚富。度周卿説。

潘氏續傳

潘先生□

梓材謹案。清逸之後。不知其名。朱子答何叔京書曰。潘君之論則異乎所聞矣。其所誦説環溪之書。雖未之見。然以其言攷之。豈其父嘗見環溪。而環溪者卽濂溪之子。元翁兄弟歟。元翁與蘇黄遊。學佛談禪。蓋失其家學之傳已久。其言固不足據。且潘君者又豈非清逸家子弟耶。清逸之子亦參禪。雖或及識濂溪。然其學則異矣。今且據此書論之。只文字語言便與太極通書等不相類。蓋通書文雖高簡。而體實淵慤。且其所論不出于陰陽變化脩己治人之事。未嘗劇談無物之先文字之外也。而此書乃謂中爲有物。而必求其所在于未生之前。則是禪家本來面目之緒餘耳。

趙氏續傳

趙先生遵

趙遵。清獻公族孫也。温謹好學。能業其家。朱子文集。

濂溪續傳

文公朱晦庵先生熹詳晦翁學案。

宣公張南軒先生栻詳南軒學案。

成公吕東萊先生祖謙詳東萊學案。

文肅章先生穎詳見玉山學案。

教授劉孝敬先生靖之詳見清江學案。

郡守趙中川先生昱詳見南軒學案。

知州周先生舜元

周舜元。□□人。乾道庚寅知韶州事。熙寧中。濂溪嘗爲廣南東路提點刑獄公事。而治于韶。先生仰止遺烈。始作祠堂于州學講堂之東序。而以河南二程先生配焉。朱子文集。

黄先生宜

黄宜字達之。天台人。淳熙二年進士。歷官至敷文閣待制。卒贈太子少師。簡重端慤。學務實踐。喜推士類。在朝多建明。力排和議。不爲權勢所屈。時朱文公爲常平使。行部至台。屬其賑恤。躬行阡陌。計口給饟。全活甚衆。常推明濂洛之學。訓迪後進。喪祭一用古禮。鄉人化之。爲文務理致典裁。有詩二十卷。掖垣制草二卷。讀書手鈔二卷。喪禮二卷。藥書十卷。台州府志。

盛先生璲

孫先生羲合傳。

盛温如名璲。以字行。豐城人。淳熙中領鄉薦。授奉節郎。著有太極圖解一卷。同邑孫羲。

字伯隆。著太極圖說一卷。經義考。

知州潘先生燾

潘燾字無愧。東陽人。權知邵州。朱晦翁安撫湖南。與周益公聯章薦之。稱其以學問持身。以儒雅飾吏。不鄙夷其民。首以教化爲務。崇尚學校。脩建先賢祠。宇民有嚚訟。諭之以理。事至敏于決遣。由是庭訟日簡。郡圄屢空。湖北猺寇犯邊。處置得宜。民用安堵。至于移屯置寨。爲民防患。無所不用其至云。朱子文集。

梓材謹案。先生守邵。建希濂堂。朱子爲之書額。見一統志。而湖南舊志則以爲傅伯崧知邵州。法前守周濂溪之治。作希濂堂及希濂說以見志。蓋誤以先生事屬之也。又案。金華府志以先生爲蘭溪人。以祖任補官。仕至中大夫。直祕閣。廣南東路經略安撫。兼知廣州以終。

附録

楊誠齋記希濂堂曰。余謝病免歸。故人邵陽使君潘侯燾移書請曰。邵故濂溪先生舊治也。治平四年。先生以永州治中來攝。若稽壁記不書。爰諏故老。皆無在者。燾欲求其學道愛人之遺風。以爲師範焉。而不可得。獨潘公與嗣謂其爲治精密嚴恕。隱然有當于吾心。乃卽治之西偏。因屋之廢者。闢而爲堂。命曰希濂。聽訟于斯。退食遊息于斯。晦庵先生聞之。喜曰。精密嚴恕四者。未有合而言之者也。合而言之。尤有意味。此非近世所謂儒者之政。漫漶以干譽者也。余于此當深有發矣。因爲㫋大書三字。扁之堂上。惟先生精微之意。微潘公疇能發之。微晦翁疇能領之。微先生疇能記之。余賀侯曰。甚善。然難言也。苛似精。譎似密。刻似嚴。弛似恕。皆非也。去其似而非者。則得其精微者矣。抑侯請大之。先生不云乎。聖希天。賢希聖。士希賢。侯也希濂。希其四也。盍充其四以上。達其三乎。充其四達其三。希之大也。希其四而已矣。大云乎哉。

義先生太初

義太初字仲遠。營道人。先以詞賦名。尋舍去。宗濂溪之學。登淳熙進士。性行端方。周平園朱晦庵皆與之遊。表其能。歷知高瓊二州。俱有聲。一統志。

侍郎詹先生儀之詳見麗澤諸儒學案。

侍郎度先生正詳見滄洲諸儒學案。

蔡先生淵詳見西山蔡氏學案。

李先生明復別見鶴山學案補遺。

文靖魏鶴山先生了翁詳鶴山學案。

文忠眞西山先生德秀詳西山學案。

張墨莊先生泳別見晦翁學案補遺。

教授姚先生宏中

姚宏中字安道。海陽人。登嘉定進士。調靖江教授。自師友講學外。絶無他交。歸。端居一室。惟日温舊學。性狷介。不苟隨。從鄉前輩遊。得濂洛諸大儒書。讀之曰。道在是矣。玩索精微。氣度超然。若不屑于世者。姓譜。

朝奉陳先生光祖詳見西山蔡氏學案。

楊先生譓

楊譓字克明。平陽人。屢舉不第。遂棄去舉子業。專志聖賢之學。其居室左書周子志伊學顔篇。右書張思叔座右銘。謂正家必自内始。作新婦戒。由家而族。作楊氏族譜。由族而鄉。作廬江鄉約。又作發蒙備用。以教童子。澧州舊志。

楊先生允恭

楊允恭字謙仲。長沙人。嘉熙閒官道州教授。尋遷國子博士。景定三年權知道州。鼎新濂溪書院。請賜御額。又立小學于濂溪故宅之右。求周氏族齠齔以上者。得二十餘人。選族長主其教。月給錢糧。課嚴效速。凡異姓子弟願就學者。亦聽焉。擢提點廣東刑獄。去州。人立祠肖像祀之。

湖南通志。

李竹湖先生韶

李韶字元善。□□人。彌遜之曾孫也。嘉定四年與其兄同舉進士。調南雄州教授。又調慶元。丞相史彌遠薦士充學職。不與。袁正獻燮求學宫射圃益其居。亦不與。正獻以此更敬先生。以廉勤薦。屢改太學博士。匄外添差通判泉州。郡守游九功素清嚴。獨異顧之。改知道州。葺濂溪故居。録其子孫于學官。且周其家。紹定四年。行都災。先生應詔言事。提舉福建市舶。會星變。又應詔言事。入爲國子監丞。歷拜右正言。殿中侍御史。時魏鶴山了翁罷督予祠。先生説曰。了翁刻志問學。幾四十年。忠言讜論。載在國史。去就出處。具有本末。端平收召。論事益切。去年督府之遣。體統不一。識者逆知其無功。了翁迫于君命。黽勉驅馳。未有大闕。襄州變。出肘腋。未可以爲了翁罪。樞庭之召。未幾改鎮。改鎮未久。有旨予祠。不知國家四十年來。收拾人才。㦸然有稱如了翁者幾人。願亟召還。處以台輔。又劾奏陳洵益。女冠吴知古。帝怒。先生還笏殿陛。乞歸。會祀明堂。雷電。免二相。先生權工部侍郎正言。遷起居舍人。復疏洵益知古。不報。乞補外。知漳州。號稱廉平。嘉熙四年遷户部侍郎。五年改禮部。遷吏部侍郎。兼中書舍人。淳祐二年乞歸。知泉州。五年被召遷禮部侍郎。三辭。遷權禮部尚書。七年上疏匄去。以端明殿學士提舉玉隆宫。十一年卒。年七十五。先生忠厚純謹。平粹簡澹。不溺于聲色貨利。默坐一室。門無雜賓云。宋史。

梓材謹案。先生自號竹湖。見王臞軒寄呈漳守李侍郎元善詩原注。又臞軒祭趙東巖文云。董睢邸之宗盟。屬舶臺之兼攝。視琛貨如敝屣。獨皎然如玉雪。加以眞西山之高。與夫李竹湖之潔。三清萃于一時。賢者之師。而不肖者心折。亦可知其槩矣。

又案。先生爲司業琪猶子。司業作春秋王霸列國世紀編。先生爲之補續其未成。司業別載武夷學案補遺。

葉先生介

葉介。休寧人。彙其文甲乙藁者六十四卷。請劉後村評之。後村跋其文卷曰。君學本周張。以予觀之。周子所著一圖。張子二銘而已。君他日觀窗前之春草。撤座上之虎文。深養而謹出之。則六十四卷之中必有所去取矣。劉後村集。

林先生袷附弟易。

林袷字藏英。永嘉人。與弟易同登淳祐第。教授靜江府。以周程諸書爲學者講說。又置乳洞莊以資貢士。歷除監察御史。面對。言不世之大功易立。至微之本心難保。敬肆稍殊。影響絶異。累進擢吏部侍郎。卒。易字藏用。薦主管官誥院。卒。兄弟孝友無閒言。温州府志。

少保楊平舟先生棟父汝明。

楊棟。青神人。父工部尚書汝明。爲成都推官。不受吳曦之招。先生登紹定二年進士第一。爲宗正少卿。進對。理宗曰。止是正心脩身之說乎。對曰。臣所學三十年。止此一說。用之事爲。

至爲簡易。後累官禮部尚書。參知政事。以資政殿大學士奉祠。卒。贈少保。先生之學本諸周程。負海内重望。所著有崇道集。平舟文集。姓譜。

周先生應合

周應合字淳叟。江州人。七歲授詩書。通習大義。紹定四年。詞賦應鄉試。不中。乃學春秋經。結廬深密。探微索幽。從者益衆。淳祐十年。試轉運司。入別院。授江陵府教授。之官。首講孟子曰。壯者以暇日修其孝弟忠信。此凡民也。士無一日而不脩。士不當以壯幼論。師友言行去其偏黨。據會立要。學者深德之。創鄉射齋。申飭武備。立凡例以脩郡乘。馬光祖帥荆湖。援夔路。俾爲屬。主贊畫。開慶二年。馬帥沿江。復佐江東。兼長明道書院。淳公嗣人絶。詢諸池陽。得五世孫偃孫。以主奉。集二程遺語若干卷。後以馬命爲新金陵志。景定閒。以史館檢閲入對。賈似道怒之。言者急擊去。外補通判饒州。咸淳四年。通判寧國府。湘帥汪立信奏辟通判潭州。兼參議官。江文忠公以國子監簿進擬。似道亟命御史李珏褫劾。德祐元年復官。是歲。似道兵敗走維揚。起守寧國江西。以瑞缺守。辟知瑞州。將治兵爲固圉計。與帥議不合。劾去。元至元十七年卒。年六十有八。眉山程尚書公許嘗語曰。君理義則濂溪。章表似平園。以溪園自號爲宜云。清容居士集。

知州許先生子良

許子良字肖説。東陽人。嘉熙閒舉進士。年已五十餘矣。調餘姚簿。未上。用辛相喬行簡薦。歷大學博士。請外。出知饒州。改知台州。姓譜。

附録

方秋崖薦之曰。臣究觀其人。蚤登諸老之門。頗臻作者之域。文固非其所歉也。而淵源師友。猶有典刑。濂洛以來遺書之在者。無不習也。其易所謂多識前言往行者乎。臣是以知子良之學。癯然一老。若不勝衣。而剖決如流。不回不奪。義理之篤固如此。其詩所謂柔亦不茹。剛亦不吐者乎。臣是以知子良之政。

知州徐先生拱別見絜齋學案補遺。

陳先生紹叔

陳紹叔字克甫。莆田人。終日危坐一室。俯讀仰思。嘗爲學者講論璣衡。遂揉木爲儀象以示之。既而鑄銅倣古制。又別制器象天體。虚其中而髹之。上刻周天度數。而以細螺塡之。揭南北二極。凡天河星宿皆列其名。使夜視之。與天象合。圍四尺五寸有奇。名曰小天。至于河圖洛書太極通書律曆制度。靡不研究。有外集百餘卷。題曰浮邱集。稱浮邱先生。道南源委。

承務李竹隱先生用

李用。東莞人。少孤。事母孝。棄舉業。究周程之學。著論語解。以薦授校書郎。不就。姓譜。

雲濠謹案。陳氏璉表先生之墓云。李忠簡公昴英嘗以其著論語解進于朝。授校書郎。不就。尋遷承務郎。以旌其高。理宗御書竹隱精舍賜之。

附録

杜門潛心理學。非親友昏祭不出。如是者將三十年。而踐履日熟。士之從學者。館無虛日。自號竹隱。人稱曰竹隱先生。

所著論語解。究明伊洛奥旨。以遡洙泗之源。訓詁明白。便于講誦。學者傳習之。

宋先生仲錫

宋仲錫。□□人。知邵州。始至。謁周濂溪祠。慨其傾圮不治。乃撤而大之。祀先賢于東西序以侑。邵故有躍龍橋。横亘三十丈。歷五郡守。成而輒毁。先生慨民病涉。撙節少府用度。鋭意成之。提刑高斯得爲之記。恥堂存稿。

何北山先生基詳北山四先生學案。

饒雙峯先生魯詳雙峯學案。

蘇先生澤別見百源學案補遺。

賀先生道成

賀道成。著濂溪師友録三十三卷。宋史。

教授陳先生元大附子後山。

陳元大字孔碩。□□人。先生遠接洙泗之傳。尚友于濂洛閩建諸君子。任温州儒學教授。著四書講義行于世。宋末避于吴常熟。愛其風俗山水之美。遂居焉。子後山。亦以道學鳴。姓譜。

朱先生中詳見麗澤諸儒學案。

縣尉孫香醉先生福翁

孫福翁字叔和。慈溪人。年十餘歲。通九流。應科舉。不偶。退而編三皇五帝而下迄于五代。名曰野史。纂無極太極以來至于時政。名曰墨兵。録天地事物之變及乎品彙流形。名曰繁露。凡百二十卷。他作亦百二十卷。壯而抱劍遊四方。上督視史公籌邊十策。調以歸州巴東尉。笑而去之。歸而讀佛氏所謂大藏經。又悉加之纂注。夢遊香醉山。自號香醉山人。大悟生死法。其自誌如此。咸淳八年卒。年七十二。東發文集。

教授魏石川先生新之詳見范許諸儒學案。

平舟家學

楊先生汲

楊汲字清父。眉山人。著有河洛言敬。謂洙泗言仁。由仁入聖。河洛言敬。由敬入誠。非禮勿視聽言動。敬也。敬則仁矣。故曰克己復禮爲仁。洙泗言仁。有功萬世。河洛言敬。有功聖門。故亦類聚程子之言敬者。其目六。其條七十。以開後學。與南軒類聚言仁之書相表裏。嘗官大理寺丞。典郡。先公平舟先生。嘗參大政。其亦如張魏公之有子云。方桐江集。

知州楊見山先生文仲

楊文仲字時發。平舟從子。邃于春秋。寶祐進士。官太常丞兼崇政殿説書。每以積誠感動帝意。後知泉州。卒。有見山文集。姓譜。

梓材謹案。鄧巴西集季先生墓誌銘云。時國子祭酒楊公文仲守蜀。學不爲時好。少屈撓。爲文必援據經旨。極明二百四十二年興衰理亂之故。士咸宗之。蓋先生之邃于春秋如是。

平舟門人

教授張導江先生𩑶詳見北山四先生學案。

竹隱家學

教授李梅外先生春叟附師林思齊。陳翊。陸鵬升。子同父。

李春叟字子先。東莞人。用之子。蚤穎悟。邑宰許巨川見而異之。勉其遠遊從師。遂謁桂陽林思齊。陳翊。陸鵬升。受春秋。又以諸經參訂于公巖壽。盧方春。周梅叟諸人。如趙順孫。陳存。盧鉞。吕直之。皆其友也。交薦入仕。授惠州司户。有賢能聲。累除德慶教授。秩滿而歸。絶意仕進。暇日著論語書以補先志所未及。大抵撮晦庵要語爲之。又摘其玄微者爲詩。使學者詠諷自得。號詠歸集。家居以經學訓後生。嶺海名士多出其門。文風益盛。朝廷敬其名。除軍器大監。辭不就。賜號梅外處士。元初分司李僉事延先生邑學。禮以賓師。公暇卽造問政。隱居養高年。八十卒。諸子多文藝可觀。曰同父者。嘗著易説。爲邑令掾。廣州人物傳。

法曹李先生得朋

李先生松叟合傳。

李得朋。竹隱次子。官至法曹。李松叟。有文聲。早卒。蓋竹隱有子三人。各通一經。能世其業云。廣州黄志。

梅外同調

主簿翟先生龕

翟龕。東莞人。景定二年以書經領鄉薦。咸淳二年再舉都魁。官本邑主簿。宋末。元兵所過恣屠戮。羣情駭愕。先生與李春叟。趙必瑑。張元吉。締謀決策。竭力完守。綏輯撫循。宋亡。悲憤杜門不出。建樓貯書。以延文學。名曰聚秀書院。學者稱遯庵先生。廣州人物傳。

見山門人

縣尉季先生立道附師李貴蘭。徐天麟。潘景之。

季立道字成甫。處之龍泉人。國子祭酒楊公文仲咸淳戊辰考試春官。得先生之文。大喜。遂擢高第。蓋先生早以才敏著聞鄉邑。又之永嘉。所從師若李貴蘭。徐天麟。潘景之。皆號鄉先生。交友則趙公順孫。以春秋魁多士。後嘗參預大政。故先生學粹而文日該洽。由兩浙漕司與計偕卒受知楊公云。初調湖州歸安尉。推用儒術。吏不敢紿。郡凡三易守。皆見器重。會漕司秋試。選明經士。司考擇。先生不得。辭歸數月。以疾卒。年六十有二。嘗手鈔春秋左氏傳。考摭史記國語諸國名諡同異。及論著事變顛末。名曰春秋貫穿。癸酉歲。蜀士試春秋者逾五千。而先生拔鄧文原之文。首薦書。文原嘗詣客館。先生進揖而誨之曰。子後當以文章顯。宜殖學以遲時。毋躁也。鄧巴西集。

周學之餘

文忠郝陵川先生經詳見魯齋學案。

貞敏蕭勤齋先生𣂏詳蕭同諸儒學案。

蕭先生德孫附子濟美。

蕭德孫。廬陵人。經傳子史九流百家無不貫通。下筆數千言。倚馬可待。平生所爲文。號師心集。時文不與。編集聖賢所言性理。濂洛而下議論。分門考訂。名曰理要。居鄉務教學者以孝弟爲本。子濟美。與貢。戒以毋矜毋怠。至順下第。則曰。此吾子進德機也。藏書千卷。及胡忠簡楊文節清江謝章二尚書諸人翰墨數十紙。當㊀令愛護。此家寶。欲以見先世。受知于先正。若是書外無長物。而于利澹如也。吳文正集。

朱先生本

朱本字致貞。富州人。至正間。用薦授福州路儒學提舉。南昌府志。

梓材謹案。先生著有太極圖解。經義考云佚。

㊀「當」當爲「常」。

嚴先生養晦別見晦翁學案補遺。

王先生申子

王申子字巽卿。邛州人。皇慶二年充武昌路南陽書院山長。後寓居慈利州天門山。垂三十年。始成春秋類傳及大易緝説十卷。其説春秋。主有貶無褒之説。説易。則力主數學。而持論與先儒迥異。大旨以河圖配先天卦。以洛書配後天卦。于古來説易七百餘家中。惟取六家。一河圖洛書。二伏羲。三文王。四周公。五孔子。六周子太極圖也。四庫全書提要。

附録

吴草廬曰。王巽卿易皆祖本程傳。有與易之本文不甚協者。乃更易之。其書最爲平正穩當。

又曰。巽卿周禮正義。其言比之宏齋包氏。極爲平恕。

田澤曰。易最精微。難得明白。蜀儒王申子所解大易輯説。分緯河圖。以遡伏羲畫卦之始。錯綜河洛。以定文王位卦之次。又參上繫下繫。以覆聖人設卦繫辭之旨。又主成卦之爻。以發聖人立象取義之因。貫通爻義。章分象傳。訂晦庵十圖九書之旨。辨濂溪無極太極之説。無一毫之穿鑿。有理致之自然。

又曰。申子所解春秋類傳。則曰有貶無褒。乃夫子一部法書。出乎周公之禮。則入乎夫子之法。撥亂反正。無罪不書。其志封疆者。所以著侵奪之罪也。其志世次者。所以著簒弑之罪也。志禮樂。志正朔者。著僭竊無王之罪也。志兵職。志兵賦者。著違制害民之罪也。謂侯國不合自稱元年。故書元年。謂魯不合以子月爲春。故書春。謂舉世不知有王。故書王。謂子月非正月。故書正。發此義例。類成一書。皆先賢所未發。深得聖人之本旨。

教諭唐先生朝

唐朝字用大。興安人。刻意力學。遷授辰溪教諭。值湖湘道阻。乃歸。授徒家塾。每講學。必先示濂洛關閩粹論。使之體認自得。嘗析心字之義。爲心法纂圖。後居父喪。不復仕。一統志。

忠宣楊中齋先生漢英

楊漢英字熙載。播州人。安撫使惠敏公邦憲之子也。甫五齡。母田氏攜朝于上京。以父爵錫襲之。賜名賽因不花。大德四年。六年。再出師征蠻。七年。卒于師。年止四十。少讀濂洛書。爲詩文以體要爲主。著有明哲要覽九十卷。桃溪内外集六十二卷。自號中齋。至治二年。封播國公。謚忠宣。清容居士集。

臧梧岡先生廷鳳

臧廷鳳。□□人。博極羣書。歸宿于濂洛關閩之論。學者稱爲梧岡先生。姓譜。

提舉蒲順齋先生道源別見蕭同諸儒學案補遺

周先生子固別見百源學案補遺。

傅先生時附子淳。

傅時。鄞人。雲濠案。兩浙名賢録。先生名時偕。慈溪人。以道學名。子淳。字伯厚。幼有成人志。稍長知自奮。嘗業舉子試。不利。即取所業稿焚之。益究經史百家言。正以濂洛諸儒之說。以窮性命道德之奥。讀易至繫辭曰。聖人以此洗心退藏于密。拱手立曰。淵乎休哉。遂顔其室曰退密。鄉人以退密先生稱之。學問純正。不求人知。守令聞其賢。每訪以治道。必參酌古今以對。寧波府志。

郎中葉繼道先生葵別見横渠學案補遺。

梓材謹案。姓譜載退密先生能傳其家學。有洪範敷言。性理叢説。大學補略。視志稿。藏于家。

忠貞卓先生敬

卓敬字惟恭。瑞安人。穎悟過人。讀書十行俱下。登洪武戊辰進士。除户科給事中。鯁直無所避。歴官户部侍郎。燕王即位。被執。責以建議徙燕。離間骨肉。先生厲聲曰。惜先帝不用敬言耳。斬之。夷三族。先生立朝。慷慨美丰姿。善談論。凡天官輿地律暦兵刑諸家。無不博究。成祖嘗歎曰。國家養士三十年。惟得一卓敬。明史本傳。

梓材謹案。温州舊志稱先生尤邃性理。有書十卷。發明周子通書邵子經世之學。詩文五十卷。又案。明史不載其謚。萬曆志云。宣德間。門人黄潮光爲作年譜行狀。以忠貞私謚之。康熙志則謂隆慶初詔録革除諸臣。謚先生以忠貞云。

楊氏續傳

奉訓楊先生壯行別見巽齋學案補遺。

平舟續傳

學正趙先生茂元

趙茂元。居吴門。與虞道園皆眉山楊氏之外孫也。至順辛未調官京師。急于親養。乞遠方一巡徼以去。道園送之序云。以楊氏之學論之。平舟爲朱氏張氏之學。以道學自任。其議論政事必出于此。而見山與其弟吏部。以春秋嘗爲太學師。陳義甚正。非特文學而已。宋亡五十年。其門人學者皆盡。諸舅氏亦已物故。遺書存者無幾。獨茂元猶能有所誦而傳之。庶幾遺風流韻之可見者乎。道園學古録。

雲濠謹案。道園又有送先生歸鄉序云。眉山趙君茂元。自其大父王大父。世以春秋掇巍科。登顯仕。有譽聞于當世。與同郡楊氏。史氏。程氏。家氏。門户相望。互爲婚姻。雖遠在吴越。家庭之間。郁郁乎故鄉近古之意也。内附垂六十年。茂元父子服其冠衣。講學郡縣。不以官卑禄薄爲嫌。意氣躍如也。藹如也。又言。其爲吴學正。又云。聞茂元得其曾外祖平舟楊公遺文。將從官下并其家集刻之。是先生爲平舟曾外孫也。

季氏門人

文肅鄧匪石先生文原詳見北山四先生學案。

周氏之餘

隱君周先生塤

周塤字伯和。□□人。濂溪九世孫。世傳家學。隱居獨善。姓譜。

周先生南老

周南老字正道。濂溪先生之後也。宋季徙吴。先生元季用薦授永豐縣學教諭。改當塗。會天下亂。省臣奏爲吴縣主簿。縣稱神明。尋辟爲浙省掾。上書言時政六事。歷進權本省理問。入明。徵詣太常。議郊祀禮。禮成。發臨安居住。先生端毅好學。其學本于義理。而詳于制度。著有易傳集説。喪祭禮舉要。姑蘇雜詠。拙逸齋稿。姑蘇志。

梓材謹案。姑蘇志先生本傳云。祖才。父文英。自有傳。然考人物志名臣傳。才與文英皆周武仲憲之之後。憲之浦城人。龜山誌墓並不言濂溪之後也。姑識以俟博攷。

宋元學案補遺卷十三目録

明道學案補遺上

宋元學案補遺卷十三

後學 鄞王梓材 慈谿馮雲濠 同輯

明道學案補遺上

明道師承

彭先生思永

彭思永字季長。廬陵人。第進士。知南海分寧縣。通判睦州台州。大水敗城。人多溺。往攝治焉。盡葬死者。作文祭之。民貧不能葺居。爲伐木以助之。數月。公私之舍皆具。城築高于前。而堅亦如之。知潮州常州。入爲侍御史。論内降授官賞之弊。謂斜封非盛世所當有。仁宗深然之。未幾解臺職。爲湖北轉運使。益州路轉運使。尋爲户部副使。擢天章閣待制。河北都轉運使。知瀛州。徙知江寧府。治平中。召爲御史中丞。濮王有稱親之議。言事者爭之。皆斥去。先生更上疏極論。疏入。英宗感其切至。垂欲施行。而中書持之甚力。卒不果。神宗卽位。出知黄州。改太平州。熙寧三年以户部侍郎致仕。卒年七十一。先生仁厚廉恕。爲兒時。起就學。得金釵于門外。默坐其處。須臾亡釵者來物色。審之良是。卽付之。其人欲謝以錢。先生笑曰。使我欲之。則匿金矣。始就舉。持數釧爲資。同舉者過之。出而玩。或墜其一于袖間。衆相爲求索。先生曰。

數止此耳。客去。舉手揖。釧墜于地。衆皆服其量。居母喪。寠甚。鄉人餽之。無所受。子衛。亦孝謹。以父老。棄官家居十餘年。族里稱之。宋史。

梓材謹案。先生父應求。爲渠陽幕史。濂溪有彭推官詩序度性善跋云。明道十四五。伊川十三四。從濂溪問學。其後推官之子一見明道。歎其老成。遂以女妻之。其講聞之益。有所自矣。蓋明道爲先生第三壻。先生卒。明道爲狀其行。又爲祭文云。昔我穉齒。爲公所器。教之誨之。實妻以子。並見明道文集。

附録

嘗曰。牢籠之事吾所不爲。

每語人曰。吾不爲他學。但幼卽學平心以待物耳。又常教其子弟曰。吾數歲時。冬處被中。則知思天下之寒者矣。

濂溪門人

補 純公程明道先生顥

雲濠謹案。先生淳祐元年從祀廟廷。元至順二年封豫國公。國朝雍正二年改稱先賢。

明道定性書

附朱子定性説曰。定性者。存養之功至而得性之本然也。性定則動静如一而内外無間矣。

天地之所以爲天地。聖人之所以爲聖人。不以其定乎。君子之學。亦以求定而已矣。故廓然而大公者。仁之所以爲體也。物來而順應者。義之所以爲用也。仁立義行。則性定而天下之動一矣。所謂貞也。夫豈急于外誘之除。而反爲是憧憧哉。然常人之所以不定者。非其性之本然也。自私以賊夫仁。用知以害夫義。是以情有所蔽而憧憧耳。不知自反以去其所蔽。顧以惡外物爲心。而反求照于無物之地。亦見其用力愈勞而燭理愈昧。蓋以憧憧而不自知也。艮其背則不自私矣。行無事則不用知矣。内外兩忘非忘也。一循于理。不是内而非外也。不是内而非外。則大公而順應。尚何事物之爲累哉。聖人之喜怒。大公而順應天理之極也。衆人之喜怒。自私而用知。人欲之感也。忘怒則公。觀理則順。二者所以爲自反而去蔽之方也。夫張子之于道。固非後學所敢議。然其彊探力取之意多。涵泳完養之功少。故不能無疑于此。程子以是發之。其旨深哉。

明道論性説

生之謂性止生之謂也。

朱子曰。天之付與萬物者謂之命。物之稟受于天者謂之性。然天命流行。必二氣五行交感凝聚。然後能生物也。性命形而上者也。氣則形而下者也。形而上者。一理渾然。無有不善。形而下者。則紛紜雜糅。善惡有所分矣。故人物既生。則卽此所稟以生之氣。而天命之性存焉。此程子所以發明告子生之謂性之性。而以性卽氣。氣卽性者言之也。

人生氣稟止不可不謂之性也。

朱子曰。所稟之氣。所以必有善惡之殊者。亦性之理也。蓋氣之流行。性爲之主。以其氣之或純或駁。而善惡分焉。故非性中本有二物相對也。然氣之惡者。其性亦善。不善故惡。亦不可不謂之性也。先生又曰。善惡皆天理。謂之惡者。本非惡。但或過或不及便如此。蓋天下無性外之物。本皆善而流于惡耳。

蓋生之謂性止水流而就下也。

朱子曰。性則性而已矣。何言語之可形容哉。故善言性者。不過卽其發見之端而言之。而性之藴因可默識矣。如孟子之論四端是也。觀水之流而必下。則水之性下可知。觀性之發而必善。則性之藴善亦可知也。

皆水也止各自出來。

朱子曰。此又以水之清濁譬之。水之清者。性之善也。流至海而不污者。氣稟清明。自幼而善。聖人性之而全其天者也。流未遠而方濁者。長而見異物而遷焉。失其赤子之心者也。濁有多少。氣之昏明純駁有淺深也。不可以濁者不爲水。惡亦不可不謂之性也。然則人雖爲氣所昏。流于不善。而性未嘗不在其中。特謂之性。則非其本然。謂之非性。則初不離是。以其如此。故人不可以不加澄治之功。惟能學以勝氣。則知此性渾然。初未嘗壞。所謂元初水也。雖濁。而清者存。故非將清來换濁。既清。則本無濁。故非取濁置一隅也。如此則其本善而已矣。性中豈有兩物對立而並行也哉。

此理天命也止此舜有天下而不與者也。

朱子曰。此理天命也。該始終本末而言也。脩道雖以人事而言。然其所以脩者。莫非天命之本然。非人私智所能爲也。然非聖人有不能盡。故以舜明之。

梓材謹案。明道説具載明道語録。

明道語録

聖人用意深處。全在繫辭。詩書乃皆格言。觀易須識時。然後見逐爻之閒。嘗包函數意。聖人嘗取其重者爲之辭。亦有易中言之已多。取其未嘗言者。亦不必重事。又有且言其時。不及其爻之材。皆臨時參考。須先看卦。乃看得繫辭。學者全要識時。若不識時。不足以言學。

道之外無物。物之外無道。是天地之閒無適而非道也。即父子而父子在所親。即君臣而君臣在所敬。以至爲夫婦。爲長幼。爲朋友。無所爲而非道。此道所以不可須臾離也。

物即事也。凡事上窮極其理。則無不通。

學須就事上學。

君子惟患無善之可稱。當汲汲爲善。非求名也。有實則有名。名實一也。若夫好名。則徇名爲虛矣。如君子疾没世而名不稱。謂無善可稱耳。非徇名也。所見所期。不可不遠且大。然行之亦須量力有漸。志大心勞。力小任重。恐終敗事。又不可以不知此理也。

職事不可以巧免。

君子教人有序。先傳以近者小者。而後教以大者遠者。非是先傳以近小。而後不教以遠大也。

宋元學案補遺卷十四目録

宋元學案補遺卷十四

後學　鄞　王梓材　慈谿馮雲濠　同輯

明道學案補遺下

明道文集

得天理之正。極人倫之至者。堯舜之道也。用其私心。依仁義之偏者。霸者之事也。王道坦然。本乎人情。出乎禮義。若履大路而行。無復回曲。霸者崎嶇反側于曲徑之中。而卒不與入堯舜之道。故誠心而王則王矣。假之而霸則霸矣。論王霸之辨。

君道在乎稽古正學。明善惡之歸。辨忠邪之分。曉道之正。又在乎君志先定。定志者正心誠意。擇善而固執之也。惟以聖人之訓爲必當從。先王之治爲可法而已。然天下之事。患常生于忽微。而志亦戒乎漸習。故古之人君出入間燕。必有誦訓箴諫之臣。左右前後無非正人。以成德業。願㊀禮命老臣賢儒。日親便坐。講論道義。以輔聖德。又擇賢俊。使陪法從。朝夕進見。開陳善道。以廣聽聞。則聖知益明。王猷允塞矣。論君道劄子。

㊀「願」下脱「陛下」。

治天下以正風俗。得賢才爲本。宜先禮命近侍賢儒及百執事。悉心推訪。有德業克備足爲師表者。其次有篤志好學才良行脩者。延聘敦遣。萃于京師。朝夕相與講明正學。其道必本于人倫。明乎物理。其教自小學灑掃應對以往。脩其孝弟忠信。周旋禮樂。其所以誘掖激勵漸靡成就之道。皆有節序。其要在于擇善脩身。至于化成天下。自鄉人而可至于聖人之道。其學行皆中于是者爲成德。取材識明達可進于善者。使日授其業。擇其學明德尊者爲太學之師。次以分教天下之學。擇士入學。縣升之州。州賓興于太學。太學聚而教之。歲論其賢者能者于朝。凡選士之法。皆以性行端潔。居家孝弟。有廉恥禮讓。通明學業。曉達治道者。請脩學校尊師儒取士劄子。

先王求治。何嘗不盡天下之才。今天下之大。豈爲乏賢而朝廷無養賢之地以容之。徐察其器能高下而進退之也。論養賢劄子。

陸君用啖氏之說曰。春秋紀師何無曲直之辭。曰。一之也。不一則禍亂之門闢矣。謂禘爲王者之祭。明郊非周公之志。餘若書鄭伯之克。謂克下之辭。明君臣之義。書次于郎。則言非有俟。而次則意將爲賊爾。防兵亂之源。南廟試策。

天之生民。是爲物則。非學非師。孰覺孰識。聖賢之分。古難其明。有孔之遇。有顏之生。聖以道化。賢以學行。萬世心目。破昏爲醒。周爰闕里。惟顏舊止。巷汙于榛。井堙而圮。鄉閭蚩蚩。弗視弗履。有卓其誰。師門之嗣。追古念今。有惻其心。良賈善諭。發帑以金。巷治以闢。井渫而深。清泉澤物。佳木成陰。載基載落。亭曰顏樂。昔人有心。予忖予度。千載之上。顏惟孔學。百世之下。顔居孔作。盛德彌光。風流日長。道之無疆。古今所常。水不忍廢。地不忍荒。嗚呼正學。其何可忘。顔樂亭銘。

王魯齋曰。顔子故居。所謂陋巷者。猶有井存焉。孔周翰爲浚其井。而作亭于其上。程子故爲銘之。惟程子師周子。每令尋顔子之樂處。而程子每自得于心目之間。故于此亭。因孔顔之胄裔。而深有感于師友之契。揭聖賢之學。以示人有志于斯道者。必將由辭以得意。則庶幾乎。

二氣交運兮五行順施。剛柔雜糅兮美惡不齊。稟生之類兮偏駁其宜。有鍾粹美兮會元之期。聖雖可學兮所貴者資。便儇佼厲兮去道遠而。李仲通銘。

附録

先生爲鄠令。當事者欲薦之。問所欲。先生曰。薦士當以才之所堪。不當問所欲。或問。簿。佐令者也。簿所欲。爲令或不從。奈何。明道曰。當以誠意動之。令是邑之長者。能以事父兄之道事之。過則歸己。善則唯恐不歸于令。積此誠意。豈不動得人。

先生充養純粹。徹視無間。其自任之重。以聖人爲必可學。以一物不被澤爲己病。而清越灑然。如在事外。

明道改正大學。以康誥曰以後釋明字新字止字者。聯首章明德新民止至善之下。然後及古之欲明明德一章。以所謂誠意以後。節節釋之。伊川改正大學。則移古之欲明明德一章于康誥曰之前。黄氏日鈔。

先生教人自致知至于知止。誠意至于平天下。灑掃應對至于窮理盡性。循循有序。病世之學者舍近而趨遠。處下而闚高。所以輕自大而卒無得也。

謂孟子没而聖學不傳。以興起斯文爲己任。其言曰。道之不明。異端害之也。昔之害近而易知。今之害深而難辨。昔之惑人也乘其迷暗。今之入人也因其高明。自謂之窮神知化。而不足以開物成務。言爲無不周遍。實則外于倫理。窮深極微而不可以入堯舜之道。天下之學非淺陋固滯。則必入于此。自道之不明也。邪誕妖異之説競起。塗生民之耳目。溺天下于污濁。雖高才明智膠于見聞。醉生夢死不自覺也。是皆正路之蓁蕪。聖門之蔽塞。闢之而後可以入道。以上行狀。

先生和諸公梅臺詩曰。急須乘興賞春英。莫待空歸謾寄聲。淑景暖風前日事。淡雲微雨此時情。後一日又和曰。賞玩嬉游須及辰。莫辭巾屨染煙塵。衹應風雨梅臺上。已減前時一半春。

朱文公曰。龜山謂天際是輕陰與梅臺。是説時事。

又秋日偶成詩曰。閒來無事不從容。睡覺東窗日已紅。萬物静觀皆自得。四時佳興與人同。道通天地有形外。思入風雲變態中。富貴不淫貧賤樂。男兒到此是豪雄。

朱文公曰。看他胸中直是好。與曾點底事一般。言窮理精深。雖風雲變態理無不到。

伊川序明道墓表曰。周公没。聖人之道不行。孟軻死。聖人之學不傳。道不行。百世無善治。

學不傳。千載無眞儒。無善治。士猶得以明夫善治之道。以淑諸人。以傳諸後。無眞儒。則天下貿貿焉莫知所之。人欲肆而天理滅矣。先生生乎千四百年之後。得不傳之學于遺經。以興化斯文爲己任。辨異端。闢邪説。使聖人之道煥然復明于世。蓋自孟子之後一人而已。然學者于道不知所問。則不知斯人之爲功。不知所至。則孰知斯名之稱情也哉。山可夷。谷可遷。明道之名則亘萬古而長存也。

范忠宣祭之曰。惟君之德。顔氏庶幾。惟君之道。孟軻無疵。嘉言遠識。後學所師。如何遘厲。梁壞山頹。君今殁矣。吾道疇依。

韓持國誌其墓曰。先生于書無所不讀。自浮屠老子莊列。莫不思索究極。以知其意。而卒宅于吾聖人之道。其持己清峻。若不可及。而與人甚恕而温。論治道。卓乎至于無能名。而應世接物莫不曲盡其宜。苟善于君矣。爵禄可捨也。苟利于民矣。法禁不避也。自元豐以來。論賢士大夫宜在天子左右者。君必與焉。

劉立之述其事迹曰。先生從汝南周茂叔問學。窮性命之理。又曰。自孟子没。聖學失傳。先生傑然自立于千載之後。芟闢榛穢。開示本原。聖人之庭户曉然可入。學士大夫始知所向。

邢恕述曰。先生德性絶人。外和内剛。眉目清峻。語聲鏗然。

朱光庭述曰。先生得聖人之誠者也。才周萬物而不自以爲高。學際三才而不自以爲足。行貫神明而不自以爲異。識照古今而不自以爲得。至于六經之奥義。百家之異説。研窮披抉。判然胸中。天下之事。雖萬變交於前。而燭之不失毫釐。權之不失輕重。貧賤富貴死生皆不足以動其心。非所得之深。所養之厚。能至是乎。

范祖禹述曰。自孟子没。中庸之學不傳。後世之士不循其本。而用心于末。故不可與入堯舜之道。先生以獨智自得。去聖人千有餘歲。發其關鍵。直睹堂奥。一天地之理。盡萬物之變。眞學者之師也。

吕大臨爲哀詞曰。先生負特立之才。知大學之要。博聞强記。躬行力究。察倫明物。極其所止。涣然心釋。洞見道體。其造于約也。雖事變之感不一。應之以是心而無窮。雖天下之理至衆。知反之吾身而自足。其致于一也。異端並立而不能移。聖人復起而不與易。其養之成也。和氣充浹。見于聲容。然望之崇深。不敢慢也。遇事優爲。從容不迫。然誠心懇惻。弗之措也。其自任之重。寧學聖人而未至。不欲以一善成名。寧以一物不被澤爲己病。不欲以一時之利爲己功。其自信之篤也。吾志可行。不苟潔其去就。吾義所安。雖小官有所不屑。

晁景迂答袁季皋書曰。明道之學。專明大道而本于仁義。其徒既少。又亦未嘗著書。

晁氏客語曰。程明道發語皆可録。受知神廟。神廟問張載邢恕所學。奏云。張載臣所畏。邢恕從臣游。

又曰。伊川謂明道曰。吾兄弟近日説話太多。明道曰。使見吕晦叔。則不得不少。見司馬君實。則不得不多。

謝上蔡曰。橫渠教人以敬爲先。大要欲得正容謹節。其意謂世人汗漫無守。便當以禮爲地。教他就上面做工夫。然其門人下稍頭溺于刑名度數之間。行得來固㈠無所見處。如喫木朽㈡相似。更没滋味。遂生厭倦。故其學無傳之者。明道先生則不然。先使學者有知識。窮得物理。卻從敬上涵養出來。自然是别。

又語録曰。學者須是胸懷擺脱得開始得。不見明道先作鄠縣主簿時有詩云。雲淡風輕近午天。傍花隨柳過前川。時人不識予心樂。將謂偷閒學少年。看他胸中極是好。與曾點底事一般。

龜山語録曰。凡詩必使言之無罪。聞者知戒。所以當譎諫也。如東坡詩。盡是譏誚朝廷。無至誠惻怛愛君之意。言之安得無罪。聞之豈足以戒乎。伯淳先生詩云。未須愁日暮。天際是輕陰。又云。莫辭盞酒十分醉。祇恐風花一片飛。何其温柔敦厚也。聞之者亦且自然感動矣。

邵氏聞見録曰。橫渠明道伊川三先生。俱從康節遊。康節尤喜明道。其譽之與富韓公司馬温公呂申公相等。故康節四賢詩云。彦國之言鋪陳。晦叔之言簡當。君實之言優游。伯淳之言調暢。四賢洛之觀望。是以在人之上。有宋熙寧之間。大爲一時之壯。則康節之所以處明道者盛矣。

胡文定曰。聖人志在天下國家。與常人志在功名全别。孟子傳聖人之道。故曰予豈若是小丈

㈠「固」當爲「困」。
㈡「朽」當爲「札」。

夫哉。諫于其君而不受。則悻悻然見于其面。去則窮日之力。且看聖人氣象則別。明道卻是如此。又曰。元豐中年詔起吕申公。司馬温公不起。明道作詩送申公。又詩寄温公。其意直是拳拳在天下國家。雖然如此。于出處又卻分明。不放一步過。作官時言新法者皆得責。明道獨除提刑。辭不受。改除簽判乃受。

朱子曰。明道答横渠定性書。直是條理不亂。又曰。此篇大綱只在廓然而大公。物來而順應兩句。

又爲明道先生祠記曰。先生之學。自其大者而言之。則其所謂考諸前聖而不謬。百世以俟後聖而不惑者。蓋不待言而喻。自其小者而言之。則上元之政。于先生之遠者大者。又懼其未足以稱揚也。吾何言哉。然其教人之法。循循有序。而嘗病世之學者捨近求遠。處下窺高。所以輕自大而卒無得焉。則世之徒悦其大者。有所不察也。上元之政。誠若狹而近矣。然其言有曰。一命之士。苟存心于愛物。于人必有所濟。則其中之所存者。又烏得以大小而議之哉。

又爲先生像贊曰。揚休山立。玉色金聲。元氣之會。渾然天成。瑞日祥雲。和風甘雨。龍德正中。厥施斯普。

又答劉子澄書曰。明道德性寬大。規模廣闊。伊川氣質剛方。文理密察。其道雖同。而造德各異。故明道嘗爲條例司官。不以爲浼。而伊川所作行狀。乃獨不載其事。明道猶謂青苗可且放過。而伊川乃于西監一狀。校計如此。此可謂不同矣。然明道之放過。乃孔子之獵較爲兆。而伊川之一一理會。乃孟子之不見諸侯也。此亦何害其爲同耶。

又答李誠之書曰。先生之道。卽伏羲堯舜禹湯文武周公孔孟所傳之道。先生之書。卽所以發明六經孔孟之書。初非別有玄妙奇特。自爲一家之説。而與古之聖賢異軌殊轍也。世之君子。固未必嘗讀其書。而驟讀其書。亦未能遽曉。是蓋不惟不知程氏之學。實乃并與古昔聖賢之學而不知之也。

又答孫季和書曰。明道答横渠書。誠似太快。然其間理致血脈。精密貫通。儘須翫索。如大公順應。自私用智。忘怒觀理。便與主敬窮理互相涉入。不可草草看過。如上文既云以其情順萬事。卽其下云而無情亦自不妨。

又語類曰。濂溪靜一。明道敏。梓材案。一本作敦。或問。明道五十年猶不忘遊獵之心。朱子曰。人當以此自點檢。須見得明道氣質如此。至五十年猶不能忘。在我者當益加操守。方是不可以此自恕。

眞西山記明道先生書堂曰。竊謂自有載籍。而天理之云。僅一見于樂記。先生首發揮之。其説大明。學者得以用其力焉。所以開千古之祕而覺萬世之迷。其有功于斯道。可謂盛矣。而其所以進于此。則有二言焉。毋不敬以操存于未發之先。思無邪以戒謹于將發之際。涵養省察。動靜交飭。知天事天。二者兼盡。及其至也。中一外融。顯微無間。則雖人也。而實浩浩其天矣。

臧格諡議曰。先生博大閎深。與乾同體。非中正精粹而何。伊川先生狀其行曰。純粹如良金。

呂本中摭拾諸先賢之論曰。温然精粹。張宣公嘗爲之贊亦曰。會其純全。今謚以純。庶足以核其實。

黄東發曰。明道詩皆造化生意之妙。較之堯夫擊壤集。則堯夫爲自私其樂者矣。

又曰。程氏外書。胡氏本拾遺。温公欲盡去元豐間人。程子謂侯仲良曰。若宰相用之爲君子。孰不爲君子。此等事教他門自做。未必不勝如吾曹。尹子親註云。此段可疑。蓋意其非程子語也。然邵氏聞見録亦載伯淳與韓宗師語云。當與元豐大臣同。若先分黨與。他日可憂。則胡氏所載。未可以爲疑也。豈程氏自有此論。尹子鑒後來調停之禍而疑之耶。然自古亦未有君子小人共事而可成功者。第惟伯淳自足以服熙寧諸人之心。必又有所以處之之道耳。

郝陵川爲宋兩先生祠堂記曰。千載而下。聞而知之。純誠靜厚。盡性知天。篤恭徽懿。形履實踐。含章藴道而立極。知幾乘化而詣聖。振霜風而不槁。納萬物于一春。賾乎其順。淵乎其奥。混涵汪洋。不露圭角。得顔氏之學。明道先生也。

又曰。河東自唐爲帝里。倚澤潞爲重。五季以來。屢基王業。故其土俗質直尚義。武而少文。明道先生令澤之晉城。爲保伍。均役法。惠孤惸。革姦僞。親鄉閭。厚風化。立學校。語父老以先王之道。擇秀俊而親教導之。正其句讀。明其義理。指授大學之序。使格物致知誠意正心修身齊家。篤于治己而不忘禄仕。親之以三代治具。觀之以禮樂。未幾被儒服者數百人。達乎鄰邑之高平陵川。漸乎晉絳。被乎太原。擔簦負笈而至者。日夕不絶。濟濟洋洋有齊魯之風焉。

又爲東軒老人墓銘曰。宋儒程顥嘗令晉城。以經旨授諸士子。故澤州之晉城陵川高平。往往以經學名家。雖事科舉而六經傳註皆能成誦。耕夫販婦亦恥謠諑而道文理。遂與齊魯共爲禮義之俗而加厚焉。

虞道園克復堂記曰。昔者程伯子少而好獵。及見周子而有得焉。自以爲此好絶于胸中矣。而周子曰。是何言之易也。後十餘年。程子見獵者于道旁。不覺有喜意。夫然後知周子識察之精也。嗚呼。自顔子而降。若程子之高明而敦厚。純粹而精微。一人而已。其爲學也。必不爲原氏之剛制也明矣。其數十年間。豈無所用其功哉。而是好也。深潛密伏于纖微之際。不能不發見于造次之間。噫。亦微矣。嚮非周子識察之精。固不足以知其必動于十數年之前。非程子致察之密。亦何足以自覺其動于十數年之後。是固不可與迂生曲學者論也。而衆人乃欲以鹵莽苟且之功。庶幾近似其萬一。可乎。不可乎。

宋潛溪記九賢遺像曰。明道程子。色微蒼。甚瑩。貌長。微有鸛。眉目清峻。氣象粹夷。髯四垂過領。袍土黄色。無緣。内服領以皂。白緇帽。簷高。白履。和氣充浹。望之崇深。

楊升庵曰。程明道于鄠亭見壁上書云。要不悶。依本分。明道深然之。曰。若依本分。便是君子也。唐子西見鄠亭書。天不生仲尼。萬古如長夜。亦名言也。

馬平泉曰。劉立之稱明道樂易多恕。終日怡悦。是大便宜。不費一錢。無煩攜取。人亦無從而予奪之。又稱從先生三十年。未嘗見其忿厲之容。德盛固矣。抑猶有説。忿厲由于拂逆。舍而觀理。何至忿厲。夫世間何者非人承受。拂逆在公乎。在私乎。事之忿也。天人交馳。決非我之所能與爭。無公無私。何忿厲之有。

陳碩士師姚姬傳先生行狀曰。先生論學。旣兼治漢宋。而一以程朱爲宗。嘗謂説經。古今自有眞是非。勿循一時人之好尚。如近年海内諸賢所持漢學。與明以來講章諸君。何以大相過哉。夫漢儒之學非不佳也。而今之爲漢學乃不佳。偏徇而不論理之是非。瑣碎而不識事之大小。嘵嘵聒聒。道聽塗説。正使人厭惡耳。且讀書者欲有益于吾身心也。程子以記史書爲玩物喪志。若今之爲漢學者。以搜殘舉碎。人所少見者爲功。其爲玩物不彌甚耶。

明道講友

正獻呂先生著詳見范呂諸儒學案。

司農王先生得臣別見安定學案補遺。

羅純古先生善同

羅善同字信遠。上高人。自幼勤詩書。友善類。明道先生嘗貽書云。人之所以爲君子。在不失其本心。要常自點檢。勿使一毫私意間之。斯可到聖賢地位矣。自號純古先生。姓譜。

縣令李先生敏之別見百源學案補遺。

明道同調

石先生城

石城字□□。會稽人。嘗創義塾。延明道先生典塾事。中庸輯略序。

梓材謹案。先生爲鄉貢進士公孺之先。中興聖政録謂公孺臨海人。程積齋以爲會稽石氏。蓋先居會稽而後人臨海也。

朱先生長文詳見泰山學案。

明道家學

程先生端懿

程端懿字□□。明道先生之子也。官蔡州汝陽縣主簿。龜山遺之書曰。汝陽邇日所遊從者何人。所讀者何書。又汝陽亦不至多事。想不廢讀書。因風願以所得來告云。楊龜山集。

程先生端愨

程端愨。幼名邵公。明道之次子也。生而有奇質。未滿歲。而温粹端重之態完然。可愛聰明日發。而方厚淳美之氣益脩。坐立必莊謹。不妄瞻視。未嘗有戲慢之色。孝友信讓之性。蓋出于自然。生于治平始元。死于熙寧首禩。惟五年云。明道文集。

明道門人

周先生純明詳見劉李諸儒學案。

練先生繪別見劉李諸儒學案補遺。

林先生志寧

林志寧字□□。建州人。出入文潞公門下求教。潞公云。此中無以相益。有二程先生者。可往從之。因使人送明道處。先生乃語定夫及龜山。龜山謂不可不一見也。于是同行。言行録。

郝先生元

郝元。陵川人。伯常經六世祖也。伯常與王子正論道學書云。嘗聞過庭之訓。自六世祖從明道程先生學。一再傳至曾叔大父東軒老人。又一再傳及某。其學自易詩春秋禮樂之經。男女夫婦父子君臣之倫。大而天地。細而蟲魚。邇而心性。遠而事業。無非道也。然未嘗以道學爲名焉爾。郝陵川文集。

梓材謹案。先生之名不見于陵川與王子正書。而見于元遺山所作郝先生天挺墓銘。蓋天挺之曾祖。即陵川六世祖也。陵川爲宋兩先生祠堂記有言。經之先世。高曾而上。亦及先生之門。以爲家學。傳六世至經。奉承緒餘。弗敢失墜云。元文類載虞摯所撰陵川神道碑云。郝氏自潞徙澤之陵川。始公八世祚。是卽先生之祖也。又案。經義考二十二載郝氏周易述解。釋契嵩序曰。子郝子治易。平生得聖人作易之大法。乃解易以自發其意。又云。方絶筆。乃出其書示于潛子。郝氏失其名。未知其爲陵川郝氏否也。

明道所傳

傅先生才孺

梓材謹案。晁氏讀書志言。明道中庸解。曾天隱得之傅才孺。云李丙所藏。詳上蔡學案補遺江濤傳。

石氏家學

石先生亞之

石亞之字□□。城之子。嘗築室讀書于鼓山。景祐進士及第。時年十七。天子將以尚主。使卜其意。辭曰。父母老。願奉甘旨。家已别議姻。王姬非敢偶也。遂不强。仕至太常博士。姓譜。

明道私淑

詹事晁景迂先生說之詳景迂學案。

憲敏高息齋先生閌詳見龜山學案。

獻靖朱韋齋先生松詳見豫章學案。

郝氏續傳

郝東軒先生震附子天祺。天禎。

郝震字子陽。陵川人。先生資茂異。自知讀書。不爲章句諛學。宦學入京師太學。久之乃還。徜徉山谷。從而學者甚衆。講劘道藝。淵匯日邃。以經旨授學者。折之以天理人情。而不專于傳註。尤長于理學。子三人。天祐。天祺。天禎。皆治經爲學。而天祐尤知名。先生初名旦。後更名。自號東軒老人。蓋陵川學者以郝氏爲稱首。郝氏之學。浚源趨本而張大之者。自東軒始。郝陵川文集。

石氏續傳

石先生公孺

石公孺字長孺。城曾孫。警悟孝友。有經術。高隱不仕。丞相謝克家禮爲國士。高宗詔求遺逸。使者朱異薦其長于三傳。召對稱旨。命之官。固辭。高宗曰。卿當爲朕勉受一官。乃授迪功郎。進其所作春秋類例。命藏館閣。再授監南岳。不久還山。卒。子某。贈朝奉郎。姓譜。

知軍石克齋先生𡼖詳見晦翁學案。

明道續傳

文公朱晦庵先生熹詳晦翁學案。

宣公張南軒先生栻詳南軒學案。

成公吕東萊先生祖謙詳東萊學案。

文達陸復齋先生九齡詳復齋學案。

郡守趙中川先生昱詳見南軒學案。

大理陳先生德豫

陳德豫字子順。連江人。少好學。博通六藝諸子百家之旨。淳熙進士甲科。調建州户曹。試教官。首選分教宣城郡學。有二程遺文。時禁程氏學。令焚毁之。先生護藏惟謹。官至大理卿。有文集三十卷。姓譜。

□先生希程

□希程者。陳北溪之友也。爲敬恕齋于明道堂之後。而北溪爲之銘云。蓋師慕明道先生。內主于敬。而行之以恕之説。此正夫子所以告仲弓求仁之方。至爲要切。而明道所以學問造到。而得聖心之傳者。有在乎是也。北溪文集。

東軒家學

郝先生天祐附子思直。

郝天祐字賢卿。東軒老人之子也。宇貌瑰瑋。器識高邁。日記數千百言。而下筆不能自休。初爲學。卽不作決科文。務窮性理經術。而泛入佛老者數年。以爲過高無畔岸。復取六經語孟讀之。于是際天人之學瑩如也。貞祐初。南渡。隱居魯山。作古文歌詩。尤玩意書法。嘗以爲正書當以篆隸意爲本。而鍾王書之經也。顏坡書之傳也。其餘則諸子百家耳。又言大字雖大而小。小字雖小而大。正書須有草意。草書須有正筆。其論書如此。子思直。字繼先。博學能文。皆没于兵。郝陵川文集。

郝先生天挺

郝天挺字晉臣。雲濠案。一作晉卿。陵川先生經之大父也。幼開朗。卓卓不羣。舉進士。兩赴廷試。以太學生頡翥縉紳間。崇慶之變。東載而歸。遠近俊茂多從之學。其教人以治經行己爲本。涖官治人次之。決科詩文則末也。河東元好問從最久而得其傳。貞祐初。挈家南渡。卒于北舞寓舍。臨終浩歌。一不及他。初。既遘疾。謂其子曰。郝氏儒業自吾叔父東軒老人始。我死葬其墓側。庶得奉杖履于地下。卒。葬于東軒之墓側。郝陵川文集。

附録

元遺山誌其墓曰。先生習于禮義之俗。出于賢父兄教養之舊。且嘗以太學生游公卿間。閲人既多。慮事亦審。故其容止可觀。而話言皆可傳。州里老成宿德多自以爲不及也。某既從之學。先生嘗教之曰。學者貴其有受學之器。器者何。慈與孝也。今汝有志矣。器如之何。又曰。讀書不爲文藝。選官不爲利養。惟知義者能之。今世仕宦多用貪墨敗官。皆苦于饑凍不能自堅者耳。丈夫子處世不能饑寒。雖一小事亦不可立。況名節乎。

梓材謹案。金元之世。郝天挺有二。一爲先生。一與李謙。尚文。蕭㪺。程鉅夫。王思廉等同時。爲廉潔老成者。見蘇滋溪集蕭貞敏墓誌。

遺山先緒

元先生德明

元德明。逸其名。秀容人。遺山之父也。自幼讀書。世俗鄙事終其身不挂口。爲人樂易誠實。洞見肺腑。雖童子以言欺之。亦以爲誠然也。累舉不第。放浪山水間。未嘗一日不飲酒賦詩。年四十有八。卒于家。先生居東山福田精舍。首尾十五年。東巖其自號也。有集三卷。楊尚書之美云。彼美元夫子。學道知觀瀾。孔孟澤有餘。曾顔膏未殘。中州集。

附録

先生枕上詩曰。往時見白髮。談笑輕歲月。誰謂明鏡裏。蕭蕭不勝鑷。山林蹉跎久。世慮初未絶。觸物重興懷。忽忽不自愜。遭逢有奇耦。才用隨巧拙。如何杜陵叟。自比稷與契。茫茫披塵編。何時卒吾業。

遺山師承

王先生中立

王中立字湯臣。岢嵐人。博學强識。元遺山嘗從之遊。晚年易名雲鶴。自號擬栩。人皆以仙稱之。金文雅作者攷。

晉臣家學

郝先生思温

郝思温字和之。晉臣子。資剛潔。以亮直自處。初成童。與河東元好問從其父學。俶落六年。洞達邃匯。年二十許。奉其父下太行。往來淇衛閒。貞祐初。南渡。館而師之者甚衆。其父卒于舞陽。既免喪。葬其父于陵川之先塋。元光元年復渡河。河南亡。攜子經北渡。居于保。聚俊秀而教之者十餘年。經年十有六。命治六經。先傳註疏釋。而後唐宋諸儒論議。必一經通。然後易業焉。三年卒。年六十有八。門生等謚曰靜直處士。晚年尤邃性理學。手書西銘畀經曰。是入德之幾。造道之階也。教人以小學爲本。以爲灑埽應對進退。卽性與天道之端。致身行道。樹立事業。性與天道之功用。充實而大。大而能化。性與天道之成終者。人之始生。其醇未醨。其樸未散。其見解未出。其物欲未雜。先入者而爲之主。終身由之而不能去。古之人至于胎教。況髫齔之間乎。語言啞咤肝臆。誠固神出入而未舍。識靄昧而未明。容妥娜而未莊。氣閃爍而未定。謹其所習。政在于是。乃爲言坐行立揖拜俯仰之節。誦記熟。復執筆爲書之。制聲音笑貌疏數疾徐之儀。一之以敬而不使之惰。少長。則爲解説義理。綴緝章句。簡直切律而功倍之。成童則以性理經學爲本。決科詩文爲末。而寖致之大學。嘗語人曰。人見吾之規規孑孑。必以爲是區區致力于小者而小之也。吾不病也。夫事有小大。理無小大也。本末先後。吾不敢躐而欺之也。彼之所見者以爲小。吾之所見者以爲大。是吾所以積德而遺吾子孫者。世之人好高慕遠。以欺世盜名。未能灑埽應對。而便説性與天道。紊理踰分。枉探速成。戕根本。壞倫類。示不以常而重爲之誑。敗德孰甚焉。吾不爲也。孟子曰。大人者。不失其赤子之心。赤子之心。良心也。其爲大人保其心而已。棄赤子之心卽爲大人。可乎哉。歐陽子謂顔狀未離乎嬰孩。高談已及于性命者。殆亦爲是耶。其設心如此。故所到輒見稱。學者往往終爲成人云。郝陵川文集。

静直戒子語

汝祖父有言。士不能忍窮。一事不能立。汝曹毋以淺功近利。有速售之心也。慕利則敗義。欲速則不達。汝能勤則功自至。汝能儉則利自來。故立身行己。在夫堅忍而已。能堅忍則能任事。歷大患難。處大富貴。決若長河而不回。屹若泰山而不移。然後可謂大丈夫。凡爲亂略姦宄不終其身者。皆不能忍耳。染指垂涎之氣不除。負鼎滔天之心常在。一旦肆欲。憤不顧義。殞身喪元而及其宗。盜侈一時。遺臭千載。汝曹可戒也。

附録

陵川鐵佛寺讀書堂記曰。始入而從事。先君命之曰。爾祖所以命吾者。今其命汝。學所以爲道。非爲藝能也。所以脩身。非爲禄養也。今國家方以武治。未遑選舉。汝其無爲決科之文。今世以詩文事聲譽者。記聞以事吻頰者。皆藝能之學。汝其勿爲。我先世有學之序焉。天人之際。道德之理。性命之原。經術之本。其先務也。諸子史典故。所以考先代之迹也。當次之。諸先正文集。藝能之藪也。又當次之。若夫陰陽術數。異端雜學。無妄費日力。慎勿慕人紛華。戚吾之窮也。爾祖有言。士不能忍窮。一事不能立。故忍窮爲學之本。郝氏之家法也。遂以太極先天二圖。通書西銘二書付畀。且指授其義曰。此汝曾叔父東軒老人得諸程氏之門者。爾其勉之。

晉臣門人

員外元遺山先生好問附師路宣叔。

元好問字裕之。號遺山。定襄人。先生七歲能詩。太原王湯臣稱爲神童。十一從其叔父官于冀州。學士路宣叔賞其俊爽。教之爲文。年十有四。其叔父爲陵川令。遂從郝天挺學。令肆意經傳。貫穿百家。六年而業成。下太行。渡大河。爲箕山琴臺等詩。趙禮部見之。以爲少陵以來無此作也。以書招之。于是名震京師。目爲元才子。登興定三年進士第。不就選。往來箕潁者數年。正大中。辟鄧州南陽令。轉内鄉令。丁艱憂。終喪。詔爲尚書都省掾。天興初。入翰林。知制誥。金亡。不仕而卒。年六十有八。蓋自汴梁亡。故老皆盡。先生遂爲一代宗匠。以文章伯獨步幾三十年。銘天下功德者。盡趨其門。爲杜詩學。東坡詩雅。錦機。詩文自警等集。指授學者。先生每以著作自任。以金源氏有天下典章法度。幾及漢唐。國亡史興。己所當爲。而國史實録在順天道萬户張公府。乃言于張公。使之聞奏。願爲撰述。奏可。方闢館。爲人所沮而止。乃爲中州集百餘卷。又爲金源君臣言行録。郝陵川文集。

梓材謹案。先生誌趙滏水墓云。公之葬也。孤子似。以好問公門下士來徵銘。又。爲楊内相雲翼神道碑言。孤子恕。謂門下士元好問云云。又。寄中書耶律公書。自稱門下士太原元某。是先生亦楊趙耶律門人。又案。阮亭居易録引内閣藏書目録載元遺山集四十卷。

遺山文集

古有之。居不隱者志不廣。身不抑者志不揚。士固有遯世而不復見。然愈揜而愈彰。行齋賦。

從古以來。士之有立于世。必藉學校教育。父兄淵源。師友之講習。三者備而後可喻。如脩明堂總章。必得楩楠豫章。節目磥砢。萬牛挽致之材。預爲儲蓄。數十年之間。乃能備一旦之用。非若起尋丈之屋。欂櫨椳楔。楹杙甍確。雜出于榆柳槐柏。可以朝求而暮足也。寄中書耶律公書。

學政之壞久矣。人情苦于羈檢。而樂于縱恣。中道而廢。從惡若崩。時則爲揣摹。爲捭闔。爲鉤距。爲牙角。爲城府。爲穽擭。爲谿壑。爲龍斷。爲捷徑。爲貪墨。爲蓋藏。爲較固。爲乾没。爲面謾。爲力詆。爲貶駮。爲譏彈。爲姍笑。爲凌轢。爲歔歙。爲睚眦。爲構作。爲操縱。爲麾斥。爲刼制。爲把持。爲絞訐。爲妾婦妒。爲形聲吠。爲崖岸。爲階級。爲高亢。爲湛靜。爲張互。爲結納。爲勢交。爲死黨。爲囊槖。爲淵藪。爲陽擠。爲陰害。爲竊發。爲公行。爲毒螫。爲蠱惑。爲狐猸。爲狙詐。爲鬼幽。爲怪魁。爲心失位。心失位不已。合謾疾而爲聖癲。敢爲大言。居之不疑。始則天地一我。既而古今一我。小疵在人。縮頸爲危。怨讟薰天。泰山四維。吾術可售。惡惡不可。寧我負人。無人負我。從則斯朋。遠則斯攻。我必汝異。汝必我同。自我作古。孰爲周孔。人以服膺。我以發冢。凡此皆殺身之學。而未若自附于異端雜家者。爲尤甚也。

夫動靜交相養。是爲弛張之道。一張一弛。游息存焉。而乃强自矯揉。以靜自囚。未嘗學而曰絶學。不知所以言而曰忘言。靜生忍。忍生敢。敢生狂。縛虎之急。一怒故在。宜其流入于申韓而不自知也。古有之。桀紂之惡。止于一時。浮虚之禍。烈于洪水。夫以小人之中庸。欲爲晉魏之易與。崇觀之周禮。又何止殺其軀而已乎。以上東平府新學記。

三代皆有學。而周爲備。其見之經者。始于井天下之田。井田之法立。而後黨庠遂之教行。若鄉射。鄉飲酒。若春秋合樂。勞農養老。尊賢使能。攷藝選言之政。受成獻馘訊囚之事。無不在。又養鄉之俊造者爲之士。取鄉大夫之嘗見于施設而去焉者爲之師。德則異之以知仁聖義中和。行則同之以孝友睦婣任恤。藝則盡之以禮樂射御書數。淫言詖行。凡不足以輔世者。無所容也。故學成則登之王朝。蔽陷畔逃不可與有。言者則撻之識之。甚則棄之。爲匪民不得齒于天下。民生于其時。出入有教。動靜有養。優柔饜飫。于聖賢之化。日益加而不自知。所謂人人有士君子之行者。非過論也。今旨重脩眞定廟學記。

三代鼎鐘。其初出于聖人之制。今其款識故在。不曰永用享。則曰子子孫孫永寶用。豈爲聖人者超然遠覽而不能忘情于一物耶。抑知其不能必爲我有而固欲必之也。故物譜引。

夫金屑丹砂芝朮參桂。識者例能指名之。至于合而爲劑。其君臣佐使之互用。甘苦酸鹹之相入。有不可復以金屑丹砂芝朮參桂而名之者矣。杜詩學引。

羣衆不能易其介。一物不能屈其志。生而知所以養。歿而知所以順。古之特立獨行。輕世肆志。隱居放言之君子。如是而止矣。族祖處士墓銘。

夫一脈存不可謂之絶。一目張不可謂之亂。一夫有立志不可謂之土崩。痛乎風俗之移人也。聶孝女墓銘。

道之傳可一人而足。所以宏之。則非一人之功也。閑閑公墓銘。

余觀于成敗之變多矣。自有天地以來。未有食人而不爲人所食者。凡爲讒夫者。其才智類出于人遠甚。寧不知事有必至。理有固然。乃今至于殺身滅親。亡人之國而莫之恤焉者。獨何歟。殆受病既深。至于中風狂走。雖和扁操萬金良劑。亦無如之何耳。忠武任君墓碣銘。

夫端本者必以正其末。善始者必以令其終。古有之。父作室。厥子乃弗肯構。蓋有任其責者矣。爲山九仞。功虧一簣。亦必有任其責者矣。夫江之發源也微。至于放而與洞庭彭蠡同波。沛而與北溟南海同味。特大川三百。小川三千。有以廣之耳。龍山趙氏新塋碑。

夫妒爲婦之常。而怨亦人之所必報。不妒不報。直千萬人而一耳。況乎其奪也不以怨而以恩。其報也不以直而以德。不由于强勉。不由于沽激。傳記所載如是者幾人。冠氏趙侯先塋碑。

文武脩具之謂成。夙夜匪懈之謂莊。克勤小物之謂敏。不畏彊禦之謂剛。尚書張公神道碑銘。

自孔子考四科及中人下上之次。故孟軻氏于樂正子亦有二之中四之下之說。蓋人之品不齊。而論人之目亦不一。有一鄉之士。有一國之士。有天下之士。有一代之士。分限所在。不能以强人。而人亦不能躐等而取之也。内相文獻楊公神道碑銘。

時然後言。眞默者存。理然後默。至言之實。予欲無言。惟聖人能。餘皆數窮。以默自懲。默庵銘。

附録

嘗爲外家別業上梁文曰。初。一軍搆亂。羣小歸功。劫太學之名流。文鄭人之逆節。命由威制。佞豈願爲。就磨甘露御書之碑。細刻錦溪書叟之筆。蜀家降款。具存李昊之世脩。趙王禪文。何預陸機之手迹。伊誰受賞于我。嫁名悼同聲同氣之間。有無罪無辜之謗。耿孤懷之自信。聽衆口之合攻。果吮癰舐痔之自甘。雖竄海投山其何恨。惟彼證龜而作鼈。始于養虺以成蛇。追韓之騎甫還。射羿之弓隨彀。以流言之自止。知神聖之可憑。復齒平民。僅延殘喘。澤畔而湘纍已老。樓中而楚望奚窮。懷先人之敝廬。可憐焦土。眷外家之宅相。更愧前途。

又崧山中寫眞自贊曰。短小精悍。大有孟浪。勃窣槃跚。稍自振厲。豪爽不足以爲德秀之兄。蕭散不足以爲元卿之弟。至于欽叔之雅重。希顏之高氣。京甫之藴藉。仲澤之明鋭。人豈不自知。蓋天稟有限。不可以强而至。若夫立心于毀譽失眞之後。而無所卹。横身于利害相磨之場。而莫之避。以此而擬諸君。亦庶幾有措足之地。

又學東坡移居八首之卒章曰。此州多寓士。論年悉肩隨。風波同一舟。奚必骨肉爲。倪家蓮華白。每釀必見貽。季昌妙琴事。足以相娛嬉。郭侯家多書。篇帙得徧窺。趙子篤于學。間以問所疑。王生舊舍鄰。窮達心不移。千里訪存没。十日分寒飢。獨有仲通甫。天馬不可羈。直以論詩文。稍稍窺藩籬。永懷王與李。朔漠行當歸。書來問吉語。報我脱縶維。慚非一狐腋。不直五羖皮。我作野史亭。日與諸君期。相從一笑樂。來事無庸知。

家則堂題中州詩集後曰。盛矣哉。元子之爲此名也。廣矣哉。元子之用心也。夫生于中原。而視九州四海之人物。猶吾同國之人。生于數十百年後。而視數十百年前人物。猶吾生並世之人。片言一善。遺編佚詩。搜訪惟恐其不能盡。余于是知元子胸懷卓犖。過人遠甚。

謝山鮚埼亭詩集讀史小詠其三曰。補史亭中客。空山夜哭時。如何撰碑事。千古有微詞。原註云。按裕之爲崔立碑事。本傳不載。别見王源南傳中。予讀陵川郝氏集惜之。

楊先生士表

武先生從善合傳。

楊士表。官侍郎。武從善。官右司。與元内翰裕之皆有聲當世。郝門自出云。郝陵川集。

遺山講友

副使李先生獻甫

李獻甫字欽用。河中人。欽叔從弟也。博通書傳。于左氏及地理之學爲精。爲人有幹局。心所到則絶人遠甚。故時人有精神滿腹之目。壬辰之兵。奏充行六部員外郎。以功遷鎮南軍節度副使兼右警巡使。車駕東巡。死于蔡州之難。時年四十。所著詩書文號天倪集。中州集。

梓材謹案。元遺山中州集癸集。三知己。一爲溪南詩老辛愿。二爲李講議汾。三爲先生。講議字長源。平晉人。平生以詩爲專門之學云。

王先生贇

王贇字子襄。登封人。性直諒。生平游元劉間。好詩學。王秋澗先友記。

魏氏先緒

靖肅魏先生璠

魏璠。弘州人。金貞祐三年進士。補尚書省令史。歷授翰林脩撰。金已亡。無所歸。北還鄉里。世祖居潛邸。聞其名。徵至和州。訪以當世之務。先生條陳便宜三十餘事。舉名士六十餘人以對。世祖嘉納。後多采用焉。以疾卒于和州。年七十。賜謚靖肅。初。其從孫也。元史。

附録

郝陵川哭魏先生詩曰。臨危正色義巍然。曾叱三軍誚武仙。赤子共知歸大老。晚生獨喜見先賢。鳳鸞重赴邱園詔。鬼蜮潛生李郭船。高棟傾摧更誰屋。衣冠苦淚欲平天。

雲濠謹案。陵川集又有辛亥正月祭徵君魏先生文。又癸卯八月作安肅胡先生哀辭。不知其名。

段氏師承

陳先生規附師崔邦憲。田彦實。

陳規字正叔。漢太邱長寔之後。稷山人。幼童穉不與餘兒羣。始知讀書。月開日益。不煩戒飭。鄉先生崔邦憲教以課試法。無幾何時。進業出諸生右。始任戴冠。補州學生。提舉學校田彦實以藝學聞天下。識先生爲遠器。徵登于門。俾誨其子。年二十四。擢明昌五年進士第。歷下邽臨汾二縣簿。皆有治績。試書判入等。知渭源縣。爲創孔子廟。制禮器。春秋率僚屬釋奠。民吏觀歎。甫識王化。朝求直言。先生以十四事指摘時病。幾數千言。歷拜監察御史。舉劾無所避。累改刑部郎中。守法不阿。拜右補闕。升右司諫。出爲中京副留守兼倅河南府事。未到官。以疾卒。年五十有九。先生自居諫職。以諍引爲己任。事有可言。勇不爲身計。排斥權幸。章奏無虚日。趙閑閑嘗謂人曰。正叔與人語。恂恂如不能出諸口。及論事。人主前辨别條理。纖悉無不盡。可謂仁人之勇。君子之剛。再典貢舉。其得人居多。自始至疾病。書未嘗一日去手。有律身録。雖筐篋細碎。必謹記無遺漏。則其自修可知已。段菊軒文。

附録

南渡諫官稱陳許。而正叔不以訐直自名。劉從益見其所上八事。歎爲宰相才。惜當時不能用云。

陳氏同調

許先生古

許古字道眞。河間人。汾陽軍節度使安仁子。明昌五年進士。官至左司諫。先生在宣宗朝以敢諫與陳規齊名。致仕歸伊陽。郡守爲起伊川亭。每乘舟游飲。老稚爭爲挽舟。其爲時人愛慕如此。金文雅作者攷。

明道之餘

知州牟先生濚

牟濚字叔清。晉江人。咸淳二年知潮州。修學養士。除盜去奸。邦人德之。南宋文範作者攷。

進故事

君道莫先于講學。講學莫先于立志。蓋人主一心。攻之者衆。志不先定。則中無所主。而外物或得以轉移之。蔽欺之言入。則是非有不得其正。私比之言入。則喜怒有不得其正。便佞之言入。則好惡有不得其正。此學之大戒也。故程顥拜疏神宗皇帝。首以定君志爲講學之要。顥。伊洛大儒也。世號之曰明道先生。此眞帝王之格言也。

山長張先生復

張復號古心。爲明道山長。方桐江送之以詩云。恭惟程伯子。遠紹孔門眞。間氣千年聚。遺書萬祺新。金陵明道長。草澤古人心。坐席諸生侍。春風迹未陳。方桐江集。

補莊靖李鶴鳴先生俊民

鶴鳴文集

夫情深則怨匿。理到則心服。與其匿怨。孰若服心。我以情恕。彼以理屈。則門外負荆者皆接踵矣。莫不釋然開。怡然暢。廓然通。無一毫芥蒂于胸臆。初以自警。卒能警于人。過此以往。足之所履。皆君子之忍也。劉濟之忍齋記。

天地。萬物父母也。物莫靈于人。天地之委蛻也。豈私于人哉。夫臧孫達之有後也以德。其所求者異于人。重脩浮山女媧廟記。

鶴也者。物之生于天而異者也。其性潔而介。其聲亮而清。潔而介則寡所合。亮而清則寡所和。獨孤高自飛。飛鳴于霄漢之上。豈求其異也哉。蓋天之所賦者異也。夫才高則無親。勢孤則失衆。鶴奚恤焉。若或矯情自浼。下同于頻頻之黨。變其常而喪其眞。非鶴之德也。非鶴鳴之所好也。睡鶴記。

傷心哉。陰德之門。或子或孫。蘭刈之後。有時而生。急難之原。或弟或兄。荆枯之後。有時而榮。投江爲父。孝感者女。化石爲夫。思深者婦。悲樹之風。念親而哀。望思之臺。欲子之來。顔死相繼。一家忠義。袁死相告。一門忠孝。嗚呼。人之生世。如夢一覺。其間利害。旁亦何校。生非所惡。死非所好。伊誰不然。在順其道。設醮祭亡靈文。

段先生直

段直字正卿。澤州晉城人。少英偉有識慮。佩黄金符爲州長官。凡廿餘年。大脩廟學。購書萬卷以給之。州人李俊民。有道之士也。迎而師之。凡澤之名士散在四方者。亦必百方招延。必至而後已。不五六年。州之學徒通經預選者百廿有二人。世祖在潛邸。有以其興學禮士聞者。嘉之。特命提舉本州學校事。未拜而卒。年六十五。宋治平中。明道爲晉城。去邑十餘年。服儒服者已數百人。由是盡宋與金。澤恒號稱多士。先生起行間。其生長見聞必有起其趨向者。故當用武之際。獨能以立學爲先云。靜脩遺文。

葉繼道先生葵別見横渠學案補遺。

靜直家學

郝先生經詳見魯齋學案。

靜直門人

趙先生泰

趙泰與苟宗道。尚文。皆靜直門生。靜直得風疾。三年增劇。整衣冠。强爲之起。咄嗟曰。發志氣。遂瞑不復語。卒于寢。宗道等相與謀曰。先生不苟禄仕。困而不撓。臨終而猶以志氣爲言。不亦卓乎。可謚曰靜直。其未嘗禄仕。可稱處士。郝陵川集。

正獻尚先生文

尚文字周卿。深澤人。幼嗜學。甫踰冠。卓邁有聞。世皇御極。急務求賢。中統元年。張忠宣文謙宣撫河東。還參知政事。王椅薦之。辟掌書記。至元元年。辟西夏行中書書表。七年。敕知事大農。八年。轉大農都事。擢右直侍儀使。十二年。復都事大農。十七年。出守輝州。民安事給。十九年。召拜户部司金郎中。二十一年。改户部郎中。歷遷吏部侍郎。使憲湖北。三十年。召爲刑部尚書。成宗元貞元年。拜侍御史。大德元年。河決蒲口。先生使憲河南。三年。憲山東。四年。授中奉大夫。參知政事。行省江西。六年。移疾北還。拜江南行御史臺中丞。辭。明年召至京師。拜資善大夫。中書左丞。八年。請老。不允。力請予告。九年。還保定。明年拜昭文館大學士。中書右丞。商議中書省事。召不起。武宗卽位。加榮禄大夫。預司農司事。中書職仍舊。召覲龍虎臺。俄以疾還。仁皇出震。召問大計。稱旨丐去。加銀青職。送還。六年。拜太子詹事。

使三往。迺起。見上嘉禧殿之後閤。上顧太保曲出。目先生曰。是自世祖皇帝效力潔淨人也。徐曰。周卿汝前。汝知古今。識道理。練大務。太子託汝善輔之。有言勿吝善教之。此朕意也。先生見皇太子。首以念祖宗。考兩宮。養德性。辨邪正陳之。太子異其言。詹事俸入。不受。俄謝歸。泰定五㊀年。以中書平章政事致事㊁。制授于其家。四年卒。年九十二。贈司徒上柱國。追封齊國公。謚正獻。先生粹美高亮。行脩潔。年十六七志學。遡伊洛。究洙泗。完經大史諸子百家。該洽無不綜。一以仁義爲根極。歷事五朝。進必勇退。從容事外。二十餘年。壽考康彊。几杖清寂。手不釋卷。縉紳造之。非聖賢中道。經綸大經。置不談。聞者隨其器量大小。皆潤溉。天下望之若瑞星神岳云。中州名賢文表。

荀先生宗道 詳見魯齋學案。

遺山門人

郝先生經 詳見魯齋學案。

文定王秋澗先生惲 別見張祝諸儒學案補遺。

㊀「五」當爲「三」。
㊁「事」當爲「仕」。

文恭王先生思廉

王思廉字仲常。獲鹿人。幼師元裕之。至元十年。董文忠薦之。世祖問文忠曰。汝何由知王思廉賢。對曰。鄉人之善者稱之也。遂召見。官至太子賓客。以翰林學士承旨致仕。卒年八十三。追封恆山郡公。諡文恭。元史。

總管許先生楫

許楫字公度。忻州人。幼從元遺山學。年十五。以儒生中詞賦選。河東宣撫使又舉賢良方正孝廉。至京師。平章王文統命爲中書省掾。以不任簿書辭。改知印。丞相安童。左丞許衡。深器重之。一日。從省臣立殿下。世祖見其美髯魁偉。問曰。汝秀才耶。頓首對曰。臣學秀才耳。未敢自謂秀才也。帝善其對。授中書省架閣庫管勾兼承發司事。未幾。立大司農司。以先生爲勸農副使。尋佩金符。爲陝西道勸農使。至元十三年。宋平。帝命平章廉希憲行中書于荆南府。以先生爲左右司員外郎。明年。擢嶺北湖南提刑按察副使。改江西道提刑按察副使。二十三年。授中議大夫。徽州總管。桑哥立尚書。會計天下錢糧。參知政事忻都。户部尚書王巨濟。倚勢刻剥。遣吏徵徽州民鈔。多輸二千錠。巨濟怒其少。欲更益千錠。先生指巨濟曰。公欲百姓死耶。生耶。如欲其死。雖萬錠可徵也。巨濟怒解。徽州賴以免。二十四年。授大中大夫。東平總管。謝事二年卒。年七十一。元史。

魏先生初

魏初字太初。宏州人。靖肅公璠之從孫也。靖肅無子。以先生爲後。先生好讀書。尤長于春秋。爲文簡而有法。比冠。有聲。中統元年。始立中書省。辟爲掾史兼掌書記。未幾。以祖母老。辭歸。隱居教授。會詔左丞許衡。學士竇默及京師諸儒。各陳經史所載前代帝王嘉言善政。選進讀之士。有司以先生應詔。授國史院編脩官。尋拜監察御史。舉勸農副使劉宣自代。出僉陝西四川按察司事。歷陝西河東按察副使。入爲治書侍御史。又以侍御史行御史臺事于揚州。擢江西按察。尋徵拜侍御史。行臺移建康。出爲中丞。卒。年六十一。元史。

參議陳默軒先生賡别見魯齋學案補遺。

文定郝先生天挺

郝天挺字繼先。出于都嚕別族。自曾祖而上。居安肅州。先生英爽剛直。有志略。受業于元遺山。以勳臣子。世祖召見。嘉其容止。有旨宜任以政。俾執文字。備宿衛春宮。裕宗遇之甚厚。歷拜中書右丞。與宰相論事有不合。輒面斥之。仁宗臨御。收召故老。先生與少保張閭等十人共議大政。革尚書省之弊。遂成皇慶之治。累拜河南行省平章政事。時河南王布拉吉達爲丞相。待以師禮。由是政化大行。皇慶二年卒。年六十七。追封冀國公。謚文定。嘗脩雲南實録五卷。又註唐人鼓吹集二十卷。行于世。元史。

段遯庵先生克己曾祖鈞。從曾祖鐸。

段菊軒先生成己合傳。

段克己。其先居絳之稷山。自宋司理參軍應規始。曾祖鈞與季弟鐸。正隆二年進士。仕至中奉大夫。兄弟俱以學行顯。人稱爲河東二段。先生有詩文。號遯庵集。仲弟成己。正大七年進士。主河南宜城簿。詩文號菊軒集。與兄齊名。又稱爲河東二段。吳文正集。

雲濠謹案。草廬又爲二妙集序。稱伯氏字復之。人稱遯庵先生。在金以進士貢。金亡。餘廿年而卒。終身不仕。仲氏字誠之。人稱菊軒先生。在金登進士第。主宜陽簿。年過八秩。至元間乃卒。雖被提舉學校官之命。亦不復仕云。

梓材謹案。遯庵菊軒兄弟同以文章擅名。見稱于趙閑。閑又皆以節著。又案。菊軒爲陳規墓表。成己陳氏壻也。且孱公知爲厚。則陳正叔亦菊軒受知師也。

梓材又案。四庫書目載二妙集八卷。提要云。房祺編河汾諸老詩八卷。皆金之遺民。從元好問遊者。克己兄弟與焉。而好問編中州集。金元一代作者畢備。乃獨無二人之詩。蓋好問編中州集時。爲金哀宗天興二年癸巳。方遭離亂。留滯聊城。自序稱據商衡百家詩略及所記憶者録之。必偶未得二人之作。是以不載。故又稱嗣有所得。當以甲乙次第之。非削而不録也。據此。可見二段從遊遺山之略云。

附録

虞道園表稷山段氏阡曰。嗟夫。昔宋失中原。文獻墜地。蓋爲金者百數十年。材名文藝之士相望于其閒。至于明道正誼之學。則或鮮傳者矣。及其亡也。禍尤甚。斯民之生存無幾。況學者乎。而河東段氏之學獨行乎捄死扶傷之際。卓然一出于正。不惑于神怪。不晝於于㈠浮近。有振俗立教之遺風焉。嗚呼。可謂善自託于不泯者哉。

麻先生革

麻革字信之。臨晉人。兵部侍郎秉彝子。元末隱居教授以終。河汾諸老八人之一也。元房祺爲編其詩。金文雅作者攷。

白先生恪附師張耀卿。

白恪字敬甫。眞定人。少警敏。三歲善作字。書八卦八字。有以見于鄉先生元遺山好問。遺山作詩深器之。稍長。里之先進張先生耀卿。愛其才。奬拔力成就。歷授從仕郎。累改江西省理問官。翰林承旨閻復奏爲翰林待制。復同僉太常禮儀院事。晚自號竹梧。清容居士集。

魏氏學侶

王先生利用

王利用字國賓。潞縣人。幼穎悟。弱冠與魏初同學。遂齊名。諸名公交口稱譽之。初事世祖

㈠「于」衍。

于潛邸。中書辟爲掾。辭不就。累官四川提刑按察使。未幾致仕。居漢中。成宗朝起爲太子賓客。首以切于時政者疏上十七事。曰謹畏天戒。取法祖宗。孝事母后。敬奉至尊。撫愛百姓。扶本抑末。清心聽政。寡欲養身。酒宜節飲。財宜節用。有功必賞。有罪必罰。杜絶讒言。求納直諫。官職量材而授。工役相時而動。俾近侍時赴經筵講讀經史。帝及太子嘉納之。皇后聞之。命録別本以進。卒年七十七。先生每自言。平生讀書。于恕字有得焉。武宗即位。以宮僚舊臣。制贈柱國中書平章政事。封潞國公。謚文貞。元史。

趙氏門人

處士姚先生君實附子天福。

姚君實字仲華。平陽絳人。處士也。甫冠。避兵雁門。金進士趙泰以子妻之。生子天福。字君祥。童丱不凡。聞處士訓忠孝。奉受惟謹。從事郡府。挺潔不羣。儕輩畏之。歷憲淮西。江北。江南。湖北。遼東。召爲刑部尚書秩通議。卒以通奉大夫參知政事。行大都路都總管兼大興府尹。初。遼朔旱蝗。君祥至。雨澍蝗滅。其境域烏桓白霫故地也。民喜畜牧。習射獵。不事耕學。乃教以稼穡詩書。居數年。農廛士奮。卒年七十有三。追封平□[一]郡公。謚忠肅。元文類。

[一]「□」當作「陽」。

文恭門人

文孝大食先生瞻思父斡直。

瞻思字得之。其先大食國人。自大父東遷豐州。父斡直始從儒先生問學。輕財重義。不干仕進。先生生九歲。日記古經傳千言。比弱冠。以所業就正于翰林承旨王思廉之門。由是博極羣籍。汪洋茂衍。見諸踐履。皆篤實之學。泰定五年。以遺逸徵。天曆三年召爲應奉翰林文字。賜對奎章閣。文宗問曰。卿有所著述否。明日進所著帝王心法。文宗稱善。詔預脩經世大典。以論議不合。求去。後至元二年。拜陝西行臺御史。三年。除僉浙西肅政廉訪司事。四年。改僉浙東。以病免歸。至正四年。除江東肅政廉訪副使。十年。召爲祕書少監。議治河事。皆辭疾不赴。十一年。卒于家。年七十有四。追封恆山郡侯。謚曰文孝。先生邃于經。而易學尤深。至于天文地理鍾律算數水利。旁及外國之書。皆究極之。家貧。饘粥或不繼。其考訂經傳常自樂也。所著述有四書闕疑。五經思問。奇偶陰陽消息圖。老莊精詣。鎭陽風土記。續東陽志。重訂河防通議。西國圖經。西域異人傳。金哀宗記。正大諸臣列傳。審聽要訣及文集三十卷。藏于家。元史。

張先生在附師侯□。

張在字文在。眞定槀城人。幼時嘗侍諸父宦游他邦。聞見日廣。年二十餘。始還眞定。又從鄉先生侯君受業。大參王文恭公休政家居。先生恆往來聽言論于左右。所學益大以肆。延祐初元。

以春秋中其科。明年春試禮部下第。卽日束書而歸。曰。是吾所學未至也。旋得眞定儒學正。具訓諸生。懇懇不倦。初成均制登歌樂。以祀孔子。至是郡國悉倣爲之。古樂廢已久。憲司求能通制度音律者。共議屬之先生。乘傳詣餘杭。稽圖制器。審協音律。數月完。歸。春秋釋奠。必奏其樂。鏗鏘之音。升降之節。觀者悚然。先生旣明習春秋。以貢舉唯許用左氏公羊氏穀梁氏胡氏之傳。然四家言義互有異同。先生比輯其合于經者。爲四傳歸經。以授學徒。循資調濮州教授。山東學子。遠近至者。常百餘人。至順二年卒。年五十六。蘇滋溪誌其墓。稱爲博洽豈弟之士云。其學自六經百家太史之籍。先儒箋疏傳註之書。兵家族譜方言地志。與夫萬里海外。蠻夷異域。荒怪之説。靡所不覽。旣久而能不忘。又曰。天爵自總角時從親來京師。閒歸鄉里。輒與君游。每獲多聞之益云。蘇滋溪文集。

魏氏門人

王先生約

王約字彥博。其先汴人。北徙眞定。先生性穎悟。風格不凡。從中丞魏初游。博覽經史。工文辭。務達國體。時好不以動其心。翰林學士王磐薦爲從事承旨。累拜監察御史。首請建儲及脩史事。轉御史臺都事。歷拜翰林直學士。知制誥。同脩國史。除太常少卿。特拜刑部尚書。至大二年。仁宗在東宮。雅知其名。思用以自輔。擢太子詹事丞。明年。進太子副詹事。先生抗章諫節飲。辭意懇切。仁宗嘉納焉。薦翰林學士李謙爲太子少傅。請立故丞相忠武王伯顏祠于杭。皆從之。仁宗常字而不名。四年三月。仁帝正位。中書奏先生陝西行省參知政事。帝大怒。特拜河南行省右丞。南陽孛朮魯翀以書謁。先生大奇之。卽署爲郡學。旣又薦之中書。擢翰林國史院編脩官。皇慶改元。召之。特拜集賢大學士。上疏薦姚登孫。揭傒斯。楊靜。請起復輔惟良。李源。曹元用。皆除擢有差。拜樞密副使。知院駙馬塔失帖木兒宿衛。帝戒之曰。彥博非汝友。宜師事之。至治元年。英宗卽位。二年。以年七十致仕。三年。復拜集賢大學士。商議中書省事。以其祿居家。每日一至中書省議事。至治之政。多所參酌。天曆元年。文宗踐阼。先生入賀。賜宴大明殿。帝勞問甚歡。時年七十有七。平居襟度和粹。謙抑自持。後進謁見。必加禮貌。俸祿所入。布散姻族。外及貧士。從父居貧。月奉錢米餽肴饍。事之如父。歲時朔望。攜子姓至先塋。展拜懷戀。謹時祭及五祀。動稽古禮。邦人以爲矜式。至順四年卒。年八十二。先生平生著作有史論三十卷。高麗志四卷。潛邱稿三十卷。行于世。元史。

潛邱文藁

道學之稱。肇于河南二程子。四書之目。起于考亭朱文公。在宋有川洛朔之黨。互爲詆訾。莫能相尚。要其歸。但視主之者勢力隆替耳。而公是公非。殆有不可掩者。逮我朝魯齋先生許公出。道學四書復盛。然從之者多而眞知者寡。坐談者易而行之者難。道學也。四書也。皆吾夫子天包地載。範世立極。千萬禩不易之良法也。蓋人人得而知。人人得而有。人人得而用。同育而不相害。並行而不相悖。固不可標榜曰道學。分別曰四書。拘拘然紆紆然。徒事虛文而已。顧言行相副。表裏一致。而後可收眞知篤行之效也。程子見四書章圖序。

段氏家學

段先生思温

段思温字叔恭。絳之稷山人。遯庵翁之第三子。年十一而孤。已如成人。從仲父菊軒翁學。遂成名儒。年二十一。受室河中魯氏。因家焉。于經尤邃易春秋。詩文温厚純正。授業鄉里。多所造就。節縮衣食。買書萬餘卷。以遺子孫。安西王聘爲記室參軍。辭疾不起。仲父卒。喪之如父。年四十九而卒。吳文正集。

宋元學案補遺卷十五目録

宋元學案補遺卷十五

鄞 王梓材
慈谿馮雲濠 後學 同輯

伊川學案補遺上

胡周門人

補 正公程伊川先生頤

雲濠謹案。先生淳祐元年從祀廟廷。元至順二年加封洛國公。國朝雍正二年改稱先賢。

梓材謹案。小程子一字養正。胡澹庵爲陳元忠洙泗文集序稱。江西李先之先生嘗爲某言。伊川程養正先生讀春秋論語。四十年不下案。至深衣露兩肘云。

伊川語要

人之學。莫大於知本末始終。故孝弟爲仁之本。事親事之本。守身守之本。國之本在家。家之本在身。

五常人誰不知是一箇道理。既謂之五常。安得混而爲一也。

學者不知所以入德。未見其能進也。

問。孝弟爲仁之本。曰。謂行仁自孝弟始。

天者。自然之理也。

問。四端不及信。何也。先生曰。性中只有四端。卻無信。爲不信。故有信字。今東者自東。西者自西。何用信字。

飲食男女之事。喜怒哀樂之變。皆性之自然。釋氏必盡絶是。然後得天眞。吾見其喪天眞矣。自性而行皆善也。聖人因其善也。則爲仁義禮智信以名之。以其施之之不同也。故爲五者以別之。合而言之。道也。離而言之。亦皆道也。舍此而行。是悖其性也。是悖其道也。而世人皆言性也。道也。與五者異。其亦弗學歟。其亦未體其性也歟。其亦不知道之所存也歟。

只説道。便不是道也。有道者之言。只作尋常本分説耳。孟子言堯舜性之。舜由仁義行。豈不是尋常話。至於易只道箇立人之道曰仁與義。則性字也。不消道。自已分明。

讀史須見聖賢所存治亂之機。賢人君子出處進退便是格物。

如火之所以熱。水之所以寒。至於父子君臣閒皆是理。

窮理非是盡要窮盡天下萬物之理。且於一事上窮盡。其他可以類推。至於言孝。則當求其所以爲孝者如何。若一事上窮不得。且別窮一事。或先其易者。或先其難者。各隨人淺深。譬如千蹊萬徑。皆可以適國。但一道入得便可。只爲萬物皆是一理。

學以不欺暗室爲始。

欲寡。則心自誠。

只有所向。便是欲。

推本而言。禮只是一箇序。樂卽是一箇和。

窮經將以致用也。如誦詩三百。授之以政。不達。使於四方。不能專對。雖多亦奚以爲。今世之號爲窮經者。果能達政專對乎。則其所謂窮經者。章句之末耳。此學者之大患也。

治經。實學也。如中庸一卷。書自至理。便推之於事。如國家。有九經。凡歷代聖人之迹。莫非實學也。

六經浩渺。乍來難盡曉。且見得路徑。後各自立得箇門庭。歸而求之可矣。

學者先須讀語孟。窮得語孟。自有要約處。以此觀他經甚省力。

學者不守文義。必須背失本意。一向去理會文義。又卻滯泥不通。

讀書當平其心。易其氣。闕其疑。則聖人之意見矣。

書曰。非知之艱。行之維艱。此固是也。然知之亦自艱。譬如人欲往京師。必知是出那門。行那路。然後可往。如不知。雖有欲往之心。其將何之。自古非無美材能力行者。鮮能明道。以此可見知之亦難也。

修身齊家。以至平天下者。治之道也。建立綱紀。分正百職。順天時以制事。至於創制立度。盡天下之務者。治之法也。

予奪翕張。理所有也。而老子之言非也。予之之意乃在乎奪之。張之之意乃在乎翕之。權詐之術也。申韓蘇張皆其流之敝也。

恕者入仁之門。爲仁之方也。

問。臨政惟用心於恕。何如。曰。恕。己所固有。不待求而後得。舉此加彼。斯是矣。何用心之云。

君子觀履之象。以辨上下之分。定其民志。故上下之分明。而後民志有定。可以言治。民志不定。天下不可得而治也。

勇一也。爲用不同。有勇於氣者。有勇於義者。君子勇於義。小人勇於氣。

教人未見意趣。必不樂學。欲且教之歌舞。如古詩三百篇。皆古人作之。如關雎之類。正家之始。故用之鄉人。用之邦國。自使人聞之。此等詩。其言簡奧。今人未易曉。别欲作詩。略言教童子洒掃應對事長之節。令朝夕歌之。似當有助。

病臥於牀。委之庸醫。比之不慈不孝。事親者亦不可不知醫。

人無父母。生日當倍悲痛。更安忍置酒張樂以爲樂。若具慶者可矣。

居是邦。不非其大夫。此理最好。

今人多不知兄弟之愛。且如閭閻小人。得一食必先以食父母。夫何故。以父母之口重於己之口也。得一衣必先以衣父母。夫何故。以父母之體重於己之體也。至於犬馬亦然。待父母之犬馬。必異乎己之犬馬。獨愛父母之子。卻輕於己之子。甚者至若仇敵。舉世皆如此。惑之甚矣。

近世淺薄。以相歡狎爲相與。以無圭角爲相歡愛。如此者安能久。若要久。須是恭敬。君臣朋友皆當以敬爲主也。

只整齊嚴肅。則心便一。一則自無非僻之干。

人於外物。奉身者事事要好。只有自家一箇身與心。卻不要好。苟得外物好時。卻不知道自家身與心已先不好了也。

大學。孔氏之遺書。而初學入德之門也。於今可見古人爲學次第者。獨賴此篇之存。而其他則未有如論孟者。故學者必由是而學焉。則庶乎其不差矣。

凡看語孟。且須熟讀玩味。將聖人之言語切己。不可只作一場話説看。得此二書切己。終身儘多也。

讀論語者。但將弟子問處便作己問。將聖人答處便作今日耳聞。自然有得。若能於論孟中深求玩味。將來涵養成甚生氣質。

聖人六經。皆不得已而作。

聖人之道。傳諸經學者。必以經爲本。

古之學者。皆有傳授。如聖人作經。本欲明道。今人若不克明義理。不可治經。蓋不得傳授之意云爾。

經所以載道也。器所以適用也。學經而不知道。治器而不適用。奚益哉。

看書各有門庭。詩易春秋不可逐句看。尚書論語可以逐句看。

意從心從。音猶擊鼓也。音不離鼓。出於鼓也。意不離心。己是心之發處。

以律管定尺。乃是以天地之氣爲準。非秬黍之比也。秬黍積數。在先王時。惟此適與度量合。故可用。今時則不同。

問。妻可出乎。曰。妻不賢。出之何害。如子思亦嘗出妻。今世俗乃以出妻爲醜行。遂不敢爲。古人不如此。妻有不善。便當出也。人脩身刑家最急。才脩身便到刑家上也。問。古人有以對姑叱狗。蒸梨不熟出妻者。無甚惡而遽出之。何也。曰。此忠厚之道也。古人絕交不出惡聲。君子不忍以大惡出其妻。而以微罪去之。以此見忠厚之至也。如必彰暴其妻之惡。使他人知之。是亦淺丈夫而已。君子不如此。古語有之。出妻令其可嫁。絕友令其可交。

人有三不幸。少年登高科。一不幸。席父兄之勢爲美官。二不幸。有高才能文章。三不幸也。

劉蕺山曰。此先生過激之論。人若能勤學敬身。兢兢自持。未始非不幸中之幸也。

問。周禮之書有訛缺否。曰。有之。周公致治之大法。亦在其中。須知道者觀之。可決是非也。

伊川易傳

乾。天也。天者乾之形體。乾者天之性情。乾。健也。健而無息之謂乾。夫天專言之則道也。

天且弗違是也。分而言之則以形體謂之天。以主宰謂之帝。以功用謂之鬼神。以妙用謂之神。以性情謂之乾。

四德之元。猶五常之仁。偏言則一事。專言則包四者。

天所賦爲命。物所受爲性。

鬼神者。造化之迹也。

内積忠信。所以進德也。擇言篤志。所以居業也。知至至之。致知也。求知所至而後至之。知之在先。故可與幾。所謂始條理者。知之事也。知終終之。力行也。既知所終。則力進而終之。守之在後。故可與存義。所謂終條理者。聖之事也。此學之始終也。以上乾。

君子主敬以直其内。守義以方其外。敬立而内直。義形而外方。義形於外非在外也。敬義既立。其德盛矣。不期大而大矣。德不孤也。無所用而不周。無所施而不利。孰爲疑乎。坤。

賢者在下。豈可自進以求於君。苟自求之。必無能信用之理。古之人所以必待人君致敬盡禮。而後往者。非欲自爲尊大。蓋其尊德樂道之心。不如是不足與有爲也。蒙。

君子之需。時也。安靜自守。志雖有須而恬然。若將終身焉。乃能用常也。雖不進而志動者。不能安其常也。需。

君子觀天水違行之象。知人情有爭訟之道。故凡所作事。必謀其始。絶訟端於事之始。則訟無由生矣。謀始之義廣矣。若愼交結。明契券之類是也。訟。

師之九二。謂師之主將專則失爲下之道。不專則無成功之理。故得中爲吉。凡師之道。威和並至。則吉也。

世儒有論魯祀周公以天子禮樂。以爲周公能爲人臣不能爲之功。則可用人臣不得用之禮樂。是不知人臣之道也。夫居周公之位。則爲周公之事。由其位而能爲者。皆所當爲也。周公乃盡其職爾。

孟子曰。事親若曾子者可也。未嘗以曾子之孝爲有餘也。蓋子之身所能爲者。皆所當爲也。以上師。

比。吉。原筮。元永貞。无咎。曰。人相親比。必有其道。苟非其道。則有悔吝。故必推原占。決其可比者而比之。所比得元永貞則无咎。元謂有君長之道。永謂可以常久。貞謂得正道。上之比下。必有此三者。下之從上。必求此三者。則无咎也。

比之九五曰。顯比。王用三驅。失前禽。曰。人君比天下之道。當顯明其比道而已。如誠意以待物。恕己以及人。發政施仁。使天下蒙其惠澤。是人君親比天下之道也。如是天下孰不親比於上。若乃暴其小仁。違道干譽。欲以求天下之比。其道亦狹矣。其能得天下之比乎。王者顯明其比道。天下自然來比。來者撫之。固不煦煦然求比於物。若田之三驅。禽之去者。從而不追。來者則取之也。此王道之大。所以其民皞皞。而莫知爲之者也。非惟人君比天下之道如此。大率人之相比莫不然。以臣於君言之。竭其忠誠。致其才力。乃顯其比君之道也。用之與否。在君而已。不可阿諛逢迎。求其比己也。在朋友亦然。脩身誠意以待之。親己與否在人而已。不可巧言令色。曲從苟合。以求人之比己也。於鄉黨親戚。於衆人。莫不皆然。三驅失前禽之義也。以上比。

古之時。公卿大夫而下位。各稱其德。終身居之。得其分也。位未稱德。則君舉而進之。士脩其學。學至而君求之。皆非有預於己也。農工商賈勤其事。而所享有限。故皆有定志。而天下之心可一。後世自庶士至於公卿日志於尊榮。農工商賈日志於富侈。億兆之心交騖於利。天下紛然。如之何其可一也。欲其不亂。難矣。

履之初九曰。素履。往无咎。曰。夫人不能自安於貧賤之素。則其進也。乃貪躁而動。求去乎貧賤耳。非欲有爲也。既得其進。驕溢必矣。故往則有咎。賢者則安履其素。其處也樂。其進也將有爲也。故得其進則有爲而無不善。若欲貴之心與行道之心交戰於中。豈得安履其素乎。以上履。

泰之九二曰。包荒用馮河。曰。人情安肆。則政舒緩。而法度廢弛。庶事無節。治之之道。必有包含荒穢之量。則其施爲寬裕詳密。弊革事理而人安之。若無含宏之度。有忿疾之心。則無深遠之慮。有暴擾之患。深弊未去。而近患已生矣。故在包荒也。自古泰治之世。必漸至於衰替。蓋由狃習安逸。因循而然。自非剛斷之君。英烈之輔。不能挺特奮發以革其弊也。故曰用馮河。或疑上云包荒。則是包含寬容。此云用馮河。則是奮發改革。似相反也。不知以含容之量。施剛果之用。乃聖賢之爲也。

德善日積。則福禄日臻。德踰於禄。則雖盛而非滿。自古隆盛未有不失道而喪敗者也。以上泰。

大人於否之時守其正節。不雜亂於小人之羣類。身雖否而道則亨也。故曰。大人否亨。不以道而身亨。乃道否也。否。

大有之九三曰。公用亨於天子。小人弗克。曰。三當大有之時。居諸侯之位。有其富盛。必用亨通於天子。謂以其有。爲天子之有也。乃人臣之常義也。若小人處之。則專其富有以爲私。不知公以奉上之道。故曰小人弗克也。大有。

人之於豫樂。心説之。故遲遲遂至於耽戀不能已也。豫之六二。以中正自守。其介如石。其去之速。不俟終日。故貞正而吉也。處豫不可安且久也。久則溺矣。如二可謂見幾而作者也。蓋中正故其守堅。而能辨之早。去之速也。

人君致危亡之道非一。而以豫爲多。以上豫。

人心所從。多所親愛者也。常人之情。愛之則見其是。惡之則見其非。故妻孥之言雖失而多從。所憎之言雖善爲惡也。苟以親愛而隨之。則是私情所與。豈合正理。故隨之初九。出門而交。則有功也。

人之所隨。得正則遠邪。從非則失是。無兩從之理。隨之六二。苟係初則失五矣。故象曰。弗兼與也。所以戒人從正當專一也。

隨九五之象曰。孚于嘉。吉。位正中也。曰。隨以得中爲善。隨之所防者過也。蓋心所説。

隨則不知其過矣。以上隨。

幹母之蠱。不可貞。子之於母。當以柔巽輔導之。使得於義。不順而致敗蠱。則子之罪也。從容將順。豈無道乎。若伸己剛陽之道。遽然矯拂則傷恩。所害大矣。亦安能入乎。在乎屈己下意。巽順將承。使之身正事治而已。剛陽之臣事柔弱之君。義亦相近。

蠱之九三。以陽處剛而不中。剛之過也。故小有悔。然在巽體不爲無順。順。事親之本也。又居得正。故無大咎。然有小悔。已非善事親也。

蠱之上九曰。不事王侯。高尚其事。象曰。不事王侯。志可則也。曰。士之自高尚。亦非一道。有懷抱道德。不偶於時。而高潔自守者。有知止足之道。退而自保者。有量能度分。安於不求知者。有清介自守。不屑天下之事。獨潔其身者。所處雖有得失小大之殊。皆自高尚其事者也。象所謂志可則者。進退合道者也。以上蠱。

聖人爲戒。必於方盛之時。方其盛而不知戒。故狃安富則驕侈生。樂舒肆則紀綱壞。忘禍亂則釁孽萌。是以浸淫不知亂之至也。臨。

觀盥而不薦。有孚顒若。曰。君子居上爲天下之表儀。必極其莊敬。如始盥之初。勿使誠意少散。如既薦之後。則天下莫不盡其孚誠。顒然瞻仰之矣。

觀之上九曰。觀其生。君子无咎。象曰。觀其生。志未平也。曰。君子雖不在位。然以人觀其德。用爲儀法。故當自愼省。觀其所生。常不失於君子。則人不失所望而化之矣。不可以不在於位。故安然放意無所事也。以上觀。

凡天下至於一國一家。至於萬事。所以不和合者。皆由有間也。無間則合矣。以至天地之生。萬物之成。皆合而後能。遂凡未合者。皆爲有間也。若君臣父子親戚朋友之間。有離貳怨隙者。蓋讒邪間於其間也。去其間隔而合之。則無不和且洽矣。噬嗑者。治天下之大用也。噬嗑。

君子所貴。世俗所羞。世俗所貴。君子所賤。故曰。賁其趾。舍車而徒。賁。

剥之爲卦。諸陽消剥已盡。獨有上九一爻尚存。如碩大之果不見食。將有復生之理。上九亦變。則純陰矣。然陽無可盡之理。變於上。則生於下。無間可容息也。聖人發明此理。以見陽與君子之道。不可亡也。或曰。剥盡則爲純坤。豈復有陽乎。曰。以卦配月。則坤當十月。以氣消息言。則陽剥爲坤。陽來爲復。陽未嘗盡也。剥盡於上。則復生於下矣。故十月謂之陽月。恐疑其無陽也。陰亦然。聖人不言耳。剥。

一陽復於下。乃天地生物之心也。先儒皆以靜爲見天地之心。蓋不知動之端乃天地之心也。非知道者。孰能識之。

陽始生甚微。安靜而後能長。故復之象曰。先王以至日閉關。

復之初九曰。不遠復。無祇悔。元吉。曰。陽。君子之道。故復爲反善之義。初復之最先者也。是不遠而復也。失而后有復。不失則何復之有。惟失之不遠而復。則不至於悔。大善而吉也。顔子無形顯之過。夫子謂其庶幾乃無祇悔也。過既未形而改。何悔之有。既未能不勉而中。所欲不踰矩。是有過也。然其明而剛。故一有不善。未嘗不知。既知。未嘗不遠改。故不至於悔。乃不遠復也。學問之道無他也。惟其知不善。則速改以從善而已。

仁者天下之公。善之本也。

復之初三。以陰躁處動之極。復之頻數而不能固者也。復貴安固。頻復頻失。不安於復也。復善而屢失。危之道也。聖人開其遷善之道。與其復。而危其屢失。故云厲无咎。不可以頻失而戒其復也。頻失則爲危。屢復何咎。過在失而不在復也。以上復。

動以天爲无妄。動以人欲則妄矣。无妄之義大矣哉。雖無邪心。苟不合正理則妄也。乃邪心也。既已无咎。不宜有往。往則妄也。故无妄之彖曰。其匪正有眚。不利有攸往。无妄。

人之蘊蓄由學而大。在多聞前古聖賢之言與行。攷跡以觀其用。察言以求其心。識而得之。以蓄成其德。

大畜初二。乾體剛健而不足以進。四五。陰柔而能止。時之盛衰。勢之强弱。學易者所宜深識也。

大畜之六五曰。豶豕之牙。吉。曰。物有總攝。事有機會。聖人操得其要。則視億兆之心猶一心。道之斯行。止之則戢。故不勞而治。其用若豶豕之牙也。豕。剛躁之物。若强制其牙。則用力勞而不能止。若豶去其勢。則牙雖存而剛躁自止。君子法豶豕之義。知天下之惡不可以力制也。則察其機。持其要。塞絕其本原。故不假刑法嚴峻而惡自止也。且如止盜。民有欲心。見利則動。苟不知教而迫於饑寒。雖刑殺日施。其能勝億兆利欲之心乎。聖人則知所以止之之道。不尚威刑而脩政教。使之有農桑之業。知廉恥之道。雖賞之不竊矣。以上大畜。

動息節宣以養生也。飲食衣服以養形也。威儀行義以養德也。推己及物以養人也。愼言語以養其德。節飲食以養其體。事之至近而所繫至大者。莫過於言語飲食也。頤。

坎之六四曰。樽酒簋貳用缶。納約自牖。終无咎。曰。此言人臣以忠信善道結於君心。必自其所明處乃能入也。人心有所蔽。有所通。通者。明處也。當就其明處而告之。求信則易也。故云。納約自牖。能如是。則雖艱險之時。終得无咎也。且如君心蔽於荒樂。惟其蔽也。故爾雖力詆其荒樂之非。如其不省何。必於所不蔽之事推而及之。則能悟其心矣。自古能諫其君者。未有不因其所明者也。故訐直强勁者。率多取忤。而温厚明辨者。其說多行。非惟告於君者如此。爲教者亦然。夫教必就人之所長。所長者心之所明也。從其心之所明而入。然後推及其餘。孟子所謂成德達財是也。坎。

咸之象曰。君子以虛受人。曰。中無私主。則無感不通。以量而容之。擇合而受之。非聖人有感必通之道也。其九四曰。貞吉悔亡。憧憧往來。朋從爾思。傳曰。感者人之動也。故咸皆就人身取象。四當心位。而不言咸其心。感乃心也。感之道無所不通。有所私係則害於感通。所謂悔也。聖人感天下之心。如寒暑雨暘。無不通。無不應者。亦貞而已矣。貞者。虛中無我之謂也。若往來憧憧。然用其私心以感物。則思之所及者。有能感而動。所不及者。不能感也。以有係之私心。既主於一隅一事。豈能廓然無所不通乎。

有感必有應。凡有動皆爲感。感則必有應。所應復爲感。所感復有應。所以不已也。感通之理。知道者默而觀之可也。以上咸。

天下之理。終而復始。所以恒而不窮。恒非一定之謂也。一定則不能恒矣。惟隨時變易。乃常道也。天地常久之道。天下常久之理。非知道者孰能識之。

恒之初六曰。浚恒貞凶。象曰。浚恒之凶。始求深也。曰。初六居下。而四爲正應。四以剛居高。又爲二三所隔。應初之志。異乎常矣。而初乃求望之深。是知常而不知變也。世之責望故素而至悔吝者。皆浚恒者也。以上恒。

遯者。陰之始長。君子知微。故當深戒。而聖人之意。未便遽已也。故有與時行。小利貞之教。聖賢之於天下。雖知道之將廢。豈肯坐視其亂而不救。必區區致力於未極之間。强此之衰。難彼之進。圖其暫安。苟得爲之。孔孟亦所屑爲也。王允謝安之於漢晉是也。

遯之九三曰。係遯有疾。厲。畜臣妾。吉。曰。係戀之私恩。懷小人女子之道也。故以畜養臣妾則吉。然君子之待小人。亦不如是也。以上遯。

晉之初六在下而始進。豈遽能深見信於上。苟上未見信。則當安中自守。雍容寬裕。無急於求上之信也。苟欲信之心切。非汲汲以失其守。則悻悻以傷於義矣。故曰。晉如摧如。貞吉。罔孚。裕。无咎。然聖人又恐後之人不達寬裕之義。居位者廢職失守以爲裕。故特云初六裕則无咎者。始進未受命當職任故也。若有官守。不信於上而失其職。一日不可居也。然事非一概。久速惟時。亦容有爲之兆者。

晉之上九。晉其角。維用伐邑。厲吉。无咎。貞吝。曰。人之自治剛極。則守道愈固。進極。則遷善愈速。如上九者。以之自治。則雖傷於厲而吉。且无咎也。嚴厲非安和之道。而於自治則有功也。雖自治有功。非中和之德。故於貞正之道爲可吝也。以上晉。

明夷初九。事未顯而處甚艱。非見幾之明不能也。如是則世俗孰不疑怪。然君子不以世俗之見怪而遲疑其行也。若俟衆人盡識。則傷已及而不能去矣。明夷。

正倫理。篤恩義。家人之道也。

人之處家。在骨肉父子之閒。大率以情勝禮。以恩奪義。惟剛立之人。則能不以私愛失其正理。故家人卦大要以剛爲善。

家人上九爻辭。謂治家當有威嚴。而夫子又復戒云。當先嚴其身也。威嚴不先行於己。則人怨而不服。以上家人。

睽之象曰。君子以同而異。曰。聖賢之處世。在人理之常。莫不大同於世俗所同者。則有時而獨異。不能大同者。亂常拂理之人也。不能獨異者。隨俗習非之人也。要在同而能異耳。

睽之初九。當睽之時。雖同德者相與。然小人乖異者至衆。若棄絶之。不幾盡天下以仇君子乎。如此則失含宏之義。致凶咎之道也。又安能化不善而使之合乎。故必見惡人。則无咎也。古之聖王所以能化奸凶爲善良。革仇敵爲臣民者。由弗絶也。

睽之九二。當睽之時。君心未合。賢臣在下。竭力盡誠。期使之信合而已。至誠以感動之。盡力以扶持之。明義理以致其知。杜蔽惑以誠其意。如是宛轉以求其合也。遇非枉道逢迎也。巷非邪僻由徑也。故象曰。遇主于巷。未失道也。

不正而合。未有久而不離者也。合以正道。自無終睽之理。故賢者順理而安行。智者知幾而固守。

睽極則咈戾而難合。剛極則躁暴而不詳。明極則過察而多疑。睽之上九有六三之正應。實不孤。而其才性如此。自睽孤也。如人雖有親黨而多自疑。猜妄生乖離。雖處骨肉親黨之間。而常孤獨也。以上睽。

君子之遇艱阻。必自省於身有失而致之乎。有所未善則改之。無歉於心則加勉。乃自脩其德也。蹇。

解。利西南。无所往。其來復。吉。有攸往。夙吉。曰。西南坤方。坤之體廣大平易。當天下之難方解。人始離艱苦。不可復以煩苛嚴急治之。當濟以寬大。艱易乃其宜也。既解其難而安平無事矣。是无所往也。則當脩復治道。正紀綱。明法度。進復先代明王之治。是來復也。謂反正理也。自古聖王救難定亂。其始未暇遽爲也。既安定則爲可久可繼之治。自漢以下。亂既治。則不復有爲。姑隨時維持而已。故不能成善治。蓋來復之義也。有攸往。夙吉。謂尚有當解之事。則早爲之乃吉也。當解而未盡者。不早去則將復盛。事之復生者。不早爲則將漸大。故夙則吉也。

解之六三曰。負且乘。致寇至。貞吝。曰。小人而竊盛位。雖勉爲正事。而氣質卑下。本非在上之物。終可吝也。若能大正則如何。曰。大正非陰柔所能也。若能之。則是化爲君子矣。以上解。

損者損過而就中。損浮末而就本實也。天下之害無不由末之勝也。峻宇雕牆。本於宫室。酒池肉林。本於飲食。淫酷殘忍。本於刑罰。窮兵黷武。本於征討。凡人欲之過者。皆本於奉養。其流之遠。則爲害矣。先王制其本者。天理也。後人流於末者。人欲也。損之義。損人欲以復天理而已。

損之九二曰。弗損益之。曰。不自損其剛貞。則能益其上。乃益之也。若失其剛貞。而用柔説。適足以損之而已。世之愚者。有雖無邪心而惟知竭力順上爲忠者。蓋不知弗損益之之義也。以上損。

益之初九曰。利用爲大作。元吉无咎。象曰。元吉无咎。下不厚事也。曰。在下者本不當處厚事。厚事。重大之事也。以爲在上所任。所以當大事。必能濟大事而致元吉。乃爲无咎。能致元吉。則在上者任之爲知人。己當之爲勝任。不然則上下皆有咎也。

益之上九曰。莫益之。或擊之。曰。理者天下之至公。利者衆人所同欲。苟公其心。不失其正理。則與衆同利。無侵於人。人亦欲與之。若切於好利。蔽於自私。求自益以損於人。則人亦與之力爭。故莫肯益之。而有擊奪之者矣。以上益。

知時識勢。學易之大方也。

夬九五曰。莧陸夬夬。中行无咎。象曰。中行无咎。中未光也。曰。夫人心正意誠。乃能極中正之道。而充實光輝。若心有所比。以義之不可而決之。雖行於外。不失其中正之義。可以无咎。然於中道未得爲光大也。蓋人心一有所欲。則離道矣。夫子於此。示人之意深矣。以上夬。

萃。王假有廟。曰。羣生至衆也。而可一其歸仰。人心莫知其鄉也。而能致其誠敬。鬼神之不可度也。而能致其來格。天下萃合人心。總攝衆志之道非一。其至大莫過於宗廟。故王者萃天下之道。至於有廟。則萃道之至也。祭祀之報。本於人心。聖人制禮以成其德耳。故豺獺能祭。其性然也。萃。

君子當困窮之時。既盡其防慮之道而不得免。則命也。當推致其命以遂其志。知命之當然也。則窮塞禍患不以動其心。行吾義而已。苟不知命。則恐懼於險難。隕穫於窮戹。所守亡矣。安能遂其爲善之志乎。

寒士之妻。弱國之臣。各安其正而已。苟擇勢而從。則惡之大者。不容於世矣。以上困。

井之九三。渫治而不見食。乃人有才智。而不見用。以不㊀不得行爲憂惻也。蓋剛而不中。故切於施爲。異乎用之則行。舍之則藏者矣。井。

㊀「不」衍。

革而無甚益。猶可悔也。況反害乎。古人所以重改作也。

革之六二。中正則無偏蔽。文明則盡事理。應上則得權勢。體順則無違悖。時可矣。位得矣。才足矣。處革之至善者也。必待上下之信。故巳日乃革之也。如二之才德。當進行其道。則吉而无咎也。不進。則失可爲之時。爲有咎也。

人性本善。有不可革者。何也。曰。語其性則皆善也。語其才則有下愚之不移。所謂下愚有二焉。自暴也。自棄也。人苟以善自治。則無不可移者。雖昏愚之至。皆可漸磨而進。惟自暴者拒之以不信。自棄者絶之以不爲。雖聖人與居。不能化而入也。仲尼之所謂下愚也。然天下自棄自暴者。非必皆昏愚也。往往强戾而才力有過人者。商辛是也。聖人以其自絶於善。謂之下愚。然攷其歸。則誠愚也。既曰下愚。其能革面何也。曰。心雖絶於善道。其畏威而寡罪。則與人同也。惟其有與人同。所以知其非性之罪也。以上革。

鼎之有實。乃人之有才業也。當愼其所趨嚮。不愼所往。則亦陷於非義。故曰。鼎有實。愼所之也。鼎。

震驚百里。不喪匕鬯。臨大震懼。能安而不自失者。惟誠敬而已。此處震之道也。

諸卦二五。雖不當位。多以中爲美。三四雖當位。或以不中爲過。中常重於正也。蓋中則不違於正。正不必中也。天下之理。莫善於中。於九二六五可見。以上震。

君子思不出其位。位者所處之分也。萬事各有其所。得其所則止而安。若當行而止。當速而久。或過或不及。皆出其位也。況踰分非據乎。

古之處高位。則有拯而無隨。在下位。則有當拯有當隨。有拯之不得而後隨。

艮之九三曰。艮其限。列其夤。厲。薰心。曰。夫止道貴於得宜。行止不能以時而定於一。其堅强如此。則處世乖戾。與物睽絶。其危甚矣。人之固止一隅。而舉世莫與宜者。則艱蹇忿畏。焚燒其中。豈有安裕之理。厲薰心。謂不安之勢。薰爍其中也。

人之止。難於久終。故節或移於晚。守或失於終。事或廢於久。人之所同患也。艮之上九。敦厚於終。止道之至善也。故曰敦艮。吉。以上艮。

漸之九三曰。利禦寇。曰。君子之與小人比也。自守以正。豈惟君子自完其己而已乎。亦使小人得不陷於非義。是以順道相保禦。止其惡也。漸。

大率以説而動。安有不失正者。

男女有尊卑之序。夫婦有倡隨之理。此常理也。若徇情肆欲。惟悦是動。男牽欲而失其剛。婦狃説而忘其順。則凶而無所利矣。

歸妹九二。守其幽貞。未失夫婦常正之道。世人以媟狎爲常。故以貞靜爲變常。不知乃常久之道也。以上歸妹。

非明則動無所之。非動則明無所用。豐。

旅之初六曰。旅瑣瑣。斯其所取災。曰。志卑之人既處旅困。鄙猥瑣細。無所不至。乃其所以致侮辱。取災咎也。

在旅而過剛自高。致困災之道也。以上旅。

兌。說而能貞。是以上順天理。下應人心。說道之至正至善者也。若夫違道以干百姓之譽者。苟說之道。違道不順天。干譽非應人。苟取一時之說耳。非君子之正道。君子之道。其說於民。如天地之施。感之於心。而說服無斁。

雖舜之聖。且畏巧言令色。說之惑人。易入而可懼也如此。

兌之上六曰。引兌。象曰。未光也。曰。說既極矣。又引而長之。雖悅之之心不已。而事理已過。實無所說。事之盛則有光輝。既極而强引之長。其無意味甚矣。豈有光也。以上兌。

方說而止。節之義也。

節之九二。不正之節也。以剛中正爲節。如懲忿窒欲。損過抑有餘是也。不正之節。如嗇節於用。懦節於行是也。以上節。

中孚之象曰。君子以議獄緩死。曰。君子之於議獄。盡其忠而已。於決死。極於惻而已。天下之事無所不盡。其忠而議獄緩死。最其大者也。

中孚之初九曰。虞吉。象曰。志未變也。曰。當信之。始志未有所從。而虞度所信。則得其正。是以吉也。志有所從。則是變動。虞之不得其正矣。以上中孚。

事有時而當。過所以從宜。然豈可甚過也。如過恭。過哀。過儉。大過則不可。所以小過爲順乎宜也。能順乎宜。所以大吉。

防小人之道。正己爲先。以上小過。

天下之事。不進則退。無一定之理。濟之終不進而止矣。無常止也。衰亂至矣。蓋其道已窮極也。聖人至此柰何。曰。惟聖人爲能通其變於未窮。不使至於極。堯舜是也。故有終而無亂。既濟。

伊川易傳序

易。變易也。隨時變易。以從道也。其爲書也。廣大悉備。將以順性命之理。通幽明之故。盡事物之情。而示開物成務之道也。聖人之憂患。後世可謂至矣。去古雖遠。遺經尚存。然而前儒失意以傳言。後學誦言而忘味。自秦而下。蓋無傳矣。予生千餘載之後。悼斯文之湮晦。將俾後人沿流而求源。此傳所以作也。易有聖人之道四焉。以言者尚其辭。以動者尚其變。以制器者尚其象。以卜筮者尚其占。吉凶消長之理。進退存亡之道。備於辭。推辭攷卦。可以知變。象與占在其中矣。君子居則觀其象而玩其辭。動則觀其變而玩其占。得於辭不達其意者有矣。未有不得於辭而能通其意者也。至微者理也。至著者象也。體用一源。顯微無閒。觀會通以行其典禮。則辭無所不備。故善學者求言必自近。易於近者。非知言者也。予所傳者辭也。由辭以得意。則在乎人焉。

梓材謹案。四庫全書著録先生易傳四卷。又録程氏經説七卷。提要云。不著編輯者名氏。皆伊川程子解經語也。書録解題謂之河南經説。稱繫辭一。書一。詩二。春秋一。論語一。改定大學一。又稱程氏之學。易傳爲全書解經。具此。其門目卷帙與此本皆合。則猶宋人舊本也。

伊川周易序

易之爲書。卦爻彖象之義備而天地萬物之情見。聖人之憂天下來世其至矣。先天下而開其物。後天下而成其務。是故極其數以定天下之象。著其象以定天下之吉凶。六十四卦三百八十四爻。皆所以順性命之理。盡變化之道也。散之在理則有萬殊。統之在道則無二致。所以易有太極。是生兩儀。太極者道也。兩儀者陰陽也。陰陽一道也。太極無極也。萬物之生。負陰而抱陽。莫不有太極。莫不有兩儀。絪緼交感。變化不窮。形一受其生。神一發其智。情僞出而萬緒起焉。易所以定吉凶而生大業。故易者陰陽之道也。卦者陰陽之物也。爻者陰陽之動也。卦雖不同。所同者奇偶。爻雖不同。所同者九六。是以六十四卦爲其體。三百八十四爻互爲其用。遠在六合之外。近在一身之中。暫於瞬息。微於動靜。莫不有卦之象焉。莫不有爻之義焉。至哉易乎。其道至大而無不包。其用至神而無不存。時固未始有一。而卦未始有定象。事固未始有窮。而爻亦未始有定位。以一時而索卦。則拘於无變。非易也。以一事而明爻。則窒而不通。非易也。知所謂卦爻彖象之義。而不知有卦爻彖象之用。亦非易也。故得之於精神之運。心術之動。與天地合其德。

與日月合其明。與四時合其序。與鬼神合其吉凶。然後可以謂之知易也。雖然易之有卦。易之已形者也。卦之有爻。卦之已見者也。已形已見者。可以知言。未形未見者。不可以名求。則所謂易者。果何如哉。此學者所當知也。

伊川禮説

王者必奉天建官。故天地四時之職。歷二帝三王未之或改。所以百度修而萬化理也。至唐猶存其略。其治時尚得綱紀小正。後世官秩殽亂。職業廢弛。太平之功所以未至也。

古者四民各有常職。而農者居十八九。故衣食易足而民無所困。後世游民多矣。觀其辛苦墊隘。或至變詐巧僞。以自求生而常不足以生。日益歲滋。久將何若。非聖人能變而通之。何以免患。豈可謂無可柰何而已哉。此宜酌古變今。均多恤寡。漸爲之業以救之耳。

古人飲食必祭。食穀必思始耕者。食菜必思始圃者。先王無德不報如此。

自司服言。祀昊天上帝。又云。祀五帝亦如之。康成之徒。遂爲六天之説。此學者大惑也。

萬物本乎天。人本乎祖。故冬至祭天而以祖配之。以冬至氣之始也。萬物成形於帝。而人成形於父。故季秋享帝而以父配之。以季秋成功之時也。

十全非謂十人皆愈。但知可治與不可治。證治分明。十人皆中卽爲上。

古者自天子達於庶人。必有師以成其德業。故舜禹文武之聖。亦有從學。後世師傅之職不脩。

友臣之義未著。所以尊德樂道之風未成於天下。

聖人奉天理物之道在於六府。六府之任治於五官。山澤虞衡各有常禁。故萬物阜而財用足。今五官不脩。六府不治。用之無節。取之不時。豈惟物失其性。而山林川澤暴殄天物。亦已耗竭矣。故虞衡之職宜舉也。

古者冠昏喪祭車服器用等差分別。莫敢踰越。故財用易給。民有恆心。後世禮制未脩。奢靡相尚。卿大夫之家鮮克由禮。商販之類或踰王公。禮制不足以檢飭人情。名教不足以旌別貴賤。既無定分。人人求厭其欲而後已。

宗子之法不立。則朝無世臣。須起自一二鉅公家。宗法立。則人人各知來處。

嘉禮不野合。故生不野合。則死不墓祭。蓋燕饗祭祀皆宮室中事也。後世習俗廢。始有墓祭。

樂舞所以舒其性情也。古人爲學。自小學舞勺舞象。以至大學有弦歌以養其耳。有干羽以養其血氣。有禮義以養其心。如此則非僻之心無自而入。

先儒有王臣無外交之說。非也。若天下有道。諸侯順軌。豈有内外之限。其相交好。乃常禮也。然不安官守。而遠相朝。無足道也。周禮所謂世相朝。謂郡國耳。以上周禮。

天下無一物無禮樂。且置兩隻倚㊀子。纔不正。便無序。無序便乖。乖便不和。

㊀「倚」當爲「椅」。

禮之本出於民之情。聖人因而道之耳。禮之器出於民之俗。聖人因而節文之耳。聖人復出。必因今之衣服器用而爲之節文。其所謂貴本而親用者。亦隨時更斟酌而損益之耳。

古禮既廢。人倫不明。以至治家皆無法度。是不得立於禮也。

學禮者考文。必求先王之意。得意乃可以沿革。

世人多謹於擇壻而忽於擇婦。其實壻易見而婦難知。所繫甚重。豈可忽哉。

古者父在爲母服期。今皆爲三年之喪。則家有二尊矣。可無嫌乎。處今之宜。服齊衰一年。外以墨衰終月算。可以合古之道。全今之制。

既爲人後。便須將所後者呼之以爲父以爲母。不如是則不正也。後之立疑義者。見禮有爲其父母報。便道須是稱親。禮文蓋言。出爲人後。則本生父母反呼之以爲叔父伯父。故須著道爲其父母以別之。非謂將本生父母亦稱爲父母也。

師不立。服不可立也。當以情之厚薄。事之大小處之。如顏閔於孔子。其成己之功與君父並。其次各有淺深。稱其情而已。下至曲藝。莫不有師。豈可一概制服。

古人祭祀用尸。極有深意。蓋人之魂魄既散。孝子求神而祭。無主則不依。無尸則不饗。魂氣必求其類而依之。人與人既爲類。骨肉又爲一家之類。己與尸各已潔齊。至誠相通。以此求神。宜其饗之。後世不知此。直以尊卑之勢。遂不肯行耳。

自天子至於庶人。五服未嘗有異。皆至高祖。服既如是。祭祀亦須如是。七廟五廟只是祭及高祖。大夫士雖三廟二廟一廟或祭寢。亦不害祭及高祖。若止祭禰而不及祖。非人道也。以上儀禮。

裘裳。成人之服也。不衣者不能衣也。不帛襦袴。不帛則是用布也。襦。今之襖。不衣裘帛。則常所衣者襦袴而已。

古所謂支子不祭者。惟使宗子立廟主之而已。支子雖不祭。至於齊戒致其誠意。則與主祭者不異。可與則以身執事。不可與則以物助。但不别立廟爲位行事而已。後世如欲立宗子。當從此義。雖不祭。情亦可安。若不主宗子。徒欲廢祭。適足長惰慢之志。不若使之祭。猶愈於已也。

曾子易簀。須要如此乃安人。不能如此者。只爲不見實理。實見得是。實見得非。必不肯安於此。

受祥肉彈琴。殆非聖人舉動。使其哀未忘。則子於是日哭則不歌。不飲酒食肉以全哀。況彈琴乎。使其哀已忘。何必彈琴。

嫂叔。古之所以無服者。只爲無屬。其夫屬乎父道者。妻皆母道也。其夫屬乎子道者。妻皆婦道也。故叔母伯母之服。與叔父伯父同。兄弟之子之婦。服與兄弟之子同。若兄弟則己之屬也。難以妻道屬其嫂。此古者所以無服。以義理推不去也。今之有服。亦是。豈有同居之親而無服者。

喪須三年而祔。若卒哭而祔。則三年都無事。禮卒哭猶存朝夕哭。若祭於殯宫。則哭於何處。古者君薨三年。喪畢吉禘。然後祔。因其祫祧主藏於夾室。所主遂自殯宫入於廟。國語言日祭月享。禮中豈有日祭之禮。此正謂在三年之中不徹几筵。故有日祭朝夕之饋。猶定省之禮如其親之存也。至於祔祭。須是三年喪終乃可祔也。越紼則是猶在殯宫。於時無由致齊。又安能脱喪服衣祭服。此皆難行。縱天地之祀不可廢。則止可使冢宰攝耳。

諸侯亦祭祫。只是祠禴嘗烝之祭。爲廟煩。故每年於四祭之中三祭合食於祖廟。惟春則祭諸廟也。

古者使以德。爵以功。世禄而不世官。故賢才衆而庶績成。及周之衰。公卿大夫皆世官。政由是敗矣。

禮云。宗子爲殤。宗子有君之道。豈有殤之禮耶。又曰。無服之殤不祭。下殤之祭終父母之身。中殤之祭終兄弟之身。長殤之祭終兄弟之子之身。成人而無後者。終兄弟之孫之身。此皆以義起也。

周公之功固大矣。皆臣子之分所當爲。魯安得獨用天子禮樂哉。成王之賜。伯禽之受。皆非禮也。其因襲之弊。遂使季氏僭八佾。三家僭雍徹。故仲尼譏之。

帝者氣之主也。東則謂之青帝。南則謂之赤帝。西則謂之白帝。北則謂之黑帝。中則謂之黄帝。豈有上帝而别有五帝之理。此因周禮言祀昊天上帝。而後又言祀五帝亦如之。故諸儒附此説。正與今人説六子。乾坤之外。甚底是六子。譬如人之四肢。只是一體耳。學者大惑也。

春秋有卜郊。但卜上辛不吉。則卜中辛。卜中辛更不吉。便用下辛。不當更卜。春秋乃三卜。四卜。五卜。至於不郊。非禮也。

父子異宮。爲命士以上。愈貴則愈嚴。故異宮。

舞中節。射中鵠。御中度。皆誠也。童而習之。不特精其藝。亦可以養其誠。

古者家有塾。黨有庠。遂有序。故未嘗有不入學者。八歲入小學。十五擇其秀者入大學。不可教者歸之於農。三老坐於里門。出入察其長幼進退揖讓之序。至於閭里鄉黨之閒。如三百五篇之類。人人諷誦。要之莫非止於禮義之言。十三又使之舞象。然則雖未能深知義理。興起於詩。其心固已善矣。

古之爲士者。自十五入學。至四十始仕。中間二十五年。有事於學。又無利可趨。則其志可知。此所以成德。故古之人必四十乃仕。然後志定業成。後世立法。自童稚卽有汲汲利祿之誘。何由向善。

收族之義。止爲相與爲服。祭祀相及。

禮記除大學中庸。惟樂記爲近道。學者深思自得之。

不能反躬。天理滅矣。天理云者。百理俱備。元無少欠。

禮勝則離。故禮之用。和爲貴。先王之道。斯爲美。小大由之。樂勝則流。故有所不行。知和而和。不以禮節之。亦不可行也。

鬼神者。造化之妙用。禮樂者。人心之妙用。

凡祭必致齊。齊之日。思其居處。思其笑語。此孝子平日思親之心。非齊也。齊不容有思。

齊者湛然純一。方能與鬼神接。然能事鬼神。已是上一等人。
坊記不知何人所作。觀其引論語曰。則不可以爲孔子之言。漢儒如賈誼董仲舒所言。蓋得此篇之意。或者其所記與。
不偏之謂中。不易之謂庸。中者天下之正道。庸者天下之定理。此篇乃孔門傳授心法。子思恐其久而差也。故筆之於書。以授孟子。其書始言一理。中散爲萬事。末復合爲一理。放之則彌六合。卷之則退藏於密。其味無窮。皆實學也。善讀者玩索而有得焉。則終身用之。有不能盡者矣。
常人之情。纔放肆。則日就曠蕩。自檢束。則日就規矩。
古者八十一縷曰升。斬衰三升。則是二百四十三絲。於今之布爲已細。緦麻十五升。則是千有二百絲。今蓋無有矣。以上禮記。

春秋傳序

天之生民。必有出類之才起而君長之。治之而爭奪息。導之而生養遂。教之而倫理明。然後人道立。天道成。地道平。二帝而上。聖賢世出。隨時有作。順乎風氣之宜。不先天以開人。各因時而立政。暨乎三王迭興。三重既備。子丑寅之建正。忠質文之更尚。人道備矣。天運周矣。聖王既不復作。有天下者雖欲仿古之迹。亦私意妄爲而已。事之繆秦。至以建亥爲正。道之悖。

漢專以智力持世。豈復知先王之道也哉。夫子當周之末。以聖人不復作也。順天應時之治不復有也。於是作春秋。爲百王不易之大法。所謂考諸三王而不繆。建諸天地而不悖。質諸鬼神而無疑。百世以俟聖人而不惑者也。先儒之論曰。游夏不能贊一辭。辭不待贊也。言不能與於斯耳。斯道也。惟顏子嘗聞之矣。行夏之時。乘殷之輅。服周之冕。樂則韶舞。此其準的也。後世以史視春秋。謂褒善貶惡而已。至如經世之大法。則不知也。春秋大義數十。其義雖大。炳如日星。乃易見也。惟其微辭隱義時措從宜者。爲難知也。或抑或縱。或與或奪。或進或退。或微或顯。而得乎義理之安。文質之中。寬猛之宜。是非之公。乃制事之權衡。揆道之模範也。夫觀百物。然後知化工之神。聚衆材。然後知作室之用。於一事一義而欲窺聖人之用心。非上智不能也。故學春秋者。必優游涵泳。默識心通。然後能造其微也。後王知春秋之義。則雖德非禹湯。尚可以法三代之治。自秦而下。其學不傳。予悼夫聖人之志不得行於後世也。故作傳以明之。俾後之人通其文而求其義。得其志而法其用。則三代亦可復也。是傳也。雖未能極聖人之蘊奥。庶幾學者得其門而入矣。

羅豫章曰。久矣哉。春秋之揜於傳注也。猶鑑揜於塵。不有人括垢摩光以還其明。則是後之學者將終不覩聖人之心。天下生靈將終不見三代之治。而夫子生平之志將終不行。理必無是也。此伊川所以有春秋傳也。

宋元學案補遺卷十六目録

宋元學案補遺卷十六

後學 鄞 王梓材 慈谿馮雲濠 同輯

伊川學案補遺下

補正公程伊川先生頤下

伊川文集

自古學之者衆矣。而考其得者蓋寡焉。道必充於己而後施以及人。是故道非大成。不苟於用。然亦有不私其身。應時而作者也。出處無常。惟義所在。上仁宗皇帝書。

周公作立政之書。舉言常伯。常任。至於綴衣。虎賁。以爲知恤者鮮。一篇之中丁。寧重複。惟在此一事而已。書又曰。僕臣正厥后克正。又曰。后德惟臣。不德惟臣。又曰。侍御僕從罔非正人。以旦夕承弼。厥辟出入起居。罔有不欽。是古人之意。人主跬步不可離正人也。蓋所以涵養氣質。薰陶德性。故能習與智長。化與心成。後世不復知此。以爲人主就學。所以涉書史覽古今也。不知涉書史覽古今乃一端爾。若止於如是。則能文宮人可備勸講。知書內侍可充輔道。何用置官設職。精求賢德哉。

或以爲主上方幼。且當如此。此不知本之論也。古人生子。能食能言而教之大學之法。以豫爲先人之幼也。知思未有所至。便當以格言至論。日陳於前。雖未曉知。且當薰聒使盈耳充腹。久自安習。若固有之。雖以他言惑之。不能入也。若爲之不豫。及乎稍長。私意偏好生於内。衆口辨言鑠於外。欲其純完。不可得也。故所急在先入。豈有太早者乎。以上上太皇太后書。

舊制公私試。試上舍。補内舍。蓋無虛日。皆糊名考校。排定高下。煩勞費用。不可勝言。於學者都無所益。學校禮義相先之地。而月使之爭。殊非教養之道。今立法改試爲課。更不考定高下。只輪番請召學生。當面下點抹。教其未至。所貴有益學者。不失庠序之體。

舊制考察行藝。以不犯罰爲行。試在高等爲藝。有注官免省試免解三等旌擢。今不用舊考察法。只於内舍推擇才學行藝爲衆所稱者。升爲上舍。上舍學行才器堪爲時用者。長貳狀其行能。聞於朝廷。以上三學看詳文。

學制尊賢堂以延天下道德之士。學者所矜式者。長貳以下尊禮之。學録一人專主供億。無其人則虛之。所謂道德之士。不必遠引古者。以近時言之。如胡太常瑗。張著作載。邵推官雍之輩。所居之鄉。學者不遠千里而至。願一識其面。一聞其言。以爲模楷。有如此之人至於京師。則長貳造門求見。道學者願得矜式之意。延請居於堂中。或一至。或時來。或淹留旬時。不可必其久速也。不獨學者得以矜式而已。又以見長貳之爲教。不敢足諸己。既上求古之人。復博采今之士。取善服義。如恐不及。乃爲教之大本。化人之要道。如此待之。卽是尊禮。所謂供億。只是洒掃堂室。供給飲膳。學録專主。所貴整肅。不須更立條目。待賓師體皆相類。無人則虛理自當爾。只於一處立文。自可見矣。回禮部取文狀。

朝廷分設教官。蓋欲教人修身齊家治國平天下之道。苟能修職。則不素餐兮。孰大於是。答楊時書。

聖賢之言不得已也。蓋有是言則是理明。無是言則天下之理有闕焉。如彼耒耜陶冶之器一不制。則生人之道有不足矣。聖人之言雖欲已。得乎。然其包涵盡天下之理。亦甚約也。後之人始執卷。則以文章爲先。平生所爲。動多於聖人。然有之無所補。無之靡所闕。乃無用之贅言也。不止贅而已。既不得其要。則離眞失正。反害於道必矣。答朱長文書。

葬説

卜其宅兆。卜其地之美惡也。非陰陽家之所謂禍福者也。地之美者。則其神靈安。其子孫盛。若埋壅其根而枝葉茂。理固然矣。地之惡者則反是。然則曷爲地之美者。土色之光潤。草木之茂盛。乃其驗也。父子祖孫同氣。彼安則此安。彼危則此危。亦其理也。而拘忌者惑以擇地之方位。決日之吉凶。不亦泥乎。甚者不以奉先爲計。而專以利後爲慮。尤非孝子安厝之用心也。唯五患者不得不慎。須使異日不爲道路。不爲城郭。不爲溝池。不爲貴勢所奪。不爲耕犂所及。一本所謂五患者。溝渠。道路。避村落。遠井窑。五患既慎。則又鑿地必至四五丈。遇石必更穿之。防水潤也。

既葬。則以松脂塗棺槨。石灰封墓門。此其大略也。葬之穴。尊者居中。左昭右穆而次。後則或東或西。亦左右相對而啓穴也。出母不合葬。亦不合祭。棄女還家。以殤穴葬之。

附録

幼有高識。非禮不動。年十四五。與明道同受學於周濂溪。

伊川二十四五時。呂原明首師事之。龜山語録。

召對。上奏論經筵三事。其一。以上富春秋。輔養爲急。宜選賢德以備講。因使陪侍宿直。陳説道義。所以涵養氣質。薰陶德性。其二。請上左右内侍宫人。皆選老成重厚之人。不使侈靡之物淺俗之言接於耳目。仍置經筵。祗應内臣十人。使伺上在宫中動息。以語講官。其或小有違失。得以隨時規諫。其三。令講官坐講。以美人主尊儒重道之心。寅畏祗懼之德。

治平二年四月。詔議崇奉濮王典禮。先生代侍御史彭思永疏曰。陛下嗣承祖宗大統。則仁廟陛下之皇考。陛下仁廟之適子。濮王陛下所生之父。於屬爲伯。陛下濮王出繼之子。於屬爲姪。此天地大義。生人大倫。不可變易者也。苟亂大倫。人理滅矣。更稱濮王爲親。是有二親。是非之理昭然明也。設如仁皇在位。濮王居藩。陛下既爲冢嗣。復以親稱濮王。則仁皇豈不震怒。濮王豈不側懼。君臣兄弟。立致釁隙。其視陛下當如何也。神靈如在。亦豈不然。

除崇政殿説書。在職累月。不請俸。吏亦不致諸公。俾户曹特給之郊廟恩。不爲妻求封。或問之。曰。頤起草萊。被召再。辭不獲乃受命。顧爲妻子求封耶。元符末。復判西京國子監。尹焞不可。先生曰。上初即位。被大恩不就職。何以承德意。道之不行已知之矣。受一月之俸。然後惟所欲爾。

先生過成都。坐於所館之堂。讀易。有造桶者前視之。指未濟卦問。先生曰。何也。曰。三陽皆失位。先生異之。問其姓與居。則失之矣。易傳曰。聞之成都隱者。

謫涪。注周易。與門弟子講學。不以爲憂。赦得歸。不以爲喜。

先生自涪還洛。氣貌髭髮皆勝平昔。門人問何以得此。先生曰。學之力。大凡學者。學處患難貧賤。若富貴榮達。即不須學也。

伊川一日與韓持國范彝㊀叟泛舟於潁昌西湖。有一官員來語大資。伊川謂有㊁急切公事。既乃是求薦。伊川云。大資居位。卻不求人。乃使人倒來求己。是甚道理。彝叟云。只爲正叔太執。求薦常事也。伊川云。不然。只爲曾有不求者不與。來求者與之。遂致人如此。持國大服。

先生每見後生有譏議前輩者。曰。賢且尋他好處說。鄒志完以諫得罪。或疑其賣直。先生曰。君子之於人也。當於有過中求無過。不當於無過中求有過。張繹曰。此忠厚之道。

㊀「彝」當爲「夷」。下同。

㊁「有」下脱「甚」。

先生嘗云。四十以前讀誦。五十以前研究其義。六十以前反覆紬繹。六十以後著書。著書不得已。

或問。先生家貧親老。應舉求仕。不免得失之累。奈何。先生曰。此只是志不勝氣。然得之不得曰有命。又問。在己固可。爲親奈何。曰。爲己爲親也只一事。若不得。其如命何。

元祐初起伊川誥曰。孔子曰。舉逸民。天下之民歸心焉。吾思起草萊巖穴以粉澤太平。而大臣以爾好學篤行薦於朝。願得試用。故加以爵命。起爾爲洛人矜式。此故事也。盛名之下。尚謹處哉。

紹興元年。敕通直郎誥曰。朕惟周衰。聖人之道不得其傳。世之學者違道以趨利。舍己以爲人。其欲聞仁義道德之說。孰從而聽之。閒有老師大儒。不事章句。不習訓傳。能自得於正心誠意之妙。則曲學阿世者又從而排陷之。卒使流離顛躓。無所爲而死。其禍賊於斯文者亦甚矣。爾潛心大業。無待而興者也。方退居洛。師則子弟。從之者孝弟忠信。及進侍講帷。則拂心逆指。務引其君於當道。朕錫以贊書。寵以延閣。尚其靈明。知尚[一]此哉。可特贈直龍圖閣。

邵康節代書寄之曰。嚴親出守劍門西。色養歡深世表儀。唐相規模今歷歷。蜀民遨樂舊熙熙。海棠洲畔停橈處。金鴈橋邊立馬時。料得預憂天下計。不忘君者更爲誰。

[一]「尚」當爲「享」。

子端中序伊川文集曰。先生既没。昔之門人高弟多已先亡。無有能形容其德美者。然先生嘗謂張繹曰。我昔狀明道先生之行。我之行。蓋與明道同。異時欲知我者。求之於此文可也。

晁景迂答袁季臯書曰。伊川之學。使人於一德有所入。或仁或孝。入德而至於敬。其徒則謝顯道。楊中立。游定夫。張思叔。其書則易傳存於世。而春秋方具稿草。授之思叔。今不知存亡。

楊龜山曰。仕道與禄仕不同。當夷甫以布衣入朝。神宗欲優其録。令兼數局。如鼓院渠院之數。夷甫一切受之。及伊川先生爲講官。朝廷亦欲使兼他職。則固辭。蓋前日所以不仕者爲道也。則今日之仕。須其官足以行道乃可受。不然。是苟禄也。然後世道學不明。君子辭受取舍人鮮知之。故常公之受。人不以爲非。而先生之辭。人亦不以爲是也。

尹和靖曰。先生於書無所不讀。於事無所不能。

郭白雲曰。太衍之數自唐以奇爲扐。以扐爲掛。以正策數爲餘數。殆今五百年矣。雖名之不正。義亦難通。而其數尚未失也。至一行之學。直取三多二少之象。以畫奇偶。不復問其數。此與擲錢代蓍無以異。四十九蓍於是直可廢也。百世之下。康節先生出。而後明言策數。横渠先生出。而後明言奇扐。伊川先生出。而後其法大備。學者於是復知聖人生蓍立法之意。斯道不可得而絶矣。

胡五峯曰。二公倡久絶之學於今日。其功比於孔子作春秋。孟子闢楊墨。

劉子卿曰。伊川先生與兄明道先生倡道學於洛中。世謂之洛學。

張南軒曰。二先生所以教學者。不越於居敬窮理二事。取其書反覆讀之。亦可以見。蓋居敬有力則其所窮者愈精。窮理浸明則其所居益有地。二者互相發也。

又曰。伊川之言看得似平易。而研窮其味無斁。

朱子曰。二程之學以大學論語中庸孟子爲標指。而達於六經。使人讀書窮理。以誠其意。正其心。修其身。自家而國。以及於天下。其道坦而明。其説簡而通。其行端而實。蓋將有以振百代之沈迷。而内之聖賢之域。

又曰。此道更前後聖賢。其説始備。自堯舜以下。若不生孔子。後人去何處討分曉。孔子後。若不生孟子。亦未分曉。後數千載。乃始得二程出來。發明此理。秦漢以下。直是説夢。

又曰。國初人便已崇禮義。尊經術。欲復二帝三代。已自勝如唐人。但説未透在。直至二程。此理方説得透。

又曰。明道德性寬大。規模廣闊。伊川氣質剛方。文理密察。其道雖同。而造德各異。

又曰。今之想像大程者。當識其明決中和處。小程者。當識其初年之嚴毅。晚年又濟以寬平處。

又曰。明道之言發明極致。通透洒落。善開發人。伊川之言卽是明理。質慤精深。尤耐咀嚼。

又曰。明道渾然天成。不犯人力。伊川功夫造極。可奪天巧。明道説話超邁。不如伊川説得的確。

又曰。易傳義理精。字數足。無一毫欠闕。只是於本義不相合。易本是卜筮之書。程先生只説得一理。

又曰。伊川晚年文字如易傳。直是盛得水住。

又答吕伯恭書曰。折柳事有無不可知。但劉公非妄語人。而春秋有傳疑之法。不應遽削之也。且伊川之諫。其至誠惻怛。防微慮遠。既發乎愛君之誠。其涵養善端。培植治平。又合乎告君之道。皆可以爲後世法。而於輔導少主。尤所當知。至其餘味之無窮。則善學者雖以自養可也。

又爲先生像贊曰。規圓矩方。繩直準平。允矣君子。展也大成。布帛之文。菽粟之味。知德者希。孰識其貴。

又程氏遺書後序曰。先生之學。其大要則可知。已讀是書者。誠能主敬以立其本。窮理以進其知。使本立而知益明。知精而本益固。則日用之閒。且將有以得乎先生之心。而於疑信之傳。可坐判矣。

又語類曰。東坡見伊川主司馬公之喪。譏其父在何以學得喪禮如此。然後人遂爲伊川解説。道伊川先丁母艱也。不消如此。人自少讀書。如禮記儀禮。便都已理會了。古人謂居喪讀喪禮。亦平時理會了。到這時要把來温審。不是方理會。

又語類曰。横渠云。置心平易始知詩。然横渠解詩多不平。易程子説。胡安定解。九四作太子事。云。若一爻作一事。只做得三百八十四事。此眞看易之法。然易傳中亦有偏解作一事者。

林艾軒嘗云。伊川解經有説得未的當處。此文義閒事。安能一一皆是。若大頭項則伊川底卻是。此善觀伊川者。陸子靜看得二程低。此恐子靜看其其㊀説未透耳。譬如一塊精金。卻道不是金。非金之不好。蓋是不識金也。

施孫碩序伊川至論曰。孟氏之後。獨伊川以孔孟爲師。以正心誠意爲本。體之足以修身事親。推之足以致君澤民。學者能深求其旨而篤信之。亦趨聖域之徑路。

魏鶴山曰。程易明白正大。切於治身。切於用世。未易輕議。故無智愚皆知好之。

雲濠謹案。四庫書目提要謂程子不信邵子之數。故邵子以數言易。而程子此傳則言理。一闡天道。一切人事。蓋古人著書。務抒所見而止。不妨各明一義云。

臧格諡議曰。緬維伊川先生。材質勁正。法度森嚴。凡所爲造理淵源。闡發微旨者。無非明天下之正理。行天下之正道。貫通融液。有不待閑邪而誠自存者。竊窺仞牆。方且自敬。而又曰。入道莫如敬。不敬何以致知。曰。主一之謂敬。不一則二三矣。至於涵養則是敬。急迫則非敬。其著察之深。似若一毫不敢少乖。先生之學。專以敬爲主。充養既至。固宜粹然一出於正也。

王深寧困學紀聞曰。伊川曰。凡人家法。須月爲一會以合族。古人有花樹韋家宗會法可取也。宗會法今不傳。岑參有韋員外花樹歌。君家兄弟不可當。列卿太史尚書郎。朝回花底常會客。花

㊀「其其」衍一「其」字。

撲玉缸春酒香。韋員外失其名。此詩見一門華鄂之盛。

黄東發曰。顔子所好何學。論謂其學以至聖人之道。養魚記蓋因物感人。禊飲詩序謂以好賢方逐樂之心。禮義爲疏曠之比。道藝當筆札之工。誠不媿矣。

郝陵川爲兩先生祠堂記曰。千載而下。聞而知之。高明正大。獨造自得。窮神知化。以道自任。憂天下之不行。恥一人之不知。舉世非之。而學益粹。霆碎電折。而志益堅。匯源委於六經。集大成於一易。傳聖之心。續道之統。得孟氏之學。學者宗之。伊川先生也。

又周易外傳自序曰。夫漢魏傳注之學則至於魏王氏。唐宋論議之學則至於宋程氏。故備録二氏。以爲諸家折衷。

陳定宇中庸口義序曰。程子曰。中庸一書。始言事理。中散爲萬事。末復合爲一理。放之則彌六合。卷之則退藏於密。其味無窮。皆實學也。其言約而盡矣。

宋濳溪諸子辨曰。子程子十卷。一名程子粹言。乃程叔子書。其門人楊氏變語録而文之者也。前有序。不著氏名。東陽厲髯翁云。相傳爲廣漢張栻作。序稱得諸子高子家傳。以其卷次不分。編類不别。因離爲論道。論學。論書。論政。論事。天地。聖賢。君臣。心性。人物十篇。欲其統而要。非求類夫論語之書也。予取觀之。實皆叔子之言。而伯子之説附焉。辭極變古。雖閒有稍離眞者。亦不遠矣。

梓材謹案。四庫全書存目有伊川粹言二卷。蓋卽是書。特卷數不同耳。

又記九賢遺像曰。伊川程子。貌勁實。顴微收。色黄而濇。目有稜角。鬚白而稍短。在頰者尤短。而翩翩若飛動。帽袍與履咸如明道。儼而立。剛方莊重。凜然不可犯。

張天如曰。孝宗實録云。伯恭蒐獵前輩名人文。有通經而不能文辭者。亦厠其閒。蓋指伊川也。時韓侂胄方以道學爲禁。故史官詆伯恭而牽聯伊川。然讀先生諸作。正使宋代文人措手不得。

馬平泉曰。陸象山謂伊川書開卷便覺刺目。其信也耶。然人情樂恣肆而惡繩檢。世風頽敝。流而日下。不有砥之。將安極哉。叔子懷方嶽嶽。果確凝重。雖未必悉合於聖人之道。要爲世閒所必不可無之人。譬之棟宇。其乾坤之柱石歟。

陳碩士師宋先生周易注序曰。治易而欲有益於學者之身心。舍宋儒之道無由也。余嘗謂王輔嗣注易明於人事。首變漢儒之法。雖言理精密不及宋儒。蓋其學未有以副之。然循其説以立身行己。亦足以發明剛柔進退義利公私之辨矣。故程子言治易。使人先讀王氏注。誠有取爾也。夫王氏且不可廢。況程朱乎。

又輔孝二書序曰。程子曰。病臥於牀。委之庸醫。比於不慈不孝。朱子嘗述伊川之卜地。而吕伯恭之不知是也。然則事親者之於二術。固宜盡心焉。昧没於平時。而鹵莽於臨事。均謂之不有其親。

又柬習之曰。吾人爲學固以收斂静一爲主。收斂静一則得自覺其非。所謂學然後知不足也。知不足則惟勉以期其足而已。而顧自況愈下。若有所不勝然者。則是以自下之心而反入於自畫之意。以至謙之意而反成爲自滿之心。其辨在幾微之閒。而其失爲終身之累。程子曰。人有過。惟改之而已。悔之過甚。亦足爲心累。夫自視抑責之意過多。則古人暇豫自得之意不見。而吾之學遂難以底乎正大光明。此非寬以居之之義也。

附傳

隱君王先生佺期

隱君董五經先生□合傳。

王佺期字子眞。□□人。來洛中。居於劉壽臣園亭中。一日出謂園丁曰。或人來尋。愼勿言我所向。是日富韓公來見焉。不遇而還。又一日忽戒洒掃。又於劉丐茶二杯。炷香以待。是日程伊川來。款語終日。蓋初未嘗夙告也。劉詰之。曰。正叔欲來。信息甚大。又嵩山前有董五經。隱者也。伊川聞其名。謂其爲窮經之士。特往造焉。董平日未嘗出庵。是日不值還。至中途。遇老人負茶果以歸。且曰。君非程先生乎。伊川異之。曰。先生欲來。信息甚大。某特入城置少茶果。將以奉侍也。伊川以其誠意。復與之同至其舍。語甚款。亦無大過人者。但不與物接。心靜而明也。和靖問於伊川。伊川曰。靜則自明也。二程外書。

附録

伊川先生曰。閒言語道出做甚。頤所以不曾作詩。今寄謝王子眞詩云。至誠通化藥通神。遠寄衰翁濟病身。我亦有丹君信否。用時還解壽斯民。子眞所學只是獨善。雖致誠潔行。然大抵只是長生久視之術。止修一身。因有是句。

王深寧困學紀聞曰。伊川先生不作詩。惟寄王子眞詩云。我亦有丹君信否。用時還解壽斯民。先生入嵩山。子眞已候於松下。問。何以知之。曰。去年已有消息來矣。蓋先生前一年欲往。以事而止。

雲濠謹案。深寧紀聞於此條又云。子眞名筌。岐下平陽人。元豐中賜號沖熙處士。張芸叟爲功行碑謂。超世之資。與陳圖南侔。蓋道者之流也。據此可知先生之里居。但以其名爲筌。何耶。

伊川家學

程先生穎

程穎。伊川族弟。知好大學。伊川於其眷中獨與之言易。康節孫博與之善。嘗從之得書疏一通。伊川手迹也。曰。爲易學者王輔嗣。胡先生。王荆公之說。讀之無餘事矣。邵氏聞見後録。

縣令程先生沂

程沂字詠之。洛人。伊川從子。紹興閒。知崑山。爲政中和。有古循吏風。姓譜。

伊川門人

司馬先生植詳見百源學案。

州守鄒先生柄詳見陳鄒諸儒學案。

伊川私淑

夏侯先生旄詳見陳鄒諸儒學案。

八行劉先生愿

劉愿。天水人。天資耿介。時王荊公新書盛行。學者靡然向風。先生獨不喜穿鑿附會之說。潛心伊洛之學。後以八行舉。姓譜。

詹事晁景迂先生說之詳景迂學案。

忠簡趙得全先生鼎詳趙張諸儒學案。

縣丞張先生良裔

張良裔字景先。寧化人。篤好程氏之學。建炎中第。調臨川簿。不就。郡守高其行。復辟爲武平丞。姓譜。

李先生則

李則字康成。龍溪人。試太學。不得志。浩然東歸。教授生徒。如楊汝南李恂輩。皆出其門。累薦鄉書。紹興閒。以特科授桂嶺簿。攝富川令。調德化。所至有惠政。先生學得之程蘇二家。有文集。教人以仁義爲本。道南源委。

羅先生志沖

羅志沖。合州人。潛心六經。最精易。作解。發明程氏爲多。姓譜。

潘先生文饒闕。

吴先生□

梓材謹案。先生正肅之父。講伊洛書。知持敬之學。

程氏續傳

程先生成甫

梓材謹案。先生蓋伊川之後。朱子嘗答其書。謂能守其門户。而不失其學問之傳云。又案。阮亭居易録引楊君謙盧陽客記言。伊川子孫在英山。不知何據。葉紹翁三朝聞見録。紹興元年。裒録程頤子孫。觀之源二人。居池州。考裒録事在嘉定十七年。其云紹興元年。誤。先生蓋卽觀之。取諸適觀厥成之意耳。

監丞程先生源

程源。伊川嫡孫。南渡後無憀殊甚。嘗鬻米於臨安新門之草橋。著爲道學正統圖。嘉定十七年訪求伊川後。特與録用。補迪功郎。除二令監丞。四朝聞見録。

梓材謹案。先生爲伊川四世孫。蓋四世之嫡孫耳。

附録

嘉定十七年授迪功郎。制曰。朕惟道德性命之旨。具載魯論孟氏之書。關洛諸儒講明益備。柰何頃歲各欲專門。遂致邇來横生邪説。朕所以悉贈先儒之謚。并及張吕之儔。曲阜來歸。旣尊崇於孔氏。元日發制。復訪後於伊川。觀之年高。稟而奉祀。梓材案。觀之。伊川三世孫。源之父也。源方强仕。遂命以官。庶幾感發人心。推明道統。俾務躬行之實。無爲邪説之歸。爾其懋哉。朕意深矣。可特授迪功郎。

程洛水行先生特授行籍田令。制曰。睠維爾祖之賢。一出濂溪之正。盡心知性。無非根本於大源。啓鑰抽緘。用以開明於後學。求其嗣裔。得爾端良。隆然受道之資。甚矣典刑之舊。錫之命秩。擢寘班聯。庶幾風動於聽聞。無或顛冥於邪僻。克邁先訓。尤殫乃心。

李氏門人

縣令楊先生汝南

楊汝南字彥侯。龍溪人。紹興進士。調贛州教授。改廣州。嘗掇詩春秋中庸要旨。經說三十篇。以授學者。仍表進於朝。祭酒楊椿曰。眞師範也。用薦。改知古田縣。修學舍。置學田。考德勵業。士人德之。與郡人高登。廬陵楊萬里。並以節義相砥。自初仕卽以廉平公勤自勵。故所至有聞。常扁其堂曰不欺。道南源委。

李先生恂

李恂。

吳氏家學

正肅吳先生柔勝詳見晦翁學案。

伊川續傳

侍郎鄭東谷先生汝諧

鄭汝諧字舜舉。號東谷。處州人。仕至吏部侍郎。著有東谷易翼傳二卷。其言易宗程子之說。所謂翼傳者。翼程傳也。四庫全書提要。

論語意原自序

聖人之言溥博淵深。非若諸子可俄而測度也。漢唐以來。鮮有識其旨者。本朝二程横渠楊謝諸公。互相發明。然後此書之義顯。謂諸公有功於此書則可。謂此書之義備見於諸公之書則不可。何者。言有盡。旨無窮。譬之山海之藏。隨取而獲。取者雖夥。未能竭其藏也。學者志於自得而已。徒取信於他人之得。不知反吾心以求其得。謂是口耳之學。君子無取焉。予於此書少而誦。長而辨。研精覃思。以求其指歸。積有年矣。日進月化。頗窺聖心之萬一。既斷以己説。復附以諸公之説。理之所在。不知其出於人也。出於己也。期歸於當而已。

附録

朱子曰。贛州所刊論語解。乃是鄭舜舉侍郎者。中閒略看。亦有好處。

眞西山序論語意原曰。東谷鄭公之學。本於伊洛諸君子。而沈潛玩繹。必求至於深造自得之地。易與論語皆其用力書也。

曾孫陶孫跋易翼傳曰。惟曾大考歷事四朝。紹熙得謝後。屢召不起。與誠齋同。被褒異。出處同。則其著書亦同於翼經而已。至於誠齋不能無異同者。亦猶於伊川不能無異同也。善讀者諒能因其同而觀其所以異。因其異而究其所以同者焉。西山先生不云乎。其不同也。乃所以相發也。

梓材謹案。陳直齋書録解題言。先生立朝多爲善類所不可。至互相排擊。故其曾孫有異同之説。四庫書目提要言。翼程傳亦時有異同。如程子解艮其背。不獲其身。行其庭。不見其人。以爲外物不接。内欲不萌。郭忠孝得其説而守之。遂自號兼山。以是爲儒者之至學也。朱子所解雖微異。然亦以是爲克己復禮之義。獨汝諧以爲艮其背者。所謂不見可欲。使心不亂也。不見而後不亂。見則亂矣。故僅爲无咎而已。説者或大其事。以爲聖人之事。非也。所見迴㊀乎相左云。

知州林先生師説別見百源學案補遺。

文公朱晦庵先生熹詳晦翁學案。

宣公張南軒先生栻詳南軒學案。

成公吕東萊先生祖謙詳東萊學案。

文達陸復齋先生九齡詳復齋學案。

郡守趙中川先生昱詳見南軒學案。

龍圖項平庵先生安世詳見晦翁學案。

宫師黄先生宜別見濂溪學案補遺。

㊀「迴」當爲「迥」。

邱蕭溪先生義別見晦翁學案補遺。

承務詹靜勝先生庭㊀堅附子自任。自立。

詹廷堅字朝弼。世居婺源。伯父洙。登進士丙科。先生其所生也。幼穎異。日誦千言。壯從諸老游。根源伊洛。爲文辭簡潔精深。不爲科舉之習。每曰正心誠意。吾性所當盡也。修身齊家。吾身所當踐也。科舉可爲吾累乎。早失所怙。事母洪氏至孝。及終廬墓三年。未嘗見齒。作堂名孝思。擇名儒訓子孫。建樓聚書至萬卷。日於其上。手不停披。得善言善行。即以訓子若孫。大監王雙溪扁以靜勝。程洺水亦嘗爲記之。往侍伯父。官遊姑蘇。惠山梁溪之勝。適得一區。遂居焉。園池靚深。日與高人勝士觴詠爲樂。洺水又嘗爲作漢隸山堂方壺四字揭之。平生眎利鴻毛。重義邱山。訪文正范公之孫。求義莊規模。亦爲義廩以惠族屬。晚遇東朝錫類之恩。以壽拜承務致仕之命。以微疾卒於錫山。子自任。自立。皆能力學世其家。程洺水集。

州守趙東山先生充夫別見趙張諸儒學案補遺。

薛玉成先生疑之

朝請劉寶山先生厚南並詳慈湖學案。

㊀「庭」當爲「廷」。

通判王東巖先生與之附師陳松溪。

王與之字次點。樂清人。從松溪陳氏學。盡傳六典要旨。遂著訂義八十卷。郡守趙汝騰進之朝。言先生踐履無玷。守節不踰。皓首著書。眞經明行修之士。其書精粹。可裨聖朝之治。授賓州文學。終通判泗州。年九十七卒。姓譜。

梓材謹案。眞西山序周禮訂義。言先生學本於程張。而於古今諸儒之說。莫不深究云。又案。西山爲作絅齋銘。

周禮訂義

孟子曰。周公思兼三王以施四事。其有不合者。仰而思之。夜以繼日。幸而得之。坐以待旦。此論周公作周禮之旨也。書惟周王撫萬邦。巡侯甸。四征弗庭。綏厥兆民。六服羣辟。罔不承德。歸於宗周。董正治官。此論周公授周禮於成王也。左傳齊仲孫歸曰。不去慶父。魯難未已。公曰。若之何而去之。對曰。難未已將自斃。公曰。魯可取乎。對曰。不可。猶秉周禮。周禮所以本也。魯不棄周禮。未可動也。晉侯使韓宣子來聘。觀書於太史氏。見易象與魯春秋。曰。周禮盡在魯矣。吾乃今知周公之德與周之所以王也。此見周禮至魯猶存。孟子北宮錡問曰。周室班爵禄也。如之何。孟子曰。其詳不可得聞也。諸侯惡其害己也。而皆去其籍。此見周禮至戰國已亡。蓋待漢以後諸儒而始明也。總論。

康成以漢法口率出泉。釋天官之九賦。不知周官制賦。不過因地之所有而斂之。即關市之賦。

亦非口率出泉。若以賦爲口率出泉。則是有田賦而又有丁税也。孟子曰。有粟米之征。有布縷之征。有力役之征。粟米卽田賦也。布縷卽嬪婦所貢也。山澤所貢亦以當租賦。至力役之征。成周止以六尺七尺之上下均其多寡。非如漢之有更錢。隋唐之有庸錢也。

民心無常。難合易睽。惟夫牧以地。長以貴。主以利。吏以治。藪以富。足以繫民之身。師以賢。儒以道。足以繫民之心。宗以族。使知親不可離。友以任。使知交不可倍。然後相安相養。相親相遜。雖有變故。之死靡他。後世九兩既廢。人心亦離。匹夫匹婦不獲所求。而有樂郊樂國之思。曾子所謂上失其道而民散也。

三曰廉敬。敬則於心不欺。於事不苟。四曰廉正。正則操履端方。不爲威惕。不爲勢誘。以上天官。

太宰太府之屬。所掌皆國之財賦。而司徒之屬。所掌皆民事。雖耕穫徵斂。皆寓教民之義。故謂之教官。後世以六部倣六官。故謂户部如司徒。然今户部所掌。乃太宰之屬。太府等職。初無與乎教事也。地官。

諸侯有人民社稷。若空其一方。同時畢集。猝有昆夷玁狁之難。孰從而禦之。或不能朝於春。可宗於夏。不能覲於秋。可遇於冬。但六年之内。必以次來王耳。春官。

古者國之子弟。無時不加教。無處不有學。退在學校。受教於大司樂大胥。諸子進在王所。受教於師氏保氏。入而宿衛。宫伯案其在版者而教之。出而守禦。都司馬掌其政學以教之。非若後世之教。止於庠序。而庠序之教。又爲具文。夏官。

漢儒謂冬官亡。補以考工記。司空果亡乎。以周官司空之掌攷之。司空未可以爲亡也。夫周官言司空掌邦土。居四民。時地利。凡經言田萊溝洫都邑涂巷者。非邦土而何。農工商賈市廛井里室廬者。非居民而何。桑麻穀粟之所出。山澤林麓之所生。非地利而何。攷小宰言六官設屬各有六十。今治官之屬六十有三。教官之屬七十有九。禮官之屬七十有一。政官之屬六十有九。刑官之屬六十有六。意者秦火之餘。簡編脱落。司空之屬錯雜五官之中。先儒莫之能辨。遂以考工記補之。其實司空一官未嘗亡也。夫考工記可以補周官者非三十工之制。有合周之遺法也。獨考工之序。其議論有源委。非深於道者莫能之。夫論百工之事。不止於工上立説。上而本於王公士大夫。則知工雖末伎。非王公發明乎是理。士大夫推而行之。其藝固不能以自成。下而及於商旅農婦。則知工雖有巧。非商旅之懋遷貨賄。農夫之飭力地財。婦工之化治絲麻。其材於何而取給也。創此者有知。述此者有巧。業則傳於世守。功則歸於聖人。工何嘗獨立於天地閒。能使器利用便乎。惟此等議論近古。足以發明聖經之祕。此所以取而爲補亡之書也。考工記。

黄東發曰。周禮出於漢末。鄭氏謂漢興。購求司空不得。恐未可信。今以五官所餘之數。合考工三十之數目。可足本篇六十。而謂先儒莫之能辨。此豈難見之事。而先儒莫之能哉。或疑此書正因晚出。故爲錯脱以示其爲古。未知然否。然五官之屬。皆差互不倫。非特司空一官而已也。

雲濠謹案。四庫全書著録先生周禮訂義。提要言。其所採舊説凡五十一家。然唐以前僅杜子春。鄭興。鄭衆。鄭玄。崔靈恩。賈公彦等六家。其餘四十五家則皆宋人。凡文集語録無不搜采。蓋以義理爲本。典制爲末。故所取宋人獨多。又言。其註考工記。據古文尚書周官司空之職。謂冬官未嘗亡。實沿俞廷椿之謬説。然俞氏淆亂五官。臆爲點竄。王氏則僅持是論。而不敢移掇經文。視俞氏爲有閒云。

大理陳訥齋先生德豫別見明道學案補遺。

陶先生薰

陶薰字南仲。清湘縣人。自幼資稟軼羣。淳熙閒。程氏之學盛行。先生得諸師友口誦心維。期達諸德業。既再冠鄉舉。會學禁事起。退而教授鄉里。嘉定禁弛。其志少伸。乃舉七年進士。歷任昭州教授。丁母憂。服闋。辟僉書鬱林州軍事判官。卒年七十二。蓋其爲人神整而裕。節安而和云。魏鶴山集。

知州章桐麓先生樵

章樵號桐麓。昌化人。郇公得象之裔也。嘉定進士。歷海州高郵山陽教官。尋知漣海軍。一再上時相書。力陳李全必叛。劉琸不可任重。後全作亂。郡官多被其禍。獨先生率諸生盛服坐堂上講誦。賊至。斂刃而退。後宰吴縣。通判常州。皆以廉公稱。侍御史洪咨夔舉其有守。召監登聞鼓院。尋以疾丐歸。授朝散郎。知處州事。卒。先生學宗伊洛。議論通暢。識達時務。所著書有集曾子十八篇。章氏家訓七卷。補注春秋繁露十八卷。補注古文苑二十卷。姓譜。

張墨莊先生泳別見晦翁學案補遺。

李先生明復別見鶴山學案補遺。

縣丞鄒先生安道

鄒安道。臨川人。淳熙進士。官至金壇丞。深於易。作易解。發越精蘊。學易者皆宗其說。江西通志。

鄒氏易說

上九之亢。雖有悔矣。而猶有善用之道焉。自初至五。潛見飛龍。謂之羣龍皆以無首而吉。至上九則爲首矣。能見羣龍之無首。而亦不敢爲首焉。則悔可亡而反吉也。

黄東發曰。此說於程傳所主經文不可爲首之義既合。於晦庵卜筮取象之義亦合。

九四非以陽居陽。而在三五重剛之閒。故亦曰重剛。

天玄地黄。衣上裳下。君臣之辨也。臣當守中處下。六五居人臣極位。故必黄裳而後元吉。

黄東發曰。此亦體伊川言外之意。而不外經文。

初九能得民建以爲侯。分民而治。庶幾人得其主。而有所統一。則屯難亨矣。

黄東發曰。此説於朱説立君者可相通。而無自立之嫌。

穴以況陰之所居亦可。不足以遏三陽之進。雖見傷而未甚。故出自穴以避之。三陽既克。六四以進。九五與三陽同類。無所復事矣。故上六因得以自安。是謂入於穴。三陽來。則敬之。終吉。

地中有山。此亦實象。如深谷爲陵。是地中有山。而深者可以獲益。故爲謙之象。

黄東發曰。亦有理。然天在山中。豈必實有其事。此特就卦取象耳。

澤中有雷。此收聲於兑之時也。

臨九二之應六五。非專以順命爲感。其閒容有未順者。而無害其爲咸也。未者。特未定之辭。

雷電噬嗑象亦云。雷電合而章。不必以是疑經文。

出入无疾。出入云者。昔之出而今入也。

或者繫牛於此。自以爲固矣。繫脱而不知牛之所之。以出意外。牛爲行人所得。而乃責得於邑人。豈邑人之罪哉。此爲无妄之災也。

澤上於天。勢必將決於下流。君子觀此象。以之施禄則可。以之居德則不可。

萃亨。萃者。聚也。民富物阜。財力有餘之時也。萃則亨矣。

甃所以禦惡而潔井。

孚乃利用禴。用禴在既孚之後。

出可以守宗廟。以爲祭主也。天子巡狩親征。諸侯朝覲會同。皆世子主祭。震爲長子。故此卦以君出子在爲言。不雜君父共國時也。

黄東發曰。此說釋程傳之意可明。

剛動二陰之下。欲以威加者也。初九一震。六二喪。其勢則然也。九四之震泥矣。五自億度知其無能爲也。五之所有事者。可無喪焉。故曰。億無有事。五之柔中。能勝天下之剛。其事在此象曰。其在中大。無喪也。謂之大。見其必無喪也。

山上有木。止於下而漸於上者也。其日夜之所息。雨露之所潤。豈一朝一夕而遽致其高大哉。

牀。尊者之所據也。巽在牀下。則其屈己已甚。屈於人者。非怯則諂。皆不免有咎。惟用之於史巫。則吉而无咎。蓋祝史通人意於鬼神。巫以鬼神之意告於人。皆交於神者。交神豈容詐哉。是以雖尚口而巽。紛然其多。不過通其誠意。故得无咎。

惟悔亡。然後田獲三品也。巽若無能爲者。易於有悔。六四得巽之正。非巽懦無立者。故悔亡。田以講武。且除苗害。興事之大者。田而有獲。則爲有功。故象曰。田獲三品。有功也。

蠱卦先甲後甲。此創始之事也。記曰。日用甲。用日之始也。故甲以創始爲義。巽卦先庚後庚。此變庚之難也。漢志曰。斂更於庚。悉新於辛。故庚以變更爲義。

既濟之極。入於未濟。未濟之極。反於既濟。上九以剛明處之。天下之事可以濟矣。雖飲酒宴樂。信乎其無復災咎也。故曰有孚。於飲酒无咎。若懷其宴安。沈湎無度。則又將入於未濟。

而飲酒之樂。信乎其失之也。故曰。濡其首。有孚失是。易六十四卦以未濟終之。未濟六爻又以飲酒濡首終之。此易之爲道。懼以終始歟。

子曰。易其至矣乎。此章言聖人體易之道。而與天地相似。易與天地同出。而聖人獨得其要。

程先生公許詳見二江諸儒學案。

周先生師鋭

周師鋭字儀父。東陽人。嘉定元年武舉進士第一人。任至知封州以卒。初舉進士。不利。乃就右科。廷對亹亹萬言。貫穿六經論孟。伊川程氏師卦之旨。眞西山考藝殿廬。異之。遂寘上第。語人曰。此雖文舉。亦當爲首選。隆慶東陽志。

程先生公説闕。

員外劉介白先生揚祖

劉揚祖字宏宗。慈溪人。幼有志操。穎悟絶人。崇伊洛正學。景定三年進士。歷校書郎。時賈似道執政。内外爭附。先生獨挺然無忌。言事忤旨。斥監沅東税。官至刑部員外郎。宋亡。徙家雲湖山。自號介白散人。以示不臣於元。姓譜。

附録

趙寶峯題介白先生像贊曰。仕宋竭節。避元不臣。生扶世道。死惠鄉民。

侍郎林先生袷

知州許先生子良並見濂溪學案補遺。

縣尉徐先生之綱

徐之綱字漢臣。世家單州。後徙濟州。金以詞賦舉進士。先生爲詞賦大有能名。會金將亡。不得試。作賦説以示學者。窮幽闡微。合金宋體。指摘昔人鉅作。巀然不少讓。上論隋唐。曲盡幽眇。久而曰。是果爲累耶。益探道理。以河南二程江南朱張胡蔡爲根柢。窮春秋易二經。其言春秋失始三傳。左氏誣爲甚。常事不書。聖人之旨也。易更三聖。麻衣誠僞書。夫子十翼功並日月。其言與朱文公合。當是時。南北未混。意識卓絶。尚友於千載。其言論金士疑之。宋號以儒立國。論亦如其言。所爲書。東齋默志三卷。通融賦説三卷。麟臺雜著七卷。元略中原。定地。戊戌歲始招輯儒士。先生以明經選益都。於時李璮以諸侯兵分省。先生以府學教授佐省事。璮喜儒。間問攻戰成敗。陰蓄甲士。習勞苦。先生講經曰。使民以時。相君不知也。璮默然。又曰。平王威烈。周之衰也。戰國之士。知諸侯而不尊周。唐世河北將士。尊藩鎭而不知有唐。其言簡直。遂黜爲滕州滕縣尉。中統四年卒。年七十有五。清容居士集。

金先生彌高

金彌高字與瞻。蘭谿人。仁山先生之兄也。數歲就學。穎悟日進。先生長者命之聯詩。曰。動業歸卿手。卽拱手而對曰。詩書養我心。聞者驚歎。比長。讀聖人之經。常欲體諸躬行之實。凡一舉動。輒引經爲據。而後爲之。教諸弟。自句讀至能文。其勤不倦。其學始務宏博。淳祐辛亥疾後。一以理義之學自涵泳。程朱之書不釋於前。寶祐丁巳卒。病時以學道未成爲憂。且勉諸弟以學云。金仁山文集。

校書李先生用別見濂溪學案補遺。

教授魏石川先生新之詳見范許諸儒學案。

趙鼎峯先生良鈞

趙良鈞。新安人。宋末進士及第。授修職郎。廣德軍教授。宋亡不復仕。爲鄉之經師。吳草廬文集。

梓材謹案。先生號鼎峯。見萬姓統譜。黃氏千頃堂書目稱其以春秋教授鄉里。

鄒氏同調

王先生之佐

王之佐字國材。臨川人。自晉人以老易並言。遂矯誣聖經以證虚無之學。至伊川始言理以究其精微。晦庵始言吉凶以復其本義。繼此言易者紛紛。匪贅則鑿。否則淪於虚無者有之。臨川鄒氏解六十四卦。其後先生繼之解繫辭。始明白守正。不襲用程朱之説。而理自然相符。先生及鄒氏與象山同以明經薦於鄉。名聲實相上下云。黄東發文集。

劉氏家學

劉先生榮祖

劉先生道中合傳。

劉榮祖。介白從弟。官華亭主簿。介白徙家雲湖寺之東原。更求其西茅山建介白樓。以爲隱居讀書之所。時先生與介白季子參知政事道中俱未仕。時與講解經傳。慈溪縣志。

金氏家學

文安金仁山先生履祥詳北山四先生學案。

趙氏門人

俞先生皋

俞皋字心遠。新安人。著有春秋集傳釋義大成。吴草廬序之云。其學博。其才優。其質美。從趙君良鈞學春秋。恪守所傳。通之於諸家。又稱其居朱子之鄉。與人論經。一則曰趙先生云。二則曰趙先生云。學而能若是者鮮矣。予是以喜之之深也云。吴草廬集。

春秋集傳釋義大成凡例

自晉杜氏注左傳。始有凡例之説。取經之事同辭同者。計其數凡若干。而不考其義。唐陸氏學於啖趙。作纂例之書。雖分析詳備。然亦未嘗以義言之。逮程子爲傳。分别義例。而學者始得聞焉。愚今遵程子説。以事同義同辭同者定而爲例十六條。凡書經之事。義如此。而其辭例如此者。是所謂例也。其有義不同而辭同。事同而辭不同者。則見各事之卜。非可以例拘也。且如殊會。其辭雖同。而其義則不同。會王世子而殊會。是尊之而不敢與抗。若曰王世子在是。而諸侯往會之。不敢與世子列也。會吴而殊會。是抑之而不使其抗。若曰諸侯自爲會。而後會吴。不使與諸侯列也。又如歸。來歸。復歸。歸字雖同。而其義則不同。婦人謂嫁曰歸。而書來歸。則出也。諸國君大夫出奔而復。則書歸。而書復歸。則義不當復也。天王使宰咺來歸惠公仲子之賵。

秦人來歸僖公成風之襚。此譏其過時始至之失也。至於季子來歸。齊人來歸鄆讙龜陰之田。此又喜其歸。異其辭以喜之也。凡此皆辭同而義不同者也。又如國君奔。一也。而内奔書遜。弑君一也。而内弑書薨。不地。殺公子一也。而内殺公子書刺。凡此皆事同而辭不同者。又如易田書假。城虎牢不繫鄭。戍虎牢曰鄭。因會伐而朝書如。凡此之類。乃程子所謂微辭隱義。時措時宜者也。是皆不可以例拘也。學者誠能熟玩程子傳以求其意。至於沈潛反復。一旦豁然貫通。庶乎可窺聖人用心之萬一也。又奚待愚言之贅云。

梓材謹案。四庫全書著録先生春秋集傳釋義大成十二卷。提要稱其從趙氏受學。因以所傳著是書。經文之下備列三傳。其胡氏傳亦與同列。吴草廬序謂兼列胡氏以從時尚。而四傳之名亦權輿於此序中。胡傳日尊。此其漸也。然俞氏雖以四傳並列。而於胡傳之過偏過激者。實多所匡正。草廬序所謂玩經下之釋。則四傳之是非不待辨而自明。可謂專門而通者。固亦持平之論矣。觀其自序稱所定十六例。悉以程子傳爲宗。又引程子所謂微詞隱義。時措時宜。於義不同而辭同。事同而辭不同者。反覆申明不可拘例之意。又稱學者宜熟玩程傳。均無一字及胡氏。蓋其師之學本出於程子。特以程傳未有成書。而胡傳方爲當代所傳習。故取與三傳並論之云。

程學之餘

判官張中庸先生特立 補

附録

晚教授諸生。東平嚴實每加禮焉。

世祖在潛邸。又諭曰。先生年老目病。不能就道。故令趙寶臣諭意。且名其讀書之堂曰麗澤。中統二年詔曰。中庸先生學有淵源。行無瑕玷。雖經喪亂。不改故常。未遂邱園之賁。俄興窀穸之悲。可復賜前號。以彰寵數。

補 通判李蒙齋先生簡

梓材謹案。四庫書目提要於先生學易記云。其書所采自子夏易傳以逮張特立劉肅之説。凡六十四家。大抵仿李鼎祚集解。房審權義海之例。又存目大易衍説無卷數。舊本題元李簡撰。提要云。蓋僞託之本也。

王先生仲徽

王仲徽。

杜先生時昇

杜時昇字進之。信安人。博學知天文。不肯仕進。南渡河。隱居嵩洛山中。從學者甚衆。大抵以伊洛之學教人。自先生始。正大末卒。金史。

文忠郝陵川先生經詳見魯齋學案。

貞敏蕭勤齋先生𣌀

文貞同榘庵先生恕並詳蕭同諸儒學案。

黄先生澤詳見草廬學案。

程先生龍

程龍字舜俞。號荀軒。婺源人。登宋景定乙丑第。後至中順大夫。同知鄉郡。致仕。補程子三分易圖刊行。外有弄環餘説。筮法等書。董季眞說。

梓材謹案。經義考引其從子樞云。公登咸淳七年進士。歷嚴州推官。與方虚谷同事。方以嚴郡入附。公不肯署。被擄。伯顔釋之。辟差同知江西贛州路總管府事。勒令之任。中道走歸。隱居養母十餘年。會拘刷宋故官不奉詔者。族其家。公垂涕曰。安有爲人子而棄母者哉。因出受令。蓋後以中順大夫致仕。又號不不翁。所著又有尚書毛詩二傳釋疑。禮記春秋辨證云。

太中保八先生

保八字公孟。號普庵。嘗官太中大夫。黄州路總管兼管内勸農事。著易源奥義。周易原旨。周易尚占。統名易體用。任士林序之。牟巘跋云。普庵傳聖人之全經。以善其用於今日。必有無體之體。參四聖人之純心於三千七百年之上者。於易爲圖象。爲原旨。予驚歎之。經義考。

梓材謹案。保八今改正爲寶巴。四庫著録易原奥義一卷。周易原旨六卷。書目提要云。寶巴色目人。居於洛陽。書名易體用。本程子之説。卽卦體以闡卦用也。

教諭唐先生朝

王先生申子並見濂溪學案補遺。

主簿李先生鳳附師孫曼慶。

李鳳字翔卿。一字舜儀。大名東明人。幼嗜學。休沐不廢。從鄉先生孫曼慶學詩。久之。曼慶謂先生曰。詩吾無以加子矣。其爲義理之學乎。先生迺屏絶金末律賦舊習。而究伊洛之遺書。寒暑不懈。嘗鬻粥未熟而臨卷有得。不知釜之焦也。初從太史氏測景陽城。留居嵩潁閒。讀書三年而後歸。爲郡學鄆城。病還東明。遠近學者從之。常以百數。稍遷廣平學正。大德丙午始除國子助教。在官兩考餘。有司以常格除臨朐主簿。到官未久卽去之。卒年六十有四。道園集古録。

附録

先生居成均。有傳其子好文。所著古文數十篇。至京師。張中丞養浩。元學士明善。一見驚異。卽列薦之於朝。先生慨然曰。斯文之事。屬諸吾兒可也。

提學蒲順齋先生道源別見濂溪學案補遺。

編修程積齋先生端學詳見靜清學案。

鍾先生律

鍾律字伯紀。汴人。鄉貢進士。爲儒學官。前後徵辟。並以疾辭。有大學補行於世。王逢説。

附録

戴九靈序先生春秋案斷補遺曰。其意以爲學春秋者。多惑於傳家褒貶之説。而經旨有不明。其能脱去宿弊。一以經文爲正者。又往往於筆削精義而或昧焉。今故採擇諸家格言之合於經者。附於各條之下。閒有未足。則以己意補之。而題以今名。蓋取程叔子爲案經爲斷語也。

沈先生易

沈易字易之。松江人。嘗爲淮安分省幕吏。擢理問所知事。授徒淇上。河南失守。由青齊浮海舶以歸。王逢説。

梓材謹案。先生一字翼之。著有孝經旁訓一卷。陳繼儒序之云。吾鄉沈翼之先生。自號蔬食野人。當元至正閒。喜節俠。負奇才。公卿不能用。退而與廬陵權公游。得濂洛眞傳。隱居授書。出入必依於名教。所著述甚衆。孝經旁訓其一也。

梁先生建中

梁建中。錢塘人。早嗜伊洛之學。復有志於文詞。下筆滔滔數百言。皆曲雅成一家言。金華宋濂序其文。杭州府志。

鄭氏續傳

鄭先生滁孫別見張祝諸儒學案補遺。

鄭先生陶孫附見張祝諸儒學案補遺。

文獻門人

總管劉先生秉恕

劉秉恕字長卿。邢臺人。文正公秉忠之弟。好讀書。受易於劉文獻肅。遂明理學。世祖召見。擢禮部侍郎。歷彰德懷孟淄萊順天太原五路總管。所至皆有惠政。召除禮部尚書。出爲淮西宣慰使。歷湖州平陽兩路總管。年六十。卒於官。元史。

杜氏家學

文獻杜緱山先生瑛別見張祝諸儒學案補遺。

李氏家學

承旨李先生好文

李好文字惟中。東明人。雲濠案。先生舜儀子。虞道園稱其深靖有學。見學古録。登至治元年進士第。授大名路濬州判官。入爲翰林國史院編修官。國子助教。泰定四年除太常博士。白長院者選僚屬數人。請出架閣文牘以資採録。三年書成。名曰太常集禮。歷改禮部尚書。至正九年出參湖廣行省政事。改湖北廉訪使。尋召爲太常禮儀院使。於是帝以皇太子年漸長。開端本堂。命皇太子入學。

命先生以翰林學士兼諭德。言欲求二帝三王之道。必由於孔氏。其書則孝經大學論語孟子中庸。乃摘其要略。釋以經文。又取史傳及先儒論説關治體協經旨者。倣眞德秀大學衍義之例。爲書十一卷。名曰端本堂經訓要義。奉表以進。詔付端本堂。命太子習焉。先生又集歷代帝王故事。總百有六篇。一曰聖慧。二曰孝友。三曰恭儉。四曰聖學。以爲太子問安餘暇之助。又爲書曰大寶録。曰大寶龜鑑。皆録以進焉。久之。陞翰林學士承旨。乞致仕。以一品禄終其身。元史。

文獻續傳

承旨劉先生賡

劉賡字熙載。文獻之孫。幼有文名。至元閒用薦者授國史院編修官。累遷集賢大學士兼國子祭酒。復爲翰林學士承旨。久典文翰。當時大製作多出其手。以耆年宿德爲朝廷所推重云。元史。

梓材謹案。先生爲尚書之孫。而師學士承旨王磐最久。虞道園爲神道碑。言其論文則淳厚而不浮。論治則平易而不紊。用能以老成爲國蓍蔡。長儒林藝苑者數十年。

宋元學案補遺卷十七目録

宋元學案補遺卷十七

後學 鄞 王梓材 慈谿馮雲濠 同輯

横渠學案補遺上

横渠先緒

補 張先生迪

雲濠謹案。先生爲横渠之父。國朝雍正二年從祀崇聖祠。

高平門人

補 獻公張横渠先生載

雲濠謹案。先生淳祐元年從祀廟廷。國朝雍正二年改稱先賢。

梓材謹案。黄氏日鈔載諸儒從祀封爵云。嘉定十四年知漳州魏了翁又爲横渠先生請諡。博士陳公益請諡達。禮部侍郎請諡或明。或誠。了翁入爲太常少卿。定諡曰明。宋史本傳亦云。嘉定十三年賜諡曰明公。李氏道命録云。禮部侍郎衛某議於明誠中三字内取一字用之。華甫時爲太常少卿。擬用誠字。及考諸諡法。則至誠感神曰誠。議者以爲不可用。遷祕書監。去奉常。迄今未定也。李氏序道命録。時在嘉熙三年之五月。是先生之諡。時猶未定。或即定於是年。本傳所云嘉定十三年。殆嘉熙三年傳寫之譌。要其諡明者爲有據也。而熊氏性理羣書迺曰諡獻。豈其後又定諡爲獻耶。

梓材又案。郝文忠公爲周子祠堂碑云。一傳而得程顥。程頤。張載。再傳而得楊時。游酢。卒之集大成於朱熹。似以横渠爲周子門人。蓋在私淑之列耳。文忠又爲太極圖説云。邵康節圖先天以盡卦之理。周茂叔圖太極以盡易之道。張子厚爲西銘合先天太極之旨。總爲人道。探於宓犧氏之先。繼於仲尼之後。再造人極。而天人之事益備。是周張傳道之緒也。故云爾。

西銘

龜山語録曰。西銘理一而分殊。知其理一。所以爲仁。知其分殊。所以爲義。所謂分殊。猶孟子言親親而仁民。仁民而愛物。其分不同。故所施不能無差等耳。或曰。如是則體用果離而爲二矣。曰。用未嘗離體也。以人觀之。四肢百體具於一身者體也。至其用處。則首不可以加屨。足不可以納冠。蓋卽體而言。而分已在其中矣。

朱子西銘注曰。天。陽也。以至健而位乎上。父道也。地。陰也。以至順而位乎下。母道也。人稟氣於天。賦形於地。以藐然之身。混合無間。而位乎中。子道也。然不曰天地。而曰乾坤者。天地其形體也。乾坤其性情也。乾者健而無息之謂。萬物之所資以始者也。坤者順而有常之謂。萬物之所資以生者也。是乃天地之所以爲天地而父母乎萬物者。故指而言之。

乾陽坤陰。此天地之氣塞乎兩間。而人物之所資以爲體者也。故曰。天地之塞。吾其體。乾健坤順。此天地之志爲氣之帥。而人物之所得以爲性者也。故曰。天地之帥。吾其性。深察乎此。則父乾母坤。混然中處之實可見矣。

人物並生於天地之閒。其所資以爲體者。皆天地之塞。其所得以爲性者。皆天地之帥也。然體有偏正之殊。故其於性也。不無明暗之異。惟人也得其形氣之正。是以其心最靈。而有以通乎性命之全體。於並生之中。又爲同類而最貴焉。故曰同胞。則其視之也。皆如己之兄弟矣。物則得夫形氣之偏。而不能通乎性命之全。故與我不同類而不若人之貴。然原其體性之所自。是亦本之天地而未嘗不同也。故曰吾與。則其視之也亦如己之儕輩矣。惟同胞也。故以天下爲一家。中國爲一人。如下文所云。惟吾與也。故凡有形於天地之閒者。若動若植。有情無情。莫不有以若其性。遂其宜焉。此儒者之道。所以必至於參天地。贊化育。然後爲功用之全。而非有所强於外也。

乾父坤母而人生其中。則凡天下之人皆天地之子矣。然繼承天地。統理人物。則大君而已。故爲父母之宗子。輔佐大君。綱紀衆事。則大臣而已。故爲宗子之家相。天下之老一也。故凡尊天下之高年者。乃所以長吾之長。天下之幼一也。故凡慈天下之孤弱者。乃所以幼吾之幼。聖人與天地合其德。是兄弟之合德乎父母者也。賢者才德過於常人。是兄弟之秀出乎等夷者也。是皆以天地之子言之。則凡天下之疲癃殘疾惸獨鰥寡。非吾兄弟無告者而何哉。

畏天以自保者。猶其敬親之至也。樂天而不憂者。猶其愛親之純也。

不循天理而徇人欲者。不愛其親而愛他人也。故謂之悖德。戕滅天理。自絕本根者。賊殺其親。大逆無道也。故謂之賊。長惡不悛。不可教訓者。世濟其凶。增其惡名也。故謂之不才。若夫盡人之性。而有以充人之形。則與天地相似而不違矣。故謂之肖。

孝子善繼人之志。善述人之事者也。聖人知變化之道。則所行者無非天地之事矣。通神明之德。則所存者無非天地之心矣。此二者皆樂天踐形之事也。孝經引詩曰。無忝爾所生。故事天者仰不愧。俯不怍。則不忝乎天地矣。又曰。夙夜匪懈。故事天者存其心。養其性。則不懈乎事天矣。此二者畏天之事。而君子所以求踐夫形者也。

好飲酒而不顧父母之養者。不孝也。故遏人欲。如禹之惡旨酒。則所以顧天之養者至矣。性者。萬物之一源。非在我所得私也。故育英才。如潁考叔之及莊公。則所以永錫爾類者廣矣。

舜盡事親之道。而瞽瞍底豫。其功大矣。故事天者。盡事天之道。而天心豫焉。則亦天之舜也。申生無所逃而待烹。其恭至矣。故事天者夭壽不貳。而脩身以俟之。則亦天之申生也。

父母全而生之。子全而歸之。若曾子之啓手啓足。則體其所受乎親者而歸其全也。況天之所以與我者。無一善之不備。亦全而生之也。故事天者能體其所受於天者而全歸之。則亦天之曾子矣。子於父母。東西南北。惟令之從。若伯奇之履霜中野。則勇於從而順令也。況天之所以命我者。吉凶禍福非有人欲之私。故事天者能勇於從而順受其正。則亦天之伯奇矣。

富貴福澤所以大奉於我。而使吾之爲善也輕。貧賤憂戚所以拂亂於我。而使吾之爲志也篤。天地之於人。父母之於子。其設心豈有異哉。故君子之事天也。以周公之富而不至於驕。以顔子之貧而不改其樂。其事親也。愛之則喜而弗忘。惡之則懼而無怨。其心亦一而已矣。

孝子之身存。則其事親者不違其志而已。没則安而無所愧於親也。仁人之身存。則其事天者不逆其理而已。没則安而無所愧於天也。蓋所謂朝聞夕死。吾得正而斃焉者。故張子之銘以是終焉。

梓材謹案。朱子答吴伯豐書。改此條朝聞夕死十字。作夭壽不貳。而脩身以俟之。

又答南軒書曰。天地之間。理一而已。然乾道成男。坤道成女。二氣交感。化生萬物。則其大小之分。親疏之等。至於十百千萬而不能齊也。不有聖賢者出。孰能合其異而反其同哉。西銘之作。意蓋如此。程子以爲明理一而分殊。可謂一言以蔽之矣。蓋以乾爲父。以坤爲母。有生之類。無物不然。所謂理一也。而人物之生。血脈之屬。各親其親。各子其子。則其分亦安得而不殊哉。一統而萬殊。則雖天下一家。中國一人。而不流於兼愛之弊。萬殊而一貫。則雖親疏異情。貴賤異等。而不梏於爲我之私。此西銘之大指也。觀其推親親之厚。以大無我之公。因事親之誠。以明事天之道。蓋無適而非。所謂分立而推理一也。夫豈專以民吾同胞。長長幼幼。爲理一而必默識於意言之表。然後知其分之殊哉。且所謂稱物平施者。正謂稱物之宜以平吾之施云爾。若無稱物之義。則亦何以知夫所施之平哉。龜山第二書蓋欲發明此意。然言不盡而理有餘也。故愚得因其説而遂言之如此。

又與郭沖晦書曰。叢書云。理出乎三才。分出於人道。西銘專爲理言。不爲分設。熹竊謂西銘之書。横渠先生所以示人。至爲深切。而伊川先生又以理一而分殊者贊之。言雖至約。而理則無餘矣。蓋乾之爲父。坤之爲母。所謂理一者也。然乾坤者。天下之父母也。父母者。一身之父母也。則其分不得而不殊矣。故以民爲同胞。物爲吾與者。自其天下之父母者言之。所謂理一者也。然謂之民。則非眞以爲我之同類矣。此自其一身之父母者言之。所謂分殊者也。又況其曰同胞。曰吾與。曰宗子。曰家相。曰老。曰幼。曰聖。曰賢。曰顛連而無告。則於其中閒又有如是差等之殊哉。但其所謂理一者。貫乎分殊之中。而未始相離耳。此天地自然。古今不易之理。而二夫子始發明之。非一時救弊之言。姑以彊此而弱彼也。又云。西銘止以假塗。非終身之學也。熹竊謂西銘之言。指吾體性之所自來。以明父乾母坤之實。極樂天踐形窮神知化之妙。以至於無一行之不慊而没身焉。故伊川先生以爲充得盡時。便是聖人。恐非專爲始學者一時所見而發也。

又答陸子美書曰。至於西銘之説。猶更分明。今亦且以首句論之。人之一身。固是父母所生。然父母之所以爲父母者。卽是乾坤。若以父母而言。則一物各一父母。若以乾坤而言。則萬物同一父母矣。萬物既同一父母。則吾體之所以爲體者。豈非天地之塞。吾性之所以爲性者。豈非天地之帥哉。古之君子。惟其見得道理眞實如此。所以親親而仁民。仁民而愛物。

推其所爲。以至於能以天下爲一家。中國爲一人。而非意之也。今若必爲人物只是父母所生。更與乾坤都無干涉。其所以有取於西銘者。但取其姑爲宏闊廣大之言。以形容仁體而破有我之私而已。則是仁體者。全是虛名。初無實體。而小己之私。却是實理。合有分别。聖賢於此却初不見義理。只見利害。而妄以己意造作言語。以增飾其所無。破壞其所有也。若果如此。則其立言之失。膠固二字。豈足以盡之。而又何足以破人之梏於一己之私哉。

張南軒西銘説曰。天地位而萬物散殊。其親疏皆有一定之勢。然不知理一。則私意將勝。而其流弊將至於不相管攝。而害夫仁。故西銘因其分之立。而明其理之本一。所謂以止私勝之流。仁之方也。雖推其理之一。而其分森然者。自不可亂。義蓋所以存也。大抵儒者之道。爲仁之至。義之盡者。仁立則義存。義精而後仁之體爲無弊也。

如以民爲同胞。謂尊高年爲老其老。慈孤弱爲幼其幼。是推其理一。而其分殊固自在也。故曰分立而推理一。以止私勝之流。仁之方也。若龜山以無事乎推爲理一。且引聖人老者安之少者懷之爲説。恐未知西銘推理一之指也。

度性善書晦庵所釋西銘後曰。程子嘗謂韓退之原道之文。非其胸中識見之高。安能於千百載之下辨别是非。斷然如此。然其言止及於治天下之道。而未及乎性命之藴。其於本末猶有未備。若張子之西銘。則原道之祖宗也。自今觀之。漢魏以來。溺於權謀功利之習。無有能言大學之道。以覺當世者。獨韓子於原道之篇。主正心誠意以爲説。是其所見聞已超出乎諸儒之等夷矣。然其所以爲言。則斷自正心誠意以下。而不及夫所謂致知格物者何哉。夫欲明大學之道。而不自致知格物以推之。豈惟天下國家之理有所未盡。反之吾身亦將有所未察。此張子西銘之書所從以作也歟。先生嘗謂正曰。乾陽坤陰。此天地之氣。塞乎兩間。人物之所資以爲體。乾健坤順。此天地之志。爲氣之帥。而人物之所得以爲性。某初讀西銘時。便得此意。其後因補葺之以釋西銘。先生之於西銘。因張子之意而推明之。精粗本末。無不曲盡。然此二語者。蓋先生之釋西銘之綱領。而學者之所當知也。覽者更自求之。

眞西山曰。先儒張氏作西銘。即事親以明事天之道。大略謂天之予我以是理也。莫非至善。而我悖之。卽天之不才子也。具人之形而盡人之性。卽天之克肖子也。禍福吉凶之來。當順受其正。天之福澤我者。非私我也。予之以爲善之資。乃所以厚其責。譬之事親。則父母愛之。喜而不忘也。天之憂戚我者。非厄我也。將以拂亂其心思。而增其所不能。譬之事親則父母惡之。懼而不怨也。卽此推之。親卽天也。天卽親也。其所以事之者。豈容有二哉。夫事親如天。孝子事也。而孔子以爲仁人。蓋孝之至則仁矣。張氏之論極其精詳。當卽全書而熟復之。

饒雙峯西銘解曰。西銘一書。規模宏大。而條理精密。有非片言之所能盡。然其大指不過中分兩節。前一節明人爲天地之子。後一節言人事天地當如子之事父母。何謂人爲天地之子。蓋人受天地之氣以生而有是性。猶子受父母之氣以生而有是身。父母之氣卽天地之氣也。

分而言之。人各一父母也。合而言之。舉天下同一父母也。人知父母之爲父母。而不知天地之爲大父母。故以人而視天地。常漠然與己如不相關。人於天地既漠然如不相關。則其所存所發宜乎無適而非己私。而欲其順天理。遏人欲。以全天地賦予之本然亦難矣。此西銘之作。所以首因人之良知而推廣之。言天以至健而始萬物。則父之道也。地以至順而成萬物。則母之道也。吾以藐然之身生於其間。稟天地之氣以爲形。而懷天地之理以爲性。豈非子之道乎。其下繼之以民吾同胞物吾與。而同胞之中復推其大君者爲宗子。大臣者爲宗子之家相。高年者爲兄。孤弱者爲弟。聖者爲兄弟之合德乎父母。賢者爲兄弟之秀出乎等夷。疲癃殘疾惸獨鰥寡者爲兄弟之顛連而無告者。則皆所以著夫並生天地之閒。而與我同類者。雖有貴賤貧富長幼賢愚之不齊。而均之爲天地之子也。知並生天地之閒。而與我同類者。均之爲天地之子。則天地爲吾之父母也。豈不昭昭矣乎。故曰前一節明人爲天地之子。何謂人事天地當如子之事父母。蓋子受父母之氣以生。則子之身卽父母之身。人受天地之氣以生。則人之性亦卽天地之性。子之身卽父母之身。故事親者不可不知所以保愛其身。人之性卽天地之性。則事天者亦豈可不知所以保養其性邪。此西銘之作。所以既明人爲天地之子。而復因事親之孝以明事天之道也。樂天者不思不勉而順行乎此性。猶人子愛親之純而能愛其身者也。畏天者戰戰兢兢以保持乎此性。猶人子敬親之至而能致其身者也。若夫徇私以違乎理。縱欲以害其仁。無能改於氣稟之惡。而復增益之。則是反此性。而爲天地悖德賊親不才之子矣。盡此性而能踐其形者。其惟天地克肖之子乎。窮神知化。樂天踐形者之事也。存心養性而不愧屋漏。畏天以求踐乎形者之事也。以此修身則爲顧養。以此及人則爲錫類。以此處常而盡其道。則爲底豫。爲歸全。以此處變而不失其道。則爲待烹。爲順令。愛惡逆順處之若一。生順死安兩無所憾。事親而至於是。則可以爲孝子。事天而至於是。豈不可以爲仁人乎。故曰後一節言人之事天地當如子之事父母。此篇之指大略如此。朱夫子所謂推親親之厚。以大無我之公。因事親之誠。以明事天之道。亦此意也。嗚呼。繼志述事。孝子之所以事親也。存心養性。君子之所以事天也。事親事天雖若兩事。然事親卽所以爲事天之推。而善事天者。乃所以爲善事其親者也。

吴草廬西銘解曰。天地者。吾之父母也。父母者。吾之天地也。天卽父。父卽天。地卽母。母卽地。人事天地當如事父母。子事父母當如事天地。保者。持受此理而不敢違。賢人也。樂者。從容順理而自然中。聖人也。蓋是理卽天地之理。而天地卽吾之父母也。持守而不敢違吾父母之理。非子之翼敬者乎。從容而自然順吾父母之理。非孝之極純者乎。不愛其親而愛他人者謂之悖德。天理者。父母所以與我者也。而乃違之。是不愛其親也。賊仁者謂之賊。仁者。父母所以與我之心德也。而乃害之。是戕其親也。世濟其惡。增其惡名。則是父母之不才子矣。若能踐其所以得五行秀爲萬物靈者之形。則是與天地相似而克肖乎父母矣。知者。聖人踐形惟肖。有以默契乎是理。非但聞見之知也。化則天地化育之事。乾道變化。

發育萬物。各正性命者。知得天地化育之事。則吾亦能爲天地之事。是善述吾父母所爲之事矣。窮者。聖人窮理盡性。有以究極乎是理。而知之無不盡也。神則天地神妙之心。純天之命。至誠無息。於穆不已者。窮得天地神妙之心。則吾亦能心天地之心。是善繼吾父母所存之志矣。此造聖之終事。踐形惟肖者之盛德。所謂樂且不憂。純乎孝者也。不愧屋漏者。己私克盡。心自然存性得其養。雖於屋漏之奥。尚無愧怍之事。夫其無愧於天。則是無忝辱所生之父母也。存心養性者。用力克己。惕然惟恐有愧於天。操而不舍其主於身之心。順而不害其具於心之理。存心養性。所以事天。夫其不怠於存養此天理。則是不懈怠於事父母也。此作聖之始事。學踐形惟肖者之工夫。所謂於時保之。子之翼也。然知化者必能窮神。窮神然後能知化。不愧屋漏者必能存心養性。存心養性然後能不愧屋漏。善述事者必能繼志。善繼志者然後能述事。無忝者必能匪懈。匪懈然後能無忝。存心養性然後有以不愧屋漏。不愧屋漏然後可以至於窮神。窮神然後有以知化。匪懈然後有以無忝。無忝然後可以至於善繼志。善繼志者然後可以善述事也。

東銘

□□補注曰。言雖戲必以思而出也。動雖戲必以謀而作也。戲言發於聲。戲動見乎四支。謂非本於吾之心。是惑也。本於吾心而欲人之不我疑。不可得也。言之過者。非其心之本然也。動之過者。非其誠之實然也。失於聲而爲過言。繆迷其四體而爲過動。謂之過者。皆誤而非故也。或者吝於改過。遂以爲己之當然。是自誣其心也。又欲人之從之。是誣人也。此夫子所謂小人之過也必文。孟子所謂過則順之。又從而爲之辭。戲謔出於心思。乃故爲也。不知所當戒。徒歸咎以爲戲。則長傲而誤愈滋矣。過誤不出於心思。乃偶失耳。不知歸咎於偶失。反自誣以爲實然。則遂非而過不改矣。學者深省乎此。則崇德辨惑。矯輕警惰之功亦大矣。然其於戲且誤者。克治尚如此之嚴。況乎過之非戲誤者。豈復留之幾苟以累其身心哉。或者以戲言戲動之出於心者。歸咎爲己戲而不知戒。己長傲而惡愈滋矣。以過言過動之失於思者。自誣爲己誠而不知歸咎。則遂非而過益深矣。

又曰。沈毅齋先生詳述朱子與江西學者説此篇大旨。不越於故誤二字。且曰。有心謔浪之謂戲。無心差失之謂過。本有心而掩之以無心。則以故爲戲而至於長傲。本無心而誣之以有心。則以誤爲誠而至於遂非。是愚之甚者也。戲不可有。推其原而謂之故。欲人深戒其言動未發之先以爲正心誠意之本。過不能無指。其流而謂之過。欲人自咎於言動已失之後。以爲遷善改過之機。誨人之意深矣。

劉蕺山曰。千古而下。埋没却東銘。今特爲表而出之。緣儒者止善講大話也。余嘗謂東銘遠勝西銘。聞者愕然。

正蒙

范育正蒙序曰。嗚呼。道一而已。亘萬世。窮天地。理有易乎是哉。語上極乎高明。語下涉乎形器。語大至於無閒。語小入於無眹。一有窒而不通。則於理爲妄。故正蒙之言。高者抑之。卑者舉之。虛者實之。礙者通之。衆者一之。合者散之。要之立乎大中至正之矩。天之所以運。地之所以載。日月之所以明。鬼神之所以幽。風雲之所以變。江河之所以流。物理以辨。人倫以正。造端者微。成能者著。知德者崇。就業者廣。本末上下。貫乎一道。過乎此者。淫遁之狂言也。不及乎此者。邪詖之卑説也。推而放諸有形而準。推而放諸無形而準。推而放諸至動而準。推而放諸至誠而準。無不包矣。無不盡矣。無人可過矣。無細可遺矣。言若是乎其至矣。聖人復起。無有閒於斯文矣。

胡五峯正蒙序曰。先生閒起從仕。道大不偶。以疾歸休。著書數萬言。極天地陰陽之本。窮神化。一天人。所以息邪説而正人心。故自號其書曰正蒙。其志大。其慮深且遠。而諸家所編。乃有分章析句。指意不能闕深者。錯出乎其閒。使人讀之。無亹亹不倦之心。思以傳久。不亦難乎。今就其編。别摘爲内書五卷。外書五卷。傳之同志。庶幾先生言大本。斥異學之志。遠而益彰。雖得罪於先生之門人所不辭也。

□□補注曰。太虛無形。卽氣之本體。在人至誠無感。卽性之淵源。道之體也。萬殊之所以一本也。其聚其散。變化之客形。是氣之流行。在人有識有知。物交之客感。是性之發見。道之用也。一本之所以萬殊也。體用一原。隱顯無閒。惟窮理盡性之人能一之也。氣之聚散。卽太虛之所爲。則太虛非離氣而入於渺茫者矣。故知此則無無。蓋不以無視太虛之理也。

天與道在天者也。性與心在人物者也。

感者。彼此相感。兩也。通者。流行不已之神。一也。使非陰陽彼此相感而往來相禪。則其神之所以流不已者何以見哉。故曰不有兩。則無一。以上太和篇。

火日陰質也。故內暗而外光。金水陽質也。故外暗而內明。火日能直而施。金水則能闢而受。施則天也。受則地也。此天神地形之妙也歟。參兩篇。

朱子正蒙說曰。論正蒙說道體處。如太和太虛。虛空云者。正是說氣。說聚散處。其流乃是箇大輪迴。蓋其思慮攷索所至。非性分自然之知。若言道理。惟周子說無極而太極最好。如由太虛有天之名。由氣化有道之名。合虛與氣有性之名。合性與知覺有心之名。亦說得有理。由氣化有道之名。如所謂率性之謂道是也。然使明道形容此理。必不如此說。伊川所謂橫渠之言誠有過者。乃在正蒙。以清虛一大爲萬物之原有未安等語。概可見矣。

正蒙是窮盡萬物之理。

黄東發讀横渠正蒙曰。造化難測。横渠思索最精。辰象隨天而遲。反成逆行。此理於雲運月驗可驗。

又曰。賢才出。子孫才。亦氣日至而滋息之類也。

又曰。論性之廣大。無如萬物一源之語。論性之精切。無如氣質弗性之語。陽明陰濁分剔尤淨。

梓材謹案。正蒙第十七篇爲乾稱篇。取西銘首句爲篇名。以西銘東銘本在此篇也。今以二銘自爲一書矣。

横渠易説

不曰天地而曰乾坤。言天地則有體。言乾坤則无形。故性也者。雖乾坤亦在其中。乾彖辭。

大而得易簡之理。當成位乎天地之中。時舍而不受命。乾九二有焉。及夫化而聖矣。造而位天德矣。則富貴不足以言之。乾九二。

乾之九五曰。飛龍在天。利見大人。乃大人造位天德。成性躋聖者耳。若夫受命首出。則所性不存焉。故不曰位乎君位。而曰位乎天德。不曰大人君矣。而曰大人造也。乾象傳。

孔子喜弟子之不仕。蓋爲德未成。則不可以仕。是行而未成者也。故潛勿用。龍德。德而未顯者也。不成名。不求聞也。養實而已。樂行憂違。不可與德者語也。用則行。舍則藏。惟我與爾有是夫。顔子龍德而隱。故遯世不見知而不悔。聖與聖者同能。

孟子不得已而用潛龍者也。顔子不用潛龍者也。孟子主教。故須説予豈好辨哉。予不得已也。

顏氏求龍德正中而未見其止。故擇中庸。得一善則拳拳服膺。歎夫子忽焉前後也。乾三四位過中。重剛。時不可舍。庸言庸行不足以濟之。雖大人之盛有所不安。外趨變化。内正性命。故其危其疑。艱於見德者。時不得舍也。以上乾文言傳。

西南得朋。東北喪朋。江沱之閒有壻。不以其媵備數。是不能喪朋也。媵遇勞而无怨。却是能喪朋者。其卒嘯也歌。是乃終有慶也。

此婦人之教大者也。西南致養之地。東北。反西南者也。陰陽正合。則陰相對者必陽也。西南得朋。是始以類相從而來也。東北喪朋。喪朋。相忘之義。聽其自治。不責人。不望人。是喪其朋也。喪朋則有慶矣。坤彖辭。

禮聞取道義於人。不聞取其人之身。來之爲言屢也。有道義者謂之來。來學者就道義而學之。往教者致其人而取教也。童蒙求我。匪我求童蒙是也。蒙彖辭。

丈人剛過。太公近之。剛正剛中。則是大人聖人得中道也。太公則必待誅紂。時雖鷹揚。所以爲剛過。不得稱大人。師彖辭。

中行。中立之行也。若朋比則未足尚也。舜文之大。不是過也。泰九二。

易大象皆是實事。卦爻小象則容有寓意而已。言風自火出家人。家人之道必自烹飪始。風。風也。教也。蓋言教家人之道。必自此始也。又如言木上有水。井。則明言井。井實事也。又言地中有山。謙。夫山者。崇高之物。非謙而何。又如言雲雷。屯。雲雷皆是氣之聚處。屯。聚也。謙大象。

後甲三日。成前事之終。先甲三日。善後事之始也。剛上柔下。故可爲之唱。是故先甲三日以屬其法。後甲三日以重其初。明終而復始。通變不窮也。至於巽之九五。以其上下皆柔。故必无初有終。是故先庚後庚。不爲物首也。於甲取應物而動。順於民心也。蠱彖傳。

天不言而四時行。聖人設教而天下服。誠於此。動於彼。神之道歟。觀彖辭。

子路禮樂文章未足盡爲政之道。以其重言諾。至爲衆信。故片言可以折獄。如易利用獄。利用刑人。皆非卦爻盛德。適能是而已焉。噬嗑彖辭。

復言天地之心。咸恆大壯言天地之情。心内也。其原在内。時則有形。見情則見於事也。故可得而名狀。自姤而剥。至於上九。其數六也。剥之與復。不可容線。須臾不復。則乾坤之道息也。故適盡即生。更無先後之次也。此義最大。臨卦至於八月有凶。此言七日來復。何也。剛長之時。豫戒以陰長之事。故言至於八月有凶。若復則不可須臾更斷。故言七日。七日者晝夜相繼。元无斷續之時也。復彖傳辭。

无妄之疾。疾。无妄之謂也。欲妄動而不敢妄。是則以无妄爲疾者也。如孟子言有法家拂士。是疾无妄者也。以无妄爲病而醫之。則妄之意遂矣。故曰。勿藥有喜。又曰。不可試也。言不可用藥治之。无妄九五。

定然後始有光明。若常移不定。何來光明。易大抵以艮爲止。止乃光明。時止則止。時行則行。動静不失其時。其道光明。謙。天道下濟而光明。天在山中。大畜。君子以剛健篤實輝光。

日新其德。定則自光明。故大學定而至於能慮。人心多則無由光明。蒙雜而著。著。古着字。雜着於物。所以爲蒙。蒙。昏蒙。大畜彖傳。

習坎。重襲之義。八純卦惟此加習者。餘皆一字可盡其義。坎取其險。故重言之。而其險乃著也。習坎彖辭。

咸。感也。其爻雖相應。而詞多不吉。顧其時何如耳。説者多以咸恆配天地。殊不知咸自可配天地。故於序卦獨不言咸。咸既可以配天地。則恆亦可以配天地。皆夫婦之道也。咸之爲言皆也。故語咸則非事。咸。感也。不可止以夫婦之道謂之咸。此一事耳。

心寧靜於此。一向定疊。前縱有何事。亦不恤也。休將閑細碎在思慮。易曰。何思何慮。天下殊塗而同歸。一致而百慮。天地之道。惟有日月寒暑之往來。屈伸動靜兩端而已。在我精義入神以致用。則細碎皆不能出其間。在於術内。已過未來者。事著在心。畢竟何益。浮思游想盡去之。惟圖向夫日新可也。孔子以富不可求。則曰。從吾所好。以思爲無益。則曰。不如學也。故於咸三以見此義。以上咸彖傳。

克己反禮。壯莫甚焉。故易於大壯見之。

克己。下學上達。交相養也。下學則必達。達則必上。蓋不行則終何以成德。明則誠矣。克己要當以理義戰退私己。蓋理乃天德。克己者。必有剛强壯健之德乃勝己。

在古氣節之士。冒死以有爲。於義求必中。然非有志概者莫能。況吾於義理已明。何爲不爲。

正以不剛。惟大壯乃能克己。蓋君子欲身行之。爲事業以教天下。今夫爲長者折枝。非不能也。但恥以爲屈而不爲耳。不顧義理之若何。以上大壯大象。

文王體一卦之用。箕子以六五一爻之德。文王難在外。箕子難在内也。明夷彖傳。

家人道在於烹爨。一家之政。樂不樂。平不平。皆繫乎此。家人。

以杞包瓜。文王事紂之道。厚下以防中潰。盡人謀而聽天命者歟。姤。

虎變文章大。故明。豹變文章小。故蔚。革九五。

盛德之容。顔孟以上始可以觀。若顔子變則必大變。卽大人虎變。虎變則其文至也。如此則不待占而有信。君子所至之分以致文。則足以爲班班之縟。革面而聽命。己不敢犯。此所謂盡飾之道。斯行者遠矣。然猶是就小成上以致其文。顔子地位。於豹變已爲褎就。未必肯於此發見。此所以如愚。愚雖是於吾言無所不悦。然必夫子省其私。始知不愚。察其人焉。惟是徇内尚質爾。然發則不小發。大抵止乃有光明。艮曰。時止則止。時行則行。其道光明。形則著。著則明。必能止則有光明。今作事猶未決。蓋非止也。止乃決爲。然後就其上文章。顔子見其進。未見其止。未止故未發見其所止。又必欲如所期。蓋未見夫子著心處。故未肯止。是之謂隱而未見。行而未成。是以勿用。學者至此地位。亦必如愚。然顔子學舉措亦無不致文中節處。卽㊀是謂博我以文。

㊀「卽」當爲「自」。

則文豈不足。但顔子不以爲意。所謂有若無。實若虚也。有顔子之心。則不爲顔子之文可也。革上六。

雖處喧閧亦無害於爲學。有人於此。或日月而至焉。亦有終日而不至者。及其久也。去者常少。若居於家。聞嬰孩之啼。則有不忍之心。聞奴婢喧戾。則猶有不容之意。至於市井紛囂。一不與我事。何傷於存誠養志。易曰。艮其背。不獲其身。行于庭。不見其人。无咎。夫入他人之庭。不見其人。可止也。艮其背至近於人也。然且不見。以其上下無應也。時止則止。時行則行。動靜不失其時。其道光明。學者必時其動靜。則其道乃不蔽昧而明白。今人從學之久不見進長。正以莫識動靜。見他人擾擾。非關己事。而所修亦廢。由聖學觀之。冥冥悠悠。以是終身。謂之光明可乎。艮彖辭。

王弼於此无咎。又别立一例。只舊例亦可推行。但能嗟其不節省過之心。則亦无咎也。若武帝下罪己之詔。而天下悦。大人過既改。則復何咎之有。節六三。

東鄰。上六也。西鄰。六四也。過於濟。厚也。幾於中。時也。濟而合禮。雖薄受福。九五既濟之主。舉上與下。其義之得。不言而著也。既濟九五。

動靜陰陽。性也。剛柔。其體未必形。

以人言之。喘息是剛柔相摩。氣一出一入。上下相摩錯也。於鼻息見之。人自鼻息相摩以蕩於腹中。物既消爍。氣復升騰。

可久者以久遠推行。可大者其得體也大。凡語道理之徒。道達不已。竟亦何所求。推行及民。故以賢人措諸事業。而言易簡。理得而成乎天地之中。蓋盡人道。並立乎天地以成三才。則是與天地參矣。但盡人道理自當耳。不必受命。仲尼之道。豈不可以參天地。

一陰一陽是道也。能繼繼體此而不已者。善也。善之猶言能繼此者也。其成就之者。則必俟見性。是之謂聖。仁者不已其仁。始謂之仁。知者不已其知。方謂之知。此是致曲。曲能有誠也。誠則有變化。必仁知會合。乃爲聖人也。前謂聖者。於一節上成性也。夷惠所以亦得稱聖人。然行在一節而已。百姓日用而不知。蓋所用莫非在道。飲食男女皆性也。但已不自察。由旦至暮。凡百舉動。莫非感而不之知。今夫心又不求。感又不求。所以醉而生夢而死者衆也。

老子言天地不仁。以萬物爲芻狗。此是也。聖人不仁。以百姓爲芻狗。此則異矣。聖人豈有不仁。所患者不仁也。天地則何意於仁。鼓萬物而已。聖人則仁耳。此其爲能弘道也。天不能皆生善人。政以天无意也。鼓萬物而不與聖人同憂。聖人之於天下。法則無不善也。然古者治世多而後世不治。何也。人徒見文字所記。自唐虞以上幾治幾亂。須歸之運數。有大運有小運。故孟子曰。天下之生久矣。一治一亂。

學不能自信而明者。患在不勉耳。當守道不回。如川之流。源泉混混。不舍晝夜。無復回却。則自明自得之也。是曰繼之者善也。惟能相繼而不已者。道之善也。至於成性。則不勉而中。不思而得。從容中道矣。易曰。成性存存。道義之門。

大衍之數五十。其用四十有九。天地之數也。一固不爲用。天一。地二。天三。地四。天五。地六。天七。地八。天九。地十。夫混然一物。无有終始首尾。其中何數之有。然言者特示有漸耳。理須先數天。又須先言一。次乃至于十也。且天下之數止于十。窮則自十而反一。又數當止於九。其言十者九之耦也。揚雄亦曰。五復守於五行者。蓋地數無過天數之理。孰有地大於天乎。故知數止於九。九是陽極也。十也者。姑爲五之耦焉耳。

人言命字極難。辭之盡理而无害者。須出於精義。易有聖人之四道㊀曰。以言者尚其辭。必至於聖人。然後其言乃能無敝。蓋由精義所自出也。故辭不可以不修。

神而明之。存乎其人。道至有難明處。而能明之。此則在人也。凡言神。亦必待形而後著。不得形。神何以見。神而明之。存乎其人。然則亦須待人而後能明乎神。以上繫辭上。

上古无君臣尊卑勞逸之別。故制以禮。垂衣裳而天下治。必是前世未得如此。其文章禮樂簡易朴略。至堯則煥乎其有文章。然傳上世者止是伏犧神農。此仲尼道古也。猶據聞見而言。以上則不可得而知。所傳上世者未必有自。從來如此而已。安知其閒未嘗有禮文。一時廢滅耳。又安知上世不如三代之文章者乎。然而如周禮則不過矣。可謂周盡。今言治世。且指堯舜而言。可得傳者也。歷代文章。自夫子而損益之。見其禮而知其政。聞其樂而知其德。不可加損矣。

㊀「四道」當爲「道四」。

何思何慮。行其所无事而已。下文皆是一意。行其所无事。惟務崇德。但妄意有意。卽非行其所无事。行其所无事。則是意必固我已絶。今天下无窮動靜情僞。止一屈伸而已。在我先行其所无事。則復何事之有。

孔子稱顔子不善未嘗不知。知之未嘗復行。其知不善。非獨知已。凡天下不善皆知之。不善固未嘗復行也。又曰。吾未見能見其過而內自訟。亦是非獨自見其過。乃見人之過而自訟。其殆庶幾。言庶幾於知哉。

繫辭言能研諸慮。止是剩侯之二字。説者親㊀而解諸侯有爲之主。若是者。卽是隨文耳。以上繫辭下。

釋氏无天。用故不取理。彼以性爲无。吾儒以參爲性。故先窮理而後盡性。

知來者逆。如孟子曰。苟求其故。則千歲之日至可坐而致也。以上説卦。

序卦不可謂非聖人之緼。今欲安置一物。猶求審處。況聖人之於易。其間雖無極至精義。大概皆有意思。觀聖人之書。須布遍細密如是。大匠豈以一斧可知哉。序卦。

不見易則不識造化。不識造化則不知性命。既不識造化。則將何謂之性命也。

有謂心卽是易。造化也。心又焉能盡易之道。

㊀「親」當爲「就」。

主應物不能固。知此行而流也。入德處不移。則是道不進。重滯者也。動靜不失其事。是時措之宜也。集義也。集義久則自有光明。靜則无見。必動乃見其道光明。以其本之光明。故其發也光明。學行之乃見。至其疑處。始是實疑。於是有學險而止蒙。夫於不當止而止。是險也。如告子之不動心。必以義爲外。是險而止也。蒙險在內。是蒙昧之義。蒙方始求學而得之。始是得所止也。若蹇則是險在外者也。

易乃是性與天道。其字日月爲易。易之義包天道變化。

易非止數。春秋大義不止在元。

在易則是至理。在孟子則是氣。以上總論。

周禮説

學得周禮。他日有爲。却做得些實事。以某且求必復田制。只得一邑用法。若許試其所學。則周禮中之田制皆可舉行。使民相趨如骨肉。上之人保之如赤子。謀人如己。謀衆如家。則民自信。總論。

女史八人。書王后言動。以佐内治。及進御煩瑣之事。皆書之。故后夫人以下。莫不懼而增德。

管攝天下之人心。厚風俗。使人不忘本。須明世族與宗法。宗法立。則人知統繫所自來。而恩義立。國家之本。豈得不固。以上天官。

耡粟。助貸於民之粟。地官。

墓祭非古也。體魄則降。知氣在上。故立之主以祀之。以致其精神之極。而整嚴其體魄。以極其深長之思。此古人明於鬼神之情狀。而篤於孝愛之誠實者也。春官。

節服氏言郊祀送迎尸。則祀天有尸也。夏官。

儀禮説

據儀禮。惟有筮遠日之文。不云三筮。筮日之禮。止是二筮。先筮近日。後筮遠日。不從。則直諏用下旬遠日。蓋亦足以致聽於鬼神之意。而祀事則不可廢。

視有高下。視高則氣高。視下則心柔。柔其心。則聽言敬且信。故上於面則敖。下於帶則憂。傾則姦。目者仁之所示見。且心常存焉。己之敬敖。必見於視。

坐有四位。禮不主於賓。主欲以尊賢。若賓主相對。則有相敵之意。而尊賢之意不專矣。故其位賓主不相對。

喪服非爲死者。己所以致哀也。記云。齊衰不以邊坐。大功不以服勤。皆主在哀。或以爲敬。喪服非是。

父在爲母。雖降爲期。而心喪之實未嘗不三年也。傳曰。父必三年然後娶。達子之志也。抑其子之服於期。而伸其父之不娶於三年。聖人所以損益百世而不可改者。精矣。
子不私其父。則不成爲子。古之人曲盡人情如此。若同宫有伯父叔父。則爲子者何以獨厚於其父。爲父者又烏得而當之。
爲人後者爲父。其父母不論其族遠近。並以期服服之。
重主道也。大夫士有重當有主。既埋重不可一日無主。故設苴。已作主則否。
聖人無一事不示教。況廟中有境内之象乎。執事至晏朝固已飢矣。故廟中而食其餘。
宗子者。謂宗主祭祀。宗子爲士。庶子爲大夫以上。牲祭於宗子之家。
國語言日祭月享。廟中豈有日祭之理。朝夕之饋猶定省之禮。如其親之存也。至於祔祭。須是三年喪終。乃可祔也。

禮記説

越國。謂朝中有事。在朝不能謀。則越國而問退居之老臣也。既賴其謀事。須盡語以國之事因本末施爲。始可與之謀也。若不知次序。則如之何而取謀。
年長以倍。則父事之。又視其雅素如何。若本在兄弟之列。則止可兄事之而已。
凡於父母賓客之奉。必極力營辦。亦不計家之有無。不爲概量。爲子者不有其身。不有私財。凡人子爲養。又須使其不知勉强勞苦。苟使見其爲而不爲。則亦不安矣。

古者止是子弟事父母。豈有使人而事者。故至於糞除皆有禮。使父母得以遠廝僕。蓋以父于子。主于尊嚴。故不抱。孫自有其父。故在祖則可抱。非謂爲尸而抱也。祭所以有尸者。蓋以示敬。若接鬼神。則室中之事足矣。至于事尸。分明是孫行。反以子道事之。則事親之道可以喻矣。

言不逮事父母。則不諱王父母。此尤非義。如先君以獻武諱。二山雖數世祖。猶諱也。是難於盡信書。

行禮不求變俗於新國。舊俗之法雖未盡善。不遽矯變之也。蓋懷舊君之恩義。不變父母邦之舊法也。以上曲禮。

出妻不當使子喪之。禮也。子于母。則不可忘。父不使之喪。固不可違父。當默持心喪。若父使之喪而喪之。聖人處權。子思惟循禮而已。

孔子殯母于五父之衢。以在衢。故其殯周密。有如葬然。故人之見之者。皆以爲葬也。其實是殯之周愼。故曰其愼也。蓋殯也。其愼也。屬下讀之。則意明。

爲母期而猶哭。夫子怪鯉何也。禮。期至練必別有服。服練則不哭。時伯魚不除且哭。故夫子怪之。伯魚既聞之。遂除其服而不哭也。

子夏喪明。必是親喪之時。尚强仕㈠。其子之喪。血氣漸衰。故喪明。然曾子之責。安得辭也。

㈠「仕」當爲「壯」。

夫子于舊館人之喪。遇主人哀而出涕。于司徒敬子之喪。主人不哀而哭不盡聲。爲生者哭也。哭固有勉强者。喪事不敢不勉。哀甚不賻。則幾于吝。此夫子稱情之事。可以爲後世法。

羣居則絰。出則否。喪常師之禮也。絰而出。特厚于孔子也。

曾子子游同弔異服。必是去有先後。各守所聞而往。竊疑曾子子游分契與常人殊。一人失禮。必面相告。豈有私指示人而不告之者。曾子。有子。言游輩。一時行禮猶有不同。蓋時已禮壞樂崩。故至後世文獻不足。尤難行也。

甥自幼居從母之家。或舅之家。孤稚恩養。直如父母。不可無服。所以爲此服也。非是從母之夫與舅之妻相對。乃甥爲二人者服也。

同母異父之昆弟。狄儀服之齊衰。是與親兄弟之服同。如此則無分别。無分别則禽獸之道也。是知母而不知父。齊衰三月。高曾正服無緣。加之異姓。或以爲大功者。亦似太過。以小功服之可也。

今人多歷年所而葬者。亦當以改葬之服除。蓋古者未葬則主人不除。今既除之矣。則猶當從改葬服。禮。改葬服緦。久不葬者似難爲虞祭。以其無几筵也。三日而省墓可也。以上檀弓。

類者。與旅相似。言既祭東方帝。則東方山川百神皆從而望祭。所謂類者。以一類者也。若非時有事于一方。則止以其方之百神從祭于一方之上帝。故亦言類。

小學在公宫南之左。大學在郊。此小學是教國子胄子之幼小者。未能入太學。則其學在宫之左右。天子諸侯所視之大學。必在國中。無在郊之理。此大學卽郊學。對小學而言大耳。非國子胄子俊造所居。但國之設學校必均。故於四郊爲之立學。學者之就學無甚遠之差也。郊學則鄉遂大夫教之。國中大學則天子諸侯所自視者也。郊學雖非俊造國胄之所居。亦有時而往。如行禮於其閒。使不帥教者觀之。

惟天地社稷爲越紼而行事則是。未葬則如何祭。是時雖欲祭之。不可得也。若居喪未祭。則因禮有緦不祭之文。方喪之初。雖功緦如何可祭。又豈可三年廢祖先之祭。久而哀殺。可齊則便可祭。以人情酌之。三年之喪。期可祭。期之喪。既葬可祭。緦功之喪。踰月可祭。祭各以其盛服。祭罷反喪服。

諸侯春祭高祖。夏祫羣廟。秋祭曾祖。冬又祫。來春祭祖。夏又祫。秋祭禰。冬又祫。以上王制。

土固多于四者。然其運行則均同耳。寄王之説未安也。以易言之。八卦之位坤在西南。致養之也。在離火兑金之閒。是以在季夏之末。

老人氣衰。津液自少。不能乾食。故糜粥爲養老之具。養老有祝鯁祝噎。正宜如此。以上月令。

古者三月而後廟見。女家馬亦不去。必三月而後反。此則愼重服事祖考。可以事宗廟。不可以事宗廟。于此決之。女家然後反馬。

宗子爲士立二廟。支子爲大夫當立三廟。是曾祖之廟爲大夫立。不爲宗子立矣。然不可二宗別統。故其廟亦立于宗子之家。

據記所稱。老聃之説未嘗不謹禮。然其書去聖棄智。絶滅禮學。何也。老子爲人必是簡易。見孔子盛容貌。謹舉止。故言去子之驕氣恣色。及孔子之問禮。不得不以禮對。以上曾子問。

大道之行。由禮義行者也。禮義爲紀。行禮義者也。紀對綱而細。規規然詳于小。不見其大也。若夫大道之行。禮義沛然。夫何爲哉。恭己正南面而已矣。

使堯舜承桀紂之後。亦當禮義以爲紀。六君子生堯舜之時。是亦大同。聖人成性。一之以禮義。六君子謹禮。所以達其大欲。至于大同也。

禮必本于天。殽于地。列于鬼神。此屬自然而言也。天自然有禮。如天尊地卑是也。殽于地。明于地也。如山川有大小。草木有長短。皆天生而見于地也。列于鬼神。遍于鬼神也。如社有土功。稷有養人之功。五嶽爲一方之鎭。皆是也。達于喪祭射御冠昏朝聘。此屬人道而言。亦莫非天理也。

天無形。固有無體之禮。禮有形。則明于地。明于地。則有山川宗廟五祀。皆布列于地上者也。禮無不在。天所自有。人特節文之耳。達于喪祭射御冠昏朝聘。是見于迹也。

殷尚質。故以所見者先言之。乾必因坤而著。故先坤。猶言形神。人必因形乃見。神若不因形。神何附著。

從本言之。自微者始。從末言之。自近者始。其始必甚質而漸至于文。如言禮之初始于拜起。

亦此類也。

魯之郊禘。非禮。夫子已明言之。杞宋則爲其二王之後也。魯用天子禮樂。必是成王不敢臣周公。故以二王之後待魯。然非周公之意也。以成王尊德樂道之心則善矣。伯禽不當受也。其後家臣僭大夫。三桓僭魯。魯僭天子已啓其階。

禮達而分定。則仁知勇之士皆盡誠于上。而不過其分。用知而知去其詐。用勇而勇去其怒。用仁而仁去其貪。怒如子胥郤克。以公戰報私怒也。貪如田氏好施。以掠美于己也。

天地之德。所謂天地之性。人爲貴也。稟五行之氣以生。最靈於萬物。是其秀也。神之言申。鬼之言歸。凡生卽申也。要終卽歸也。神之盛極于氣。鬼之盛極于魄。一體兼此始終。陰陽之交。鬼神之會。五行之氣。物生皆然。而人爲備。

自天地爲本。至四靈爲畜。一理也。特細別耳。事天治人與夫接物。無所不用其極。能用其極。則其餘不足治矣。

人情所安卽禮也。故禮可由義起。以上禮運。

禮別異。不忘本。而後能推本爲之節文。樂統同。樂吾分而已。禮器。

大夫以下成羣立社。若謂大夫長于廛里之閈。與百姓居者立社。則大夫與百姓同事于社稷。似非其類。恐是士大夫以下各以其輩類立社也。然士大夫方社之日。當從其君以禮社。則所事于置社者。或以子弟家老行事也。今貴至天子。賤至農夫。皆知禮社。獨士大夫之家不預社事。是不知身之所從來。殊無戴天履厚之報。古者丘乘共粢盛。恐十里之中立一社也。

周之始郊日以至。陽㊀氣之始也。四時迎氣之小者。日至而郊迎氣之大者。于此可以見郊之大意。郊之祭迎長日之至。此之謂也。言日至則更不容卜。卜日則失氣至之時矣。圜丘掃地而祭。所貴簡易。天道本簡易。繁文虛費亦不饗也。故掃地不壇。服以大裘。酌以陶匏。禮以蒼璧。牲以犢。燎以柴。禮簡誠至。止當如是而已。人道之褻。非所以事天也。然必以其祖配者。物本乎天。人本乎祖。事天之禮成。則事人之道不可不繼也。故當燔柴成禮之後。迎祖尸入。而以人鬼之祀祭之。尸。人象也。俎簋籩豆。人器也。朝事饋食。人禮也。以禰對祖。則禰親而祖尊。以祖對天。則祖親而天尊。事天事人。盡于愛敬。此王者所以交祀之意也。

有冬至之日。以樂降神。爲郊之始而未視。既降神。乃用辛日而祀。故曰迎長日之至。又曰。郊之用辛也。周之始郊日以至。以上郊特牲。

古者。教童子先以舞者。欲柔其體也。心下則氣和。氣和則體柔。教冑子必以樂。欲其體和也。學者志則欲立。體則欲和。内則。

據玉藻。天子聽朔于明堂。諸侯則于太廟。就告朔之處告祖而行。玉藻。

四代學名多不同。要之皆是學。可解則解之。不可解何必强爲養老尊賢之地也。瞽宗云。善聽教歌于此。則瞽蓋太師之官也。後世樂正雖未必瞽。其學則不害亦謂之瞽宗也。明堂位。

宗子繼別爲宗。言別。則非一也。如別子五人。五人各爲大宗所謂兄弟。宗之者。謂別子之

㊀「陽」上脱「日至」。

子。繼禰者之兄弟。宗其小宗子也。

無後者必祭。借如有伯祖至孫而絶。則伯祖不得言無後。蓋有子也。夫祭者。必是正統相承然後祭。禮正有所統屬。今旣宗法不正。無緣得祭。禮正且須參酌古今。順人情而爲之。如士當一廟而設三世。則是禰廟而設祖位與曾祖位也。有人又有伯祖與伯祖之子者。當如何爲祭。伯祖則當自與祖爲列。從父則當自與父爲列。苟不如此。使死者有知。以人情言之。必不安。使死者無知。已妄有去取。則已不是。不如求中于義理爲善。然禮于親疏遠近。則自有繁簡。或月祭之。或享嘗乃止。故拜朔之禮。施于三世。伯祖之祭。止可施于享嘗。平日藏主位版于櫝中。至時祭則取而祫之。其位則自如尊卑。且無逆祀之禮。若又設于他所。則似不得祫祭。皆人情所不安。

喪之有禫何也。所以致厚也。三年之喪。其禫者所以欲占及三年也。齊衰之喪。禫者所以欲占及二年也。宗子母在爲妻禫。則庶子母在不爲妻禫。以其不承重。不敢致厚于妻子也。庶子在父之宫。則爲其母不禫。以厭降也。宗子而爲其妻禫。以承其重。所以敬宗也。自命士以上。父子皆異宫。適亡。其庶子異宫。皆爲其母禫矣。

祔葬祔祭。只合祔一人。夫婦之道。當其初昏未嘗約再配。是夫只合一娶。婦只合一嫁。今婦人夫死不可再嫁。如天地之大義。夫豈得再娶。然以重者計之。養親承家祭祀繼續不可無也。故有再娶之理。然其葬其祔。雖爲同穴同筵几。然譬之人情。一室中豈容二妻。以義斷之。須祔以首妻。繼室别爲一所可也。以上喪服小記。

朱子曰。程氏祭儀謂。凡配止用正妻一人。或奉祀之人是再娶所生。卽以所生配。謂凡配止用正妻一人是也。若再娶者無子。或祔祭別位亦可也。若奉祀者是再娶之子。乃許用所生配。而正妻無子。遂不得配祭。可乎。程先生此說恐誤。唐會要中有論凡是適母無先後。皆當並祔合祭。與古者諸侯之禮不同。夫婦之義如乾大坤至。自有差等。故方其生存。夫得有妻有妾。而妻之所天不容有二。況于死而配祔。又非生存之比。横渠之說。似亦推之有太過也。只合從唐人所議爲允。況又有前妻無子。後妻有子之礙。其勢將有所杌隉而不安者。唯葬。則今人夫婦未必皆合葬。繼室別營兆域。宜亦可矣。

禘其祖之所自出。始受姓者也。以其祖配之。以始祖配也。所出之祖無廟。于太祖之廟禘之而已。萬物本乎天。人本乎祖。故以所出之祖配天地。

文武之功起于后稷。故推以配天。嚴父莫大于配天。宗祀文王于明堂。以配上帝。上帝卽天也。聚天之神而言之。則謂之上帝。此武王祀文王。推父以配上帝也。昔者周公郊祀后稷以配天。宗祀文王以配上帝。不曰武王者。以周之禮樂盡出周公制作。故以其作禮樂者言之。以始祖配天。須在冬至。冬至一陽生。萬物之始。宗祀九月。萬物之成。父者我之所自生。帝者萬物之祖。故推以爲配。而祭于明堂。其實與帝一也。

夫所謂宗者。以己之旁親兄弟來宗己。所以得宗之名。是人來宗己。非己宗于人也。所以繼禰則謂之繼禰之宗。繼祖則謂之繼祖之宗。曾高亦然。

今無宗之家。所祭不能追遠。大宗則百世不遷。言百世已遠矣。小宗大。宗人。主禮者。統宗族之事者。宗也。故稱宗子。國有宗正。大抵主族中之禮。故以主禮稱宗人。唐虞已稱秩宗。掌禮秩典秩也。宗宗族之禮也。以上大傳。

藝。禮樂之文。如琴瑟笙磬。古人皆能之。以中制節。射御亦合禮樂。如不失其馳。舍矢如破。騶虞和鸞。動必相應。書數之用雖小。然莫不出于學。故人有倦時。又用此以游其志。所以使之樂學也。

遜其志于仁則得仁。遜其志于義則得義。惟其敏而已。爲人則多。好高則寡。不察則易。苦難則止。

知學者至于學之難易。及知其資質才性之美惡。知至學之難易。知德也。知其美惡。知人也。知其人且知德。故能教人使入德。

問學亦須發端。不發端則無以起論議。蓋道若大路。如不因端。則指何者爲先。須是攻堅而不入。有疑而未判者如此。發問乃有得也。善待問者如撞洪鐘。鐘未嘗有聲。由叩乃有聲。聖人未嘗有知。由問而有知。答問者必知問之所由。故所答從所問。言各有所當也。大鳴小鳴因所叩也。不必數數告語。待其來問。至當皆實見處。故易以喻。所謂待其從容。然後盡其聲。以上學記。

古樂不可見。蓋因後人求之太深。但以虞書詩言志。歌永言。聲依永。律和聲。求而得之。樂之意盡于是。詩止言志。歌但永轉其聲。令人可聽耳。今學者亦以轉聲不變字爲善歌。既長言之。要入于律。則知音察之。知此聲入得何律。錯綜以成文矣。

鄭國之音。人聞之頓起留連光景之意。又生怠惰之情。從而致驕淫之生。雖珍玩奇貨。其始感人也。亦不如是之切。從而生無限嗜好。故孔子必曰放之。是亦聖人經歷過。但聖人不爲物所移耳。苟未成性。則有時能爲所移。蓋鄭衛之地。濱大河沙地。土壤不厚。其閒人自然氣輕浮。其地氣薄。不費耕耨。物亦能生。故其人偷脱怠惰。弛慢頹靡。其人情既如此。則其聲音所感亦同。故聞其樂。亦使人如此。又其地平下。其閒人自然意氣柔弱怠惰。其土足以生。古所謂息土之民不才者。此也。

謂天性靜則何常靜。謂之動則何常動。天性難專以靜言。無物非天性。靜也感之而動。氣之性也。何謂氣之性。人須氣以生。其性卽氣之性也。感者必待有物則有所感。無物則何所起喜怒好惡去取。莫非因物而有知。知猶言能知。能知其知。則好惡形焉。

禮樂鬼神一物。得禮樂則得鬼神。失禮樂則失鬼神。但其幽明之别耳。人在隱微有不善。其心不安。必私禱於鬼神。殊不知明則有禮樂。幽則有鬼神。理無二也。樂仁也。禮義也。仁則有樂。義則有禮。

率神居鬼。鬼神之物也。只是神爲伸。鬼爲歸。指幽明而言。

禮者理也。欲知禮必先學窮理。禮所以行其義。知理乃能制禮。

總干而山立。是舞中有一人象武王之治者。然以就舞位而樂尸養老。必天子有時而親爲也。

周文王已三分有二矣。既得天下。必須鎭撫其諸侯。故三成而南。鎭撫南方諸侯也。四成南方之國皆疆理而治也。五成而分舞列。皆分兩行。以象周召分而治也。六成復綴以崇。此時必改易衣冠服飾。使之充盛象治定致文也。久立于綴。是舞人四出。後改易衣服。以待其至也。如言將帥之士。使爲諸侯。必有變服爲諸侯而出。以上樂記。

有父母之喪尚功衰。謂未祥猶衣所練之功衰。未衣麻衣也。持喪敬。則必哀。哀則必瘠。居喪以敬爲上。敬則一于禮也。

釁名器以豭豚。而齊宣王釁鐘以牛。戰國時無復常制。不然又何以欲以羊易之。

後世不安于禮。惟務簡便。雖宗廟之饗。父母之養。禮意猶有所闕。所謂如食宜飫。如酌孔取。但取飲食醉飽而已。孔子食于少施氏而飽。必是少施氏有禮也。食于季氏不食肉而飧。孔子雖欲行禮。施于季氏。必是不知。故不若辭食而已。凡禮必施之知者。若爲不知。禮亦難行。以上雜記。

寒暑無定。暑近日壇。寒近月坎而已。故曰。相近于坎壇。祭寒暑也。注謂相近爲禳祈者。非。祭法。

齊須是屏絶思慮。至祭之日。便可與神明交。若如此思之。却惹起無窮哀戚。如何接神。所謂思其居處笑語。惟當忌日宜如此。

禮記凡言鬼神者。大率以陰陽出入言之。鬼神一物也。以其歸。故謂之鬼。歸者自無形中來者。復歸于無形。自有形中來者。復歸于有形。是歸也。魄也者。鬼之盛。指有形體而言。神。

伸也。鬼。歸也。物之所生神。及其終則歸也。

精氣爲物。游魂爲變。精氣者自無而有。游魂者自有而無。自無而有神之情也。自有而無鬼之情也。自無而有故顯而爲物。自有而無故隱而爲變。顯而爲物者神之狀也。隱而爲變者鬼之狀也。大意不越有無而已。物變而已。物雖是實。本自虛來。故謂之神。變雖是虛。本緣實得。故謂之鬼。此與上所言神無形而有用。鬼有形而無用。亦相會。以上祭義。

愛人然後保其身。能保其身則不擇地而安。不擇地而安則所樂者天矣。夫達于天。則成性而成身矣。愛人至于成身。亦無先後之分。造道大原。闕一不可。仁義忠恕。學一而天理具在。哀公問。

清明在躬。志氣如神。此言聖人也。耆欲猶言祥福也。雨之將作。山川須出雲。蓋一氣耳。孔子閒居。

君子莊敬日強。始則須拳拳服膺。出于勉強。至于中禮。却從容如此。方是爲己之學。

考求過失。以免罪戾者。畏罪之仁也。故曰。考道以爲無失。薄仁厚義。薄義厚仁。非論仁義之至語。其偏者虞夏之道。仁義不偏。故親而尊。

仁德至不可盡。但取分數多者爲仁。如九德。德多者益賢。

事君。大言入則望大利。小言入則望小利。利非歸己之利。大言入則吾道可大行。是大利也。小言入則可小利。以上表記。

黄東發曰。横渠病漢儒之説太卑。故陳高誼以張之耳。本文所謂大利。明指大禄而言。

未嘗及於行道。特以小言不敢望大利爲安分。義各有在也。

三年既練。期既葬。服功衰。大功喪亦如之。謂若三年。既練。期大功。既葬。止當服其既練。功衰不可便受。以小功布也。以此三年無受小功之節。練衰除則自當服以小功。練衣必是煅煉大功之布以爲衣。故言功衰。功衰上之衣也。以其著衰于上。故通謂之功衰。必著受服之上。稱受者。以此得名。蓋以受始喪斬疏之衰而著之變服。其意以喪久變輕。不欲摧割之心亟忘于内也。練衣當既葬之後。受以大功之喪。及既練也。煅煉其衰而已。或既練則以大功之布而爲衰。或衰而加煅煉。此則繫其有無也。知既練。猶謂之功衰者。以下文云。練冠。又三年之喪。禮不當弔。而雜記又云。雖功衰不以弔。

云服其功衰者。蓋謂當練而服後喪之衰。卽用七八升。則前喪易忘。故反七八升之衰也。又雜記云。有父母之喪。尚功衰。此云尚功衰。蓋未解之前尚衣絰練之功衰爾。以上服問。

古者紡績其布。當有吉凶二種。若三四升之麤。及緦繐之細。或去縷之半。或不事其布。或不事其縷。不容吉凶二用者。皆是特爲有喪者設。所謂成布。蓋事縷事布供世俗常用成功之布。但未加灰練耳。其功尤麤者爲大功。差細者爲小功。以蜃灰經鍊然後謂之練。如此解之。則練與成布義自兩安。除首者麻葛重。雖大功之喪。可易三年之練冠。舉大功之輕則齊衰。可知練冠且去之。故言除也。閒傳。

大讓如讓國。讓天下。誠心而讓。其貌若不屑也。若夫飲食辭辟之間。是小讓也。如僞爲之以爲儀爾。儒行。

古者婦人亦須有教。教于公宫。宗室是也。故知夙興夜寐。臨祭祀。事賓客。承尊長。昏義。

坐有位者。禮。主于尊賢而已。若賓主正對。則兼主于敬主。故賓主不相對坐。以見尊賢之義。雖四時之坐皆有義。其實欲明其尊賢也。鄉飲酒義。

宋元學案補遺卷十八目録

宋元學案補遺卷十八

後學 鄞 王梓材
慈谿馮雲濠 同輯

橫渠學案補遺下

橫渠理窟

商角徵羽皆有主。出于脣齒喉舌。獨宮聲全出于口。以兼五聲也。

橫渠語要

文要密察。心要洪放。

心大則百物皆通。心小則百物皆病。

人雖有功。不及于學。心亦不宜忘。心茍不忘。則雖接人事。卽是實行。莫非道也。心若忘之。則終身由之。只是俗事。

合內外。平物我。此見道之大端。

學未至而好語變者。必知終有患。蓋變不可輕議。若驟然語變。則知操術已不正。

凡事蔽。蓋不見底。只是不求益。有人不肯言其道義所得。所至不得見底。又非于吾言無所不説。

耳目役于外。攬外事者。其實是自惰。不肯自治。只言短長。不能反躬者也。

人又要得剛。太柔則入于不立。亦有人生無喜怒者。則又要得剛。剛則守得定不回。進道勇猛。某則比他人自是勇處多。

仁之難成久矣。人人失其所好。蓋人人有利欲之心。與學正相背馳。故學者要寡慾。君子不必避他人之言。以爲太柔太弱。至于瞻視亦有節。視有上下。視高則氣高。視下則心柔。故視國君者不離紳帶之中。學者先須去其客氣。其爲人剛。行終不肯進。堂堂乎張也。難與並爲仁矣。

蓋目者人之所常用。且心常託之。視之上下。且試之己之敬傲。必見於視。所以欲下其視者。欲柔其心也。柔其心。則聽言敬且信。

人之有朋友。不爲燕安。所以輔佐其仁。今之朋友。擇其善柔以相與。拍肩執袂以爲契合。一言不合。怒氣相加。朋友之際。欲其相下不倦。故于朋友之閒。主其敬者日相親與。得效最速。

人多言安于貧賤。其實只是計窮力屈才短。不能營畫耳。若稍動得。恐未肯安之。須是誠知義利之樂于利欲也乃能。

有心而爲之。雖善猶意也。有意爲善。利之也。假之也。況存意于未善者乎。

學者舍禮義。則飽食終日。無所猷爲。與下民一致。所事不踰衣食之閒。燕遊之樂耳。

中庸文字。直須句句理會過。使其言互相發明。

六經須循環理會。儘無窮。待自家長得一格。則又見得別。

聖人文章無定體。詩書易禮春秋只隨義理如此而言。

學者信書。且須信論語孟子詩書無舛雜。禮雖雜出諸儒。亦無害義。如中庸大學。出于聖門。均無可疑者。

律吕有可求之理。德性淳厚者必能知之。

天下之事各各有理。如何便道得了到極致。則須是歸一。其始極有分辨。性即天。

禮儀三百。威儀三千。無一物而非仁也。

天地生物也有序。物之既形也有秩。知序然後經正。知秩然後禮行。

看得儀禮。則曉得周禮與禮記。

橫渠文集

今且只將尊德性而道問學爲心。日自求于問學者有所背否。於德性有所懈否。此義亦是博文約禮。下學上達。以此警策一年。安得不長。每日須求多少爲益。知所亡。改得少不善。此德性上之益。讀書求義理。編書須理會有所歸著。勿徒寫過。又多識前言往行。此問學上益也。勿使有俄頃閒度。逐日似此。三年庶幾有進。

義理之學亦須深沈方有造。非淺易輕浮之可得也。並答范巽之。

大學當先知天德。知天德則知聖人。知鬼神。今浮屠極論要歸。必謂生死轉流。非得道不免。謂之悟道可乎。悟則有命有義。均死生。一天人。推知晝夜陰陽。體之不二。自其説熾傳中國。儒者未容規聖學門牆。已爲引取。淪胥其閒。指爲大道。乃其俗達之天下。致善惡知愚。男女臧獲。人人著信。使英才閒氣。生則溺耳目恬習之事。長則師世儒崇尚之言。遂冥然被驅。因謂聖人可不修而至。大道可不學而知。故未識聖人心。已謂不必事其迹。未見君子志。已謂不必事其文。此人倫所以不察。庶物所以不明。治所以忽。德所以亂。異言滿耳。上無禮以防其僞。下無學以稽其弊。自古淫詖邪遁之詞。翕然並興。一出于佛氏之門者千五百年。向非獨立不懼。精一自信。有大過之才。何以正立其閒。與之較是非。計得失。與吕微仲書。

性理拾遺

須放心寬快。公平以求之。乃可見道。況德性自廣大。易曰。窮神知化。德之盛也。豈淺心可得。

博學於文。只要得習坎心亨。蓋人經歷險阻艱難。然後其心亨通。以上易説。

太宰之職難盡。蓋無許大心胸包羅。記得此。復忘彼。其混混天下之事。當如捕龍蛇。搏虎豹。用心力看方可。其他五官便易看。止一職也。周禮說。

學記曰。進而不顧其安。使人不由其誠。教人不盡其材。人未安之。又進之。未喻之。又告之。徒使人生此節目。不盡材。不顧安。不由誠。皆是施之妄。教人至難。必盡人之材。乃不誤人。觀可及處。然後告之。聖人之明。直若庖丁之解牛。皆知其隙。刃投餘地。無全牛矣。人之才足以有爲。但以其不由于誠。則不盡其材。若曰勉率而爲之。則豈有由誠哉。禮記說。

古人能知詩者惟孟子。爲其以意逆志也。夫詩人之志至平易。不必爲艱嶮求之。今以艱嶮求詩。則已喪其本心。何由見詩人之志。詩人之情性温厚。平易老成。本平地上道著言語。今須以崎嶇求之。先其心已狹隘了。則無由見得詩人之情。本樂易。只爲時事拂著他樂易之性。故以詩道其志。詩說。

尚書難看。蓋難得胸臆如此之大。只欲解義。則無難也。書說。

多聞不足以盡天下之故。苟以多聞而待天下之變。則道足以酬其所嘗知。若劫之不測。則遂窮矣。

凡致思到說不得處。始復審思明辨。乃爲善學也。以上孟子說。

横渠女戒

婦道之常。順惟厥正。婦正柔順。是曰天明。天之顯道。是其帝命。命女使順。嘉爾婉娩。克安爾親。往之爾家。吕氏汝家。克施克勤。能行孝順。能勤。爾順惟何。無違夫子。夫子。壻也。無然臯臯。臯臯。難與言也。無然訿訿。訿訿。難與事也。彼是而違。爾焉作非。違是則非。彼舊而革。爾焉作儀。改舊乃汝妄正制度。惟非惟儀。女生則戒。在毛詩斯干篇。王姬肅雝。酒食是議。周王之女亦然。貽爾五物。以銘爾心。錫爾佩巾。墨予誨言。錫爾提匜。謹爾賓薦。賓客祭祀。玉爾奩具。素爾藻絢。藻絢。粧飾不可太華。枕爾文竹。席爾吴莞。念爾書訓。因枕文思訓。思爾退安。安爾退居之席。彼實有室。男當有室。爾勿從室。不得從而有室也。遜爾提提。遜。謹退也。提提。安也。爾生引逸。引。長也。逸。樂也。

雲濠謹案。四庫書目著録横渠易説三卷。提要云。其説乾彖用迎之不見其首。隨之不見其後。説文言用谷神。字説鼓萬物而不與聖人同憂。用天地不仁。以萬物爲芻狗語。皆借老子之言。而實異其義。非如魏晉人合老易爲一者也。惟其解復卦后不省方。以后爲繼體守成之主。以不省方爲富庶優暇。不甚省事。則于義頗屬未安。此又不必以張子故而曲爲之詞矣。又著録張子全書十四卷。附録一卷。提要云。張子之學主于深思自得。本不以著作繁富爲長。此本所録。雖卷帙無多。而去取謹嚴。横渠之奥論微言。其精英業已備採矣。

附録

公去朝。築室南山下。敝衣蔬食。專精治學。

熙寧九年秋。先生感異夢。忽以書屬門人。乃集所立言。謂之正蒙。出示門人曰。此書于歷年致思之所得。其言殆于前聖合與。大要發端。示人而已。其觸類廣之。則吾將有待于學者。正如老木之株。枝別固多。所少者潤澤華葉爾。又嘗謂春秋之爲書。在古無有。乃聖人所自作。惟孟子爲能知之。非理明義精。殆未可學。先儒未及此而治之。故其説多穿鑿。及詩書禮樂之言。多不能平易其心。以意逆志。方且條舉大例。考察文理。與學者緒正其説云。行狀。

嘗作聖心詩曰。聖心難用淺心求。聖孝須專禮法修。千五百年無孔子。盡因通變老優游。又芭蕉詩曰。芭蕉心盡展新枝。新卷新心暗已隨。願學新心養新德。旋隨新葉起新知。

金仁山曰。人心生生之理。原無窮盡。只要學者温故而知新耳。

又書齋自儆曰。畫前有易不知易。玄上求玄恐未玄。白首紛如成底事。蠹魚徒自老青編。

金仁山曰。此言道要心會。不可徒求之言語文字閒也。

又集義齋詩曰。小齋新創得新名。大筆標題字勢輕。養勇所期肩孟子。動心那肯詫齊卿。川流有本源源聽。月入容光處處明。此道幾人能髣髴。浪言徒遣俗儒驚。

金仁山曰。詩凡二首。恐學者未易看。今録其一。川流有本源源聽。謂集義爲浩然之本也。月入容光處處明。謂知言又集義之本也。心通乎道然後能辨是非。則事事合義。

又宿興慶池通軒示同志詩曰。清湘庭下千竿竹。百尺斑斕聳蒼玉。通軒軒外萬頃陂。陂接南山天與齊。唐基一壞半禾黍。舉目氣象增愁思。我來正當搖落時。塵埃七日無人知。東平叔子信予友。問學不厭堅相隨。叔子莫痛鳳沼湮。又莫悲愁花蕚墮。所憂聖道久榛塞。富貴浮雲空點涴。明發予西叔且東。高談更爲通宵坐。

梓材謹案。東平叔子卽程叔子否。俟攷。

又鞠歌行曰。鞠歌胡然兮。邈予樂之不猶。宵耿耿其尚寐兮。日孜孜焉繼予乎厥修。井行惻兮王收。曰曷賈不售兮。阻德音其幽幽。迷空文以見志兮。庶感通乎來古。搴昔爲之純英兮。又申申其以告予㊀。鼓弗躍兮麾弗前。千五百年寥哉寂焉。謂天實爲兮。則吾豈敢。羌審已兮乾乾。

王魯齋曰。此古樂府之名。張子歎道之不行。思欲著書以覺來世。因述己志而作也。分爲三章。第一章乃聖賢憂世之誠。第二章欲託空言以啓來世。第三章歎作興之難。但盡其在我而已。

又君子行曰。君子防未然。見幾天地先。開物象未形。弭災憂患前。公且立無方。不恤流言喧。將聖見亂人。天厭懲孤偏。竊攘豈予思。瓜李安足論。

呂汲公薦之曰。載之始終。善發明聖人之遺旨。其論政治。略可復古。宜還其舊職。以備諮訪。乃詔知太常禮院。

司馬溫公哀先生辭曰。先生負材氣。弱冠游窮邊。麻衣揖鉅公。決策期萬全。謂言叛羌輩。一作背。坐可執而鞭。意趣小參差。萬金莫留連。中年更折節。六籍事精研。羲農訖周孔。上下皆貫穿。造次循繩墨。儒行無少愆。師道久廢闕。模範幾無傳。先生力振起。不絕尚聯緜。教人學雖

㊀「予」衍。

博。要以禮爲先。庶幾百世後。復覩三王前。釋老比尤熾。羣倫將蕩然。先生論性命。指示令知天。聲光動京師。名卿爭薦延。寘之石渠閣。豈徒備簡編。丞相正自用。立有榮枯權。先生不可屈。去之歸臥堅。孤甃聚滿堂。餬口耕無田。欣欣茹藜藿。皆不思肥鮮。近應詔書起。尋取病告旋。舊廬不能到。丹旐風翩翩。人生會歸盡。但問愚與賢。借令陽虎壽。詎足驕顏淵。況于朱紫貴。飄忽如雲煙。豈若有清名。高出太白巔。門人俱經帶。雲梯會松阡。厚終信爲美。繼志仍須專。讀經守舊學。勿爲利禄遷。好禮效古人。勿爲時俗牽。修内勿修外。執中勿執偏。當令洙泗風。郁郁滿秦川。先生儻有知。無憾歸重泉。

程明道哭先生詩曰。歎息斯文約共修。如何夫子便長休。東山無復蒼生望。西土誰供後學求。千古聲名聯棣萼。二年零落去山邱。寢門慟哭知何限。豈獨交親念舊遊。

晁景迂答袁季皋書曰。横渠之學。先篤乎行。而後誠乎言。其徒則吕晉伯。與叔。范巽之。張芸叟。其書有正蒙存焉。

梓材謹案。景迂論三先生之學。首明道。次横渠。次伊川。似别有次第云。

晁氏客語曰。張子厚送人詩云。十載相從應學得。怕人知事莫萌心。鄒至完誦之。或謂程公闢所作。刻于石。

又曰。子厚與其叔安仁令書云。弊政之後。諒煩整葺。寬而不弛。猛而不殘。待寄居游士以禮。而不與之交私。一切守法。于人情從容。此亦吾叔所能辨也。

楊龜山跋横渠書曰。横渠之學。其源出于程氏。而關中諸生尊其書。欲自爲一家。故余録此簡以示學者。使知横渠雖細務必資于二程。則其他故可知已。

陳惟室贊横渠曰。祖龍吐毒。烈火四焚。先王載籍畢罹其屯。劉漢崛興。訪索邱墳。羣儒掇拾。百不一存。綿蕝之野。陋兮叔孫。胸謀腹斷。已學自尊。致彼古禮。寥落無聞。勇哉先生。絶類超倫。返千歲上。以禮立身。隱居關右。化行于民。賓嘉喪祭。惟古之循。坐令鄒魯。復見咸秦。巖巖泰山。烈烈秋暾。先生謹嚴。比德實均。嗟世習非。誠難具論。棄禮自快。紛其如雲。感今陳古。歌以斯文。庶由高躅。起我後昆。

劉子卿曰。横渠先生倡道學于關中。世謂之關學。

晁子止曰。横渠經學理窟。雜記經傳之義。辨釋老之失。

朱子答汪尚書書曰。東西銘雖同于一時之作。然其辭義之所指。氣象之所及。淺深廣狹。迥然不同。是以程門專以西銘開示學者。而于東銘則未之嘗言。蓋學者誠于西銘之言反覆玩味。而有以自得之。則心廣體胖。意味自别。若東銘。則雖分别長傲遂非之失于毫釐之閒。所以開警後學。亦不爲不切。然意味有窮。而于下學工夫蓋猶有未盡者。又安得與西銘徹上徹下一以貫之之旨同日而語哉。

又語類曰。惟心無對。心統性情。二程却無一句似此切。

項氏家説曰。六先生年齒。康節先生邵氏。熙寧十年卒。年六十七。濂溪先生周氏。熙寧六年卒。年五十七。少康節六歲。涑水先生司馬氏。元祐元年薨。年六十八。少濂溪二歲。横渠先生張氏。熙寧十年卒。年五十八。少涑水一歲。明道先生程氏。元豐八年卒。年五十四。少横渠十二歲。伊川先生程氏。大觀元年卒。年六十五。少明道十一歲。周張二程雖尊幼之序素明。不暇論年。然史于孔門師生。亦併記其年之多少云。

梓材謹案。六先生學案次序。亦當如此。

魏鶴山序横渠禮記説曰。是編有二程先生之説參錯其閒。蓋先生之學。似源出于程氏。豈先生常常諷道之語。而門人併記之歟。

又曰。先生强學質行。于喪祭之禮尤謹且嚴。其教人必以禮爲先。使人有所據守。若有問焉。則告之以知禮成性之道。其行之于家也。童子必使之執幼儀。親洒掃。女子則觀祭祀。納酒漿。久以固其肌膚之會。筋骸之束。而養其良知良能之本然。其始也聞者莫不疑笑。久而後信其説之不我欺也。翕然丕變。惟先生是從。嗚呼。是烏可强而致然歟。豈人心之所無而可以襲而取之歟。

眞西山曰。鄭賈諸儒。析名物。辨制度。不爲無功。而聖人微旨。終莫之覩。程子張子論説不過數條。獨得聖經精微之藴。蓋程張之學。周公之學也。故能得周公之心。在上者果能以周公之心行三王之事。則太平之路開。禍亂之源窒。豈小補哉。

文文山送賴伯玉入贛序曰。韓昌黎因爲文章没有見于道德之説。前輩譏其倒學。然猶不爲徒文。卒得以自附于知道。横渠早年縱觀四方。上書行都。超然有凌厲六合之意。范文正因勸讀中庸。遂與二程講學。異時德成道尊。卓然爲一世師表。其視韓公所爲。蓋益深遠矣。

黄東發曰。理窟一書。惟氣質篇最于學者有益。

汪偉序經學理窟曰。若理窟者。亦分類語録之類耳。言有詳略。記者非一手也。雖然言之精者固不出于正蒙。謂是非先生之藴不可也。論學則必期于聖人。語治必期于三代。至于進爲之方。設施之術。具有節級。鑿鑿可行。非徒託之空言者。朱子曰。天資高則學明道。不然且學二程横渠。良以横渠用功親切。有可循守。百世而下誦其言。若盲者忽覩日月之光。聾者忽聆雷霆之聲。偷惰之夫咸有立志。其正蒙之階梯歟。

宋潛溪記九賢遺像曰。横渠張子。面圓。目以下微滿而後收。色黄。須少短。微濃。衣帽類康節。履亦如之。高拱正立。氣質剛毅。德温而貌嚴。

貝清江曰。皇極經世與正蒙之書。皆本諸易而爲之也。然邵子則兼乎數。張子則專乎理。所謂殊塗而同歸者。余嘗求之正蒙十七篇。首太和。參兩。以闡造化之微。次天道。神化。以推聖人之至。若動物以下諸篇。無非發端以示人。雖或失之深刻。閒與易有不合。觀其約而博。精而實。則孟子以來與周程之説相爲表裏。而辨㊀釋老之謬妄者。此書爲□㊁。

㊀「辨」當爲「辯」。
㊁「□」當作「然」。

高道淳最樂編曰。張横渠曰。困辱非憂。取困辱爲憂。榮利非樂。忘榮利爲樂。有味乎其言之也。蓋君子學求爲己者也。故憂樂超于所遇之外如此。

馬平泉曰。史稱横渠氣質剛毅。望之儼然。聞風者服義。不敢以私干之。亮哉。又稱其講求井田。拳拳欲行于當時。蓋恢恢乎復古之盛心矣。抑吾聞鹿江村之説井田也。謂孟子所云井田大略。不第言其制度。並譯出意義。節節有味乎其言。末仍歸于潤澤人情土俗。聖賢悉從此經綸。前世帝王良法。若執定點畫而行之。必亂天下。張子講求。幸而未行。豈以道有升降。政由俗革歟。是説也。必有取之者。

横渠學侶

補 御史張天祺先生戩

附録

横渠銘其墓曰。哀哀吾弟。而今而後。戰兢免夫。

横渠講友

張先生山甫

張山甫。偃師人。熙寧閒除武功主簿。時朱光庭簿萬年。程伯淳簿鄠。三子者齊名關中。號三傑焉。與張子厚善。故武功因有子厚綠野亭。武功縣志。

雲濠謹案。武功地理志。綠野亭在縣南郭東外。謂張子與武功簿張山甫厚。故武功弟子因從子厚遊此亭講學焉。

天祺門人

正字呂與叔先生大臨詳范呂諸儒學案。

橫渠私淑

隱君劉無悶先生繼寬別見士劉諸儒學案補遺。

文質羅豫章先生從彥詳豫章學案。

文忠胡致堂先生寅詳衡麓學案。

郭白雲先生雍詳見兼山學案。

橫渠續傳

文公朱晦庵先生熹詳晦翁學案。

成公呂東萊先生祖謙詳東萊學案。

羅先生博文詳見豫章學案。

隱君李先生元綱

李元綱字國紀。錢塘人。號百練眞隱。乾道閒居吴興之新市。力學好古。雖困窮。操履益堅。怡然自得。不爲外物所搖奪。撰聖賢事業圖。集説。三先生西銘解。厚德録。言行編諸書。兩浙名賢録。

承務胡先生泳別見武夷學案補遺。

縣令祝先生禹圭別見滄洲諸儒學案補遺。

李先生明復別見鶴山學案補遺。

張墨莊先生泳別見晦翁學案補遺。

通判王先生與之別見伊川學案補遺。

蔣先生和中別見邱劉諸儒學案補遺。

教授程先生掌詳見鶴山學案。

葉先生介別見濂溪學案補遺。

主簿王先生易簡

王易簡字理得。山陰人。尚書佐之元孫。幼喪父。哀毁如成人。及冠。登進士第。除瑞安簿。

不赴。隱居城南。讀張子東銘。作疏議數百言。唐忠介震。黄吏部虞。見而器之。折輩行與之交。先生篤倫義。事伯姊甚謹。尤賙恤其族。多所著述。山陰縣志。

卓樂山先生得慶附子規。權。

卓得慶字善夫。號樂山。莆田人。登紹定五年甲科。教授道州。歷官秘書著作郎。以忤賈似道。出知漳州。平會寇。次年。嘉禾產一莖九穗。最上。賜詔褒寵。召還授兵部郎中。德祐丙子。以大理卿趣行。辭以疾。景炎二年。便旨除右文殿修撰。户部尚書。是年元兵逼城。先生與家人訣曰。柱傾維絶。雖千百年何益。寧前一尺。毋却一寸。與其藏溝瀆而生。曷若守家廟而死。俄甲士至。執先生并二子規權殺之。年七十二。黄仲元銘其墓。稱爲忠孝父子。先生早以詞賦名。晚深于易。姓譜。

附録

文文山贈莆陽卓天著順寧精舍詩曰。人生天地間。一死非細事。識破此條貫。八九分地位。趙岐圖壽藏。杜牧擬墓誌。祭文潛自撰。荷鍤伶常醉。此等蜕浮生。見解已不易。齊物逍遙游。大抵蒙莊意。聖門有大法。學者必孔自。知生非了了。未到知死地。原始則返終。終始本一致。後來得西銘。精蘊發洙泗。吾體天地塞。吾氣天地帥。一節非踐形。終身莫繼志。舜功禹顧養。

參全穎錫類。伯奇令無違。申生恭不貳。聖賢當其生。無日不惴惴。彼豈不大觀。何苦勤興寐。吾順苟不虧。吾寧始無媿。人而有所忝。曠達未足智。卓哉居士翁。方心不安媢。蒙讒以去國。七年無怨懟。風雨三間茅。松楸接蒼翠。斯邱亦樂哉。未老先位置。宇宙如許大。豈以爲敝屣。當其歸去來。致命聊自遂。天之生賢才。初意豈無爲。民胞物同與。何莫非己累。君方仕于朝。名高責所萃。乾坤父母身。方來日川至。西銘一篇書。順事爲大義。請君觀我生。姑置末四字。

黄四如曰。卓樂山以易解屬余序篇端。未七日而以兵死。

教授魏石川先生新之詳見范許諸儒學案。

張氏續傳

張先生德從附子希明。

張德從取其家横渠翁畏心一語爲心法。稱鄉前輩。其子希明肯堂。取而名諸爲家法。稱賢士夫。文文山題其堂曰德從。講學無不盡。希明其有所受之矣。文文山集。

横渠之餘

通判高先生伯壎

高伯壎。

教諭唐先生朝別見濂溪學案補遺。

教授李先生洙

李洙字思宣。浮梁人。至元甲午以薦上江浙中書行署版。授饒州學正。考滿詣吏部。格當注州教授。死燕逆旅中。年止三十五。前死託其友貴溪張時舉。必歸我骨浮梁。葬必築亭曰存亭。豫自書存亭記。孟子修身俟命不貳。而歸于張先生存順没寧之義。凡二百餘言。皆有條貫云。戴剡源集。

朱濳峯先生隱老別見晦翁學案補遺。

葉繼道先生葵附從弟蕃。

葉葵字叔向。號雨泉。瑞安人。幼岐嶷警敏。殊異常兒。年十八而失怙。稽古力行。閉户十餘年。玩索羣籍。窮探義理。每終日危坐。反身以求誠。超然有得于窮理盡性之要。嘗曰。予始知道時。思周子不除窗草。張子聽驢鳴。與自家意思一般。猶判物我爲二。及見得此理。眞徹上徹下。與自家道理觸處皆然。此方是學。著明辨工程三十七篇。性理粹語。易學精微。各一卷。皆精研太極陰陽鬼神性命之奥。又述濂洛宗派六卷。異端辨三十七條。括之以理。證之以聖賢之大道。治平策略二十四篇。所言皆鑿鑿。有經濟。詩文。各自爲卷。先生之學。以敬爲主。以靜養爲功夫。反求諸身心而務爲深造體驗。故言有根據而文有實用。非剽襲影響者倫也。至正庚寅。

山海寇表裏猖獗。迺揭家避地南塘十餘年。志行益明。不爲憂患所移。丁酉徙寓鹿城。一時名公若郡守三寶。柱御史章三益。參軍胡仲淵。咸敬慕而師事之。括士大夫聞先生至。爭就問學。胡參軍遂梓其明辨工程。廣授學徒。乙卯得少疾。揭書張子西銘于壁。臥其下。卒年七十。先生少孤。事大父母至孝。處兄弟宗族盡恩意。學無師傳。而造詣獨精純。其持敬之功。性命之説。足以參同濂洛。一時四方學者景從焉。及卒。從弟蕃私旌之曰繼道先生。以子貴。追贈禮部郎中。卓忠貞録

葉氏學侶

郡守三寶先生

三寶。温州守。前守瑞安。與葉繼道鄰居。不克見。及守郡既去。處松山。因友人求與繼道交。一見歎服。卓忠貞録。

中丞章先生溢

郎中胡先生深並見北山四先生學案補遺。

葉氏門人

鄭先生希誠

鄭希誠。葉繼道門人。善學而知道。謂繼道氣象如程伯子。後生宜及時親炙。卓忠貞録。

任先生清

任清。胡參軍將校也。葉繼道門人。氣剛岸。年逾四十。求受學繼道。抑而教之。卒能悉去豪習。一歸靜專。後遇難爲忠義士。卓忠貞録。

章先生蕴

章先生德合傳。

章蕴。章德。中丞三益子。中丞始鎮括。卽率子弟同受教于繼道。尋延至龍泉匡山書院講學。俾二子依歸焉。卓忠貞録。

宋元學案補遺卷十九目録

宋元學案補遺卷十九

後學 鄞 王梓材 慈谿 馮雲濠 同輯

范呂諸儒學案補遺

范氏師承

簡肅薛先生奎

薛奎字宿藝。絳州正平人也。生十餘歲。已能屬文辭。爲人敦篤忠烈。果敢明達。初舉進士。爲州第一。讓其里人王嚴而居其次。淳化三年。再舉乃中。授祕書省校書郎。累官尚書禮部侍郎。參知政事。數以疾告。拜資政殿學士。户部侍郎。判尚書都省。罷其政事。景祐元年。卒于家。年六十八。其在開封。以嚴爲治。肅清京師。京師之民相戒曰。是不可犯也。及居蜀。則以惠愛稱。蜀人喜亂而易搖。先生鎮以無事。又能破姦發伏。無一不中。蜀人愛且畏之。以比張尚書詠而不苛。性孝慈。雖在大位。家人勤儉不知爲驕奢。謚曰簡肅。歐陽文忠集。

梓材謹案。先生女五人。三適王拱辰。四適歐陽子。故先生卒而歐陽誌其墓云。

附録

持身端重。論不苟合。善知人。范仲淹明鎬龎籍在下位。時㊀皆以公輔許之。卒如其言。

呂氏先緒

文穆呂先生蒙正

呂蒙正字聖功。河南人。太平興國二年。擢進士第一。授將作監丞。通判昇州。陛辭。有旨民事有不便者。許騎置以聞。代還。加左拾遺。拜左補闕。知制誥。遷都官郎中。入爲翰林學士。參知政事。賜第麗景門。先生初入朝堂。有朝士指之曰。此子亦參政耶。先生陽爲不聞而過之。同列不能平。詰其姓名。先生遽止之曰。若一知其姓名。則終身不能忘。不若毋知之爲愈也。時皆服其量。李文正昉罷相。先生拜中書侍郎兼户部尚書平章事。監修國史。先生質厚寬簡。有重望。以正道自持。遇事敢言。每論時政有未允者。必固稱不可。上嘉其無隱。淳化中。罷爲吏部尚書。復相文正。四年。文正罷。先生復以本官入相。至道初。以右僕射出判河南府兼西京留守。眞宗卽位。進左僕射。咸平四年。以本官同平章事。昭文館大學士。郊祀禮成。加司空兼門下侍

㊀「時」下脱「奎」。

郎。六年。授太子太師。封蔡國公。改封隨。又封許。景德二年表請歸洛。許國之命甫下而卒。年六十八。贈中書令。謚曰文穆。宋史。

附録

父逸圖黜妻劉并棄先生。劉誓不改適。及先生莅官。迎二親同堂異室。奉養並至。時稱其孝。公夾袋中有册子。每四方官員替罷謁見。必問人材。隨即疏記。分門類。有一人而數人稱之者。必賢也。故所用多稱辟如此。

黄東發曰。太宗初臨軒。首擢公冠甲科。其後三入中書。以功名終始。國朝科目得人之效。公昉焉。嘗觀其對治道寬猛之論。則欲漸行清淨之化。對輦卒私市之説。則謂正合黄老之道。不納照二百里鏡。懇辭子弟起家員外郎。不欲聞指嘲參政時朝士姓名。自其修身推之治道。往往清心省事。似從道家來。惟其遇事敢言。夾袋儲材。識從子夷簡富韓公爲宰相器。所以異于飲醇不事事之曹參。而卓然以儒術著歟。然東封西祀之不諫。豈亦以其道家事耶。嗚呼。干戈方息。休養以太平。則公之力爲多也。

侍郎吕先生居簡

吕居簡。文穆蒙正子。慶曆中。提點京東刑獄。時夏竦有憾于石徂徠介。徂徠卒。竦言于仁宗曰。介未嘗死。北走鄰國矣。乃遣中使發棺驗之。先生謂曰。萬一介果死。則朝廷爲無故發人之墓。奈何。中使曰。于君何如。先生曰。介死當時必有内外親族及門生會葬。問之可也。中使乃令結狀保證以聞。事乃白。先生長者。其行事多類此。以兵部侍郎判西京御史臺。卒年七十二。宋史。

文靖呂先生夷簡

呂夷簡字坦夫。壽州人。文穆公蒙正之再從子也。進士及第。通判濠州。知開封府。治嚴辦。眞宗識姓名于屏風。仁宗時。累官同中書門下平章事。進昭文館大學士。手疏陳八事。語甚切。以使相出判陳州。後再相。進位司空。封許國公。卒。謚文靖。自仁宗初立。太后臨朝十餘年。天下晏然。先生之力爲多。有集二十卷。子公綽。公弼。公著。公儒。皆有名。姓譜。

附録

章懿太后上仙。先生因奏事簾前曰。聞夜中有宫嬪亡者。太后卽起。有頃獨出。謂先生曰。卿欲離吾母子也。先生曰。太后他日不欲保全劉氏乎。太后悟。乃發喪成服。備禮葬之。

大内火。宫門晨未闢。輔臣請對。上御拱辰門。接百官拜樓下。先生獨不拜。上遣問其故。曰。宫庭有變。願一見上。上爲舉簾見之。

黄東發曰。呂文靖公用事，動必以術。雖當時大賢如韓。如富。如范。如王。皆爲所忌。然其聞諸賢也。亦以成國家之事。而不陷之罪。如韓范西。富公北。其後使范公折而講㊀守邊。富公亦使河北竟守邊之類是也。公。文穆猶子也。公之用。文穆内舉也。家學源流。有自來矣。豈變而不失其正者乎。

文穆講友

温秉陽仲舒

温仲舒字秉陽。河南人。舉進士。通判吉州。直史館。拜樞密直學士。累遷同知樞密院事。後判河南府。才堪應務。與寇萊公準同進。人稱温寇。姓譜。

梓材謹案。秉陽至道二年參知政事。咸平初罷。邵氏聞見録稱。文穆微時。于洛陽之龍門利涉院土室中與温仲舒讀書。有詩。是先生固文穆之友也。又案。曾氏隆平集言其始廢黜。吕蒙正當路力援進之。及驟用。反攻蒙正。爲士論所薄云。

郭氏師承

文定張先生齊賢

張齊賢。曹州人。徙居洛陽。自言慕唐李大亮爲人。故字師亮。太平興國二年。登進士第。累擢至簽書樞密院。樞密副使。參知政事。淳化二年拜相。咸平初復相。屢進位至左右僕射。請

㊀「講」當爲「請」。

老。以司空致仕。飲食素過人。執政後丁内艱。水漿不入口者七日。其後日一飦粥。既祥。方食脱粟飯。三年酒肉果菜不入門。世稱其孝。平日頗以致君自任。言涉疏闊。前後治獄全活甚衆。未第時。依太子少師李肅家。及貴。歲時祭之。种放之用。亦其薦也。善教子孫。皆能自立。有文集。表疏集。雜編。小説。各數十卷。隆平集。

梓材謹案。隆平集又言其在相位。事有涉干請。辭連李沆。而先生獨任其責。物論甚美。及再相。與寇準相傾。遂虧名節云。宋史本傳載其仲兄昭度嘗授之經。

坐右詩

慎言渾不畏。忍事又何妨。國法須遵守。人非莫舉揚。無私眞克己。直道處和光。此箇如端的。天應降吉祥。

附録

吴處厚青箱雜記曰。齊賢嘗作詩自警。兼遺子孫。雖詞語質朴。而事理切當。足爲規戒。余嘗爲廣其意。就每句爲一篇。命曰。八詠警戒詩。

文穆門人

隱君郭先生延卿

郭延卿。洛人。少從張文定呂文穆游。以文行稱。張呂二公相繼入相。薦于朝。命以職官。不出。謂之郭隱君。天聖明道中。錢文僖自樞密留守西都。一日出長夏門。屏騎從。與謝希深。歐陽永叔。尹師魯。梅聖俞諸公。同步至午橋。訪隱君。隱君不爲動。亦不加禮。抵暮别去。送及㊀曰。野人未嘗至府廷。無從上謁。文僖悵然。謂諸公曰。斯人視富貴爲如何。可愧也。邵氏聞見録。

贈公富先生言

富言者。呂文穆客也。一日白曰。兒子十許歲。欲令入書院。事廷評太祝。文穆許之。及見。驚曰。此兒他日名位與吾相似。而勳業遠過于吾。令與諸子同學。供給甚厚。即司徒韓公弼也。宋史。

雲濠謹案。先生客呂文穆門下。亦見邵氏聞見録。

㊀「及」下脱「門」。

張氏家學

庶官張先生宗賢

張宗賢。文定諸子中最賢。雖累資登朝。而畏羈束。故多居田里。宋史。

韓氏先緒

忠憲韓先生億

韓億字宗魏。靈壽人。後徙開封。舉進士。知永城縣。有治聲。遷御史中丞。時楊尚二美人以□□去。仁宗欲召復之。先生力言唐室之禍。乃中止。官至尚書左丞。以太子少傅致仕。卒謚忠憲。子八人。少師持國維。其第五子也。姓譜。

雲濠謹案。先生爲王文正公旦之壻。故久歷外官。以文正在政府。避親。及文正卒。乃稍進用。隆平集云。又案。先生之謚。宋史本傳與名臣言行録並作忠獻。

附録

性方重有守。治家嚴肅。雖燕居。未嘗見其惰容。

范文正知開封。獻百官圖。指宰相吕夷簡差除不平。而陰薦公可用。文正既貶。帝以諭公。公曰。仲淹舉臣以公。臣之愚陛下所知。舉臣以私。則臣委質以來。未嘗交託于人。遂除參知政事。

公少年貧時學書無紙。莊門前有大石。就其上學字。就㊀卽滌去。遇烈日及小雨。張敝繖自蔽。率以爲常。

公教子嚴肅不可犯。知亳州。第二子舍人自西京謁告省親。康公與右相及姪宗彦皆中甲科歸。公喜置酒。召僚屬之親厚者。俾諸子坐于隅。坐中忽云。二郎。吾聞西京有疑獄奏讞者。其詳云何。舍人思之未能得。已訶之。再問未能對。遂推案索杖大詬曰。汝食朝廷厚禄。倅貳一府。事無巨細。皆當究心。大辟奏案。尚不能記。則細務不舉可知矣。吾在千里外。無所干與。猶能知之。爾叨冒廪禄。何顔報國。必欲撻之。衆賓力解方已。諸子股慄。累日不能釋。家法之嚴如此。所以多賢子孫也。蘇氏談訓。

王夫人初未有子。夢一僧貌甚異。手持蓮花曰。汝欲生男乎。摘五葉餌之。後生舍人及獻肅公。職方。宫師。莊敏公五子。皆貴顯。常誨之曰。汝父有法度。爲世所知。汝曹或不及。則人必以爲類我也。其善教如此。桐陰舊話。

黄東發曰。韓忠憲公治郡多善政。爲御史。權勢畏之。以范文正公薦。參大政。不喜掊官吏過失。欲天下皆得其所。惟治家以嚴。初與李參政若谷力貧致成立。清苦終其身。

㊀「就」當爲「晚」。

忠憲講友

康靖李先生若谷

李若谷字子淵。豐縣人。少孤。遊洛下。因葬其父母于緱氏而占籍焉。舉進士。累官至參知政事。卒謚康靖。姓譜。

雲濠謹案。宋史本傳云。少時與韓億爲友。及貴顯。婚姻不絕焉。子淑字獻臣。三授端明殿學士。博習諸書。詳練朝廷典故。史稱其傾側險詖。淑子壽朋復圭。復圭爲王荆公所知。

附録

并州自昔未有學舍。先生知州。始建學于文宣王廟。

在政府。嘗言近歲風俗澆薄。駕朋黨之説以汙善良。君子小人各有氣類。今一槩以朋黨名之。忠臣恐懼。臣亦無以立朝矣。上善其言。爲下詔儆諭焉。以上隆平集。

晁氏客語曰。李若谷教一初官云。勤謹和緩。其人云。勤謹和已。聞命矣。緩字未諭。李云。甚事不因忙後錯了。

王氏先緒

王先生荀龍

王荀龍字仲賢。大名人。入洛見康節。其議論勁正有過人者。康節喜之。和其詩曰。車從賞花來北京。耿君先期已馳情。此時隕霜奈何重。今歲開花徒有聲。既辱佳章當墜刺。寧無累句代通名。天之美才應自惜。料得不爲時虛生。先生韓魏公客也。因誦魏公詩云。春去花叢胡蝶亂。雨餘蔬圃桔槔閒。康節愛之曰。怨而不傷。婉而成章之言也。子巖叟。亦魏公客。邵氏聞見録。

王氏師承

甯先生智先

甯智先。河東人。元祐中。上問王巖叟從誰學。對曰。從河東甯智先。姓譜。

涑水同調

補 忠文范景仁先生鎮

梓材謹案。蘇文忠祭蜀公文云。吾先君子。秉德不耀。與公弟兄。一日之少。窮達不齊。歡則無閒。豈以閭里。忠義則然。又文定祭文云。昔我先人。公蚤知之。白首相親。往事莫追。軾方在朝。公舉諫官。卒以獲罪。初無一言。轍來于東。復館于門。曾患之不邺。而惟義是敦。今其云亡。無復斯人。據此。則先生之與三蘇。固聲氣相同者也。

蜀公正書

舜之五刑。流也。官也。教也。贖也。賊也。流宥五刑者。舜制五流。以宥三苗之劓。刵。刵。宮。大辟也。

梓材謹案。此條深寧叟困學紀聞采之云。胡氏皇王大紀本之。而以墨。劓。刵。宮。大辟爲賊刑之科目。可謂精確之論。

昊天有成命言。文武受天命以有天下。而成王不敢以逸豫爲也。此揚雄所謂康王之時。頌聲作于下。自彼成康。奄有四方。祀武王而述成康。見子孫之善繼也。

蜀公文集

清聲不見于經。惟小胥注云。鐘磬者編次之。二八十六枚。而在一簴。謂之堵。至唐又有十二清聲。其清愈高。國朝舊有四清聲。置而弗用。至劉几用之。與鄭衛無異。樂議。

王伯厚曰。劉几用四清聲。未可以爲非。

謝山困學紀聞三箋曰。劉几言樂律主于人聲。不以尺度求合。此爲正論。

按周禮鬴法。方尺圓其外。深尺容六斗四升。方尺者八寸之尺也。何以知尺有十寸八寸之別。按周禮璧羨度尺。好三寸以爲度。璧羨之制長十寸。廣八寸。同謂之度尺。旣以爲尺。則八寸十寸俱爲尺矣。又王制云。古者以周尺八尺爲步。今以周尺六尺四寸爲步。八尺者八寸之尺也。六尺四寸者十寸之尺也。同謂之周者。是周用八寸十寸尺明矣。判吏部南曹上書。

梓材謹案。深寧困學紀聞引蜀公云。周兼用十寸八寸爲尺。漢專用十寸爲尺。

舜巡四岳。則同律度量衡。孔子曰。謹權量。四方之政行焉。以是知聖人之於尺量權衡。恃以爲治者。而尺量權衡必本於律。律必有聲以考其和。此樂之所由作也。考工記世以爲漢儒所爲。漢志載劉歆之説多所牽合。某亦于二書深疑之。近因鬴斛攷其制作。不復疑矣。答涑水書。

涑水與先生第四書曰。古律既亡。胡李之律生于尺。房庶之律生于量。皆難以定是非。光爲景仁言之熟矣。今不復云權量。雖聖人所重。又須更審法度。修廢官。然後政行於四方。恐未可專恃以爲治也。又今之權量。未必合于聖人之權量也。夫中和。樂之本也。鐘律。樂之末也。本巧也。末規矩也。雖不盡善。猶能成器。若規不規矩不矩。雖使良工執之。猶將惑焉。某是以願銷新鑄之鬴斛。不欲使傳于後世。

虞書同律度量衡。舜每歲巡于方岳。下攷而齊一之。安得謂不恃此以爲治。今之尺乃古之尺。今之權衡乃古之權衡。前年以古樂聲爲黃鐘長九寸三分。損一爲林鐘長六寸。律皆圍九分。黃鐘積實得八百一十分三分。損一林鐘得五百四十分。十二律皆如此率而其聲協。此乃增律之一寸以爲尺。豈生于量也。與今之太府尺正同。又以黃金方寸得一斤。乃知太府權衡皆古法也。惟量比律十三分二之大。此蓋出于魏晉以來貪政也。律者樂之本也。鐘鼓云乎哉。蓋病後世專事鐘鼓而不知本也。刑名之書謂之律者。取此也。五刑之屬三千。其罪之大小。情之輕重。苟不以律。則不得其當。猶無律而定樂也。答涑水第四書。

涑水與先生第五書曰。尺量權衡。自秦漢以來變更多矣。今之尺與權衡。豈得猶是先王之所用邪。彼貪者知大其量以多取人穀。豈不知大其尺以多取人帛。大其權衡以多取人金乎。且尺量權衡。公私所共用也。斂之以大量。則給之亦以大量。貪者何所得乎。又所謂律與鬴斛之分數。某未甚解。豈非語其容受邪。以千二百黍爲一龠。則二百四十萬黍爲一斛。以今斛概之。何啻大十三分之二耶。此皆愚所不及。非面議莫能盡也。

古有什一之税。而魯什三。漢什五。秦大半。皆大斂也。不必大其量是也。亦恐便于用而致然爾。今尺合于律。權衡合于律。而鬴斛之輕重合于權衡。尺之方深合于量。又與古樂聲正同。所謂量者一律之容爲一龠。千六百四十龠爲一鬴。百三萬六千八百分之實也。二千龠爲一斛。百六十二萬分之實也。君實深于算。請律刀分推而至于權衡尺量。則渙然無疑矣。復涑水第五書。

大抵吾儕讀經史。經有注釋之未安者。史有紀録之害義理者。或爲論。或爲辯。以正之。所以見爲學之志而示于世。注老子是也。今夫樂。列聖之所拳拳者。蓋以禮樂治國之大而不可一日慢。況樂之太簇爲黄鐘。宫商易位哉。君實前與胡阮非李照。今復主之。豈未思之耶。王朴樂某亦同。房庶非之。雖高五律。君臣民事物不相干。今復欲用之。何可得也。胡瑗所作。比王朴下半律。仲更嘗言之。君實已悉。李照之樂聲雖發揚。又下三律。然君臣民事物皆失其位。不可不深念之。復涑水第八書。

君實以爲房庶改漢書。一黍之起。積一千二百黍之廣八字。某以爲漢書前言分寸尺丈引。本起黄鍾之長。後言九十分黄鍾之長。則八字者。不可謂庶自爲。且庶亦不能爲也。尺量權衡皆以千二百黍。在尺。則曰黄鍾之長。在量。則曰黄鍾之龠。在權衡。則曰黄鍾之重。皆千二百黍也。豈獨于尺而爲不成文理乎。夫五色者之於衣。華于身而已。五味者之于食。適于口而已。烏取於温飽云乎哉。見君實議樂。正如是矣。王朴之樂。君臣民事物全不相干。以仲吕爲黄鍾而次比之。知其然也。李照之樂皆失位者。以太簇爲黄鍾而次比之。知其然也。君實云。必有伶倫。后夔。師曠。始能知之。某以爲三人亦不能知。何則。無律也。書云。律和聲。禮云。吹律聽軍聲。傳云。雖有師曠之聰。不以六律。不能正五音。故知三人者。有亦不能知之。無律故也。答涑水論積黍書。

涑水與先生論積黍書曰。來示云。經有注釋之未安。史有記録之害義理者。不可不正。此則誠然。然須新羡㊀勝舊義。新理勝舊理。乃可奪耳。如浴乎沂。十月五日星聚東井之類是也。至於房庶所改漢書。云一黍之起。積一千二百黍之廣。全不成文理。豈可遽改舊書邪。景仁以禮樂爲治國之大而不可慢。某豈以爲小而可慢耶。景仁吹律吕玫鐘磬。校尺量鑄鬴斛。

㊀「羡」當爲「義」。

以求先王之樂。某謂先王之樂大要主于中和而已。亦猶景仁謂衣有青赤黄白黑之異。某謂主于温而已矣。景仁謂食有酸苦甘辛鹹之異。某謂主于飽而已矣。然則景仁豈能全廢某之説。某豈敢盡不用景仁之論邪。從景仁之樂視之。則王朴君臣民事物全不相干。李照皆失其位。使二人復生。今日視景仁之樂。未知其云何也。今未有伶倫后夔師曠。願以所著樂説與某書合。藏之以俟後世知樂者辯之也。

樂爲小事爲大事。王朴李照胡瑗三家。君實不決是非。是慢而小之也。但看今之君臣民事物可知之。往年孫宣公馮章靖宋子京非李照樂。乃召阮逸胡瑗房庶令修之。君實當時與胡阮同非李照者。今所用乃李照樂。何也。君實之言可全廢。某之言不可不盡用。何則。蓋無不是也。古人之皆不到也。十二律皆有損益而和也。豈不爲新義勝舊義。新理勝舊理乎。所恨至是未有人是之。又小簡。

附録

元祐初。首以詔起公曰。西伯善養。二老來歸。漢室卑詞。四臣入侍。爲我强起。無或憚勤。天下望公與温公同升矣。公辭曰。六十三而求去。蓋以引年七十九而復來。豈云中禮。卒不起。先是。蔡京見公曰。上將起公矣。公正色曰。鎮以論新法不合得罪。一旦先帝棄天下。其可因以爲利乎。故公卒不爲元祐二聖之起。

初。神宗命李照改定大樂。下王朴樂三律。皇祐中。又使胡瑗等攷正。公與司馬光皆上疏論律尺之法。又與光往復論難。凡數萬言。自以爲獨得于心。元豐三年。神宗詔公與劉几定樂。公曰。定樂當先正律。上曰。然。公作律尺龠合升斗豆區鬴斛欲圖上之。又訪求眞黍以定黄鐘。而劉几卽用李照樂。加用四清聲。而奏樂成。詔罷局。旣致仕。請大府銅造樂。逾年乃成。比李照樂下一律有奇。二聖御延和殿。召執政同觀。賜詔嘉奬。以樂下太常。墓誌。

蜀公東齋記事曰。君實與予莫逆之交也。惟議樂爲不合。往在館閣時。決於同舍。同舍不能決。遂弈棋以決之。君實不勝乃定。其後二十年。君實在西京爲留臺。予往候之。不持他書。惟持樂論八篇示之。爭論者數夕。莫能決。又投壺以決之。予不勝。君實懽曰。大樂還魂矣。凡半月。卒不得要領而歸。

蘇文忠誌其墓曰。熙寧元豐間。士大夫論天下賢者。必曰君實。景仁。其道德風流足以師表當代。其議論可否足以榮辱天下。蓋相得歡甚。皆自以爲莫及。曰。吾與子生同志。死當同傳。而天下之人亦無敢優劣之者。二公旣約更相爲傳。而後死者。則誌其墓。故君實爲景仁傳。其略則曰。吕獻可之先見。景仁之勇決。皆予所不及也。蓋二公用舍大節。皆不謀而同。如仁宗時論立皇嗣。英宗時論濮王稱號。神宗時論新法。其言若出一人。相先後如左右手。故君實嘗謂人曰。吾與景仁兄弟也。但姓不同耳。然至於論鐘律。則反復相非。終身不能相一。君子是以知二公非苟同者。

梓材謹案。元文類載索朮魯翀范墳詩。蓋卽先生之墓也。

蘇魏公挽之曰。歲在龍蛇會。忠賢屢感傷。未收空土淚。又啓蜀公喪。原注。公與吕司空相繼謝也。士類將安放。交情何日忘。共傳金石刻。俱是大文章。

程氏遺書曰。范景仁論性曰。豈有生爲此。死又卻爲彼。儘似見得。後卻云自有鬼神。又卻迷也。

晁氏客語曰。純夫言舊日子弟赴官有乞書于蜀公者。蜀公不許曰。仕宦不可廣求人知。受恩多則難立朝矣。

李廌談苑曰。東坡云。景仁平生不好佛。晚年清慎。減節嗜慾。一物不芥蔕於心。卻是學佛作家。然至死不取佛法。

汪玉山題申温蜀三公倡和詩曰。元祐初。温公申公對秉鈞軸。而天下復安。蜀公累詔不起。謂所親曰。予所欲爲者。君實既已爲之。又安用出。蓋其出處未嘗不同。乃如此也。

朱子語類曰。范蜀公謂今漢書言律處折了八字。蜀中房庶有古本漢書有八字。所以與温公爭者只爭此。范以古本爲正。蜀公以上黨粟一千二百粒實今九寸爲準。温公以一千二百粒排今一尺爲準。漢書文不甚順。又粟有大小。遂取中者爲之。然下粟時頓緊。則粟又下了。又不知如何爲正排。又似非是。今世無人曉音律。只憑器論造器。又紛紛如此。古人曉音律。風角鳥占皆能之。太史公以律論兵意出于此。

黄東發曰。范蜀公凡所陳關涉甚大。首乞仁廟擇宗室爲皇儲。章十九上。待罪百餘日。鬚髮爲白。此爲天下孤忠。極論王安石新法不便。六十三致仕而去。迄不爲元祐一出。此爲天下高節。

雲濠謹案。阮亭居易録載。安岳馮山集五言律詩上范蜀公二十韻。説盡蜀公平生。又言。趙清獻集有劾陳恭公執中娶妾殺婢二奏。反復不遺餘力。予竊不謂然。一日讀范蜀公疏言。今陰陽不和。財匱民困。盜賊滋熾。獄犴充斥。執中當任其咎。臺省捨大責細。暴揚燕私。若用此爲進退。是因一婢逐一相。非所以明等級。辨堂陛也。不覺歎服。如蜀公者。眞可以爲宰相。元祐之初。獨高臥不肯起。其風概又出元祐諸賢之上云。

補正獻呂晦叔先生公著

梓材謹案。謝山于南軒學案趙中川傳云。説者以爲呂正獻公之于范歐諸老爲親炙。是先生固亦高平講友也。

附録

公侍經筵時。仁宗春秋高。公于經傳同異。訓詁得失。皆麤陳其略。至于治亂安危之要。聞之足以戒者。乃爲上反覆深陳之。仁宗嘗詔講官。凡經傳所載逆亂事皆直言毋諱。公因進講。言弑逆之事。臣子所不忍言。而仲尼書之春秋者。所以深戒後世人君。欲其防微杜漸。居安慮危。使君臣父子之道素明。長幼嫡庶之分早定。則亂臣賊子無所萌其姦心。故易曰。履霜堅冰至。由辨之不早辨也。

公每進講。多傅經義以進規。會講論語。至人不知而不愠。不亦君子乎。公言在下而不見知于上者多矣。然在上者亦有未見知于下者也。故古之人君政令有所未孚人心。或有未服。則反身修德。而不以愠怒加之。如舜之誕敷文德。武王之皇自敬德是也。上知公意深切。每改容鞠躬。如在車之式。

歐陽公爲翰林。薦公文學行誼。宜在左右。稱公清靜寡慾。有古君子之風。公晚多讀釋氏書。益究禪理。温公博學有志行。而獨不喜佛。公每勸其留意。且曰。所謂佛學者。直貴其心術簡要耳。非必事事服習爲方外人也。並家傳。

公平生未嘗較曲直。聞謗未嘗辨。少時書于座右曰。不善加己。直爲受之。蓋其初自懲艾也如此。至和中。手書東漢延篤與李文德書于座右。又書古人詩。好衣不近吉士體。粱穀似怕腹中書。書于屏風。家塾記。

王伯厚曰。吕正獻公書座右曰。不善加己。直爲受之。本後漢張霸戒子之語。

公嘗薦處士常秩。秩後稍變節。公謂知人實難。以語程子。且告之悔。程子曰。然不可因而懈好賢之心。公矍然謝之。

人或議公太恕。以爲除惡不盡。將失有罪。爲異日患。公曰。爲政去其太甚者耳。人才實難。當使之自新。豈宜使之自棄耶。

程明道送吕晦叔赴河陽詩曰。曉日都門颭旆旌。晚風鐃吹入三城。知公再爲蒼生起。不是尋常刺史行。

蘇魏公挽之曰。自歎羈屯世少同。平生知己莫如公。早參直諒多聞數。晚入坯陶一器中。存殁交情成契闊。晤言名理設研窮。追思五十年前會。已識河東父祖風。

晁氏客語曰。荆公謂吕晦叔曰。漢元帝晚節。劉向數上疏切諫。疑犯分也。晦叔曰。有貴戚之卿。

又曰。荆公論舜納于大麓何義。晦叔曰。薦之于天。

東萊題伯祖紫微翁與魯信道手簡後曰。先君子嘗誨某。自吾家全盛時。與江西諸賢特厚。文靖公與晏公戮力王室。正獻公靜默自守。名實加于上下。蓋自歐陽公發之。平生交友如王荆公。劉侍讀。曾舍人。屈指不滿十。雖中間以國論與荆公異同。元豐末守廣陵鐘山。猶有書來。甚惓惓。且有絶江款郡齋之約會。公召歸乃止。已而自講筵遷政路。遂相。元祐二劉。三孔。曾子開。黄魯直諸公。皆公所甄敍也。

朱子答李深卿書曰。吕氏之學在近世亦近正矣。然觀正獻對神祖空寂之問。則以堯舜所知所急爲兩途。觀原明述正獻學佛之事。則見正獻所學所言爲二致。諸若此類。不可殫舉。蓋猶未免于習俗之蔽也。

黄東發曰。公初與温公薦進王安石。安石行新法。二公皆以爭論去。元祐初。二公復並相。共除新法。温公薨。元祐之政尚賴公扶持。然公慈恕。務包容。進退廢置無復温公剛大之氣。

補 龍學李公擇先生常

附録

力學自喜。多聞强識。爲文章敏捷。初若不經思慮。及成。屬寓深雅。識者知其遠器也。

時荆公之子雱與温陵吕惠卿皆與聞國論。凡朝廷之事。三人者參然後得行。公言。陛下與大臣議某事。安石不可。則移而不行。安石造膝議某事。安石承詔頒焉。吕惠卿獻疑則反之。詔用某人。安石惠卿之所可。雱不説。則又罷之。孔子曰。禄去公室。政在大夫。陪臣執國命。今皆不似之耶。而其論青苗尤爲激切。至十餘上不已。

凡所言事。多舉大體。務在廣諫諍。抑僥倖。殺激訐。其本之忠厚。篤于世教。嘗謂己之所見者。有得。必入告于上。纖悉不隱。若其隨時所趣。以排擊取合。則不能也。其自信如此。故忠言密啓。世莫得而傳焉。

黄涪翁祭之曰。公處貧賤。如處休顯。温温不試。任重道遠。内行純明。不缺不疵。臨民孝慈。民歌去思。其在朝廷。如圭如璧。忠以謀國。不沾孑直。熙寧元祐。言有剛柔。公心如一。成以好謀。十年江湖。睟然生色。三年主計。鬚髮盡白。它日謂我。何喪何得。我知公心。謀道愛國。出牧南陽。往撫益部。稱責辦嚴。笑語卽路。天下期公。來相本朝。奄成大夜。終不復朝。

又跋先生書曰。公擇先生。疏通遠大。君子也。往歲某嘗從學數年。雖以甥舅禮。意見畜出入。閨闥無間然。自有物外相知之鑒。細觀其内行。冰清玉潔。視金珠如糞土。未始凝滯于一物。詩云。豈弟君子。胡不萬年。

蘇文忠李氏山房藏書記曰。余友李公擇。少時讀書于廬山五老峯下白石庵之僧舍。公擇既去。而山中之人思之。指其所居爲李氏山房。藏書凡九千餘卷。公擇既已涉其流。探其原。採剥其華實。而咀嚼其膏味。以爲己有。發于文詞。見于行事。以聞名于當世矣。而書固自如也。未嘗少損。將以遺來者。供其無窮之求。而各足其才分之所當得。是以不藏于家。而藏于其故所居之僧舍。此仁者之心也。

晁景迂題李公擇尚書宣諭曰。卿博通史學。入侍金華。多所發明。深副虛宁。當祖宗時。講筵尚耆艾。相與尊先儒。不過明訓詁。有聽而無難。不足于言而有餘于行。進退容止肅如也。當宁望之。寧待其言之華哉。近時務以英俊爲講席之寵。悉反舊制。如元祐中李尚書之口宣。當上之史官。

雲濠謹案。王阮亭居易録云。宋江西洪亶郎中妻文城縣君。李公擇尚書姊也。治春秋。博學能文。作公擇挽詩云。久歷金門貴。未酬黄屋知。如聞天禄客。抱恨作銘詩。不減前人。載江少虞類苑。

薛氏家學

殿班薛先生塾

薛塾字宗道。簡肅之弟。知河池縣。始建孔子廟。春秋飭其牲器以與邑人行事。民初識學校之禮。官至内殿崇班。卒。而歐陽永叔銘其墓曰。公躬直清官。以材稱。惟賢足似不愧其兄。歐陽文忠集。

薛先生直孺

薛直孺字質夫。簡肅之子也。爲名臣子。能純儉謹飭。好學自力。以世其家。後簡肅六年卒。年二十有四。歐陽文忠集。

通守薛先生長孺

國博薛先生良孺合傳。

薛長孺字元卿。簡肅兄睦之子。少用簡肅蔭。補郊社齋郎。歷尚書虞部比部駕部三員外郎。通判成都府。未行。卒。其知絳州曰。絳吾鄉里也。長老乃吾父師。子弟猶吾子弟也。爲立學官以教之。爲政有惠愛。絳人大悦。弟良孺。字得之。少孤。育于簡肅。以蔭爲將作監主簿。再爲殿中丞。遷國子博士。監陳州清酒務。卒于官舍。爲人開爽明朗。幼爲簡肅所愛。若己子云。歐陽文忠集。

薛氏門人

忠文范景仁先生鎮詳上涑水同調。

文忠歐陽永叔先生修詳廬陵學案。

懿恪王先生拱辰詳見濂溪學案。

忠文講友

太師鄧二江先生至父琛。

鄧至。蜀人。世居梓江。以富名。父琛。均順蕩亂。謁高貲。且諭諸富人無靳。邑人以故保全。家頓貧。徙雙流。以經學誘進後生。羣聚至數百人。翕然知學。及先生。學益大。號二江先生。范蜀公爲之友。滎公從之游。以子貴。贈太師。其父亦贈太保。生四子。後先登科。綰試禮部第一。季子縝。登科時神宗臨朝。綰爲翰林學士。侍唱名至縝。綰下殿謝。子洵仁。洵武。從子郤。聯唱名。于是綰聯謝。執政因奏鄧至善教。上曰知之。氏族譜。

梓材謹案。劉氏人譜引此事云。上顧而笑之。王恭公從旁贊曰。以其父鄧至盡職教人所致也。

忠文學侶

元獻宋先生庠

宋庠字公序。安陸人。後徙開封之雍邱。先生天聖初舉進士。開封試禮部皆第一。擢大理評事。歷遷尚書刑部員外郎。詔爲翰林學士。寶元中。以右諫議大夫參知政事。先生爲相儒雅。練習故事。與宰相呂夷簡論數不同。凡先生與善者。夷簡皆指爲朋黨。如鄭戩葉清臣等悉出之。乃以先生知揚州。未幾以資政殿學士徙鄆州。進給事中。復召爲參知政事。慶曆七年春。旱。用漢災異策免三公故事。罷宰相賈昌朝。輔臣皆削一官。以先生爲右諫議大夫。明年除尚書工部侍郎。充樞密使。皇祐中拜兵部侍郎。同中書門下平章事。集賢殿大學士。享明堂。遷工部尚書。三年。以刑部尚書觀文殿大學士知河南府。後徙許州。又徙河陽。再遷兵部尚書。入覲。以檢校太尉同平章事。充樞密使。封莒國公。既而與副使程戡不協。以河陽三城節度同平章事判鄭州。徙相州。以疾召還。英宗卽位。移鎭武軍。改封鄭國公。出判亳州。以司空致仕。卒。贈太尉兼侍中。謚元獻。先生儉約。不好聲色。讀書至老不倦。善正訛謬。嘗校定國語。撰補音三卷。又輯紀年通譜。區別正閏。爲十二卷。掖垣叢志三卷。尊號録一卷。別集四十卷。宋史。

雲濠謹案。曾氏隆平集言。先生初名郊。李淑因對言于上曰。郊。交也。姓與國號同而名交。非所宜。仁宗語之更焉。又以其謚爲元憲。

國語補音自序

逮東漢。左傳漸布。名儒始悟向來公穀膚近之説。而多歸左氏。及杜元凱研精訓詁。木鐸天下。古今眞謬之學。一旦冰釋。雖國語亦從而大行。蓋其書並出邱明。自魏晉以後。書録所題皆云春秋外傳國語。是則左氏爲内。國語爲外。二書相副以成大業。凡事詳于内者略于外。備于外者簡于內。先儒孔晁亦以爲然。

附録

與弟同有時名。以詩賦爲學者所宗。謂之二宋。其爲人端厚清畏。進止有法度。即上有所問。必據經以對。退而未嘗與人言。間或薦引士大夫。惟恐其聞之。不敢掠上恩。其接賓客。亹亹論文章不自休。世皆尊名德。而小人亦自遠門下。神道碑。

嘗自謂時賢多以不才誚我。因爲自詠詩曰。我本無心士。終非濟世材。虚舟人莫怒。疑虎石當開。蚊負愁山重。葵傾喜日來。欲將嘲强解。眞意轉悠哉。麈史。

黄東發曰。宋元憲自爲言官參大政。遇事多明白可否。及既登庸。天下無事。惟務清淨。再用頗事浮沈矣。然公之言曰。殘人逞才逆詐恃。明吾終身不爲也。旨哉言乎。豈老成涉歷。蓋自有見而然耶。又曰。自布衣時。二宋已名動天下。而公爲謹飭云。

景文宋先生祁

宋祁字子京。元獻弟。與元獻同時舉進士。禮部奏先生第一。元獻第三。章獻太后不欲以弟先兄。乃擢元獻第一。而寘先生第十人。呼曰二宋。以大小别之。釋褐復州軍事推官。孫奭薦之。改大理寺丞。再遷太常博士。同知禮儀院。有司言太常舊樂數增損。其聲不和。詔先生同按試李照定新樂。胡瑗鑄鐘磬。先生皆典之。預修廣樂記成。遷尚書工部員外郎。同修起居注。權三司度支判官。徙判鹽鐵句院。用修禮書。次當知制誥。而元獻方參知政事。乃以爲天章閣待制。判太常禮院。國子監。改判太常寺。元獻罷。先生亦出知壽州。徙陳州。還知制誥。權同判流内銓。以龍圖閣直學士知杭州。留爲翰林學士兼侍讀學士。改龍圖學士。史館修撰。修唐書。累遷右諫議大夫。充羣牧使。復爲翰林學士。出知許州。復召爲侍讀學士。史館修撰。遷給事中。出知亳州。徙知成德軍。遷尚書禮部侍郎。加端明殿學士。特遷吏部侍郎。知益州。加龍圖閣學士。知鄭州。唐書成。遷左丞。進工部尚書。拜翰林學士承旨。復爲羣牧使。尋卒。後贈尚書。先生兄弟皆以文學顯。而先生尤能文。善議論。修唐書爲列傳百五十卷。預修籍田記。集韻。又撰大樂圖二卷。文集百卷。先生所至。治事明峻。好作條教。其子遵治戒。不請謚。久之。學士承旨張方平言。先生法應得謚。謚曰景文。宋史。

景文文集

朝有宫室之嚴。廟有垣壖之護。郊有營衛之禁。則獸何自而至焉。自山林來。則必凌突淮河。戢戢林林。躨跜躑躅。頓足捽首。騰踏盤桓。何其怪也。儀舞辨。

周公之攝政仁乎。其父欲配之郊。則抗乎祖。欲遂無配。則已有仁父之心。不能見之天下。不見之天下。非仁人。于是乎名天以上帝。而配之上帝也者。近人理者也。人于萬物乃一物。假令天若有知。然宰制生育。未必圓顱方趾。耳鼻食息如人者也。今名之帝。以人尊天。引天以自近親之也。人之親者莫若父。故以文王配上帝。不可以郊。故內之明堂。明堂。王者最尊處也。仁乎其父。故親于天。天有帝名。則祭之明堂。親與敬兼之矣。孔子所以美周公。能以是心于天下。而不失乎至禮。禮者緣人情者也。配郊說。

冬許晚絮。春許徐褫。早許飽。夕許慊。行立坐偃皆不得久。毋以吾胃熟生物。暖冷物。勿以吾氣贊喜怒。且憂樂喜怒人所未嘗無也。多憂傷神。多思傷志。過樂喪守。喜極氣散。怒極氣愊而不下。若使吾心爲郵候。憂樂喜怒至而不久舍。毋令少舍則善矣。攝生說。

兵無常帥。帥無常鎮。權不外假。力不它分。此其所以維萬方。懾四夷。鼓行無前。而對天下者也。慶曆兵録序。

對太學諸生文

諸生有過臣學舍諗臣曰。頃聞縣官清詔修復儒宮。伻圖既吉。攷定之中。築登削馮。聚見其功。順坤珍(一)以營勢。憲圓璧而回雝。超夏越商。與虞同風。革有鴞之好音。抶兩豆之羣聾。蓋有日矣。今茲乃詔大匠。罷其營理。收絲反汗。搢珽愕眙。廢里甃于九仞。止天崧于一簣。寧道

(一)「坤珍」當爲「珍坤」。

之遂汙。文之將墜。廢仁義于黃老。謝詩書于佛諦。何没振之甚焉。臣揖而喻之曰。宸扆聰睿。天家謨明。協恭大化。速如建瓴。重惜百姓。噢咻羣生。今太學歲直其地。故縣官避而不營。慮陰陽之槃擾。損黎獻之洪寧。又以庠序體大之事。縣官亦欲不急其成。然弗聞其遂廢也。諸生悄然曰。先生見欺哉。大道宰時。萬物均利。先天後天。不恤禁忌。有而言之。亦祇以異。恐先生之迂也。臣應之曰。上世不凝滯于物。故能與世推移。雖神逵之脗合。懼細黔之無知。是以韜先見之遠略。徇昆命之邇詞。俯同億兆。不顯其幾。俟厥祥之歲習。遵攷室之多儀。上取陽秋吴越之誡。次驗禮經子卯之譏。宜乎昧者不見其堂奧。而僅在乎藩籬也。諸生曰。然則先王之謂體大之事。不亟其成。斯言非是。何據于經。且夫陶姚勳華。商周文質。每舉大物。未嘗曠日。是以靈臺經始。而詑庶民之功。桑蔭不移。而示聖功之疾。又況太學者。綜王度之稱。首導天常之自律。獨淹久而弗康。將寖微乎學術。不按其華。焉取其實。思竊疑焉。臣答曰。諸生可謂拘文牽俗。迷乎大方。持螢爝不知白日之出。視藪澤不識鷃鵬之翔。今將伸子之傴。箴子之肓。牿陳帝紘。概舉皇綱。竊聞太平之基。不九年則不能戴其德。故源甚浚則流甚長。成之暴則壞之亟。虞舜歷試諸艱而納大麓。周文匪棘其欲而王西國。彼寧樂乎淹邮哉。不得以已也。今縣官丕天之大。彌文之綷。以絃頌不已日而孚。習俗不期月而改。故先發號乎首善。將大定于四海。使含生飫其祇庸。多士薰乎孝愛。然後鼓易動于庠序。沛有餘乎方內。亦猶樹木者爲計于十年。成閭者歸餘于三歲。此天道之常倫。奚致疑于駘騱。況縣官樂育士類。申飭官師。講求本末之說。丕迪安安之基。雅三而肆。雩詠而歸。雖暫休乎丕作。且不忘經構之宏規。何謂其遂廢哉。諸生赧焉汗下。逡巡避席曰。鄙人寡聞。猶醯雞然。微夫子之發覆。孰知乎天地之全。

附録

將卒。爲治戒曰。吾歿後。稱家之有亡以治喪。歛用濯浣之鶴氅。紗表帽。綫履。三日棺。三月葬。愼無爲陰陽拘忌。棺用雜木。漆其四會。三塗即止。使數十年足以腊吾骸朽衣巾而已。吾之焄然朗朗有識者。還于造物。放之太虚。可腐敗者。合于黄壚。下付無窮。吾尚何患。掘冢三丈。小爲冢室。劣取容棺及明器。左置明水。水二盎。酒二缸。右置米麵二奩。朝服一稱。私服一稱。華履自副。左列吾誌石。右刻吾銘。即掩壙。惟簡惟儉。無以金銅雜物置冢中。吾學不名家。文章僅及中人。不足垂後。爲吏在良二千石下,可著數人。故無功于國。無患于人。不可以請諡有司。不可多受賵贈。又不宜求巨公作誌及碑。冢上樹五株柏。墳高三尺。石翁仲獸不得用。蓋自標置者非千載永安計爾。不得作道佛二家齋醮。此吾平生所志。若等不可違命作之。違命作之。是死吾也。是以吾爲遂無知也。喪之詣塋。以繒布纏棺。四翣引。勿得作方相俑人。陳列衣服器用。累吾之儉。吾生平語言無過人者。惟無妄編作集。使後世嗤詆吾也。

曾文定隆平集曰。子京修唐書十餘年。雖外官亦以藁自隨。非特文章有見于世。其守邊議兵。雖古之名將不能過也。章疏之達于上者。尤切世務。卒不至大用。時論惜之。

朱子語類曰。宋景文唐書贊説。佛多是華人之詭誕者。攘莊周列禦寇之説佐其高。此説甚好。如歐陽公只説箇禮法。程子又只説自家道理。皆不見他正贓。卻是宋景文捉得他正贓。

梓材謹案。文公釋氏論下有云。凡彼言之精者皆竊取莊列之説以爲言。宋景文公于唐李蔚等傳既言之矣。

梓材又案。文文山與陳知縣書云。晏公在陳。歐公在潁。二宋二蘇千里往訪。竟日從容。皆言受知師也。則先生嘗及晏氏之門矣。

王深寧困學紀聞曰。巧言爲辯。文子爲學。宋景文云。此後魏北齊里俗譌字也。

寺丞蘇老泉先生洵詳見蘇氏蜀學略。

知州李谷子先生畋別見百源學案補遺。

待制李先生大臨

李大臨。蜀人。第進士。仕至天章閣待制。事在國史。知制誥時繳李定詞頭其一也。子陶鷺。氏族譜。

梓材謹案。范忠文祭李舍人文有云。伊余與公。自幼相從。粤景祐中。朅來之東。同年登科。四紀于今。白首一節。金玉其心。是先生固忠文學侶也。

宋氏學侶

員外連先生庶父舜賓。

連庶字君錫。應山人。父舜賓。好義樂施。先生舉進士。爲壽春令。開田千頃。一縣大治。

尋以母老。乞監陳州稅。嘗送客出北門。慨然有感。卽日求分司歸。久之。歐陽公薦其學行。屢遷職方員外郎。卒。姓譜。

梓材謹案。歐陽公爲連處士舜賓墓表云。字輔之。其先閩人。自其祖爲應山令。後爲推官。卒而反葬應山。遂家焉。其父正。以疾廢于家。處士供養左右十餘年。父卒。家故多貲。悉散以賙鄉里。而教其二子以學。曰。此吾資也。又按。張文潛爲二宋二連祠堂記。稱君錫云。好修而自重。直諒多聞之君子也。宋史隱逸傳言。先生始與弟庠在鄉里時。宋郊兄弟。歐陽修。皆依之。及二宋貴達。不可其志。退居二十年。守道好修。非其人不交。非其義秋毫不可污也。卽本祠記。

郎中連先生庠

連庠字元禮。君錫之弟也。兄弟與二宋遊。相好也。先後登科。先生爲尚書都官郎中。敏于政事。號良吏。張柯山集。

景文同調

著作劉先生羲叟別見百源學案補遺。

呂氏家學

學士呂先生公綽

呂公綽字仲裕。文靖許國公長子也。少補廣文諸生。遂任爲本監主簿。累知陳留縣。代還。賜五品服。讀書于崇文院。遷大理丞。歷知徐州。尋復爲侍讀學士。徙河陽。過都。留侍經席。

至和二年。遷右司郎中。未拜命。卒。年五十七。特贈左諫議大夫。先生四典太常。尤明於禮學。自三代沿革。國朝典章之盛。靡不該達。郊廟祭器。敝久不修。而法度又不合古。請以時更造。閒歲天子出嘉實。敕有司薦廟。必先詔禮官議中式而後行。先生乃引月令。天子四時嘗新。所以薦羞之具。悉以圖上。歲行六十一祠。禘祫二祭。其薦祼興俯。玉帛彝器。菁茅醯醢。鍾石歌奏。皆有儀式。會成一帙。名曰郊祀總儀。嘗論祖宗配郊當正位作主。以明同尊天地。又謂古者婦人無謚。自漢唐以來皇后多因帝謚爲稱。國家順禧翼宣四帝暨太祖太宗皇后。悉同廟謚。獨奉聖皇帝五后節惠曰莊。與謚典不合。願易名爲章。追正前失。明年天子遂詣廟行改謚禮。平居無他嗜好。惟以書史日自娱。又善爲訓辭。其重輕有體。時論予之。王華陽集。

正獻呂先生公著詳上涑水同調。

惠穆呂先生公弼

呂公弼字寶臣。文靖第二子。積遷直史館。河北轉運使。仁宗知名。識于殿柱。擢龍圖閣直學士。嘗奏事退。帝目送之。謂宰相曰。公弼甚似其父。英宗時。以言事者數與大臣異議。乃諫曰。諫官御史爲陛下耳目。執政則爲股肱。股肱耳目必相爲用。然後身安而元首尊。宜考言觀事。視其所以而進退之。會王介甫立新法。異議。罷爲觀文殿學士。知太原府。後拜宣徽西院使。判秦州。以疾求解。卒年六十七。贈太尉。謚惠穆。姓譜。

附録

文與可挽惠穆詩曰。憶在南邛日。家君此忽亡。公時帥本道。力爲濟歸喪。賤息將何報。深恩不可忘。如今每念及。惟有淚浪浪。又曰。自出公門下。常蒙禮意勤。相看如子姓。交政爲郎君。每望中書入。俄驚遠訃聞。何時高冢上。永日哭寒雲。

尚書呂先生公孺

呂公孺字稚卿。文靖季子。任爲奉禮郎。賜進士。判吏部南曹。占對詳敏。仁宗以爲可用。知澤潁廬常四州。提點福建河北路刑獄。入爲開封府推官。改陝西轉運使。常平法行。請以青苗免役歸提刑司。徙知渭州。鄆州。蔡州。復知審官東院。出知秦州。相州。更陳杭鄭瀛四州。元祐初。加龍圖閣直學士。改祕書監。遷刑部侍郎。知開封府。爲政明恕。擢户部尚書。以病提舉醴泉觀。卒年七十。贈右光禄大夫。先生廉儉。與人寡合。嘗護曹佾喪。得厚餉。辭不受。談者清其節焉。宋史。

員外呂先生希道

呂希道。仲裕子。官屯田員外郎。端粹才令。王華陽集。

附録

知和州。東坡送以詩云。去年送君守解梁。今年送君守歷陽。觀君崛鬱負奇表。便合劍佩趨明光。

梓材謹案。晁氏客語云。吕正叔十八歲已能看春秋。人問之。曰。以經按傳之眞僞。以傳質經之是非。正叔當亦正獻之族。恐卽公綽之子希道也。

正獻同調

大夫徐先生鐸

徐鐸字振甫。平陽人。熙寧九年狀元。尚書左丞吕正獻公著嘗稱其德性凝重。剛正不阿。召入爲翰林侍講。力詆章惇等。後惇相。先生安置化州。未幾。擢給事中。累官至吏部尚書。卒。温州舊志。

雲濠謹案。平陽縣新志稱先生歷太學博士。時日下黑子見。條指新法害民。忤吕惠卿。提舉太乙宫。後累官尚書。卒於家。朝廷敕本曹爲之葬祭云。

富氏家學

文忠富先生弼詳見高平學案。

李氏學侶

李先生布

轉運李先生莘合傳。

李布字公南。公擇之弟。雲濠案。秦淮海後集公擇行狀以爲仲兄。博學有俊才。與公擇齊名。時號二李。早卒。公擇兄莘。亦博學能文章。然名不逮二李。仕至轉運使。廬山志。

黄氏先緒

黄先生茂宗父中理。附子育。

黄茂宗字昌裔。分寧人。自其祖元吉買田聚書。長雄一縣。始宅于修溪之上。父中理贈光禄卿。始築書館于櫻桃洞芝臺兩館。游士來學者常數十百人。故諸子多以學問文章知名。先生高材篤行。爲書館游士之師。子弟文學淵源。皆出于先生。祥符中。試禮部。擢在十人中。登科授崇信軍節度判官。不耦。卒餘杭。子育。字和叔。嘗試于有司。不利。因不復出。有文集若干卷。豫章文集。

朝散黄先生湜

黄湜字□□。分寧人。官至朝散大夫。以儒學奮。一門兄弟共學于修水上芝臺書院。道義相磨。才華競爽。時人謂之十龍。後登第者彊半。長子康州太守庶。有詩名。實生太史庭堅。袁絜齋集。

主簿黄先生注

黄注字夢升。其先金華人。後徙分寧。中雅子。兄弟皆好學。尤以文章意氣自豪。從其兄茂宗官于隨。後舉進士。得丙科。初任永興主簿。調公安南陽。素剛不苟合。負其所有。快快無所施。卒以不得志。死於南陽。其文博辨雄偉。意氣奔放不可禦。平生所著有破碎集。公安集。南陽集。凡三十卷。歐陽文忠集。

州守黄先生庶

黄庶字亞夫。江夏人。其少而學也。觀詩書以來至於忠臣義士。奇功大節。常恨身不出於其時。不得與古人上下其事。既年二十五。以詩賦得一第。歷佐一府三州。皆爲從事。暇日發常所作稾草得數百篇。題之曰伐檀集。伐檀集自序。

雲濠謹案。先生爲山谷之父。嘗攝康州。袁絜齋集直以爲康州太守。

伐檀集

易曰。積善之家。必有餘慶。積不善之家。必有餘殃。至于堯而丹朱。瞽叟而舜。人惑焉。

解曰。堯之善及天下。丹朱恃焉而日進于惡。其慶不足銷。故不肖。瞽叟之不善聞天下。舜懼及其身而進于德。其殃不足銷。故名列五帝。孰謂堯之慶。瞽叟之殃無餘也。世之言曰。瞽鯀有積善。又曰。善惡無餘。異哉。善惡無餘解。

善也邪。君子之歸也。惡也邪。小人之歸也。歸乎忠孝仁義。愚乎惡者也。愚乎惡者歸愚者也。夫善之爲途也廣矣。途之不□㊀則或棘焉。吾請五經爲之钁。歸愚堂銘。

給事黄先生廉

黄廉字夷仲。涪翁叔父也。登嘉祐六年進士第。授宣州司理參軍。移會昌令。改知崇陽縣。未至。丁母憂。服除。或薦於王荆公。荆公召至中書。問免役法。以但知舊法牙規對。荆公問甚悉。曰。能留心舊法。必能辨新法矣。薦於上。遂爲司農寺勾當公事。召對便殿。訪時事。對曰。陛下意在惠民。法非不良而患在奉法之吏多非其人。朝廷立法之意則一。而四方奉法之意紛然不同。所以法行而民病。恐陛下不盡察也。累官除給事中。卒。有文集十卷。奏議二十卷。讀書常自得意。以爲學問之本在力行所聞而已。不憚改過自新。善用規諫之言。一言而善。終身紀之。涪翁别集。

梓材謹案。涪翁爲叔父給事行狀云。公曾大父及光禄府君皆深沈有策謀。而隱約田閒。不求聞達。光禄聚書萬卷。山中

㊀「□」當爲「治」。

開兩書堂以教子孫。養四方游學者。常數十百。凡分寧仕家學問之原。蓋皆出于黄氏。

黄先生庠

黄庠字長善。分寧人。博學强記。超敏過人。初至京師。就舉國子監。開封府。禮部。皆爲第一。比引試崇政殿。以疾不時入。天子遣内侍卽邸舍撫問。賜以藥劑。歸江南。以病卒。宋史。

法曹黄先生廱附子準。

黄廱字富善。庠之弟。學尚氣節。皇祐進士。爲京兆法曹。將謁府賓。吏告曰。法曹庭參拜庭下。此例也。先生不可。解冠裳于庭而去。隱居芝臺書院。子準。博洽工詩。有雲樵居士集。人物志。

明道同調

補少師韓持國先生維

持國問答

伯淳先生嘗語韓持國曰。如説妄説幻。爲不好底性。則請别尋一箇好底性來。换了此不好底性。著道卽性也。若道外尋性。性外尋道。便不是聖賢論天德。蓋謂自家元是天然完全自足之物。若無所污壞。卽當直而行之。若小有污壞。卽敬以治之。使復如舊。所以能使如舊者。蓋爲自家本質。元是完足之物。若合修治而修治之。是義也。若不消修治而不修治。亦是義也。故常簡易明白而易行。禪學者。總是强生事。至如山河大地之説。是他山河大地。又干你何事。至如孔子道如日星之明。猶患門人未能盡曉。故曰。予欲無言。如顔子則便默識。其他未免疑問。故曰。小子何述。又曰。天何言哉。四時行焉。百物生焉。可謂明白矣。若能於此言上看得破。便信是會禪也。非是未尋得。蓋實是無去處。説此理本無二故也。

先生常論克己復禮。韓持國曰。道上更有甚克。莫錯否。曰。如公之言。只是説道也。克己復禮。乃所以爲道也。更無別處。克己復禮之爲道。亦何傷乎公之所謂道也。如公之言。即是一人自指其前一物。曰。此道也。他本無可克者。若知道與己未嘗相離。則若不克己復禮。何以體道。道在己。不是與己各爲一物。可跳身而入者也。克己復禮。非道而何。至如公言。克不克。道亦是道也。實未嘗離得。故曰。可離非道也。理甚分明。又曰。道無眞無假。曰。既無眞又無假。卻是都無物也。到底須是是者爲眞。不是者爲假。便是道大。小大分明。

持國曰。凡人志能使氣者。能定其志。則氣爲吾使。志壹則動氣矣。先生曰。誠然矣。志壹則動氣。然亦不可不思氣壹則動志。非獨趨蹶。藥也酒也。亦是也。然志動氣者多。氣動志者少。雖氣亦能動志。然亦在持其志而已。

持國曰。道家有三住。心住則氣住。氣住則神住。此所謂存三守一。伯淳先生曰。此三者。人終食之頃未有不離者。其要只在收放心。

持國常患在下者多欺。伯淳先生曰。欺有三。有爲利而欺。則固可罪。有畏罪而欺者。在所恕事。有類欺者。在所察。

南陽文集

或曰。湯文武之去契稷。皆十有餘世。其閒子孫衰微奔竄者非一。湯文武之有天下。契稷何與哉。曰。南宮适曰。禹稷躬稼而有天下。孔子曰。君子哉若人。禹之有天下則然矣。稷諸侯也。而曰有天下。何哉。豈非積累功德。至文王而興乎。孟子曰。王不待大。湯以七十里。文王以百里。然則小國亦王之所待也。所謂七十里者。百里者。非契稷所受以遺其子孫之國乎。由是言之。商周之所以興。契稷不爲無所與也。則正考父作誦。追道契湯高宗。商所以興。子夏序詩。稱文武之功起於后稷。豈虛語也哉。國語亦曰。契勤商十有四世而興。后稷勤周十有五世而興。穀梁曰。始封必爲祖。南宮适。孟軻。卜子夏。左邱明。穀梁。并生于周代。其所言皆親聞而見之者。其學問又俱出于孔子。宜若可信。則尊始祖以其功之所起。秦漢諸儒亦有所受之也。後世有天下者。皆特起無所因。故遂爲太祖。所從來久矣。廟議。

中之說有二。對外而爲言。一也。無過與不及。一也。喜怒哀樂之未發。漠然無形。及其既發。然後見其中節與不中節也。故喜怒哀樂之未發謂之中。發而中節謂之和。人之心虛則明。塞則暗。虛而明則燭理而無滯。應物而不窮。喜怒哀樂之發有不中節乎。中節則無過與不及矣。有不和乎。在易之卦。虛其中曰離。爲日。爲南方。爲火。王弼復其見天地之心。云天地以本爲心者也。雷動風行。運變萬化。寂然至無。是其本也。春萌夏長。秋落冬閉。日月之行。星斗之運。此天地之迹。可見于外者也。張官置吏。發號施令。事功之修舉。民物之茂遂。此聖人治天下之迹可見於外者也。若其所以迹者。蓋莫得而擬議也。凡物莫不有本。此又衆本之所自出。故曰大本。凡物不得其節則過與不及。施于用則爲蔽塞。爲睽乖。爲不行。爲患難。無此四者。和矣。故曰達道明乎此者。其見天地聖人之心乎。與涑水書。

涑水答先生書曰。中者不近四旁之名也。指形而言之。則有中有外。指德而言之。則有和。此書以中庸爲名。其所指者蓋德也。非形也。如秉國所論。則中庸應云喜怒哀樂之未發謂之中。及其既發謂之外。不則云喜怒哀樂之未發謂之虛。發而皆中節謂之和。乃相應也。又云。虛則明。塞則暗。此誠如論然。所謂虛者。非空洞無物之謂也。不以好惡利害蔽其明是也。夫心動物也。一息之間。升天沈淵。周流四海。固不肯兀然如木石也。凡人固有無喜怒哀樂之時。當此之際。其心必有所在。小人則進求嗜好。靡所不至。惟君子能自處于中庸之地。不動以待事也。又引王輔嗣解復其見天地之心。以證虛無爲衆本之所自出。某常病輔嗣好以老莊解易。恐非易之本指。未足以爲據也。輔嗣以雷動風行。運變萬化爲非天之心。然則爲此者果誰耶。天地之有雲雷風雨。猶人之有喜怒哀樂。但動静有節。隱見有時。不可過與不及。過與不及皆爲災害。必得中然後和。和然後能育萬物也。復者陽生之卦也。天地之大德曰生。故聖人贊之曰。復其見天地之心乎。言天地之道雖一往一來。本以好生爲心也。

又答先生第二書曰。秉國以無形爲中。某以無過不及爲中。此所謂同門而異户也。夫喜怒哀樂之未發。常設中于厥心。豈有形于外哉。荀卿大學所謂虚靜定者。非寂然無思慮也。虚者不以欲惡蔽其明也。靜者不以怵迫亂其志也。定者不以得喪易其操也。中庸所謂中者。動靜云爲無過與不及也。二者雖皆爲治心之術。其事則殊矣。某前書論中已備矣。恐秉國尚未詳覽而熟察也。

附録

神宗潛邸。英宗命韓魏公擇宫僚。用王陶。韓維。陳薦。孫固。孫思恭。邵亢。皆名儒厚德之士。神宗内朝拜稍急。維曰。維下拜。王當效之。一日侍坐。近侍以弓樣靴進。維曰。王安用舞靴。神宗有愧色。亟令毁去。聞見録。

司馬温公與公平生交。俱以耆舊進用。至臨事。未嘗一語附合。務爲苟同。行狀。

程伊川曰。持國服義。最不可得。

韓南澗序高祖宫師文編曰。嗚呼。公固不以文章名者。其在家庭。訓子弟每以西漢爲宗。故其筆力雄健。尤爲南豐兄弟所推。曾舍人既葬。必得公之文碑于道。而豫章黄太史自言。因公詩得用事法。豈道德藴于内者深。其發于文詞皆餘事哉。

黄東發曰。持國。神宗潛藩舊僚也。自英宗時。立排濮議。救吕誨范鎮諸賢。議論凜凜。事神宗。爭新法。因亢旱。請詔求直言。上嘗感悟。人情大悦。卒以議論不合罷去。二聖臨朝。忠言讜論。裨元祐之政尤多。視子華風采過之。

補恭簡王彦霖先生巖叟

彦霖問答

彦霖問立德進德先後。曰。此有二。有立而後進。有進而至于立。立而後進。則是卓然定後有所進。立則是三十而立。進則是吾見其進也。有進而至于立。則進而至于立道處也。此進是可與適道者也。立是可與立者也。

彦霖以爲。人之爲善。須是他自肯爲時。方有所得。亦難强。曰。此言雖是。人須自爲善。然又不可爲。如此卻都不管他。蓋有教焉。修道之謂教。豈可不修。

彦霖問。道者一心也。有曰仁者不憂。有曰知者不惑。有曰勇者不懼。何也。曰。此只是其德爾。其理一也。得此道而不憂者。仁者之事也。因其不憂。故曰此仁也。知勇亦然。不成卻以不憂謂之知。不惑謂之仁也。凡名其德。千百皆然。但此三者。達道之大也。

奏議

正人在朝則朝廷安。人君無過舉。天下治平。邪人一進。則朝廷便有不安之象。非謂一人便能如此。乃其類應之者衆。上下蒙蔽。人主無由得知。不覺養成禍患爾。自古君子小人無參用之理。聖人惟説君子在內。小人在外。則成泰。小人在內。君子在外。則成否。君子既進。小人不能與君子同事。自然不得親近。小人既進。君子不肯與小人爭進。自然稍稍引去。君子與小人競進。則危亂之機也。此際不可不察。

大抵聖賢之學非造次可成。須在積累。積累之要在專與勤。屏絶他好。始可謂之專。久而不倦。始可謂之勤。

附録

先生請罷三舍法。曰。自三舍之法立。雖有高材異行。未見能取而得之。而奔競之患起。奔競之患起而賄賂之私行。賄賂之私行而獄訟之端作。獄訟之端作而防猜之禁繁。博士勞于簿書。諸生困于文法。非復渾然養士之體。而庠序之風或幾乎息。此識者之所共歎也。竊謂庠序者所以萃羣材而樂育之。以完其志業。養其名譽。優游舒徐。以待科舉者也。不必科舉之外。别開進取之多歧。以支離其心而激其爭端。使利害得失。日交戰于胸中。損育德養賢之淳意。非所以敦教化。成人材也。

司馬温公稱之曰。吾寒心栗齒。憂在不測。公處之自如。至于再三。或累十數章。必行其言而後已。

王深寧困學紀聞曰。元祐七年三月望。月食既。王巖叟言。漢曆志言月食之既者。率二十三食而復既。按元豐八年八月望。食之既。今未及二十三食而復既。則是不當既而既也。愚謂月食之既。猶儆戒如此。況日食乎。

黄東發曰。公元祐初諫臣也。論君子小人不可參用。最關世道。

忠憲家學

韓先生綜

韓綜字仲文。忠憲次子。舉進士。同修起居注。嘗爲契丹伴館使。使者欲稱北朝。去契丹號。以先生言而止。累遷刑部員外郎。知制誥。姓譜。

附録

韓元吉桐陰舊話曰。舍人景祐元年登進士第。後以吕文靖公薦入館。忠憲公書戒之曰。惟上感君恩。次答知己外。但服勤職業。一心公忠。何慮前程不達。切須照管人情。周防忌善之言爲切。繼遷開封府推官。又戒之曰。乍贊浩穰。庶事皆須熟思。無致小有失錯。至于斷一笞杖。或不當。明則懼于朝章。幽則畏于陰騭。二書眞蹟。具在族人家。

獻肅韓先生絳

韓絳字子華。忠憲第三子。舉進士。通判陳州。歷遷江南安撫使。行便民事數十條。後歷翰林學士。御史中丞。神宗立。韓魏公薦爲樞密副使。轉參知政事。夏人犯塞。請行邊。拜中書平章事。哲宗時。封康國公。卒謚獻肅。姓譜。

講堂箴序

嗚呼。天地之道遠乎哉。聖人之心異乎哉。動而任于理。則天道是已。純然得其性。則聖心是已。吾謂通其説者。必以三才之原未始出于一者也。人之七情中焉而未發也。則粹德内融。豈不曰天下之大本歟。及其發而皆中節也。則和理外著。豈不曰天下之達道歟。中者性也。寂然而有容。則與天道合焉。和者情也。澹乎其若忘。則與聖心合焉。所以八卦九章。推明天人相與之際。而著爲吉凶休咎之符者。非三才一原之效耶。自古教化之迹。或因或殊。然而未始不本諸性情。而納之皇極者矣。貴賤以之位。父子以之親。兄弟以之友。夫婦以之順。此皆不待學而後知。直出于性情之常分爾。況乎學斯學者宜何如哉。惟不獨私乎其身而已。爲能宏而大之。包乎四海而不外。詡乎羣侶而不遺。使六沴弗得作。諸福莫不至。是豈非休吉之符歟。彼有肆情縱欲。暴滅禮義。父子之不保。兄弟之不戚。矧肯仁于親戚鄉黨乎。矧肯憂于鰥寡孤獨乎。是皆不知反求諸躬。自滅天理。所以養命之道。以取禍敗。顯則有金木訊之。甚則有鬼神譴之。是豈非咎凶之符歟。夫學校之法。所以養士。使適是道。而後養乎蚩蚩之氓者也。豈徒華言辭以自矜。飾聲名以自高。希寵利以自封哉。惟知其本者。無取于彼。而三者亦兼有之矣。

附録

公之入相。繼王荆公之後。政事有未便者。賢士大夫或置不用。公□□㈠而振舉之。奏古者冢宰制國用。今天下財用出入。宰相乃不預聞。始置□□□㈡。稽攷天下財用之數。量入以爲出。援用司馬光。上曰。吾于光豈有所愛。顧光未肯來耳。行狀。

黄東發曰。子華渾厚。爲郡多善政。嘗出將。以廣州兵亂罷。嘗入相。以繼安石後。言不盡用求罷。最精役法。仁宗神宗哲宗朝皆力言之。

㈠「□□」當作「更易」。

㈡「□□□」當作「局中書」。

莊敏韓先生縝

韓縝字玉汝。忠憲第六子。少師維之弟也。舉進士。爲南京判官。上言災變。詞極剴切。歷知開封府。進同知樞密院。哲宗立。拜尚書僕射。以太子太保致仕。卒謚莊敏。子宗武。姓譜。

修撰韓先生宗師

韓宗師字傳道。獻肅之子。以父任歷州縣。既登第。王荆公薦爲度支判官。提舉河北常平。累官至集賢殿修撰。知河中府。卒。初在神宗朝。數賜對。常弗忍去親側。屢辭官不拜。世以孝與之。宋史。

附録

邵氏聞見録曰。元豐末。神宗山陵。韓康公尹洛。凡上供之物皆預辦。雖中貴人不敢妄有所求。蓋公之子宗師從賢士大夫游。有所聞。必白公施行之。

太中韓先生宗武

韓宗武字□□。莊敏之子。第進士。官河閒令。徽宗卽位。爲祕書丞。因日食上疏言近世事。有微漸而不可不察者五。大臣不畏公論。小臣趨利附下。一也。人主怠于政事。威柄下移。怨讟歸上。二也。左右無輔拂之士。守邊無禦侮之臣。三也。開境土以速邊患。耗賦財以弊民利。四也。歲穀不登。倉庾空竭。人民流亡。盜賊數起。五也。哲宗將祔廟。中旨索省中書畫甚急。先生言。哀慕方深。不宜有丹青之玩。陛下踐阼。如日初升。當講劘典訓。開廣聖學。好玩易志。正古人所戒也。除都官員外郎。勾外爲淮南轉運判官。前使者貸上供錢。禁庭遣使來索。先生具狀。詞極鯁切。坐貶秩罷歸。久之。蔡京欲以知潁州。帝語祕書事。京不敢復言。遂致仕。累官太中大夫。年八十三卒。姓譜。

承議韓先生宗厚

韓宗厚。忠憲之孫。緯之子也。歷官自光禄寺丞。四遷至承議郎。賜六品服。所涖之地多能興水利。斷疑獄。嘗上書言。元祐間更按問法。天下斷獄。死者滋衆。請復舊條之比較州縣獄死之囚數。多者行罰。卒葬長社縣。朱光裔志其墓云。王文公爲世儒宗樂。教育後進。君嘗執經請益。既輔政。屢欲用君而齟齬不諧。是先生不附荆公。尤可嘉尚。東坡以爲王氏之學好使人同己。化天下皆爲王氏之學。一望皆黄茅白葦。蓋是時如先生者固少矣。中州金石記。

李氏家學

龍圖李先生復圭別見百源學案補遺。

横渠同調

補正愍吕微仲先生大防

周易古經自序

周易古經者。彖象所以解經。始各爲一書。王弼專治彖象以爲注。乃分綴卦爻之下。學者于是不見完經。而彖象辭次第貫穿之意。亦缺然不屬。予因案古文而正之。凡經二篇。彖。象。繫辭各二篇。文言。説卦。序卦。雜卦各一篇。總一十有二篇。

梓材謹案。宋世之言古周易者自先生始。四庫書目提要于東萊古周易云。古易上下經及十翼本十二篇。自費直鄭玄以至王弼。遞有移掇。孔穎達因弼本作正義。行于唐代。古易遂不復存。宋吕大防始考驗舊文。作周易古經二卷。晁説之作録古周易八卷。薛季宣作古文周易十二卷。程迥作古周易考一卷。李燾作周易古經八卷。吴仁傑作古周易十二卷。大致互相出入。祖謙此書與仁傑書最晚出。而較仁傑爲有據。又云。其書與吕大防書相同。而不言本之大防。尤袤與吴仁傑書嘗論之。然祖謙非竊據人書者。税與權校正周易古經序。謂係未見大防本。殆得其實。是可見古周易之源委矣。

附録

吕與叔效堯夫體寄仲兄詩曰。治非知務功何有。見必先幾義始精。飯放不應論齒決。水來安可病渠成。高才況自名當世。大業終期至太平。可惜良時難再得。東山應不負蒼生。

程氏遺書曰。微仲之學雜。其愷悌嚴重寬大處多。惟心艱于取人。自以才高故爾。語近學。則不過入于禪談。不常議論。則以苟爲有詰難。亦不克易其言。不必信心。自以才高也。

邵氏聞見録曰。康節先公與呂微仲丞相不相接。先公與横渠先生張子厚同以熙寧十年丁巳捐館。今微仲文集中有和母同州丁巳吟云。行高名並美。命否數皆殂。嗟爾百君子。賢哉二丈夫。無方敦薄俗。原注。邵堯夫樂道不仕。誰復距虚無。原注。張子厚論佛老之失。望道咸瞠若。脩梁遽壞乎。密章皤漢紱。環絰泣秦儒。賴有諸良友。能令紹不孤。爲先公與子厚作也。伯温獲見公。每語先公。則悵然有不可及之歎。

朱子答呂伯恭論淵源録曰。横渠墓表出于呂汲公。汲公雖尊横渠。然不講其學而溺于釋氏。故其言多依違兩閒。陰爲佛老之地。蓋非深知横渠者。如云。學者苦聖人之微而珍佛老之易入。如此則是儒學異端皆可入道。但此難而彼易耳。又稱横渠不必以佛老而合乎先王之道。如此則是本合由老佛。然後可以合道。但横渠不必然而偶自合耳。此等言語與横渠著書立言。攘斥異學。一生辛苦之心。全背馳了。今若存之。使讀者謂必由老佛易以入道。則其爲害有不可勝言者。

正愍學侶

呂先生大忠

呂先生大鈞

呂先生大臨并詳呂范諸儒學案。

正愍同調

詹事晁景迂先生説之詳景迂學案。

王樓門人

補清敏豐相之先生稷

清敏遺文

稷觀天下無可責之民。或惡或善。或邪或正。或厚或薄。其風俗使然。治得其情。雖至愚可使遷善。雖至薄可使歸厚。治失其道則反是。乃以民辭。吁何辜耶。上張虞部書。

附録

陳忠肅謫居于鄞。于是得朋。病且危。猶與忠肅對語。清爽如平日。

晁氏客語曰。豐相之持定。幾叟兄弟見之。下階未畢。進揖未答。下畢到尋常揖處。方答。

陸放翁跋武威先生語録曰。豐清敏公爲中執法。論事上前曰。司馬光。呂公著。皆忠賢。何爲引赦服官。赦當及有罪耳。無罪何赦也。徽祖曰。光等變先帝法度。非罪乎。清敏公頓首曰。誠當變。無可罪者。方元符建中間。衆正畢集于朝。天下喁喁想望太平。清敏與陳忠肅公俱極諫官御史之選。而所以言則有婉直之異。吾先大夫楚公每以爲二公之論皆不可廢。蓋忠肅似孟子說齊。而清敏似伯夷諫周。其歸一也。今觀武威先生之論。又甚似清敏。百世之下。志士仁人得此書讀之。當有太息流涕者矣。

王厚齋四明七觀曰。故國下車。喬木蒼蒼。理義雨露。名節風霜。古之遺直。曰豐清敏。排姦詆奄。讜論㔶㔶。託興荷花。聞者斂衽。

黄東發讀晦庵集清敏遺事序曰。按公四明人。東都事略亦云。此序以爲縉雲。蓋其先自括徙鄞耳。

黄南山先賢清敏豐先生贊曰。水衡之歌。始慰穀城。章蔡之疏。終忤祐陵。正大之學。貞勁之節。元祐一綱。崇寧一轍。

謝山句餘土音至豐清敏公紫清觀下看荷詩。十字荷花句就。千林秀草魂消。試看炎威如許。依然風格孤高。原注云。即用清敏公荷詩句。蔡京見而縮舌者也。又。再世朔南大節。累傳朱陸醇儒。我愛紫清世釋。芳香長映芙蕖。原注云。謂監倉殉建炎之難于江都。通守殉德祐之難于太平也。又云。吏部父子講學于朱陸之閒。通守名存芳。

清敏同調

文介陳先生禾

陳禾字秀實。鄞縣人。元符中進士。累官殿中侍御史。遷左正言。立朝有風操。嘗奏對論童貫。反覆不已。徽宗欲起。先生引帝衣。願畢其說。衣裾落。帝曰。正言碎朕衣矣。先生言。陛下不惜碎衣。臣豈惜碎首。以報陛下。帝變色曰。卿能如此。朕復何憂。卒謚文介。姓譜。

謝山句餘土音陳文介公二靈山房詩。鄞東有湖洞壑清。萬山之中推二靈。二靈又以賢者名。是爲文介之居停。元祐黨人漸凋零。文介晚出繼其聲。辛毗牽裾不足京。其在諸公後。足與清敏相抗衡。更校四休爲崢嶸。山房小築足清致。湖雲冉冉窺山扃。滴露研硃點四經。佳兒聚書過萬卷。相與疏通而證明。了翁遺子受學成。至今空山風雨夜。佞臣過之凜精英。吁嗟乎文介。不特善廷爭。亦復辨奸于未形。不見定夫康侯皆賢者。妄夸文若誤蒼生。

君行同調

劉先生鑄

劉鑄字季冶。長興人。性秉剛鯁。淹貫經史。幼孤。鞠于伯父。比長。報以父禮。李潛稱爲純德士。平生交遊多名流。讀書天竺山。從學者百餘人。母死。廬于墓側。孝心篤至。有仕族賢之。欲妻以女。先生曰。吾窶夫而得仕族女。必不肯提甕出汲。以修婦道。井田之責。鑄委之耶。

竟謝卻之。著有燕石編傳家。姓譜。

元祐之學

補 諫議龔先生夬

附録

葉水心議公謚節肅。曰。陳瓘。鄒浩。任伯雨及公。皆官不應謚。天子皆賜之謚。追傷禍變艱難之所致。褒勸仗節敢言之臣。所以示爲百僚法也。蓋元祐之末。建中靖國之初。既昭雪流人。生死蒙澤。天下望盡復元祐政事。而巨姦已敗者。猶偃蹇不自退。方稔者日睥睨而爲謀。公與同時諫官御史隨其邪慝所在。連奏累疏。迎鋒摧擊。時之盛衰。視其官治之廢興。由其身志清王道。奪回正路。可謂壯哉。世言公羈置化州。徒步赴貶。持扇乞錢以爲資。嗟乎。公能不自悔矣。雖姦臣遇公之酷如此。又豈足爲公戚哉。謹按謚法。能自持守曰節。剛德克就曰肅。謚公曰節肅。宜無愧。

劉雲莊祭公墓文曰。嗚呼。公之南遷。出論蔡氏也。方公持扇乞錢之日。實彼秉鈞顓國之時。榮悴殊途。亦既甚矣。歲月幾何。是非大定。流芳遺臭。兩俱無窮。咄彼凶渠。塊骨兹土。樵蘇猶唾而弗顧。而過公之墓者。莫不徘徊太息。想像其遺風。是果孰爲榮辱耶。嗟夫。天不使公還葬河間。而葬於此。又不使蔡懿于異邦。而懿于此。其殆欲一正一邪。昭然並列。爲世之法戒乎。

知州張先生汝明

張汝明字祖舜。泰和人。元祐進士。任司諫時。二蔡當國。先生上疏劾奏之。後知岳州。所著有易索。張子前言。張子卮言。大究經諸書。江西通志。

梓材謹案。直齋書録解題謂。先生字舜文。易索上下經六卷外。觀象三。觀變玩辭玩占叢説各一。大觀初爲御史省郎。游定夫誌其墓。

范氏家學

補 資政范先生百禄

附録

先生受學于忠文。故其議論操修粹然一出于正。

哲宗獎諭詔曰。卿博識洽聞。留心經術。討論之外。尤深于詩。鑑商周之盛衰。攷毛鄭之得失。補注其略。紬次成書。眞得作者之微。頗助學官之闕。

梓材謹案。元祐四年。先生爲吏部侍郎時。進詩傳補注二十卷。故有此詔諭。

陸放翁送范西叔序曰。昔榮公對制策于治平。爭訟獄于熙寧。論河事邊事刑名赦令于元祐。雖用舍或小異。而要皆不合。故用不極其材。以後又列竄籍。其門户爲世排抵諱惡者幾四十年。

范氏門人

承事王先生仲符

王某字仲符。華陽人。性篤孝。事親能養志。讀書務窮大旨。不溺章句。學文章純明簡重。一與道合。尤好爲詩。每遇事感物。輒賦詠以自適。有唐人格趣。與人交。推本誠愨。終身不失其歡。或卽之謀。必曲折詳盡以告。急其患若己有。居鄉恂恂然。無少長疏戚。接之皆以禮。家窶于貲。不恤生事。客至如歸。士有貧而就學者。衣食而教焉。嘗舉進士。與計偕。一試未第。遂歸岷山之下。安退自若。後二十五年。詔許赴禮部。將恩其遺滯。則不復起。識者高之。趙清獻鎭成都。最加厚遇。卽其居與之田。以資隱計。先生有岷編凡十卷。初。先生從學于舅氏端明殿學士蜀郡范公。故其行與文得爲君子。及其子奮起。乃以承事郎封先生。呂淨德集。

范氏私淑

楊靖恭先生滙

楊滙字源澈。蜀人。號靖恭。先生資介潔。生遠方。于朝廷故實。士大夫譜牒。皆能通貫。其于中國之士。范端明景仁。内翰純夫。尚書蘇子瞻。門下侍郎子由外。不論也。杜門委巷之下。

著書賦詩。人無知者。邵伯温嘗薦于朝。不報。藏書萬籤。古今石刻本。過六一堂中集古録所有者。邵氏聞見後録。

正獻家學

補待制吕先生希純

吕子進語

考之于書。啓金縢之書。在周公未薨前。而無揃蚤事。此蓋一事。傳之者不同耳。

正獻門人

正獻范華陽先生祖禹詳見華陽學案。

忠介鄒道卿先生浩詳陳鄒諸儒學案。

修撰邵子文先生伯温詳見百源學案。

李氏家學

縣尉李先生摅見下涪翁講友。

李先生彭

李彭字商老。公擇家子弟也。東坡。山谷。文潛。皆與往來。頗博覽强記。所著有日涉園集。通考。

李氏門人

補 文節黄涪翁先生庭堅

梓材謹案。先生亦號豫章先生。其先金華人。登治平四年進士。又案。先生外集有黄氏二室墓誌云。庭堅之初室曰蘭溪縣君。孫氏。高郵孫公覺莘老之女。繼室曰介休縣君。謝氏。南陽謝公景初師厚之女。又云。初。庭堅年十七。從舅氏李公擇學于淮南。始識孫公。得聞言行之要。啓迪勸奬。使知嚮道之方者。孫力爲多。又云。庭堅之詩。卒從謝公得句法。是先生因㈠李孫謝三氏門人也。其祭劉凝之文曰。初不肖之及門輩。諸孫之孩孺。公慈祥而豈弟。獲聞教而侍坐。是先生又及劉氏之門。

雲濠謹案。先生自號山谷道人。謫黔戎時。假涪州别駕。又號涪翁。或曰涪皤。在黔中又號黔安居士。至宜州又號八桂老人。見洪玉父豫章先生文集後序。

論語斷篇

論語一書。孔子之門人親受聖言。雖經秦火。編簡斷缺。然而文章條理可疑者少。由漢以來。

㈠「因」當爲「固」。

師承不絶。比諸傳記最有依據。可以考六經之同異。證諸子之是非。學者所當盡心。夫趨名者于朝。趨利者于市。觀義理者于其會。論語者義理之會也。凡學者之于孔氏。有如問仁。有如問孝。問政。問君子者衆矣。所問非有更端。而所對每不一。蓋聖人之于教人。善盡其材。視其學術之弊。性習之偏。息黥補劓之功深矣。古之言者。天下殊塗而同歸。百慮而一致。學者儻不于此領會。恐于義理終不近也。近世學士大夫知好此書者已衆。然宿學者盡心。故多自得。晚學者因人。故多不盡心。不盡其心。故使章分句解。曉析詁訓。不能心通性達。故終無所得。荀卿曰。善學者通倫類。蓋聞一而知一。此晚學者之病也。聞一以知二。固可以謂之善學。由此以進智。可至于聞一知十。由此以進智。可至于一以貫之。一以貫之。聖人之事也。由學者之門地至聖人之奥室。其塗雖甚長。然亦不過事事反求諸己。忠信篤實。不敢自欺所行。不敢後其所聞所言。不敢過其所行。每鞭其後。積自得之功也。夫不仕無義也。子使漆雕開仕。對吾斯之未能信。而孔子説。蓋漆雕開在聖人之門。聞義甚高。至于反身以自誠。則未能篤信。其心未能篤信。則事至而不能無惑。以不能無惑之心適事。而欲應變曲當。不可得也。此漆雕開所以不願仕也。先王制禮行道之人。皆有三年之愛于其父母。而宰予欲于期祥之中食稻衣錦。引天下至薄之行自以爲安。漸漬孝弟之説。不爲不久。豈其無所忌憚。吐不仁之言至于如此。蓋若宰予者。其先受之質薄。自其至誠内觀。實見三年爲哀已忘。而强勉爲之者。將欲加厚其質而不可得。故不敢少自隱匿。方求孔子之至言以洗雪其邪心。以窮受薄之地。不暇恤人之議己也。豈其不仁者。欲見於一時之言。而近仁者將載于終身之行。古之學者。所自得于内而不恤其外。凡如此也。此所以有講有學。有朋友切磨。以相發明。非爲文章可傳後世。辨論可屈衆人而發也。其所聞于師與自得于心者如此。方其學于師也。不敢聽以耳而聽之以心。于其反諸身也。不敢求諸外而求之内。故樂與諸君講學以求養心寡過之術。士勇之不作久矣。同與諸君勉之。

孟子斷篇

由孔子以來。求其是非趨舍與孔子合者。惟孟子一人。孟子。聖人也。荀卿著書。號爲祖述孔氏。而詆訾孟子。以爲略法三王。而不知其統。蓋荀卿見孟子道性善。言必稱堯舜。義不見諸侯。其迹與孔子不合。故云爾。曾不知前聖後聖。所謂合若符契者。要于歸潔其身者。觀之孟子論孔子去魯。其不知皆以爲爲肉。其知以爲爲無禮。乃若孔子則欲以微罪行。此聖人之忠厚。非孟子不足以知之。學者欲知孟子。率以是觀之。其智不足以知孟子。安能知孔子。然則荀卿所謂知孔子者。特未可信。聖人無名。而淳于髡以名實求孟子。固不足以知之。荀卿曾未能過淳于髡也。揚子雲曰。孟子勇于義而果于德。知言之要。知德之奥。非苟知之。亦允蹈之。言雖不多。以聖人之言行反覆考之。足以徵子雲之知言。司馬遷號稱博極羣書。至如論伊尹。百里奚。皆不信孟子。此所以得罪于子雲也。梓材案。司馬前于子雲。此語有病。由孔子以來。力學者多矣。而方有孟子。由孟子以來。力學者多矣。而方有揚雄。來者豈可不勉。方將講明養心治性之理。與諸君共勉之。惟勉思古人所以任己者。

豫章文集

今夫水。上下與天地流通。周乎萬物。智也。天下之至柔。仁也。馳騁天下之至剛。義也。無心于遲速。盈科而後進。信也。善下百谷故能爲百谷王。禮也。今夫仁。微子去之。箕子爲之奴。比干諫而死。曲直皆遂焉。木之理也。無求生以害仁。有殺身以成仁。金之決也。非禮勿視。非禮勿聽。非禮勿言。非禮勿動。火之政也。無欲而好仁。無畏而惡不仁。水之事也。造次必于是。顛沛必于是。土之守也。明此二端。三者得矣。一則五。五則一也。陳氏五子字序。

夫友直者。三言之長也。千夫之諾。不如一士之諤。雖然。取直友猶有四物。邦有道如矢。邦無道如矢。此直而終于直者也。子爲父隱。父爲子隱。此直而似于曲者也。其父攘羊而子證之。此曲而盜名直者也。或乞醯焉。乞諸其鄰而與之。此曲而遂其直者也。其二端可願。其二端不可爲。田益字序。

古之言。不以物挫志之謂完。季札。子臧。不以國挫志。泰伯。虞仲。不以天下挫志。是以搢紳先生于今尊之。宋完字序。

質之柔者。能有所不爲則剛。氣之弱者。不從于無益則强。知柔之剛者觀水。知弱之强者觀弓弛。文安國字序。

孟子曰。君子深造之以道。欲自得之也。見異端而不能弗畔。居之不安也。趨下流而失其本。資之不深也。今夫水決之東則東流。決之西則西流。背原而往矣。左之右之而常逢其原。亦必有道矣。夫教者欲速效而不使人自得之。學者欲速化而不求自得之。蓋孟子之罪人也。通城縣學資深堂記。

以道觀分于嶄巖之上。則獨居而樂。以身觀國于蓬蓽之閒。則獨思而憂。東郭居士南園記。

心親則千里晤對。情異則連屋不相往來。是理之必然者也。上蘇子瞻書。

行之而心中自以爲宜。推之于人而人以爲宜。則是義也。有人亦若是。無人亦若是。正信調直終不覆藏。則是樂也。臨財無苟得。臨難無苟免。古人之義也。君子坦蕩蕩。古人之樂義也。與唐坦之書。

木之能茂其枝葉者。以其根定也。水之能鑒萬物者。以其塵定也。故曰能定然後能慮。與王立之。

物固不一能。士固不一節。鄽寄賣友而存君親。君子以爲可。跋陷蕃王太尉書。

明珠白璧不言而出九重之淵。天球河圖不卜而爲萬乘之器。祭韓康公文。

思而不學。無所于覺。故謂之殆。學而不思。萑葦不治。故謂之罔。切切偲偲。相勸以兩。切偲齋銘。

心者氣之君。氣者心之將。君之所慊。將應如響。心淵如淵。氣得其養。夫惟氣之爲物。憂則焦然。怒則勃然。羞則赧然。懼則瞿然。勞則單然。饑則瘁然。酌其有餘不足而用其中。爾乃浩然。養浩齋銘。

臧否人物。不如默之知人也深。出門求益。不如窗下之學林。坐右銘。

色荒者使人蹻蹻。酒荒者使人漠漠。游于六藝之林。是謂名教之樂。游藝齋銘。

附録

事母孝。母臥疾彌年。先生晝夜視顔色。手湯劑。衣不解帶。時其疾痛疴痒。而敬抑搔之至。親滌厠牏浣中裙云。

嘗與再從弟靖民判官書曰。吾儕所以衣冠而仕宦者。豈己力哉。皆自高曾以來積累。偶然沖和之氣在此一枝。其實相去不遠。幸深念之。

梓材謹案。樓攻媿爲先生諸孫舉作沖和堂記引此曰。嗚呼。此言之發。出于中心。其視羣從功緦之親。豈有厚薄之閒。祇此一語。可以睦宗黨。可以厲風俗。可以寬鄙而崇薄。聖人宗法之書。盡在是矣。

先生與人簡曰。人生須輟生事之半。養一佳士教子弟。爲十年之計。乃有可望。求得佳士。既資其衣食温飽。又當尊敬之。久而不勸。乃可以盡君子之心而享其功。

嘗云。人生歲衣十疋。日飯兩盂。而終歲薾然疲役。此何理也。男女婚嫁。緣渠儂墮地。自有衣食分齊。所謂誕寘之隘巷。牛羊腓字之。其不應凍餓溝壑者。天不能殺也。今蹙眉終日。正爲百草憂春雨耳。青山白雲。江湖之湛然。可復有不足之歎耶。

史院。晁氏客語曰。范純夫子沖自嶺表扶護歸。過荆州。見山谷。道純夫數事。皆所不知。純夫在史院。報丞相。上馬後爲諸人講左傳。一授乃出。魯直蓋受左氏學于純夫也。

楊誠齋宜州新建豫章先生祠堂記曰。予聞山谷之始至宜州也。有氓某氏館之。忌者抵之罪。有浮屠某氏館之。又抵之罪。有逆旅某氏館之。又抵之罪。館于戍樓。蓋困之也。卒于所館。蓋饑之寒之也。先生之既得罪于時宰也。亦得罪于太守乎。鹿之肉。人之食。君子之阨。小人之資也。孰使先生之所挾足以供小人之資也哉。夫豈不得罪于大府也。先生得罪于太守。則太守不得罪于時宰矣。豈惟不得罪也。又將取榮焉。由今視之。其取榮于當時者幾何。而先生饑寒窮死之地。今乃爲騷人文士佇瞻鑽仰之場。來者思。去者懷。而所謂太守。猶有臭焉。則君子之于小人。患不得罪耳。得罪奚患哉。

朱子語類曰。山谷與李幾仲帖云。不審諸經諸史。何者最熟。大率學者喜博而常病不精。汎濫百書。不若精于一也。有餘力然後及諸書。則涉獵諸篇亦得其精。蓋以我觀書則處處得益。以書博我則釋卷而茫然。先生深喜之。以爲有補于學者。

曾敏行獨醒雜志曰。秦少游之子湛。自古藤護喪北歸。其壻范温候于零陵同至長沙。適與山谷相遇。温。淳夫之子也。淳夫之歿。山谷亦未弔。其子至是與二子者執手大哭。遂以銀二十兩爲賻。湛曰。公方爲遠役。安能有力相及。且某歸計亦粗辦。願復歸之。山谷曰。爾父吾同門友也。相與之義幾猶骨肉。今死不得預斂。葬不得往送。負吾友多矣。是姑見吾不忘之意。非以賄也。湛不敢辭。既别。以詩寄二子曰。昔在秦少游。與我同門友。又曰。范公太史前輩。于死生交友之義如此。

王雙溪與杜仲高書曰。黄比蘇雖爲後進。然專以詩自名。東坡雖尊杜詩。然始學李太白。晚學劉夢得。與杜詩氣脈不同。山谷外舅謝師厚孫莘老二人。皆學杜詩。魯直詩法得之謝孫。故專以杜詩爲宗。然詩法出于工部。而句法不盡出于工部。山谷所以名世者以此。

袁絜齋跋涪翁帖曰。涪翁一代人傑。言爲世準。無一可議。此卷所云。士不可以一日不學。民不可以一日無教。其言當矣。然論爲人父母。非聽獄求盜之謂。則所未喻。夫獄訟得其情。盜發而輒得。非細故也。其爲急務。與勸學養士等爾。而抑揚若是。不亦偏乎。雖然先聖言兵食可去。信不可去。豈謂兵食果可缺哉。正欲甚言民信之重。不得不爾。故曰。不以辭害意。以意逆志。是爲得之。如是而觀。涪翁之語。亦無可議者矣。

魏鶴山序黄太史文集曰。元祐之閒。守正不阿。迨章蔡用事。摘所尊王介甫事。將以瑕衆正而殄焉。公于是有黔戎之役。鼪狖之所嘷。木石之所居。閒關百罹。然自今誦其遺文。則慮澹氣夷。無一毫憔悴隕穫之態。以草木文章。發予杼機。以花竹和氣。驗人安樂。雖百歲之相後。猶使人躍躍興起也。

太常博士陳緯議謚曰。公之學奚止于文哉。紫陽朱夫子讀東都事略。惜其好處不載。具稱公爲孝友。周文忠公記分寧祠。非徒曰。瓌瑋之文。妙絶當世。而又曰。孝友言行。追配古人。則公之生平。凡性分所當盡者。眞無毫髮遺憾矣。濂溪周夫子闡明道學。上接孔孟不傳之祕。世固鮮有知者。惟公知其人品甚高。光風霽月一語。獨能形容有道者氣象。惟賢知賢也。則其爲元祐史官也。荆公勿令上知之。語陸右丞隱而不書。公爭辨甚苦。辭氣壯厲。至目爲佞史。紹聖閒羣小用事。追仇元祐史官。詔拘畿縣以報所問。衆竦惕失據。公隨問隨答。弗揚弗隱。而謫黔徙戎。頓豁萬狀。略無幾微見顔面。其爲承天塔記也。部使者阿順風旨。萬千交扇。遂有宜州之行。人不堪其憂。而公處之裕如也。見者謂公無愧于東都黨錮諸賢。願寫范孟博一傳。又默誦大書。盡卷乃止。則胸中浩然不衰者。抑亦可想見矣。

考功郎趙景緯覆議曰。先生詞章。入神出天。巧妙無餘。可以謂之文矣。先生出處。夷險一致。至死無悔。可以謂之節矣。

牟子才爲返棹圖贊曰。幅巾兮野服。貌腴兮神肅。孤騫兮風雅。唾視兮爵禄。我思古人伊黃山谷。曷爲使之。六年僰道。而九日姑孰也。其符紹之朋黨與組織寺記。指摘實録。吾觀返棹之圖。未嘗不感君子之流落。而痛小人之報復。惟公之高風兮。渺驚鴻之不可以信宿。矧吾道猶虛舟兮。其去來又何所榮辱也。

羅大經鶴林玉露曰。余家藏山谷八大字云。作德日休。爲善最樂。摘經史語。渾然天成。可置座右。

黄東發曰。涪翁孝友忠信。篤行君子人也。世但見其嗜佛老。工嘲咏。善品藻書畫。遂以蘇門學士例目之。今愚熟考其書。其論著雖先莊子而後語孟。至晚年自列其文。則欲以合于周孔者爲内集。不合于周孔者爲外集。其説經雖尊荆公而遺程子。至他日議論人物。則謂周茂叔人品最高。謂程伯淳爲平生所欣慕。方蘇門與程子學術不同。其徒互相攻詆。獨涪翁超然其閒。無一語雷同。方荆公欲挽俞澹老。削髮半山。涪翁亦嘗諫不容。且識列子爲有禪語。而謂普通中事本不從葱嶺來。此其天資高明。不緇不磷。豈蘇門一時諸人可望哉。讀涪翁之書。而不于其本心之正大不可泯没者求之。豈惟不知涪翁。亦恐自誤。

又曰。前輩多以其所居自名東坡。涪翁則皆以其謫居之地名稱涪翁。亦足配東坡。若山谷乃灊皖閒寺名。翁傾其林泉而樂之。故亦嘗稱山谷。然山谷本唐世蠻獠黄氏洞名。翁黄氏也。詎不當襲用。但宜稱涪翁云。

虞道園題黄山谷墨迹曰。山谷先生孝友純至。常于翰墨見之。所謂諸弟孝友。洵洵薰陶使然。又曰。性行頗調柔。所以望其族人昆弟者。何其忠厚也。

梓材謹案。阮亭居易録云。坡公之有斜川。人豔稱之。而集不傳。唯傳其颶風賦。及試誦北山移。爲我招琴聽數語耳。谷之甥徐師川洪駒父輩。皆著名。而世不知其後人之盛。後村云。思陵尤重谷詞翰。擢其甥至執政。至茂陵而其後益蕃。子邁。子畊。皆顯。融伯庸尤貴重。克昌者最後出。爲名公所稱。示予甲稾丙稾。春風雜詠。過秦詩。字其名曰紹谷集。曰後谷甲稾。已有臯祖熙豐氣骨。丙稾而後則漸入元祐建中境界。使加以年。駸駸黔宜晚筆矣。坡谷之後。南渡之後皆昌大。又能以文章世其家。豈非天哉。又載宋任淵撰山谷精華録八卷。詩賦銘贊六卷。雜文二卷。宋槧本也。又云。按淵即註陳后山集者。惜録中取舍未愜人意耳。

又題山谷書食時五觀曰。君子之道。坐如尸。立如齋。瞬有存。息有養。一動靜。通夢覺。心無不在也。食時之觀。省察之一事也。山谷老人之示戒密矣。苟善用之。誠修身之良藥。彼冥然罔覺者。固無難焉。而妄談法空。謂世教爲不足行者。亦不可不以善性比丘爲戒也。

邢先生居實詳見安定學案。

涪翁講友

進士宋先生班

王先生該合傳。

參軍洪先生民師合傳。

縣尉李先生攄合傳。

宋班字粹父。管城人。文安公白之曾孫也。安貧養母。不治生業。篤于詩書。舉鄭州進士第一。年三十一。不及仕而卒。黄涪翁少與龍城王達夫該。海昏洪德父民師。李安師攄。雲濠案。李安詩。公擇長子。揚州江都縣尉。蚤卒。涪翁嘗爲安詩字説。又案。洪民師。涪翁女兄之夫也。涪翁序題壁詩言。民師亦孝謹喜讀書。登進士第。爲石州司户參軍。奔父喪。客死。及先生游。皆外兄弟也。其人皆有操行藝文。有切磋之益。

豫章文集。

特奏蕭先生公餉附子皡。曄。麟。玗。

蕭公餉字濟父。新淦人。涪翁之友也。博聞能文。在太學有聲稱。熙寧中。忽自廢不爲舉子業。元祐六年。以特奏名試於廷。得一命。歸卒。年五十有九。子皡。曄。麟。玗。先生既無仕進意。築室于清江峽之碕巴邱之上。曰休亭。閒居且二十年。于書無所不觀。尤好孟子。黄帝素問。啄其英華。以治氣養心。遨遊于塵垢之外。推其緒餘。子弟皆與于學。豫章文集。

涪翁學侶

侍郎侯先生蒙

侯蒙字元功。問講學之意。魯直以詩答之。曰。金聲而玉振。從本明聖學。石師所未講。赤子有先覺。絲直則爲弦。可射可以樂。竹笋不成蘆。白珪元抱璞。匏瓜不能匏。其裔猶爲瓟。土俗頗暖姝。西笑長安樂。革無五聲材。終然應宫角。木人得郢工。鼻端乃可斲。政和六年爲中書侍郎。豫章外集合年譜。

知州崔先生子方

提刑曹先生輔

□□李先生亮工

隱君董碧巖先生南美並見蘇氏蜀學略補遺。

涪翁同調

知州王先生獻可

王獻可。澤州人。刑部尚書雲之父也。仕至英州刺史。知瀘州。黄魯直謫于涪。遇之甚厚。時人稱之。宋史。

俞先生若著

俞若著。字□□。□□人。通判宜州。黄山谷謫居是州。時黨論甚嚴。士夫例削劄掃迹。唯先生爲經理舍館。敬遇其急。又遣二子執諸生禮。姓譜。

太學蔣先生湋別見陳鄒諸儒學案補遺。

太學李先生中別見景迂學案補遺。

鄧氏門人

資政范先生百禄詳上范氏家學。

景文門人

縣丞胡先生稷言別見安定學案補遺。

待制家學

李先生陶詳見涑水學案。

李先生鷺附子時雍。時敏。

李鷺。大臨次子。通達明敏。吏事有能名。尤工于書。子時雍。時敏。皆世其學。氏族譜。

惠穆門人

知州文石室先生同別見蘇氏蜀學略補遺。

尚書門人

宋先生道隆

宋道隆。吕尚書門人。尚書爲閩領監司。自北地市建荈以往。其清謹類皆如此。其自毗陵歸。先生獻詩有曰。一昔絶無淮甸物。滿船惟載惠山泉。吕氏家塾廣記。

韓氏門人

邵先生伯温詳見百源學案。

岑先生崧起

岑崧起。韓少師門下士也。少師自門下侍郎歸六。丞相在潁昌。既至。謂丞相曰。汝且未作會。明日自置酒。念家會難以召客。獨請先生。丞相預坐側。明日。丞相置酒。亦不別召人。酒三行。丞相起入更衣。具朝服。端笏親置酒于前。再拜爲壽。少師不爲起。飲訖。再拜而入。先生歸以語子弟曰。公家法如此。其他可知也。潤泉日記。

豐氏家學

監倉豐先生治

豐治。清敏之孫。建炎中。高宗駐蹕淮陽。金人入境。時先生監轉般倉。死之。紹興十一年。詔褒其忠。録子誼爲將仕郎。上虞縣志。

豐氏門人

補正言張先生庭堅

梓材謹案。萬姓統譜載。先生謚忠愍。吴氏宋賢贊作節愍。

雲濠謹案。汪玉山書張士節字敍云。張才叔以正直名一時。于魯直獨師事焉。彼誠有以服其心也。是先生又爲黄氏門人。

張氏經義

所貴乎聖人者。非以其力足以除天下既至之患。而以其慮之深遠。察微正始。憂患之所不及。非以其有智與勇足以大有爲于世。而以其安静休息有所不爲。非以其無一過失使天下莫得而議之。以其有過而必改。故于事也。無忽于民也。不擾于羣臣也。不憚其危言正論以拂于己。夫是以慮無遺策。舉世無過事。而天下治安之勢。得以永保而勿替。此幾康弼直。禹之所以爲舜戒也。蓋惟幾也。則能察微正始。不忽乎事。惟康也。則能安静休息。不擾乎民。惟輔弼之臣直。則能不以無過之爲美。而以改過之而爲善。凡忠讜之論。矯拂之辭。皆所以樂從而願聽焉。雖然。是三者在艱難創業之時。則固未始以爲難。海宇適平。基緒方立。俄焉怠忽而不之察。則禍患將不旋踵而至。所以操心常危。慮患常深。而事每不失其幾者。勢使然也。民雖出于塗炭。而恐懼之未忘。世雖偃于征誅。而瘡痍之未瘳。俄然擾動而不之恤。則下不勝其困。然(一)亂將復作。所以設法務約。敷政務寬。而使民不失其康者。亦勢使然也。夫欲事之適于幾。民之適于康。則天下之深謀

(一)「然」當爲「怨」。

至計。惟恐一日而不得聞。朝廷之上。輔弼之臣。莫不蹇蹇其直。亦其勢不得不然也。天下既大治矣。則智慮怠而昏。心意侈而廣。智慮怠則玩宴安而忽憂勤。心意廣則喜功名而煩興作。夫宴安之是玩。則不可責以難也。功名之是喜。則不可語以過也。于是諂諛者親而諫諍者疏。幾康弼直之戒。于是時最不可忘。彼舜也。繼堯極治之後。天下可謂無事矣。雖然。無事者有事之所從起。而聖人之所深畏者也。觀舜之君臣相與賡歌規戒。而其言及于敕天命。康庶事。則禹之所言者。舜固不待告而知矣。而禹猶戒之。何也。使天下後世咸曰。以舜之聖而猶不免于此。則庶乎其能知戒矣。惟幾惟康其弼直。

君子之去就死生。其志在于天下國家。而不在于一身。故其死者非沽名。其生者非懼禍。而引身以求去者。非要利以忘君也。仁之所存。義之所主。鬼神其知之矣。昔商之三仁。或生或死。或爲之奴。而皆無媿于宗廟社稷。豈非謀出于此歟。此其相戒之言曰。自靖人自獻于先王。蓋於是時。紂欲亡而未寤也。其臣若飛廉惡來者。皆道王爲不善。而不與圖存。若伯夷太公。天下可謂至賢者。則潔身退避而義不與俱亡。夫爲商之大臣。而且于王爲親。惟王子比干。箕子。微子也。三人者欲退而視其敗則不忍。欲進而與王圖存則不可與言。雖有忠孝誠慤之心。其誰達之哉。顧思先王創業垂統以遺其子孫。設爲職業禄位以處天下之賢俊。俾相與左右而扶持之。期不至危亡而後已。子孫勿率。亡形既見。而忠臣義士之徒猶不忘先王所以爲天下後世之意。以爲志不上達。道與時廢。亂者弗可治也。傾者弗可支也。而臣子所以報先王者。惟各以其能自獻可也。雖然。君子之志不同。而欲死生去就各當于義。不獲罪于先王。非人所能爲之謀。其在于自靖乎。蓋若商祀之顚隮。則微子以爲心憂。而辱于臣僕。不與其君俱亡者。箕子比干之所羞爲也。微子抱祭器適周以請後。則奉先王之孝得矣。比干諫不從。故繼以死。則事君之節盡矣。箕子以父師爲囚奴。猶眷眷不去。則愛君之仁至矣。其死者若愚。其囚者若污。而其輒去者若背叛非忠也。然三子皆安然行之。不以所不能爲自愧。而亦不以所能爲愧人。更相勸勉。以求合于義。而不期于必同。夫謂先王所以望于後世臣子者。惟忠與孝也。故微子之去。自獻以其孝。比干以諫死。箕子以正囚。則自獻以其忠。則是三子之非苟爲也。處垂亡之世。猶眷眷乎天下國家而不在一身。故其志之所謀。各出其所欲爲。以期先王之知耳。古所謂較然不欺其志者。非斯人之謂乎。雖然。書載微子與箕子相告戒之辭。而比干不與焉。何哉。人臣之義莫易明于死節。莫難明于去國。而屈辱用晦者亦所難辨者也。比干以死無足疑。故不必以告人。而箕子微子不免云云者。重去就之義。而厚之故也。不然。安得並稱三仁哉。自靖人自獻于先王。

附録

袁清容曰。唐宋以詞賦取士。其所爲文率不傳。後至王安石改經義。獨張庭堅陳古正義。闡儒先之微旨。故東萊呂氏取而第之。

吳薦宋賢贊曰。大科傑魁。正言清秩。諫紙數陳。侃侃無匹。惟儉弗從。三謫匪逸。節慜揚名。百世一日。

郭先生維

郭維。河南人。父奉議郎貫。終于長沙判官。建炎閒。先生徙居四明。以北學教授諸生。從者如雲。寧波府志。

梓材謹案。豐清敏遺事跋言。先生潁昌人。以儒學修謹。侍清敏左右最久。蓋建炎初。李朴編次遺事。多訪之先生云。

張氏講友

權無相先生經

權經字□□。河間人。贈光禄大夫。儒學三世。而先生爲時名儒。號無相居士。與張庭堅游。

楊誠齋集。

陳氏家學

學士陳先生曦

陳曦字元和。鄞縣人。文介禾之子也。登進士第。知休寧縣。政尚清儉。守法不阿。改國子正。高宗幸太學。召之曰。今學者言卿講説訓導。可以爲師。朕欲觀卿之道。至于有成。對曰。陛下若復興太學。此盛德事也。擢給事中。帝嘗謂侍臣曰。惟陳曦言事最誠實。自知制誥。知濠州。政稱第一。召拜翰林學士。卒官。成化四明志。

陳氏門人

龍學陳先生正彙

詳見陳鄒諸儒學案。

君行家學

補祕監李章貢先生朴

雲濠謹案。先生爲君行子。兄弟三人。連中進士。核之萬姓統譜。江西通志。並同。

李先之語

書道治亂興衰之迹。故其辭顯。春秋賞善辨惡歸諸正。故其辭微。易以四象告吉凶。故其辭深而通。禮以齊莊恭敬之心達于籩豆玉帛。故其辭典以嚴。詩以君臣父子之情。吹于竹。絃于絲。故其辭婉以順。下三代而道德之意不傳矣。

附録

李先之請教。伊川曰。當養浩然之氣。又問。曰。觀張子厚所作西銘。能養浩然之氣者也。程氏外書。

晁景迂送李先之歸南詩曰。夫子聲名大。淒涼三十年。晚交彌好易。夙志自覃玄。泰華冰霜潔。江湖鴻雁邊。别期不相假。吾道信茫然。

又再送先之詩曰。君家父子眞國器。棄逐那知上苑春。嵐障城中尤自樂。浦珍市裏本來貧。曾憐濁俗排閶闔。蹔屈清江縱羽鱗。我老相逢便相别。劇談易象亦何因。原註。先之自廣南知縣歸。復往江南清江縣。一見從予談易。

補縣令李先生格

汪玉山跋李先之文曰。施聖揚毛季中爲某言。公介潔寡與。意所不樂者。不忍正視。其爲建昌宰。某縣使客至。公輒移病避之。其聞公之名願見不可得者。往往先造其門。嘗赴郡宴。太守顧官奴私語。公揖起席。守俟之良久。則公已去矣。彊挽竟不就。蓋其所自立大抵類此。

梓材謹案。經義考有李氏格春秋指歸。佚。引袁州府志云。李格字承之。萍鄉人。元符中進士。作詩諷新法。讞論下獄。歷州縣以終。先生之兄朴。字先之。此字承之。似卽先生。但以萍鄉屬袁與贛之興國。雖並轄江西。未知卽先生否也。

章貢學侶

施先生舜顯

毛先生叔度合傳。

施舜顯字聖揚。毛叔度字季中。皆從李公先之遊。先之卒于虔州。季中父彥時名隨。爲虔倅。

白郡具奏乞褒典。守不從。彦時獨銜以聞。得贈待制。汪玉山見聖揚。問所聞于季中。言先之請教伊川者。聖揚曰。舜顯與先之游從久。未嘗一言及伊川云。汪玉山集。

附録

汪玉山跋程樞密答周侍郎書曰。贛州李先之。剛介寡合。言語確訒。而于施公相予特厚。宜和末。嘗以書抵公曰。受形氣于天地父母如聖揚。可以無恨。蓋自是二十餘年間。天下事數變。士亦竭其知力以應之。究其所成。能無負于初心者。幾人也。施公文學才謂不爲後人而審于處己。恬于自進。白首一節。全而歸之。今資政殿學士程公。亦以爲可無恨者。蓋其平日心之所存。力之所至。如贛州者。其有以知之矣。

常氏家學

補 知州常先生同

雲濠謹案。先生世爲邛之鶴山人。至其父贈光禄大夫安民。入元祐黨籍。貧不能歸。乃徙于陳。先生其仲子也。見汪玉山所作墓誌。誌又稱其請祠得提舉江州太平觀。貧無立錐地。又徙于秀之海鹽縣精舍居焉。晚年自號虚閒居士。有虚閒集二十卷。奏議十卷。烏臺日記三卷。多聞録一卷。

附録

七歲侍光禄謫滁。滁多山水。名公卿詩賦記文題刻殆徧。公一過輒能默誦。翰林學士曾肇時爲郡守。見而異之。曾嘗與論近世君子小人。公前揖曰。涑水君子之魁。金陵小人之首。曾喜謂光禄曰。它日挺挺有父風。未可量也。

十二歲光禄授以六經之學。再三覆講。無一字誤。尤長于周官六典。圖其儀物。驗諸制度不差。一日。光禄詔之曰。吾老矣。汝其務求師乎。吾同年有元城劉先生。同里有宛邱張先生。當世偉人也。汝欲學義理。當師元城。欲學文章。當師宛邱。于是兩師之。二先生高以評目。

除殿中侍御史才十閱月。彈擊八十人。其間宰相執政四。侍從十六。郎官寺監官十三。監司帥守二十六。庶官十五。大將六。臺綱大振。中外肅然。

除御史中丞。奏疏凡五十上。所論皆小人。然所薦趙鼎。王庶。李彌遜。梁汝嘉。劉岑。張致遠。胡寅。張九成。魏矼。晁謙之。陳正同。孫道夫。徐度。朱松。張祁。黃鍰。李宲閒。邱明。施廷臣。張絢。張戒。許忻。吴彥章等。率又舉之口而不筆之書。何者。退小人。公則任怨于己。進君子。公則歸恩于君也。

其記衢之學。必推明孫明復。石守道。胡翼之。李泰伯。邵堯夫。程正叔之道。俾諸生有所矜式。

其闢熙豐之邪説也。如闢申商。尊元祐之正論也。如尊周孔。故吕紫微行公之詞有曰。排斥異端。迴狂瀾于既倒。維持正論。發潛德之幽光。而張横浦撰公之志。有曰。言路既開。臺諫增重。異端既黜。六經大明。世以爲名言。

高恥堂題常氏家傳後曰。本朝大姦元惡。孰有出于京檜者。敏節公父子後先排擊。不遺餘力。竟遭廢絀。流落以死。而中執法身後子孫幾得奇禍。自當時觀之。阨窮甚矣。然一門大節。載在青史。與日月爭光。至今讀之。使人凜凜有生氣。然則小人盡力排君子。無能爲損。祇增其光耀而已。

常氏門人

蔡先生樞闕。

朝散家學

特奏李先生純德

李純德字得之。光澤人。太常誥之孫。而元祐黨人深之從子也。少治周禮。兼左氏春秋。爲文簡古。不逐時好。諸弟嘗問善人之道。答曰。臨事而無陰據便利之心。斯可矣。紹興五年。以特奏恩將入奉廷對。卒。朱子銘其墓。以好德有常之士稱之。子吕。姓譜。

附録

嘗語人事有當爲力。雖未及亦勉爲之。若必有餘而後爲。則終無時矣。

隱君李濟軒先生呂詳見龜山學案。

張氏門人

直閣王瀘溪先生庭珪

王庭珪字民瞻。安福人。以貢入太學。時方禁士人説詩。先生獨吟詠自若。中政和進士。任茶陵丞。忤部使者。拂衣歸。胡忠簡銓上封事。忤秦檜。謫嶺表。親舊無敢通問。先生獨送以詩。坐謗訕流辰陽。孝宗初召對。賜坐勞問。除直祕閣。一子扶掖上殿。亦予官。卒年九十餘。所著有瀘溪集。楊誠齋爲之序。吉州正氣録。

雲濠謹案。周益公爲先生行狀云。公學無不通。而尤邃于易。少嘗師鄉先生張汝明。晚自得于意言之表。朱漢上。胡文定。向薌林。皆嘆賞以爲必傳。

梓材謹案。胡澹庵爲先生墓誌云。貢辟雍。時錮史學及元祐學。莫敢犯者。公獨與其友劉公才邵口不絶吟。又稱其有瀘溪集五十卷。易解二十卷。六經講義十卷。論語講義五卷。語録五卷。雜志五卷。滄海遺珠二卷。方外書十卷。校字一卷。鳳停山叢録一卷。

附録

宣和末。年未五十。知時事阽危。無宦游意。學道著書。若將終焉。邑有瀘溪。築草堂其上。鄉人號瀘溪先生。執經來者。户外屨滿。公雖不仕。常懷憂世心。事苟宜民。必告于當路。公居草堂。未嘗入州府。右史王公澤出守廬陵。遣官賫書幣至山中招見。虚其堂。諏以政事。繼率其僚屬延請講學宫。升堂講道。使諸生有所矜式。一時士大夫哦詩紀其盛。流辰州。遠人素重公。爭以爲師。

胡澹庵跋民瞻文曰。周生述孔業。祖謝響然臻。此泉明語也。民瞻一振馬隊之遺風。人欽趨之。所謂從善如登者耶。泉明不欺矣。

楊誠齋序其文集曰。先生少嘗見曹子方。得詩法。蓋其詩自少陵出。其文自昌黎出。大要主于雄渾剛大云。

梓材謹案。誠齋序有云。某嘗侍先生之杖履。聞先生之誨言者。故自稱門人。則先生固文節之師也。

瀘溪學侶

待制郭先生孝友

郭孝友字次仲。龍泉人。政和進士。任國子司業。時蔡京再相天下。益多事。先生因奏對燕雲事。當國不悦。累官工部侍郎。秦檜與金人約和。廷議多不合。檜以先生同舍生。冀其附己。先生曰。議和本非至計。因遂銷兵。如後患何。檜不懌。以敷文閣待制致仕。吉安府志。

梓材謹案。胡澹庵爲瀘溪墓誌云。爲郡學講書。聽者環堵。時何公損以對策訐直。竄廬陵。故工部侍郎郭公孝友受業焉。一日聽公講歸。以所聞語損。損驚異。據此則先生之師承可見矣。

滎公門人

知州張先生宇附子晦。

張宇。蜀人。三丞寺監。使淮西東路。知濟滎累合四州。娶滎國公百禄女。故其學得之范氏。子晦。侍學中原。有外家典刑。筆法尤工。歷知□恭簡三州。氏族譜。

王氏家學㈠

知州王先生任

王任字叔重。承事仲符之次子。弱不好弄。勵志在學。讀書務究大旨。得治己及物之原本。不汲汲于章句。爲文雅健純贍。先體用後華采。熙寧六年。神宗以馭吏務農訓兵之要策進士。先生條析治道。傅經義以對。擢爲天下第二。調卭州軍事判官。累改校書郎。知渝州。先生聞道而篤信。守己甚重。視外物甚輕。語默出處。惟義命是安。初。先生讀書知治身及物之用。雖以文

㈠「王氏家學」原脱據目録補。

藻光輝一時。而涖官從政不敢少忽。苟可濟物。勇而力行。嘗愬部使求罷什邡之市易。衆安其業。請增成都學田以養士。詔可之。在渝州。不夷陋其俗。葺鄉校。集諸生。躬自課試。以補不學少儒之弊。置醫生。審方劑。督察診療。以救尚鬼不藥之死。議七郡貧瘠。非蜀他地比。願弛茶禁。卒如其説。渝人深德之。有文集三十卷。卒年五十。呂淨德集。

涪翁門人

陳後山先生師道詳見廬陵學案。

正言張先生庭堅詳上豐氏門人。

文清呂東萊先生本中詳紫微學案。

江季恭先生端禮詳見安定學案。

監酒王歸叟先生直方

朱先生載上

何樗叟先生頡並見蘇氏蜀學略補遺。

庶官王先生蕃

王蕃字觀復。沂公之裔。官閬中。時多以書尺至戎州。從黄山谷問學。山谷内集詩注。

雲濠謹案。涪翁嘗爲字説。

附録

涪翁題觀復所作文後曰。王觀復作書語似沈存中。它日或當類其文。然存中博極羣書。至于左氏春秋傳。班固漢書。取之左右逢其原。眞篤學之士也。觀復下筆不凡。但恐讀書少耳。又跋觀復簡後曰。王觀復窮而不違仁。達而不病義。讀書學文必以古人爲師。造次顛沛必求知義者爲友。

縣令葛先生敏修

葛敏修字聖功。廬陵人。元祐三年試禮部。蘇潁濱知貢舉。奇其文。擢高等。仕爲確山令。未幾罷。先生爲人孝友。兄敏求。敏明。連喪。慟悼不勝。發疾而卒。有道岷集三十卷。胡忠簡爲之序。初宰確山。以元符上書被禁錮。時論多之。吉州人文記略。

雲濠謹案。忠簡序文集。稱爲孝友先生。謂其學淵源多根乎離經楚些而世之知之者鮮。又云。先生之没。門人以孝友易名。其德行之卓卓。亦豈專以文爲華哉。

附録

周益公序葛聖功文集曰。元祐三年東坡知貢舉。奉議郎葛公奏名第七。崇寧元年九月。詔書定元符有名人五百四十一人。敏修姓名在焉。由是罷確山宰。廢于家。越三年。始免禁錮。謂公困久當少折其詩。乃云。從今黽勉爲忠義。一噎如何便廢餐。味公此言。豈以利禄得喪貳其心者。使天不奪之年。得進于世。不負東坡審矣。

梓材謹案。如周文忠所云。則先生乃東坡門下士。非潁濱也。解大紳送葛維新歸廬陵序云。宋太史黄庭堅仕吾廬陵時。葛敏修先生實從之遊。後太史與東坡同知貢舉。得敏修之文。相賀以爲異人。由是名起。據此。則先生固山谷舊從。當爲黄氏門人。

蕭先生巽

蕭巽與葛敏修並學于涪翁。涪翁有答二學子和食筍詩。豫章外集。

馬先生純

馬純。初名景純。字毅父。成都人。從涪翁遊。問其名字所以然。蓋取易之文言。曰。剛健中正。純粹精也。問其加景字。而不能説也。涪翁曰。名字加景字。蓋自漢魏以來失之。詩云。高山仰止。景行行止。景行猶高山也。而曰景仰之者。余不知其説也。可去景而名純。字曰文叔。傳曰。文王之所以爲文也。純亦不已。夫古人之用心于道。勿雜而已。士之所以爲士。以此事親。以此守身。以此取友。未有不純一而成其德者也。荀卿曰。始乎爲士。終乎聖人。故字之曰文叔。豫章別集。

祝先生林宗

祝林宗字有道。新安人。朱子之外叔祖也。初名某。字某。豪俠不羈。蚤從黄太史山谷遊。

山谷謫黔中。因以客從。山谷賢之。爲更其名字。與之諷詠云。朱子文集。

鄉貢郭先生純中

郭純中。富義人。朝請郎大昕之子。三以鄉書貢于禮部。有文藝。嘗從涪翁遊。涪翁別集。

楊先生迹

楊迹。青神人。少有文名。嘗謁黃山谷。論學術邪正。自是學有指歸。時用王介甫新經。屏黜孔安國訓註。先生笑曰。吾不能强束縛進身。遂棄去。姓譜。

梓材謹案。涪翁別集有楊君希節墓表云。有宋擇里處仁。教子以義。四方游士以爲依歸。青神楊君希節之墓。恐是先生之父。

范隱翁先生漴附從孫機。

范漴號隱翁。延平人。通直郎純之機之從祖父也。嘗從山谷遊。得其指授。純之又受詩律于先生。歷知潭州寧鄉縣。湖廣總領所幹辦公事。致仕而歸。益肆力于詩。眞西山讀其所爲開禧太平謠詠。爲之慨然。眞西山集。

楊先生明叔

楊明叔。涪翁之徒也。涪翁稱其從予學問。甚有成。又稱其言行有法。當官。又敏于事而卹民。故予期之以遠者大者。山谷年譜。

梓材謹案。涪翁年譜。元符三年八月戊午與楊皞祝林宗上巖寺。楊皞蓋卽先生之名。

宋先生完

宋完。僰道人。涪翁之徒也。嘗曰。完也有志從學于先生之門。而未能自克。出從市井之囂。葷然其有味。而常見侮于人。入聞先生之言。淡然其無味。而常見敬于人。二者交戰。敢問其故。涪翁字之曰志父而命之。豫章文集。

謝先生逸

謝先生薖並詳滎陽學案。

劉先生瑜

劉瑜字倩玉。玉山人。從學涪翁。涪翁稱其卓立。豫章別集。

廖先生鐸

廖鐸字宣叔。戎州人。南園遁翁之長子也。涪翁與王觀復書曰。宣叔嘗東學京師。才性明和。甚不在人下。來相師用之意甚篤。然憂其質不甚美。韓退之所謂籍湜輩。雖屢指教。不知果能不畔去否。豫章文集。

羅先生中彥

羅中彥。延平人。問字于涪翁。涪翁字之曰茂衡。曰。願。遂教之。涪翁曰。道之在天地之閒。無有方所。萬物受命焉。因謂之中。衡稱物。低昂一世。波流洶洶憒㊀。我無事焉。叩之卽與爲賓主。恬淡平愉。宴處而行。四時死生之類。皆得宜當。是非中德也歟。惟道之極。小大不可名。無中無徼。以爲萬物之宰。强謂之中。知無中之中。斯近道矣。曰。今之言道者。奚獨不然。曰。以聖學則莫學而非道。以俗學則莫學而非物。豫章文集。

孟先生扶

孟先生揚合傳。

孟扶。孟揚。涪翁之甥也。涪翁作勸學贈之曰。軻闢楊墨。功愈于禹。仲子論詩。汔紹厥緒。喜鑿言易。亦自名家。一姓幾墜。光綿其瓜。嘉出江夏。處濁而清。河潤九里。外孫淵明。雲卿浩然。爰及郊簡。三詩連蹇。尚書則顯。咨爾孟孫。望洋漢唐。其勤斯文。對前人光。豫章文集。

潘先生淳

潘淳。新建人。清逸居士子。師事黃山谷。作詩尤工。姓譜。

陶先生幾先

陶幾先。零陵人。從山谷學文。魏鶴山集。

㊀「憒」當爲「憒憒」。

蔡先生相附兄椐。弟桓。權。桐。椿。

蔡相字次律。青神人。從涪翁學。涪翁謂其言行可親也。兄椐。弟桓。權。桐。椿輩。皆好文學。涪翁別集。

梓材謹案。涪翁別集有蔡致遠墓表云。有宋族姓子。能自拔于俗。盡心于學。其作文能不溺于俗。盡功于奇。死年二十六。不遂其志。青衣蔡致遠之墓。蓋卽先生兄弟之一也。

張先生溥

張溥字寬夫。戎州人。涪翁到戎州。與蔡次律朝文相親近。涪翁與王觀復書曰。次律事事優于寬夫。它日或可望爲中州名士也。豫章文集。

州守元先生勳父聖庚。

元勳字不伐。□□人。聖庚之子也。自元祐初從山谷遊。幾二十年。終春陵太守。山谷與書九。稱其父子溷俗而志剛。居今而好古。又云。所示温公讀書眞是讀書法。涉獵百篇。不如深考一卷耳。豫章別集。

忠惠翟先生汝文別見廬陵學案補遺。

庶官徐先生德郊

徐德郊。□□人。得官于淮南。訪別涪翁于雙井。涪翁送之曰。德郊從予遊。不獨以有瓜葛也。其居鄉鄙。父兄愛之。子弟安之。其仕于州縣。有能吏之聲。以草木臭味不遠。故相從也密焉。豫章外集。

黄先生沇別見陳鄒諸儒學案補遺。

洪先生朋

洪朋字龜父。豫章人。涪翁甥。爲作深衣帶銘曰。貧不能畏。賤不能憂。以身行道。如水于舟。又爲其弟駒父深衣帶銘曰。務華絶根自斧斤。處厚居實萬事畢。豫章文集。

雲濠謹案。阮亭居易録引焦氏經籍志載。洪芻駒父老圃集。洪朋龜父清斐集。皆止一卷。

附録

涪翁書舊詩與龜父跋其後曰。龜父筆力可扛鼎。它日不無文章垂世。要須盡心于克己。不見人物臧否。全用其輝光以照本心。力學有效。更精讀千卷書。乃可畢兹能事。

祕書洪先生炎

洪炎字玉父。豫章人。民師第三子。登第于元祐末。試吏于紹聖初。顯于宣和。貴于紹興。官至著作郎祕書少監。重聽。對上曰。世人皆聾于心。臣獨聾于耳。心則了了。惟上所使。姓譜。

雲濠謹者㊀。焦氏經籍志玉父西渡集一卷。阮亭居易録云。編首題卷第一。又似不全之書。何也。

附録

涪翁爲洪氏四甥字序曰。其治經皆承祖母文城君講授。文城賢智。能立洪氏門户如士大夫。蓋嘗以義訓。又曰。既氏之。又告之曰。曾子曰。未得君而忠臣可知者。孝子也。未有治而能仕可知者。修士也。二三子捨幼志。然後能近老成人。力學然後切問。問學之功有加然後樂聞過。樂聞過然後執書册而見古人。執柯以伐柯。古人豈眞遠哉。

洪先生羽

諫議洪駒父芻並見元祐黨案補遺。

涪翁私淑

尚書劉嶅溪先生才邵別見蘇氏蜀學略補遺。

㊀「者」當爲「案」。

洪氏家學

洪先生朋

祕書洪先生炎並見涪翁門人。

庶官洪先生羽

諫議洪駒父芻並見元祐黨案補遺。

權氏家學

參政權先生邦彥

權邦彥字朝美。河閒人。經之子。崇寧中上舍登第。調滄洲教授。紹興初。累官簽書樞密院事。嘗獻十議。以圖中興。又言宜乘機者三。尋兼權參知政事。有遺稿十卷。號瀛海殘編。姓譜。

雲濠謹案。楊誠齋志先生墓云。士大夫游其門者如周葵。樓炤。潘良貴。吕廣問。梁揚祖。皆爲世名臣。孫安節。傳家學。有祖風云。

章貢家學

李養素先生珙

李珙。興國人。朴從子。行義修潔。經典該通。晚號養素處士。子謙。姓譜。

司諫李先生謙

李謙字和卿。朴從孫。少承家學。淳熙進士。爲安福縣尉。累遷左司郎中。再遷左司諫。光寧閒上封事。義氣激烈。趙忠定汝愚讀之曰。臺諫手也。吕忠公祖儉以直節被竄。先生贈以詩。因忤韓侂胄。罷歸。築圃雲峯以居。有文集四十卷。贛州府志。

章貢門人

忠簡胡澹庵先生銓詳見武夷學案。

通判胡先生份

胡份字兼美。廬陵人。澹庵之兄。事後母以孝聞。早就外傅。能肄宵雅之三。長學章貢㊀。司業李朴時涖尚㊁席。門甚高。獨與其進。三舍法行。貢璧水。繼入上庠。閱一星。學益進。釋褐授臨江軍刑曹。以母憂去官。服闋。選掾袁州兵曹。建炎初。官制行改司法。繼改詞曹。循從政郎。罷歸。歷除教授澧州。始至。生員財十數。既四方來學者輻湊。學宮大張。尋除通守靖州渠陽。士無幾。先生招攜以禮。酋爭遣子入學。士計對者。以内郡禮祖行。谿猺嚮化。翕然守條死。要不相

㊀「貢」當爲「句」。
㊁「尚」當爲「講」。

漁劫。代還。送者卧轍百餘里。弗忍其還鄉。卒年七十。有書解三十卷。文集五十卷。先生天性寬易。躬自厚而責人甚薄。見人善。不啻如自其口出。于人之惡也。隱之。操履純正。即暗室不欺。務以中道訓人。故號所居堂曰中庸堂。事親古道。閨門睦如。涖政通敏。嘗語猶子公武。仕宦惟廉勤和。三者廢一不可。吾行之二十年。未嘗有失。大概如此。胡澹庵集。

王氏家學

王先生岫

王岫字叔雅。安福人。瀘溪先生庭珪之子也。先生性警敏。六經百氏悉鈎其深。尤邃于春秋。始胡文定過瀘溪草堂。相與講春秋。先生從傍聽之。即能陳説大義。楊誠齋集。

王氏門人

文節楊誠齋先生萬里詳見趙張諸儒學案。

劉先生江

劉江。□□人。瀘溪先生門人也。嘗與瀘溪之孫及曾孫詮次瀘溪之詩文若干卷。楊誠齋集。

劉先生堯京

劉先生子柬合傳。

劉先生子方合傳。

劉堯京。安福人。暨其子子柬。子方。同登瀘溪之門。楊誠齋集。

進士馬先生□父羽。

馬□。□□人。瀘溪竄夜郎。執經躋門者屨滿。時其父羽以中州刺史攝守。日夕就見。尊以師禮。且遣子從學。遂登進士第。胡澹庵集。

范氏續傳

縣令范先生漼

范漼字叔源。成都人。滎國百禄之孫。太中大夫祖述之子也。能取上世之可學者。以滋其性。初以太中恩得官。試爲仙井監録事參軍。以鹽法與長吏競。不屈于勢。歷知平泉廉山縣。卒年五十二。子仲黼。清苦而眞修。久從李石遊。李方舟集。

梓材謹案。朱子爲安人王氏墓表云。年甫及笄。歸同郡范君諱漼。夫人居家儉約。不以出内細故累其君子。故范君爲吏以清白著。其治雜以平允稱。又云。范君既從官。不復問生理。身後家事益落。夫人慨然自力以濟其艱。使二子得盡力于學。蓋長子仲黼。少子仲芸也。方舟集鈔本作仲黻。傳寫之誤。

知州范月舟先生仲黼詳見二江諸儒學案。

縣令范先生仲芸

范仲芸字□□。成都人。文叔之弟也。其母安人王氏。語之曰。汝家世以清德直道爲門閥。汝曹問學宜知所本。仕不患不達。患無以稱耳。二子以是益自厲于學。先生以從政郎爲彭山令。卒。朱子文集。

正獻私淑

文肅鄭景望先生伯熊詳見周許諸儒學案。

權氏門人

待制潘默成先生良貴詳見龜山學案。

知州呂先生廣問詳見和靖學案。

惠簡周先生葵別見龍川學案補遺。

襄靖樓先生炤

樓炤字仲暉。永康人。政和閒進士。由國子博士遷殿中侍御史。言論多見採納。官至簽書樞密院事兼權參知政事。卒。謚襄靖。姓譜。

附録

紹興二年。召朱勝非爲侍講。罷給事胡安國。先生與程瑀等言。勝非不可用。胡安國不當謫。皆落職。

梁先生揚祖

梁揚祖。

上官續傳

主簿上官先生損

上官損字益之。待制均從曾孫。幼事祖母以孝聞。博學工文。主武平簿。姓譜。

簽判上官先生粹中

上官粹中字德厚。待制再從曾孫。喜義而嗜學。簽判武岡軍。姓譜。

録參上官先生必克

上官必克字復之。仲雍曾孫。篤學好修。官泉州録參。姓譜。

常氏家學

聘君常雪溪先生詵孫

常詵孫字直卿。臨卬人。同之孫。居嘉興。累辟不就。所著有天閑雜録。耘齋筆記。雪溪稿。門人稱雪溪先生。姓譜。

教授常先生濬孫

常濬孫字鄭卿。臨卬人。紹興四年爲福州學教授。日進諸生。而告之以古昔聖賢教學之意。又爲之飭厨饌。葺齋館。以寧其居。然後謹其出入之防。嚴其課試之法。朝夕其閒。訓誘不倦。學者競勸。又爲之益置書史。爲重屋以藏之。而請晦翁記其事。朱子文集。

附録

朱子答其書曰。學校規矩雖不可無。亦不可專恃煩多。得好朋友在其閒。表率勸導。使之有鄉慕之意。則教者不勞。而學者有益。今得擇之復來。卽可因之以招致其餘矣。

又曰。頃年又有黄叔張在此作教官。時教小學生誦書。旬日一試。如答墨義。然立定分數。攷察去留。似亦有益。試推此類。多爲之塗。以收拾教養之。則人情感悦。當無扞格之患矣。

宋氏續傳

縣令宋先生文仲

縣令宋先生剛仲並詳嶽麓諸儒學案。

黄氏續傳

知州黄復齋先生畚詳見滄洲諸儒學案。

尚書黄竹坡先生疇若

黄疇若字伯庸。豐城人。甫晬而孤。外祖母杜奇之。曰。兒必貴。誨以學。擢淳熙戊戌第。嘉定初元。擢殿中侍御史兼侍講。權户部侍郎。七年召對延和殿。權兵部尚書。十年春知貢舉。試禮部尚書。請外。以焕章閣學士知福州。辭。提舉南京鴻慶宫。鳳翔府上清宫。致仕。卒年六十九。知廬陵縣。吉守六月督畸零欠。先生以縣用錢三千緡代輸。禁吏預借。飾學增畬。日召諸生講論。衆建生祠。止之。去日送者傾郡。其在王邸資善也。據經析理。渠範凝重。吴興景獻見必加敬。知成都府。薦蜀士范子長。許沅。魏了翁。年甫六十三。援范景仁故事。乞歸。治第豫章城中。自號竹坡。先生文律高周。丞相稱其正大恢閎。詳雅温醇。楊誠齋見其詩。以爲得山谷單傳。考宏詞得眞留二公。有竹坡集四十卷。奏議三十卷。講學十卷。進故事十二卷。劉後村爲神道碑云。公承當家文獻。故風韻勝。接諸老緒論。故心事平。隆乾以來。衆芳翕集。臺閣多賢。至慶元錮黨攻僞。邪説横流。言事者非搏噬餘干相君則粉黛考亭門人。公密扶善類。素尊理學。奏篇無一語差。辛巳而後。四朝生聚。東南極盛。至開禧挑敵。禍形始露。用事者方且厚斂。民足用。多造楮紓急。公一則曰蠲弛。二則曰節縮。其書有云。以無德之人而運才智之鋒。幾何而不斲天下之朴。又云。言利之臣。必不得其死。好利之君。必不得其用。此有德者之言。反本之論也。劉後村集。

雲濠謹案。先生山谷之從姪孫行也。蓋豫章之黄皆出金華。隱君子遇和。居豐城之沅江。始爲儒家云。

豐氏私淑

縣丞袁先生梄 別見嶽麓諸儒學案補遺。

豐氏續傳

州倅豐先生存芳

豐存芳字公茂。清敏公玄孫。爲太平州倅。景炎元年。元兵至。知州孟知縉謀以城降。先生諫不聽。詈之。知縉雲(一)元兵屠其家。同死者十八人。卒方義竊其孤八歲禮長于民間。兩浙名賢録。

(一)「雲」當爲「引」。

通守同調

進士袁先生鏞

袁鏞字天與。鄞縣人。登咸淳進士第。以父憂未卽仕。國事日蹙。元將遣游兵十八人騎駐西山之資教寺。先生悲憤激烈。約沿海制置兼知慶元府趙孟傳。將作少監謝昌元。共出禦敵。二人曰。爾第先往。我二人當以兵繼。先生奮然獨往。厲聲言曰。汝主無故謀起干戈。殘我土宇。使我人民宛轉鋒刃之下。天地鬼神所不容。四方忠義之士。日夜憤惋。勤王之師四至。吾恐汝北歸無日也。言未竟。就執。而二人已密往車廐獻版圖迎降矣。元將奇先生才。脇令降曰。從則富貴。不從則燒戮汝。先生罵曰。我爲宋臣。死則死耳。終不從汝也。元將怒。縱火燎之。鬚髮殆盡。詞氣愈厲。至死不少變。其日家人驚悼。赴水而死者十有七人。寧波府志。

附録

王厚齋挽之曰。天柱不可折。柱折勢莫撐。九鼎不可覆。鼎覆人莫扛。袁公烈丈夫。獨立東南方。欲以一己力。代國相頡頏。適遭宋祚移。恥爲不義戕。奮然抱志起。誓欲掃欃槍。拔劍突前麾。手回日月光。賊勢愈猖獗。山摧失忠良。嗚呼絶倫志。不得騁才長。妻孥悉從溺。枯骨誰爲襄。忠烈動天地。游魂爲國殤。山水倍堪悲。抱恨徹穹蒼。穹蒼率一息。庶幾記星霜。西風白楊路。哀猿號崇岡。解劒挂墓柏。泣下沾衣裳。惜哉時不利。抽毫述悲傷。

黄南山先賢進士袁公贊曰。確乎其誠。浩然其氣。通貫神明。充塞天地。一身成仁。闔門死義。孤忠奇節。光昭百世。

李氏續傳

李先生宋輔附從父景儀。

李宋輔。贛人。平川李氏舊有讀書樓。面奇峯。向州里。南北之交。以兵燬。先生併而與諸父起修鳳復焉。扁曰極高明。而請記于廬陵劉辰翁。云。其叔景儀。課子姪。依于道。嘗五上觀光。世學不廢。元祐閒。有名朴事伊川者。其族也。劉須溪集。

袁氏家學

翰林袁菊村先生士元

袁士元字彦章。宋忠臣鏞之孫。自幼嗜學。至廢寢食。父母憐而禁止。乃端坐默記。不少輟。長益旁搜遠輯。務爲深博。郡守禮致膠庠。爲五經師。學者翕然宗之。薦授鄞學教諭。調西湖書院山長。改鄮山書院。又用薦授文林郎。翰林國史院檢閲官。引年弗就。晚隱城西别墅。種菊數百本。號菊村學者。寧波府志。